Russia at Play

〈遊ぶ〉ロシア

帝政末期の余暇と商業文化

ルイーズ・マクレイノルズ

高橋一彦・田中良英・
巽由樹子・青島陽子
［訳］

法政大学出版局

〈遊ぶロシア〉——帝政末期の余暇と商業文化　目次

凡例

一、本書は、Louise McReynolds, *Russia at Play. Leisure Activities at the End of the Tsarist Era*（Cornell University Press, Ithaca and London, 2003）の全訳である。

二、原書本文は八つの章にイントロダクションとエピローグを加えた十章からなり、各章はいくつかの節に分けられている。読者の便を考え、本書では節をさらに分かって項を置くことにした。各項のタイトルは訳者が付したもので、ゴチック体で表記してある。

三、原書の巻末には、文献解題ならびに人名および重要事項を拾ったインデックスが置かれている。文献解題はそのまま訳出したが、本書ではこのインデックスを参考に人名索引を作成し直し、原書の事項索引を落とす代わりに、本書で言及された小説、台本、評論、歌曲、および映画タイトルを拾った作品索引を置くことにした。人名索引の末尾に付した生没年は、原書にはなく訳者が調査したものである。

四、原書に登場する人名、地名などの固有名詞の日本語表記に当たっては、原則として音引きを省いた。ただし日本語ですでに定着していると思われるものについては、この限りでない。

五、原書に登場する固有名詞、たとえば人名には、イニシャルの誤りなどの表記上のミスが散見されるが、これらについては訳者の責任で訂正してある。

六、原書に登場する小説、評論、台本、歌曲、映画の発表年、制作年に見られた誤記も、訳者の責任で訂正してある。

七、原書にある図版はすべて転載したが、アーカイヴ所蔵の二つの写真については、権利関係を考え採録を控えた。

遊び方を教えてくれた、わが母に捧ぐ

謝辞

ここでわが「常連の容疑者たち（ユージュアル・サスペクツ）」をアルファベットの順に並べて、一網打尽（ラウンドアップ）に挙げてみよう。ボブ・エーデルマン、デヴィド・ハンロン、ベス・ホルムグレン、リン・マリー、ジョアン・ノイバーガー、ダン・オルロフスキー、リチャード・スタイツ、そしてレジー・ゼルニク。いずれも自ら進んで私の学びの友という役を引き受け、私の仕事のために自分の貴重な時間を割くことを厭わない友人たちである。彼／彼女たちは、これは自分にとっても楽しみだと言わんばかりに、私の求めに応じてくれた。ドン、ジョアン、リチャードの三人が、草稿全体を丁寧に読み、そのおかげで、私は明らかに多くのものを得たのである。この人たちの知見が、本書をよりよいものにしてくれた。

ロシア研究以外では、カレン・ヴィーゲンとメアリー・ルイーズ・ロバーツがいくつかの章に目を通し、本書に比較という観点を盛り込んで、私を助けてくれた。ナショナル・ヒューマニティーズ・センターでは、その刺激的な雰囲気の中で、多くの同僚が私の相手になってくれた。私はまた、モスクワのネーヤ・ゾルカヤとエヴゲニー・ドゥホフからも援助と助言を頂いた。ロシアでは、ボリス・アナニチ、アレクサンドル・フルセンコ、ナターシャ・コルサコヴァ、ターニャ・パヴレンコ、それにタチヤーナ・チェルネツカヤに感謝したい。この人たちは、私のペテルブルク滞在期間を、当人たちが思っている以上に、はるかに充実したものにしてくれた。さらに私の旧友たち――パム・チュー、レス・マクビー、それにジュリア・ヒンクル・ペン――は、今も相変わることなくそこにいてくれる。本書で「そこ」というのは、物理的な意味でも精神的な意味でもイタリアのことである。私の三人の妹たち、アリス、ベッツィー、レベッカも、研究生活に対する息抜きの場を与えて続けてくれる。何より彼女たちもまた、遊びが持つ意義を理解してくれているからだ。中でもベッツィーには、休むときには心底休むべきだと、休暇中の私に思い起こさせてくれる点で、とくに感謝しなくてはならないだろう。

いくつかの団体は助成を行なってくれ、私の仕事が完成するのを支援してくれた。国際研究交流協会（IREX）、フルブライト＝ヘイズ委員会、ユーラシア東欧研究全国評議会（NCEEER）、それにケナン・インスティテュート。とくにナショナル・ヒューマニティーズ・センターで過ごした三セメスターに、私は深く感謝したい。ここでの仕事に資金援助をしてくれたのは、「人文科学のための全国基金」とアンドリュー・メロン財団である。また研究を仕上げるにあたって、ペテルブルクではサルトゥィコフ＝シチェドリン図書館のスタッフたちのプロフェッショナルな仕事に、私は何かにつけて助けられた。ホノルルで私の仕事をサポートしてくれた、ハミルトン図書館のパット・ポランスキーも同様である。図版に関しては、マイケル・クリハラとユーリー・ペクロフスキーの世話になった。さらにコーネル大学出版局の関係者にも、感謝したい。ジョン・アッカーマンには、その熱意と支援に対して。カレン・フヴァには、出版にあたって原稿を整理してくれたことに。そしてキャロリン・パウンシーは、私の文章を練り上げ洗練されたものにしてくれた。もちろん、ハワイ大学がこの研究に理解を示してくれたことに触れなくては、公平を欠くというものだろう。

何にもまして、私は母に感謝したい。いずれの章も、もとはと言えば、生きることへの彼女の喜び、人生を謳歌する彼女の素晴らしい才能に負うものである。すなわち、ダイアナ・クラブのメロドラマ。スーパーボールⅠでのカンザスシティー・チーフスの大敗（そしてスーパーボールⅣでのリベンジ）。かつてミネソタ州ブルーミントンにあったメトロポリタン・スタジアムにアスレチックス（現オークランド・アスレチックス）の試合を観に出かけたバス旅行。クリスマスにくれたパール・ベイリーのショーのチケット。それまで行ったことがなかったからという理由で出かけた、オクラホマまでのドライブ行。ラスベガスのフラミンゴ・ホテルで観たデビー・レイノルズのショー。同じく、ミズーリ州ブランソンでのショージ・ティブチ（田淵章二）のショー。カンザスシティーにあるスターライト・シアター。チャンネル5放映の「ミリオン・ダラー・ムービー」におけるネルソンとジャネッティ。過去を掘り起こすというこの仕事で私が獲ち得た成功は、いずれも母が私に教えてくれた、どうやって今という時間を全力で生きたらよいかということに負うものである。

第三章で論じた内容の一部は、少し形を変えてすでに他のところで発表している。「ツァーリ・ロシアのオリンピック政治」(1)と「狩猟から辿る社会の変容」(2)である。

なおロシア語で書かれたタイトル、引用、氏名を翻字するうえでは、アメリカ議会図書館が採用している改訂版の翻字方式に依った。また旧正書法による綴りは、現代の正書法に変更してある。

イントロダクション

演劇とは深刻なものであることを人は忘れがちだ
——デイヴィッド・ホックニー

映画『時代の子どもたち』

一九一五年封切りのサイレント映画『時代の子どもたち』は、当時もっとも人気があったメロドラマのひとつである。モスクワの赤の広場に位置するショッピング・モール、ゴスチヌィ・ドヴォル。ここでかつて同窓だった二人の女性が互いに駆け寄るところから、映画は始まる。伝説の銀幕女優ヴェーラ・ハロードナヤが演じるヒロインのマリヤは、銀行に勤める夫と赤ん坊との小さなアパート暮らしに満足し、自分は幸福だと信じきっていた。だが再会した友人は、彼女よりはるかに豪勢な生活を楽しんでいる。この出会いをきっかけに、ある裕福な実業人と知り合いになったハロードナヤは、このバンカーの洗練された邸宅や派手好きな仲間たちと接していった。ホームパーティーで行員の若く美しい妻に魅了されたバンカーは、彼女を車で家まで送り届ける。そして後には、ヒロインをレイプしてしまう。ところが深く混乱を来したのは、ハロードナヤの肉体以上に心の方だ。彼女は豊かで贅沢な生活を選んで、夫を捨てる。行員を買収しようと図るバンカーだが、実直なため解雇されてしまった後というのに、彼は受け取ろうとはしない。傷ついた夫が家で待つ子を心の頼りにとぼとぼと帰ろうとするなか、マリヤは赤ん坊まで引き取ろうと決意した。自分を堕落の淵に引き込んだ友人とともに、バンカーお抱えの運転手が駆るリムジンに乗って、マリヤは子どもを取り戻そうと車を遣る。だが二人がまさに逃げ出そうとしたそのとき、リムジンはエンストしてしまった。監督のエヴゲニー・バウエルはこの緊迫した場面をモンタージュの手法で盛り上げ、立ち往生したリムジンとゆっくりと家に向かう夫の姿とを交互に切り換えている。すんでのところで、一行は赤ん坊との逃亡に成功した。絶望した夫が拳銃自殺をして、幕が下りる。

屋外ロケを中心とするこの映画は、同時代のロシア文化の諸相をあらわにしているという点で、注目に値する。まず公共の空間を気ままに移動し、派手な消費という新しい趣味に勤しむ二人の若い女性が登場する。登場人物の幅広い職業を見ても、社会的な流動性が顕著である。スクリーン上の映像は、あたかもデパートのディスプレイのようだ。ブルジョワの台頭を物語る、目もくらまんばかりに欲望をそそる品々。ゴスチヌィ・ドヴォルの一流店で買い物するなど、大半の観客には高嶺の花というものだったが、この点はまったく気にしなくてよい。単に映像に入り込むだけで、観る者は自分が買い物客になった気になれる。それこそが、村の間に合わせのスクリーンで映画と接する農民が、近代都市のさまざまな姿と触れ合うひとつの方法だった。さらにスクリーンに映る特権階級の女性からは、観客に占める女性の存在感が高まっていること、そして女性が経済活動、社会活動に深く関与していったことがうかがえる。恐ろしい犠牲を払いながらも、結局はぎらつく消費欲が勝利を収めるというシーンで、映画は終わる。監督のバウエルは、近代生活に特有の矛盾が渦巻く世界のなかに、観る者を誘ったのである。観客は、頭のなかで時間と空間に関する既成の観念を一時停止し、本能に依拠していずれの親を支持するか決めねばならない。観る者にこんな矛盾を体験させるという点で、映画という新たなメディアは並々ならぬ力を持っている。バウエルが生み出した緊迫したモンタージュは、この事実をもっとも明瞭に示していた。

1．モスクワのデパート「ミュール＆メリリーズ」は，まさに近代的消費の殿堂だった．

2．ヒロイン・マリヤの学生時代の旧友が遠方に視線を送っているのが，印象的だろう．これから彼女は，まさにそうした浮世離れした空間へとマリヤを導こうとしているのだ．『時代の子供たち』におけるヴェーラ・ハロードナヤ（マリヤ役，中央）．B. B. Ziukov, comp. *Vera Kholodnaia*（Moscow: Iskusstvo, 1995）．

本書の主題――商業文化、ミドルクラス、余暇の過ごし方

本書は、帝政末期のロシアの商業文化を概観するものである。こうした文化は、映画産業の発生期に頂点に達した。『時代の子どもたち』と同様に、本書の主要な登場人物はミドルクラスの出身者で、マリヤと同じく、眼前に現われた自己形成の新たな機会を利用して、社会的上昇と幸福とを模索する状況にあった。ロシアのミドルクラスと言えば、これまで研究の中心は、その文化的な活動よりも政治的な活動の方に置かれていた。この多層的な社会集団を分析するさい、研究者たちは、ある特定の経済のタイプ（すなわち市場経済）はある特定の政治システム（つまり選挙制と代議制）と照応し合うという前提に立って、ロシアと西側の政治構造がなぜ結果的に異なるものとなったのか、説明しようとしたのである。彼らの主たる関心は、専制が崩壊したとき、なにゆえロシアのミドルクラスは自分たち自身の政治制度を築くことに失敗したのかを説明することにあった。であるがゆえに、歴史家の築いた枠組は、最初から歪みを強いられている。なぜなら、西側のモデルこそ正常だとの前提に依拠していたから(1)。

結果として、帝政ロシアのミドルクラスは、結末の見えた政治的予言の犠牲者となる運命を余儀なくされた。つまり、彼ら自身はその生成にまったく関与したことのない諸制度を評価軸にして、ロシアのミドルクラスはその主たる歴史上の意義を判定されたのである。だが本書はピーター・スターンズの見解に着想を得て、これとは異なるアプローチを取った。スターンズによると、ミドルクラスの実態を明らかにするには、「単に政治構造、経済構造の変化だけでなく、個々人の嗜好の変化」を調べる方が有効である(2)。そこで私は、さまざまな形で人生を謳歌するミドルクラスの生き方を調べるにあたって、余暇（レジャー）に注目することにした。余暇は何が個人の好みであったのか、またそれはいかに発展したのかを知る指標である。私はまた、公私双方の生活において人びとが手にした新しい自己認識の機会についても分析した。結局のところ、政治に参加しようという意識が生じるためには、その前に自己に対する考え方が変化しなくてはならないのである。自分を取り巻く政治制度がどのようなも

のであれ、ミドルクラスの成熟過程は、自分や社会に対する認識の変化を反映している。ミドルクラスの成熟過程が研究対象として重要であるのは、このためである。

まずはいくつかの用語について説明が必要だろう。第一に「ロシア・ブルジョワジー」は、どこでもミドルクラスがそうであるように、本書では、いまだ緩やかな形成過程にとどまっていた存在であると理解する。ロシアのブルジョワジーとはさまざまな社会的身分の集合だが、それらをつなぐ核となったのは、伝統よりもモダニティに優位を置くような一連の基本的な諸原則であった。この意味において、「ブルジョワジー」と「ミドルクラス」は同義語として用いることができるだろう。ただしこれらの用語は読者の側にさまざまな解釈を呼び起こすから、本書ではあまり使用しない。あえて用いる場合には、社会的あるいは経済的な地位ではなく個人的態度を表現するものとして慎重に扱う。(3)なお、ブルジョワジーは決して一枚岩などではなかった。ブルジョワジーを構成する各人の利害はしばしば対立していたが、それと言うのも彼らはある社会階級に立脚しているだけでなく、個々人がそれぞれ異なるアイデンティティを抱えていたからである。また「アイデンティティ」に関しては、マヌエル・カステルの定義に従う。すなわち「組織化の原則。社会的アクターが自己を認識し、意味を構築する過程」ということである。(4)哲学者ヨゼフ・ピーパーの言葉、「余暇とはあらゆる文化の第一の基盤であったし、今後とも常にそうあり続けよう」(5)に賛意を表して、私は相互に明確に区分される五つの余暇の過ごし方を本書の基本的な分析対象に選んだ。具体的には劇場、スポーツ、観光旅行(ツーリズム)、ナイトライフ、そして映画である。

余暇を主たる対象としているからと言って、私は政治を無視しているわけではない。それどころか、商業化や大規模な流通現象に内在する政治こそ、私の分析にとってもっとも重要な問題である。メアリー・ルイーズ・ロバーツによれば、政治とは「世間における人びとの行動様式に実際に影響を及ぼすような主観性および自己表現に見られる、一連の個人的変化」と定義される。(6)そのロバーツが強調するのは、生成途上のミドルクラスが自己の消費性向を通じて政治化され始めたことである。イタリアのマルクス主義者アントニオ・グラムシの刺激的な諸著作に範を得て、私は商業が文化に影響を与えた種々の回路を追究しようと試みている。個人が自己に対する認識を深め、社会のさまざまな関係のなかで互いにいかに振る舞うべきかその考えを深めるうえで、商業はどのようなインパクトを持ったのだろう。私は、この点も探ろうとした。[7] たとえば映画『時代の子どもたち』は、合理的で資本主義化されたスタジオにおいて商業的消費を想定して制作されたが、この映画を通じて流布したイメージからは、階級、ジェンダー、派手な消費といった諸問題が否応なしに登場する。しかしそれらは必ずしも、スタジオの資本主義的な構造を強化する方向には働かない。また映画館を訪れたロシアの観客は皆それぞれに固有な存在だったけれども、政治的議論から生じた問題群や一定の文化的な拠りどころをある程度は共有してもいた。それゆえに、映画を観たり、あるいは本書で扱われる他の活動に加わったりしながら、この人びとはより広域のネイション単位の枠組のなかで、個人としてのアイデンティティを育みつつあったのである。

余暇がますます商業化されるにつれて、その範囲も拡大し、大衆向けの文化も成長することになった。一口に「大衆（マス）」文化と言っても、大衆のために作られた文化と大衆により作られた文化とでは理論的に異なる。[8] 私が理解するところでは、「大衆（マス）」文化は「民衆（ポピュラー）」文化とは明らかに異なっている。「大衆（マス）」文化とは、ある集団のなかで自然発生的に生まれたものなどではない。それは消費者の利害以前にプロデューサーの利害を代表する、意図的に作り出された産物である。それゆえに、「大衆（マス）」文化は金銭的な意味においても、またこの言葉が持つ侮蔑的な意味においても、「商業化」されている。大衆文化は、カネが価値を左右するのを許容するのだ。商業のせいで、文化は平凡化するという。なぜなら、商業は高尚（ハイブロー）な文化の世界では美的感性を通俗化し、低俗（ローブロー）な文化の世界では民衆の真の声を潰してしまうから。[9]

大衆文化は商業的原則に依拠している点で他の文化とは区別され、この独自の構造ゆえに必然的にモダンな性質を帯びる。本書では「モダニティ」を、世界の構造という観点と個人の態度という観点の双方から把握することにしよう。モダニティという語には工業技術の発展、急速な都市化、主要な経済様式としての資本主義、人や情報の容易な流れを保障する大量輸送や大量伝達、といった要素が含まれる。また知的な領域に目を転ずれば、モダニティのおかげで理性を基盤とする世界が組織された。このモダニティに関する議論は通常は労働に関わるイメージを想起させるが、モダニティは実はそれと同じ程度に新しい種類の遊び（プレイ）とも関係があった。本書で単に「余暇（レジャー）」と表現した場合には、仕事がらみの、あるいは家庭がらみの義務の遂行とはまた別に、消費された時間を指すものとする。(10) 時間と空間の双方にわたって余暇が生み出す多様な機会のおかげで、人は大衆文化を利用しながら自己の意味を探求することができる。(11)

余暇の過ごし方を分析するうえで、帝政末期のロシアにはきわめて豊かな素材がある。余暇は労働・社会・政治といった自分を取り巻く世界からの逃避を意味するものとみなされてきたが、実際には余暇はこれらの世界を反映するとともに、その構築にも寄与したのである。一八五〇年代にクリミア戦争で破滅的敗北を喫した後、ツァーリ政府が工業化に着手し始めると、政府は伝統的な経済関係を覆して、社会の相互関係に新しい型を押しつけた。第一次世界大戦前夜、都市人口は帝国全体のわずか一五パーセントにすぎなかったが、この他に大衆（マス）向け技術の恩恵を受けていた人びとが、都市という境界を越えて数百万単位で存在していた。(12) この農業を基調とする社会がきわめて急速に、それも金融資本の時代という比較的遅い時期に工業化を開始したので、ロシアでは国家資本主義という特異な形態が発達した。私的資本によるインフラが十分な強度を持っていなかったため、この体制の下では、諸産業が国家の助成に著しく依存せざるを得なかった。この結果、逆説的な事態が生じる。すなわち経済発展により「大衆（マス）」の社会参加が拡大したがゆえに、大衆と専制国家との対立が激化したのだ。大量生産がその規模を維持するには大量消費に依存せねばならず、そこから消費者という名の新しい社会的アクターが誕生する。専制君主の臣民が消費者となると、自分たちが自立的立場にあるかのような感覚を抱き始め、自己を着飾る新しい機会をとらえてはその存在を示そうとする。さらに消費者は、財政的な支援を拡大したり縮小したりすることで生産の統制を図る者とも対立し、そうした対立を通して自分が何らかの動きに参加しているという意識を覚えたりもする。
当初余暇は家庭内の私的な環境のなかで発達したが、商業化が進むにともない公的空間へとその舞台を拡げた。生産と消費という不可分の関係が公私の二元的区分を破壊したことで、この関係が新しい余暇の形態を左右することになった。[13] 余暇の時間に行なわれる活動は生産を意図していないとは言え、やはりその時代の支配的な生産形態に大きく規定されるものである。[14] 技術革新のおかげで、娯楽の領域ではまず写真と映画が発達したため、画像と音声の大量生産が可能となり、商業文化を共有する可能性が飛躍的に高められた。音楽、情報、各種のエンターテイメント、そしてさまざまな個性が広範に流布したことによって、ロシア人が自分と自分の住む帝国を理解するうえで有益となる、新しい文化的拠りどころが固まってくる。[15]
「文化産業」[16]という用語は、文化とは経済的利益を生むものでなければならないという思想を皮肉な形で表現する言葉だが、たとえこの言葉がロシアの文化エリートにより造り出されたものだと言われても、驚きには値しない。なぜなら、この言葉には商業に対する彼らの軽蔑的態度が反映されているから。一八世紀末以降数世代を経て、このインテリゲンツィヤを自認していた集団は、ある独自の社会的カテゴリーとなって、その地位を獲得するに至った。そこに参入する条件としては、経済的地位や家系より、むしろ政治的態度の方が重要だった。[17] 利己心を否定し、政府から距離を置いて行動することで、インテリゲンツィヤは自らの権威を確立する。自分たちはさまざまな集団の利益を代弁し得ると主張したことも、彼らの権威を高めた。なかでも、自己の願望を具体化する術を欠いた者の利害を代弁しているのだと主張したことで、インテリゲンツィヤは大きな権威を勝ち得た。インテリゲンツィヤは自ら蓄積した名声のおかげで、グラムシの言うところの社会的ヘゲモニーを行使する力を得た。これにより、彼らは私的なサークルを越えてすべての領域に影響力を拡げることになった。本書では、このインテリゲンツィヤという言葉を、教育を受けたロシア人、あるいは文化エリート全体を指すのではなく、インテリを自認する者にのみ適用する。たとえば二〇世紀初頭のアヴァンギャルドはインテリゲンツィヤと異なり、

3．写真に見える多様な歩行者の姿からは，都市の急速な社会的変化をうかがうことができる．

大衆(マス)文化の価値を貶めるよりもむしろ高く評価する傾向が強かった。

経済資本という代わりに文化資本と言い換えるなら、インテリゲンツィヤはピエール・ブルデューの次の至言にふさわしい存在と言えるだろう。曰く、社会において文化への投資を支配する者たちは、強力な政治装置を動かすことができる。なぜなら、この人びとは価値体系の真正性を決定するような嗜好を自分で決めていく立場にあるからだ、と。[18] アリストテレスは、余暇を「真に公平な利益の充足、そして観想の達成であり、人類最高の目標」と考えていたが、哲学的な観点からは、インテリゲンツィヤはこのアリストテレスの理解にもっとも共鳴する存在だろう。[19] ロシアのエリート文化を自己の政治批判の言葉として用いたインテリゲンツィヤは、芸術こそ超越的な真実だと主張することで、自分たちの指導的立場を確立した。その結果、文化はロシア的文脈では西洋に比べ圧倒的な政治力を帯びることになった。

ロシアの高尚文化を盲目的に崇拝したインテリゲンツィヤは、政治上の準拠枠組だけでなく、社会で共有され後代に影響を及ぼすことになる一連のシンボルをも提供した。スチュワート・ホールの言葉を借りれば、『内発的』であるだけでなく、自然で正常に見える」[20]正統性を打ち立てたインテリゲンツィヤは、ロシア史研究において常に注目される対象であった。彼らは、ロシア社会の主要な言説を牽引する存在として、支配的な地位を得た。ちなみに、この支配的言説が自分たちと競合していた文化を議論に組み込んでいくようになったのは、ごく最近のことである。インテリゲンツィヤは自分が確立した権威のおかげで、私有財産、経済力の分配、共同体に対する個人の関係といった重要な問題を社会の共通論題とすることができた。彼らは、「文化」と「産業」との間に正当な関係など存在しないとする見解にいち早く立って、競争とそれがもたらす個人の富を称揚する西洋資本主義の教義を拒絶した。こういった主題にインテリゲンツィヤが否定的態度を示したことで、その後の商業文化の受容は低調なものとなった。

それゆえにロシアのミドルクラスの一員となることは、インテリゲンツィヤが唱える政策や価値観を意識しながら、自己を規定していくことを意味した。しかし、インテリゲンツィヤが定式化した象徴的コードの多くを商業文化が利用したからと言って、すべての集団が同じような形でそういったコードを使用したり解釈したりしたわけではない。ミドルクラスへと転化した者たちは、自己を規定していく過程で、自分の地位に対する不安から逃れることができたわけでは必ずしもなく、慣れ親しんだ風習のなかにしばしば逃げ込んだのである。陳腐な物言いではあるけれども、「模倣とはひとつのもっとも大真面目な追従である」。だがミドルクラスのロシア人はこういった模倣に頼らざるをえなくなり、それまでの文化で自明なものとされていた基準を踏襲して、自分より優れていると感じられた者の真似をする羽目となった。彼らの模倣の対象には、西欧人やアリストクラート、そしてインテリゲンツィヤも含まれる。こういう真似ゆえにロシア人はパロディの素材にされやすくなり、それがまた自分の地位に関する彼らの不安を煽ることになった[21]。

だが模倣者は、自分自身の願望と新しい消費のパターンに見合う形で、最終的には旧習の多くを改編した。たとえばオペラはオペレッタという形式で簡略化され、ナイトクラブで上演された。商業的な「ツーリスト」がアリストクラティックな「旅人」に代わり、このツーリストはこれまでと異なった形で帝国主義を経験した。「大改革」のもとで旧来の身分的構造がほころび始めると、瀕死のアリストクラートは台頭するミドルクラスから包囲されていると感じたが、そう感じたのは彼らだけではない。アリストクラート批判の中心に立っていた者たちも、また同様の感覚におそわれた。当時形成途上にあった商業文化は、保守主義とエリート主義のはざまで圧迫を受けた。しかし全国に及んだ一九〇五年革命の結果、政治的抑圧は緩やかになり、経済発展と検閲の緩和が並行して進んだおかげで、商業的利益を目的とする余暇産業の成長が促進されることになった。

　余暇での活動は、革命と変化を求める動きを間接的ながら後押しした。勃興しつつあるミドルクラスに、個人としてのアイデンティティを育んでいくことができるような舞台を切り拓いてやったからである。彼らミドルクラスがとくに求めていたのは、公的活動への参加を拡大することだった。余暇を通じて、たとえば自由時間と公共的な空間に関する伝統的な理解が変化を余儀なくされた。労働に割く時間あるいは家庭での雑用に充てる時間以外の時間を「自由な」時間とみなす考え方は、本質的には決して目新しいものではない。しかし、「余暇」の時間を「芸術を介して自己実現を図る」ために費やす時間だと捉えるのは、新しい発想だった。また余暇によりこの種の「芸術」の範囲も拡大し、そこにますます増加する商業化された公共的な空間も取り込まれるようになった。具体的にはナイトクラブ、競馬場、観光ホテルなどである。環境の変化に自己を適応させるために、ロシア人が取ることができた選択の幅は拡がっていた。本書では当時もっとも人気があった余暇の過ごし方を概観して、このようなオプションのいくつかを考察することとしよう。また本書では時系列によるのではなくトピックを基準に構成を立てて、それぞれの活動をまずは固有の性質という観点から分析し、そのうえで他の活動と関連づけることにする。話の中心は一九世紀半ば以降にあるけれども、こういった変化の背景を提示するため、さまざまな娯楽の前史にも言及しよう。それぞれの活動について、私の分析は第一次大戦後にまで及んでいるが、これにより、戦争が社会の変化に与えた影響という古くからある問いに対して、新たな光を当てることができる。(22)あらゆる活動が戦争の影響を被ったけれども、その受け止め方は多様であり、それゆえに単一の評価を下すことは適切でない。また本書では、西欧における類似の活動にも触れることにする。なぜなら、これによりモダニティが持った幅広い影響を明らかにできるし、また同時に、ロシアの経験が有した独自性にも目を向けることができるからだ。

本書の構成

資本主義的な構造には、合理性にもとづく組織化、専門性の重視、資金調達の新しい形態などが特徴として見られるが、こうした構造を基礎として、それぞれの活動の基盤や制度的枠組が生み出される。そこで本書の各章では、余暇をプロデュースする側と消費する側の双方に光を当てて、余暇がいかに実践され経験されたのかを跡づけることにする。本書ではそれを通じて、ある時期脚光を浴びながら、その後は後景に退いたり完全に消滅したりしてしまったライフスタイルや人びとについて蘇らせることにしよう。観客というひとつの集団を構成している一人ひとりがさまざまな場を楽しむように、一部の個人は複数の章に登場して、さまざまな活動の舞台をエンジョイすることになるだろう。たとえばスポーツ選手が映画スターとなり、給仕が複数のナイトクラブの支配人に成り上がるといった具合だ。映画の脚本家がレストラン評論家に転じる例もあった。利用する史料は、こういった活動を組織する団体が残したビジネスの記録と、個人的素材、すなわち演者とファンの双方の回想や文書類から取られている。こうした多様な個人や事業主体に関する専門情報、あるいは醜聞を流布する定期刊行物もまた、豊富な情報を提供してくれた。歴史において、史料が均等に残されることはまれである。それゆえ他より詳細に取り扱った人物、あるいは活動もある。また本書では、一般には知られていない主題について読者に詳しく伝えることを優先し、均等でバランスの取れた叙述からあえてはみ出ることも厭わなかった。

まずは官製演劇が本書の叙述の起点となる。それこそが、チケットを購入する観客を主たる収入源に据え、大衆に見せるために組織されたメディアの最初の例だったからだ。舞台の上には、近代なるものが興行の世界で生み出した新しい特性のいくつかが現われている。それは演劇が主題として扱った社会的な問題から、観客のスター賛美までさまざまである。社会学者のリチャード・セネットは、一九世紀における舞台と路上との類似性は大いに注目に値すると考えて、劇場という空間と形成期のブルジョワ社会とを関連づけた。彼によれば、劇場は近代的な自我の観念が発達していく過程を辿るうえでのひとつの手段で、こうした変遷を彼は意味ありげに「公的人間の没落」と名づけている。[23] 他の国の国立劇場の場合と同じく、ロシアの国立劇場は必ずしも完全に商業化されたわけではなかったけれども、本書の議論から帝室劇場を除外するなら、それは恣意的というものだろう。なぜならそれら国立の劇場はロシア国内の演劇の標準となっており、最初に作品を上演する優先権を持つとともに、最高級の俸給と退職金を提示して、最良の俳優たちを引き寄せてもいたからである。国立劇場はまた、本書が扱う地理的範囲のバラツキを示すよい例である。以下では、まずは両首都、すなわちペテルブルクとモスクワに注目した後、視点を広げて地方への巡業を追うこととする。

以上に述べた変化において劇場が持った意味はきわめて大きく、それゆえ演劇には二章を充てた。第一章では劇場の歴史的起源を考えるうえでもっとも重要と思われるいくつかの局面を議論するが、こういう叙述のスタイルを、他のトピックを論じる場合も踏襲しよう。この章ではA・H・オストロフスキーの生涯と作品に光を当て、舞台の表裏双方で進んだ劇場の商業化を明らかにする。一九世紀の官製演劇を語るうえでの中心的な人物として、オストロフスキーは括目すべき存在である。なぜなら幅広い人気を誇った彼の演劇は、「大改革」後のロシアが直面していた諸問題をステージに投影していたからである。オストロフスキーは、演劇のなかで、これらの問題を写実的に描写しようとした。彼の働きかけで一八八二年に国家の演劇独占が廃止された結果、民間の私立劇場の発展も可能となったが、この問題を扱うのが第二章である。そこでは、私的領域の拡大が及ぼした多くの影響について見ることになる。この動きもまた、舞台の表裏双方で生じたのだった。

興行という要素は、スポーツを扱う第三章でも中心の主題である。しかし団体競技では、他者に向かって見せることより、参加という側面の方が大きかった。この章では、スポーツがモダニティの発展に果たした役割が検討される。その例として、上下関係と合理性を重視したチーム編成、見本市とよく似た対抗試合、自分が仮託できるようなロールモデルを求めるファンたちを挙げることができる。フィジカルな運動が核であるから、スポーツでは生身の肉体がその中心となる。運動競技と狭義のスポーツを超えた身体健康運動との関係が深まるにつれ、競技に参加する人数は男女を問わず増えていき、このことはモダニティに対する彼らの態度に影響を及ぼすこととなった。

新しい文化産業の従事者は、逆説的な事態を呼び起こした。ステージやスポーツのスターたちは労働を遊びとして表現した。この結果、遊びをプロデュースする側と遊びを消費する側との間の重要な差異が曖昧になった。このことから、ファンがスターを真似た理由や過程の一端をうかがうこともできるだろう。第四章の背後には、こういう一部の例外的な人物が圧倒的な人気を集めた事実に対する興味がある。近代なるもの（モダニティ）が男性と女性で異なる要求を突きつけた結果、社会的機能のジェンダー化、すなわちジェンダーによる区分けが生じた。女優やレスラーといったエンタメ界のアイドルは、世紀転換期におけるアイデンティティのジェンダー化を果たしてどこまで反映したのか。この点を、第四章では分析しよう。すでにこの時期、男女の伝統的な役割はもはや未来に訴えかける力を失っていた。

自己認識の変化をめぐるこれらの見解を補うために、第五章では観光産業の成長を取り上げ、ロシア人が自らをナショナリストにして帝国主義者と意識するに至った重要な過程を探ることにする。輸送手段の発達が旅行の機会を飛躍的に拡大させたことを、ブルジョワ化した観光産業は利用した。次第に増加する富裕層は新しいロシアの姿を視野に収めて見聞を拡げんと欲しており、それが観光産業には追い風となった。ジェイムズ・ブザードの説くところでは、異文化接触という効果を持つため、ツーリズムは「近代文化にとっての基本的な要素であり、この文化に特有の現象である」[24]。広い意味での旅人には、兵士や農奴、そして巡礼の人びともいた。だがこの章では、観光産業の発達の過程を検討しよう。旅は感性を洗練するうえで必須であるとの貴族社会の考え方を商業的に利用することで、ツーリズムは成長を遂げたのである。観光産業はロシアの帝国的な膨張を、日常の次元にまで押し拡げた。それとともに、帝国の臣民であることの意味、そして帝国の臣民として振る舞うことの意味について、観光産業は新しい考え方を提起したのだった。

夜のエンターテイメントに充てた二つの章では、商業化された夜の世界に踏み込むこととする。余暇それ自体と同様に、夜は時間と空間の双方にわたって一度に作用を及ぼす。昼が主として労働のための時間だとすれば、夜は遊びの時間に転じた。飲食という自然な行為は晩餐という社会的行為に姿を変え、公と私の相互交流の間にあった重要な壁は一部が消滅した。音楽やコメディを初めとする、夜の気晴らしのためのお決まりの出し物を通じて、観客は心を和ませる誘惑に充ちた環境のなかで自己のアイデンティティを確認したり、社会的差異に気づく機会を持ったりする。燎原の火のごとくに燃え広がる危険をはらんだ諸関係も、歌とパロディの力によって緩和される。そんな危険な関係も政治的意味を帯びる文脈からは切り離され、観客を喜ばせるための手段となって馴致されたからである。この第六章では夜のエンターテイメントが供される空間を、また第七章ではその具体的な内容を探ってみよう。

第八章および最終章で扱われるのは、当時発生段階にあった映画である。これは帝政ロシアの文化産業が確立するうえで中心的な役割を果たした。映画は、技術革新がはらむラディカルな可能性と、社会のなかでやはり同じように深く進行していた娯楽の民主化という動きを結びつけた。映画は社会のさまざまな層を引きつける驚くべき能力を備えており、どの国でも文化を経験する行為自体の性格を革命的に変える現象となっていた。

ボリシェヴィキは以上の過程にある論理的な帰結をもたらしたが、それは一九一七年を区切りとする、一連の政治的な諸事件によって準備された。マルクスを逐語的に解釈したボリシェヴィキは、商業文化をブルジョワの特性とみなし、社会主義によって吸収され、あるいは破壊されねばならないと考えた。商業化された余暇に内在する自立化の要素を、厳しく制約すること。——このような政治的課題を追求するという点で、インテリゲンツィヤを自認していた党指導部は、多くの文化エリートとの間に共通の大義を見いだしていたのである。けれども、それまで余暇に行なわれてきた諸活動は、革命政治の産物が舞台の中央に躍り出るのを今か今かと待っていた観客の価値観や期待感に、すでに影響を及ぼしていた。このことは認めなくてはならない。専制とインテリゲンツィヤの双方を継いだボリシェヴィキが、いかにこういう観客を扱ったのか。これは、本書で語ったこととまったく別の話となろう。だがそのストーリーもまた、帝政末期に存した諸文化を踏まえなくてはならないだろう。そこで結論の代わりとして、『〈遊ぶ〉ロシア』と題した本書は、最初期のボリシェヴィキ政権が余暇をいかに取り込んだかを述べることで、締め括ろうと思う。それにより、本書で論じた諸活動がボリシェヴィキの新体制によりボリシェヴィキ流に変えられた形で利用され、国家を基盤とするアイデンティティの形成に影響を与えた過程が示されるだろう。このアイデンティティこそが、ボリシェヴィキ権力の基盤の強化と維持の助けとなった。それが彼らの不安定で、結局は短命に終わってしまった権力が、少なくとも当面は維持されるのを助けたのである。

第一章　ロシアにおける官製演劇の起源

一八世紀末までのロシア演劇

「正統演劇（レジティメイト・ステージ）」ないし「官製演劇」という概念は、絶対主義国家の興隆にともなって、ヨーロッパで生まれた。それは政府が対話劇に上演許可を与えることで、演劇を「合法化（レジティマタイズ）」するという意味である。この措置によって、いわゆる「民衆演劇」と組織化された公演とが公式に区分されることになった。従来、前者のような屋外の興行は、教化というより娯楽を意図していたからだ。この措置はまた、国家をしてダイレクトに舞台制作に関与させた。そのため合法とされた劇場は、政府から補助金を得る利点はあったものの、検閲の強化という重荷によってその利益を相殺されてしまった。その後、ヨーロッパ各国で君主専制が議会制に交替した後も、引き続き政府は補助金と検閲の双方を用いた。なぜなら演劇は国民文化に関わる根本的な問題のひとつであり、公衆に任せるには重大過ぎると考えられたからである。しかし何が「国民文化」であるかの統一見解を作ることは困難だったため、ロシアでも他の国の場合と同じように、官僚と芸術家とが衝突した。さまざまな議論が公然と交わされ、劇作家も役者もそれが解決されるのを望んだわけだが、こういった数々の争点が舞台化されたことで演劇は社会の支持を得ていくのである。

ロシアにおける演劇は、この国にはよくあることだが、西欧から輸入されたものだった。モスクワのドイツ人村（外国人居留地）に住む外国人から劇場について多くの情報を耳にしたアレクセイ帝（在位一六四五—一六七六年）が、一六七二年、ルター派の牧師ヨハン・グレゴリーとともに、旧約聖書エステル記の全編上演を企画したのである。[1] 一〇時間におよんだという上演の間、アレクセイ帝はこの日のために彼の宮殿にしつらえられた劇場に機嫌よく満悦の体で座っていたが、彼と一緒に観劇を強いられた反抗的な大貴族たちは、アレクセイほどには熱狂しなかったという。[2] 西欧の資料にもとづいてこの作品の制作にあたったアレクセイは、多言語を話せる使節官署の役人を起用し、それをあまり詩的ではないロシア語に翻訳させた。そして、シメオン・ポロツキーというポーランドとイタリアで学んだ修道僧が、ロシアで最初の公認劇作家となって聖書のさまざまな寓話を上演し、とりわけ『燃え盛る炉』では、花火を使って魅惑的な演出をした。[3]〔訳注1〕

アレクセイの三男で、後継者となったピョートル大帝（在位一六八二—一七二五年）は、ヨーロッパ旅行で演劇への関心を募らせた。[4] ピョートルは、劇場とは文明の象徴であり、それゆえ、彼のロシアで必ずや作らなければならぬものだと考えた。彼はモスクワ初の公共劇場を赤の広場に開設し、政府の書記に翻訳させ、役人たちに俳優という勤務を強いて、素人演劇のシェイクスピアとカルデロンとを上演した。ただしピョートル時代におけるもっとも素晴らしい作品は、彼の軍事的功績を称えるために上演された、目もくらむ数々のスペクタクルの方であった。[5]

けれども一八世紀初頭のロシアには、観客がいなかった。これは、いくつかの文化的な欠落のため、とりわけ、文章語が存在しなかったためである。ルネサンスと宗教改革という、ヨーロッパで大きな影響を持った知的潮流も、ロシアにはごくマイナーなインパクトしか与えなかった。それゆえツァーリの帝国には、シェイクスピアのように時代を超えて輝き、あるいはモリエールのようにユーモアのある、ユマニストやモラリストの演劇が生まれる環境がなかった。ロシアが劇場をつくるには、哲学的にも言語的にも発展する必要があった。

ピョートルのあとを継いだ強力な女帝たちは芸術を庇護し、そのような努力の積み重ねから、オペラやバレエ、そして官製演劇の最初の繁栄がロシアにもたらされることとなった。アンナ一世（在位一七三〇―四〇年）、エリザヴェータ一世（在位一七四一―六二年）、エカテリーナ二世（在位一七六二―九六年）の治下に進展した、貴族幼年学校の教育、モスクワで一七五六年に開かれたロシア初の大学の創立、そして一連の地方教育改革を経て、ようやく知的生活が花開いたのである。ロシアでは外国から持ち込まれた文化が多かったために、自国のアイデンティティと文化的な独立とは、一八世紀を通じて議論された。そして劇場は、知識人がそういった議論をするための場となっていく(6)。

女帝たちのうちで、エリザヴェータは有名な遊び好きであった。フランス王に返信するには二年かかったのに、仮面舞踏会ではその姿が毎週火曜に見られたのである(7)。一七五六年、彼女は、作家A・П・スマローコフをロシア初の国立劇場の監督に任じた。もっとも彼女は祖父のアレクセイ帝と同様、貴族たちに劇場に出かけるよう命令しなければならなかった(8)。スマローコフは資金がなかったにもかかわらず、鑑賞にたえる作品を上演しようと奮闘した。そして一七五九年、劇場を所領参議会の管轄下に置くよう働きかけ、ついに成功した。これによって、舞台装置や衣装を買ったり、給与や年金を支払ったりするための資金が確保された(9)。エリザヴェータはまた、帝室演劇学校を創立した。この学校は男女を問わず、そしてまた、すべての身分に開かれており、入学にあたっては正教徒でなければならないというのが唯一の制限であった(10)。さらに彼女は、ロシアに初めて、公衆（オープシチェストヴェンノスチ）に開かれた常設の室内劇場を設立した。当初、その建設現場にはあまりにも多くのネズミが巣食っていたので、大工が仕事をできるように、女帝は三〇〇匹の猫を駆除役として送り込まなければならなかったという(11)。常設劇場の設立により演目の管理は容易になり、また座席の位置に合わせて前払いする観客にとっては、スケジュールが立てやすくなった。

こうしてエリザヴェータ時代に演劇の発展が始まり、それは進取の気性に富むエカテリーナのもとで繁栄を迎えた。彼女はいくつかの戯曲を自ら——実際には、おそらくは誰かの協力を得ながら——執筆し、また、何本かの台本を翻訳した。[12] エカテリーナはさらに、翻訳劇を含む四三巻本のロシア戯曲集の編纂・監修をした。ロシアの演劇ファンは、依然として一八世紀末になっても、フランスやイタリア、ドイツから来る旅の一座の公演を観劇するしかなかった。しかし、彼らは自分の屋敷やクラブで素人芝居の上演を始めた。この試みは、演劇が大規模化し、商業化した後も続いた。これはロマノフ家の一族もやったことで、エカテリーナは私的な劇場をエルミタージュに作った。そしてこの劇場が、最後のツァーリの妹で、素人劇団に出演したほどの芝居好きだったオリガにより、ロマノフ朝が滅亡するまで使用されたのである。[13]

エカテリーナ時代の演劇では、時代思潮の変化を反映して、啓蒙思想と結びついた作品が人気を博した。エカテリーナはフランスのフィロゾーフに多額の資金を援助していたが、彼女には「個人の解放」という啓蒙の理想を、演劇を通して知らしめるつもりはなかった。[14] しかし彼女がそうした思想の流入を制限したにもかかわらず、この時代に世俗主義と諷刺とがロシア演劇で花開き始めたのである。そして彼女の治世において、ロシアで初の「古典」、つまり、当座の設定をこえた問題提起がなされているため、それが書かれた時代を超越した作品が現われた。デニス・フォンヴィージンの『親がかり』（一七八二年）である。[15]

一九世紀のロシア演劇

演劇の発展に重大な影響を与えた次のツァーリは、アレクサンドル一世（在位一八〇一—一八二五年）である。彼は、官僚機構と検閲の再編を通じて、演劇に対する国家の存在感をより強く知らしめた。一八〇四年の新法は、芝居の台本が、国民教育省の管轄下に新設される委員会により、上演前に検閲を受けることを定めた。この法律は、芝居を上演することと、その台本を出版することとを区別しており、台本の出版には寛大であった。一八一一年には、上演作品の監督業務が内務省の管轄下にある地方の警察に移された。このとき検閲官に示されたガイドラインは、皇室および正教への不敬と、身分間の反目を招きうる恐れがあるものには注意するよう命じている。(16)とはいえ、台本を審査する中央の省庁があったわけではなく、それぞれの劇場の支配人は、公演ごとに現地当局から許可を得ればよかった。許可の基準は一定しておらず、ある地方の検閲官が、他の地域では再演が許されそうもない作品に対して、その変更を求めたうえで許可を与えるということもあった。この場合、いわば警察が創作に一役買ったことになる。(17)この許可制度は混乱と恣意的な決定を引き起こし、演出家が創作によいと考える、首尾一貫した環境にとってマイナスとなった。

アレクサンドルの後継者ニコライ一世（在位一八二五―一八五五年）は、政治的には「鉄の皇帝」として知られているが、実は麗しき上流の淑女たちを愛したし、それと同じくらい情熱的に演劇を愛好した人物であった。(18)今もサンクト・ペテルブルクに残る美しい装飾の国立劇場は、一八三二年にオープンし、彼の妻アレクサンドラ・フョードロヴナにちなんで「アレクサンドリンカ」の愛称で呼ばれた。ある役者はニコライ時代を、「父が子を愛すように皇帝が芸術家たちを愛してくれた」時代であり、演劇にとって最良の時代だったと回想している。(19)この時期は演劇人気が高まったため、貴族に観劇を強いるというロマノフ家代々の慣習を、ニコライはやめることができた。(20)ひとかたならず演劇を愛したニコライは、国立劇場の役者に対する年金を定めた一七八三年の法律を拡充した。「俳優たちの才能を刺激し、長い勤めに見合った報酬を与え、義務を熱心に果たさせる」(21)ために、彼は職業俳優の社会的地位を高め、経済的な安定を与えたのである。だがニコライが行なったもっとも重要なことは、俳優と女優のために、その専門的技能を反映した正式の法的な地位を設けることで、こうして役者をロシアの公的な制度のなかに組み込んだことであった。(22)

またニコライは、一八二七年に両首都における公演を帝室劇場の管轄下に置いて、国家による演劇独占の基礎を作った。(23)このときの法律は、劇作家の役割についても述べている。そこでは、劇作家が自分の作品の上演料で生計を立てることは想定されていない。また同法は、散文よりも韻文で書かれた芝居に高い対価を認めていて、こういう文化的偏見は、やがて一九世紀半ばにリアリズムの隆盛をもたらした文体改革を妨げかねないものだった。さらに、台本は相続の対象となる財産とはみなされていない。劇作家は、著作物から得た収益を子に与えるよう遺言できなかったのである。これに対して刑法は、著作者の許可なく芝居を上演した者への罰則を設けて著作権を保護しようとしたが、現実には無力だった。[24]

さらに示唆的なのは、一八二七年の法律が上演のために提出された台本をすべて帝室劇場の所有物とし、そのうえで帝室劇場が作品を、長さ、様式、およびオリジナリティーによって分類すると定めたことである。たしかにこれにより、劇作家は従来よりも望ましい形で俸給を得られるようになった。たとえば五幕物の芝居の報酬は、翻訳劇やボードビルより高いといった具合である。[25]また、芝居のチケットが売れたか売れなかったかは、俸給の算出には関係なかった。さらに、おそらくはフランスの伝統を真似たのだろうが、劇作家はボーナスとして大量のチケットを無料でもらい、自由に売ることも認められた。こうして、とりわけ人気のある芝居の場合、作者は相当の追加収入を得ることができるはずだった。しかしこうした慣行は、すべて劇場支配人の裁量に委ねられた。それゆえ、一八六九年にオストロフスキーは憤慨しながら、自分は成功した芝居を一八本も書いたのに、いずれの帝室劇場からも無料チケットを受け取ったことがないと記している。[26]

ニコライの長男アレクサンドル二世（在位一八五五―一八八一年）は、父の演劇熱を受け継ぎはしなかったが、公演後の寸劇や深夜のボードビルにふらっと立ち寄ることで知られていた。アレクサンドルは「大改革」を支援したので「改革者ツァーリ」と呼ばれたが、劇場をいかに扱うべきかについての定見はなかった。彼が進めた一八六五年の検閲改革は上演の許可手続をかなり改善したが、法律の内容は変更されなかったし、出版と上演の間にある検閲の差違も解消されなかった。[27]それればかりか、評判の悪いことだが、アレクサンドルは国家による劇場の独占を定めた。一八五六年と一八六二年、政府によって、「ペテルブルクおよびモスクワでは、民間劇場の経営が許可されないこと」、そして「公開公演は帝室劇場の専権事項であること」が決められたのである。[28]とは言っても、国家の演劇公演の独占はペテルブルクとモスクワの両首都に限られたし、適用されたのも一八五六年から八二年にとどまるという計画性を欠いたものであった。

改革期の政府は、演劇を独占して何を目指すのか、決して明らかにしなかった。そもそもこの時期の経済政策は、通商や民間の競争を奨励していた。短命に終わった演劇独占体制は、すでに発展を遂げていた官製演劇に影響を及ぼすには、時代遅れだったのである。ミュージカルや外国語劇の上演は許可されていたし、セミプロ・レベルの水準に達した演目に私的なクラブが料金を課すことも可能であり、実際に入場料を取り立てることもあった。独占体制に穴が開いていたことは、この制度が廃止される八年も前の一八七四年に、劇作家に上演交渉をした民間劇場がモスクワに一二、ペテルブルクに一四あったことからも明らかである。ただ帝室劇場は、財政の安定しない民間劇場では不可能な固定給と退職金とを出していたから、常にもっとも才能ある者たちを集めることができた。

劇こそまさにうってつけ

演劇の枠組は法律によって定められたが、演劇に文化的な重要性を与えたのは、作品と、それを解釈する現場の演劇人である。一八世紀に入っても、ロシアの作家たちは独自のスタイルを作り出すより、西欧のそれを模倣していた。ただしこの国の劇作家たちは、オリジナル作品を発表することはまれであっても、西欧の作品を翻訳する際、設定や登場人物をロシア化して、自分たちの創造性を示すことがあった。たとえばスマローコフは『ハムレット』を翻案して、ロシア宮廷での陰謀劇に仕立てている[30]。これは、忠実な翻訳とは違うのだがまったくの別物でもない、新しいジャンルとして育っていった。しかしこの世紀の終わりには、ロシアは西欧との関係において、自らの文化的成熟をはっきりと示し始めた。前述のロシアで最初の独創的な劇作家フォンヴィージンは、諷刺というヨーロッパ由来のジャンルを借用しつつも、啓蒙の合理主義を完全には受け入れずに、まったくロシア的な登場人物を創造した。それは、旧弊にとらわれて理性を軽蔑する頭の固い貴族たちと、フランスかぶれで盲目的にこれに額づく人びとである。フォンヴィージンのこうした主題は、知的土壌が形成されつつあった時代におけるナショナルな自己認識を示しており、「ロシア演劇」を創り出したという点できわめて重要である(31)。なかでも『親がかり』は、「古風な人」を意味するスタロドゥムと「単細胞」を意味するプロスタコフという印象的な登場人物を配することで、貴族層を皮肉っていた。そうして官僚たちの愚鈍さと地方の救いようのなさを秀逸に物語ることで、彼の名を後世に残したのであった。

フォンヴィージンの人気をのぞけば、一九世紀初頭の演劇は「大衆（マス）」文化とは程遠かった。だが演劇は、社会的にも政治的にもさまざまな立場の観客によってつくられる、公衆の文化として形を成しつつあった。たとえば、一九世紀前半においてもっとも多作な劇作家だったニコライ・ポレヴォイとネストル・クーコリニクは、ナショナリズムの高まりに応えて、ポスト啓蒙主義の時代にヨーロッパを席捲したロマン主義を反映する作品を書いた。クーコリニク『神の手は祖国を救う』（一八三四年）や、ポレヴォイ『シベリアの少女パラーシャ』（一八四〇年）は、国土と民族を強調して、ナショナリズムに染まったアイデンティティを示した。この二人の劇作家は、大げさな対話をする不自然な愛国者を造型したと批判されたため、文学者として権威を認められることはなかった。しかし彼らの作品は、新しい観客が求めたものを見事に映し出していた。新しい観客は、膨張するロシアの帝国主義的使命と「列強」という地位を学びたいというそのニーズに、演劇が応えているのを見たのである。

フォンヴィージンの諷刺を離れて登場人物の写実的な描写に向かい、ロシア演劇のターニング・ポイントになったのが、アレクサンドル・グリボエードフの処女作『知恵の悲しみ』（一八三一年）である。作者のグリボエードフは一八二九年、ロシア公使としてペルシアに赴任していたとき暴徒によって殺害されたが、その天分をこの作品にとどめている。[32] 主人公は、浅はかで頑迷な無知が横行する官界から疎んじられた悩める知識人で、深みのある精神を持っている。ロシアの近代演劇は、『親がかり』につづくこの『知恵の悲しみ』によって、次の段階に達した。そこでは、劇作家と観客と作品がひとつに融合して「劇場」を形づくり、文化的理想がファンの変わることのない支援によって表明され、議論され、そして最終的な承認を受ける。『親がかり』は西欧に対するロシアの曖昧な関係を取り上げることで、また『知恵の悲しみ』は知識人の社会的、政治的責任を問うことによって、ロシアの文化的生活にとって障害となる政治的主題を提示したのである。

「名優と崇拝者たち」

俳優群像——シチェプキン、モチャロフ、カラトゥイギン

次に問題となったのは、俳優たちが劇場での人気に見合うような社会的尊敬を受けることだった。俳優と観客との距離は、単に社会的に規定されたものではなかった。両者の身体的・空間的な関係も作品の上演と鑑賞の双方に影響を与えた。かつて一八世紀の半ば、デヴィッド・ガーリックがロンドンのドルリー・レーン劇場で常連客が舞台上に座るのを禁じ、また技術を改良して照明を演者に集中させたとき、ガーリックは役者を解放して俳優が役柄を存分に演じられるようにした。[33][訳注2] つまり新時代の俳優は、ハムレットやマクベス夫人を以前のように歴史を超越した価値観の体現者として演じるのではなく、心理的な動機を持つ人間として演じなければならなくなった。その結果、観客は個々の俳優に自分を重ねるようになる。

ロシアでは当初、政府が官吏に俳優を務めさせようとしてうまくいかず、結局は科学者の場合と同じように、役者も外国から連れてくることになった。官製の俳優養成事業が始まったのは一七三八年、帝室舞踊学校におい

てで、そこに演劇とオペラの課程が設けられた。生徒となったのは貴族幼年学校の学生たち、つまり上流貴族の子弟たちだった[34]。また農奴も俳優の重要な人材供給源で、このため劇場は貴族と農奴という二つの身分が公然と交わる場となった[35]。たとえば、モスクワの近郊クスコヴォの貴族シェレメーチェフ家はこの国で最良の劇団のひとつを持っていたが、オーナーであるН・П・シェレメーチェフ伯爵は農奴だったお気に入りの女優と結婚して、彼女を自分の領地オスタンキノに移した[36]。また西欧と異なりロシアには、女性が舞台に立つことを嫌悪する文化がなかった[37]。それゆえ、ロシア最初の悲劇女優で農奴出身のエカテリーナ・セミョーノヴァは、後に貴族幼年学校で演技を教えた。さらに、一七五七年の『モスクワ報知（モスコーフスキエ・ヴェードモスチ）』紙には、大学でつくられた男性劇団が女優の参加を求める広告を掲載した[38]。そして一七七〇年代には、人材をプールするため、モスクワ大学と国立の捨児養育院が演劇教育を始めた[39]。

こうしたなか一八世紀半ばになって、商人の息子フョードル・ヴォルコフが主宰するロシア初のセミプロ劇団が、地方都市ヤロスラヴリで結成された。スマローコフがこの劇団をペテルブルクに連れてきたところ、古典的な抒情性を漂わせるヴォルコフの澄んだ声が観客の人気を博したという。しかし時代が下り、スマローコフの属した古典主義が他のジャンル、とりわけ諷刺やリアリズムなどと競合する頃になって、やはり地方出身のまた別の俳優が新しいスタイルを持ち込んだ。それが、解放農奴のミハイル・シチェプキンである[40]。

クルスクに生まれ、快活で才能に恵まれたシチェプキンは、教育を受け、ブレイクする前から地元の芝居に出る機会があった。そして一八〇五年、地元で有力な女優の興行に主演俳優が不品行のため出演できなくなったとき、その役に通じていたシチェプキンが代役を務めて、大人気になったのである。法的にはまだ農奴身分だったにもかかわらず、シチェプキンは旅の一座に加わることになり、その演技はいつも大変な喝采を受けた。そうした人気ゆえに、一八一八年になって、彼のファンである有力者Н・Г・レプニン＝ヴォルコンスキー公爵がシチェプキンの所有者を説得して、彼を農奴の身分から解放させた。その後まもなくシチェプキンはモスクワの帝

4．貴族たちのアマチュア公演，1900年頃

室劇場に入り、ロシア随一の性格俳優として地歩を築いた(41)。

シチェプキンの歴史に残る黄金時代は、彼が『知恵の悲しみ』に登場する愚鈍な官吏ファムーソフを演じたときに到来した(42)。この俳優の役作りの技量が、ロシア演劇を次の段階へと進ませた。彼はステレオタイプを表現する道化芝居を脱して、多面的な人格を造型して表現する喜劇の方法を用いた(43)。たとえば、かつて一七九〇年代にオペラ・ブッファ『魔法使いでペテン師で仲人の粉屋』に出演した俳優は、「その演じ方は、庶民の特徴をよく表すと同時に気高かった(44)」と称賛された。つまりそれまでの俳優たちは、個々の人間を演じるのではなく、人物のステレオタイプを模していたのである。

ロシアで初めて、舞台の上だけでなく、舞台を降りてからもファンに応えるパフォーマンスをした有名俳優が、この時代の二大悲劇役者、パーヴェル・モチャロフとヴァシーリー・カラトゥイギンであった。いずれもそろって俳優の息子で、互いにライバルとして対照的な演技スタイルを確立し、それぞれが活動の舞台としていたモスクワとペテルブルクで、二人はファンが張り合う事態を引き起こした。ポレヴォイによるシェイクスピア劇のかなり自由な翻訳版で、両者が行なったおよそ対照的なハムレットの役作りは、この争いを象徴する一幕である。(45) カラトゥイギンは、史実を綿密なまでに正確に再現しようとした。これに対してモチャロフはあらゆるテクニックをせら笑って、己の直観に完全に依拠した。こうした演技は、共演者の間では舞台上で次に何が起こるか分からないと不評を買ったが、観客の間ではモチャロフの人気を高めた。さらに、モチャロフの女遊びとアルコール中毒とが、カラトゥイギンとの違いを際立たせた。つまるところ、これは「情熱的で移り気なモスクワ」対「冷たく官僚的なサンクト・ペテルブルク」の争いだったのである。

この俳優たち、とりわけ派手なモチャロフは進んで私生活を公にさらした。(46) あるもっともらしい噂によれば、あるときモチャロフがお忍びでカラトゥイギンの芝居にやってきた。そして、観客が控え目なカラトゥイギンを野次り始めると、寛大なモチャロフが立ち上がって彼らを鎮めたという。(47) ファンたちが党派的心理から殴り合いになり、警察を呼ばなければならないこともあった。(48) さらにモチャロフのファンであるモスクワ商人たちは、彼に外国でバカンスを過ごさせるために三〇〇〇ルーブル以上を集め、彼の葬儀の際には店を閉めて参列したと伝えられている。(49)

インテリゲンツィヤは、二人の競合に「政治」を見いだそうとし、劇場に向かった。文芸評論家ヴィサリオン・ベリンスキーは、このスターの時代にもっとも影響力のあった知識人で、劇作家としては成功しなかったが、「厚い雑誌」と呼ばれる文化批評に特化した月刊誌に演劇に関する記事を寄せた人であった。(50) ベリンスキーは、カラトゥイギンが専制体制の抑圧的側面を、モチャロフがそのような政権の下で鬱積した不満を体現していると論じ、演劇を「政治討論の場」であるとみなした。自分の読者のためにこういう形でベリンスキーが俳優を利用したことは、商人たちが俳優のバカンスのためにカネを集めた行為と本質的には同じである。つまるところ、俳

5．ミハイル・シチェプキン（中央）．グリボエードフ『知恵の悲しみ』より

優は単なる舞台の上での役以上のものを演じたのだった。[51]

俳優の生活基盤

人びとが個々の俳優に自分を重ね、ときに崇拝したことは、俳優の稼ぎをも左右した。帝室劇場と契約している者は、仕事が安定し、年金の見通しがつき、共済基金のサポートを受け、さらには子どもの教育への援助があった。[52] しかし同時に、彼らの収入は固定されていた。多くの観客を呼び込める人気スターにしてみれば、それは必ずしも利益とならない可能性があった。そこで副次的な収入源となったのが、主演俳優がチケット売り上げの一定分を受け取る、「募金興行」と呼ばれた特別公演である。こうした公演は、前評判によってはファンのための夕べと化し、ファンたちが贔屓の役者にご祝儀やプレゼントを捧げることもあった。一定数の募金興行を打つ権利は、官民どちらの劇場においても契約に明記されている。実際には、募金興行には二通りの形式があって、ひとつが役者の給与の一部に含まれるもの、そしてもうひとつがスター俳優への「報奨」として設定される興行である。イギリスで「ゴールデン・チケット」として知られたこの給与補助の方法は、他の国の場合と同じく、ロシアでも揉め事を引き起こした。まずこの栄誉を受ける役者は、金持ちがチケットに上乗せした金額を払ってくれることを期待して、あらかじめ彼らの家を訪問し、公演に招待しなければならなかった。この面倒なやり方は、楽しい社交の機会となることもあれば、ひどく屈辱的な出来事になることもあった。また商業主義が浸透してくると、当局は募金興行で劇場収入が減ることから、まず一八八三年、つづいて一八九二年にその開催を制限し、ついに一九〇三年に制度そのものを廃止してしまった[53]。トップスターは引き続き年に一度の「報奨」が契約に明記されることを望んだが、公的な慈善公演に無料出演する義務には反発した[54]。

劇作家も、こうした募金興行に利害を有した。俳優たちはたえず新しい作品を必要としており、人気俳優には募金興行が新作を披露する絶好の機会となった。たとえば、人気のシチェプキンは友人であった大作家イヴァン・ツルゲーネフに小品を書くよう促したため、両者の名前が常に観客の目に触れた[55]。もっとも、こういうコラボレーションによる報酬について、一八二七年の法律は劇作家よりも俳優が多く受け取ると定めている。

演劇ジャーナリズムの登場

演劇の普及と人気俳優への関心の高まりは、演劇専門誌を登場させた。その嚆矢は、一八〇八年に劇作家Ａ・Ａ・シャホフスコイとИ・Ａ・クルィロフにより、古典主義の復活という成功の見込みのない目論見のために創刊され、短命に終わった『演劇速報（ドラマチーチェスキー・クリエール）』である[56]。一八四〇年からは、『ロシアと全ヨーロッパの劇場での傑作選（パンテノン・ルースカヴァ・イ・フシェフ・エヴロペーイスキフ・テアトロフ）』が十年にわたって断続的に刊行された。これは、ヨーロッパ演劇よりもロシアの地方演劇を詳しく紹介している。また、新聞から「厚い雑誌」まで、各種の定期刊行物が演劇情報を継続して取り上げた[57]。そして一八六〇年に創刊され、「演劇、音楽、絵画、彫刻、建築、文学」に捧げるとされた『芸術』は、新しいスタイルを取り入れた。その編集方針は、「芸術家は公共善のために奉仕しなければならない」という信念を公言する仰々しいものだったが、この雑誌はミハイル・グリンカやリヒャルト・ワーグナーの子ども時代の欠点について他愛ない話を載せ、後のゴシップ誌の原型となったのである。[58]『芸術』は、自分とスターを一体化しているファンを満足させ、消費文化の一翼を成すことになる商業的雑誌の先駆けだった。ただそのやり方は、昔のスターの愉快なスキャンダルを「歴史」として提供するもので、編集者は現役俳優の私生活には距離を置くことを礼儀と心得ていたようである。[59] そして一八九七年から一九一八年まで発行されたA・P・クーゲルの『劇場と芸術』が、一方で舞台上の演技を評論し、他方では舞台裏のゴシップも報じて、演劇専門誌のなかでもっとも有力になった。[60]

リアリズム演劇――ジャンルと社会変容とのせめぎあい

リアリズム演劇の発展は、観客が自分を舞台上の演技や登場人物と一体化していく可能性を広げた。リアリズムの求めるところにしたがって、役者は「舞台の上で展開される真実と、観客が実際に生きている真実とを、ひとつにしようと試みた」のである。[61] リアリズムは文芸上の原理であるが、この言葉が一九世紀半ばに固まる以前から、社会の病巣に光を当て、これをいかに扱うかを論じるという政治的性格をもっていた。[62] それゆえに、リアリズム演劇とは単に演技を眺める新しい方法だっただけでなく、演技を理解するための新たな方法だった。ベリンスキーはインテリゲンツィヤを代表して、芸術は社会の現実を批判的に写し出すだけでなく、変革のビジョンをも示さなければならないと論じた。[63] 彼にとってグリボエードフの『知恵の悲しみ』は、ロシア文化の発展に不可欠な社会批評であった。「なんと決定的な諷刺だろう、なんという登場人物と社会の分析だろう、そしてなんという文体、韻文だろう……これはまさにロシアなのだ」[64]というわけである。

グリボエードフは韻文体で諷刺をし、そのリアリズムは政治性を発揮した。それに続いたのがニコライ・ゴーゴリである。彼は初め、「セリフのない役」[65]を当てられた、才能のない役者だった。それがロシア演劇の古典となる『検察官』(一八三六年)を書き上げ、演劇に新たな地平を開いたのである。この話では、小役人フレスタコフが、地方の腐敗官僚にツァーリの検察官と勘違いされる。シチェプキンがこの役を演じるのを観たベリンスキーは、それ以後、グリボエードフのリアリズムがもはや「リアル」とは思えなくなった[66]。シチェプキン自身もゴーゴリに対して、この素晴らしく創造性に富むキャラクターを演じたことで「新しい人生を生きることができた」と、熱烈な謝辞を書き送っている。

リアリズムが内包する政治性は、多くの観客をひきつけた娯楽性はそのままに、演劇に対してさらに目的の真摯さという新しい性格を付与した。一八五〇年代と言えば、その前半は戦争に苦しめられ、後半は政府と社会がもはや改革を避けられないという考えにとりつかれた時代だったが、その際に演劇は、こうした問題を公衆に提示する媒体とみなされた。劇作家A・Φ・ピーセムスキーとA・A・ポテヒンは、今日ではあまり知られていないが、新たな社会派リアリズムを特徴づけるテーマとキャラクターを生み出した。二人は喜劇性よりもドラマ性を重んじて、真実に迫ろうとしている。ただ、その作品はいささか過度にモラルを強調する傾向がある。たとえば、ポテヒンのもっともよく知られた戯曲のひとつ『虚飾』(一八五八年)は、後進的で腐敗したロシアを改革できるのは教育だ、という。しかしこのテーマは当時の観客が感じていた、農奴を社会の一員として包摂し、世の中の変化を受け入れる方法を自分も見つけなければならないというプレッシャーを、明白に示しているのだ[67]。ポテヒンは一九〇〇年に科学アカデミーの名誉会員となった。その作品は、過ぎ去った農奴制という時代と、ロシアのリベラルがこれに対して抱いていた罪悪感とをノスタルジックに垣間見せるものとして、今に伝えられて

いる。(68)

農奴解放前夜に公衆を駆り立てていた悔恨の念を見事に捉えた、おそらく最良の作品は、ピーセムスキーのもっとも有名な戯曲『苦き運命』(一八五九年)だろう。夫のいる農奴女性と貴族である領主とが真に愛し合って子をなす、というこのメロドラマは、すべての登場人物を——妻の生んだ子どもを殺す農奴の夫をさえも——共感をこめて描いた。ピーセムスキーは、ロシアの社会構造をおどろおどろしく描き出し、個人から選択の可能性を奪ってしまう状況を弾劾したのである。こうして『苦き運命』は、一八六〇年、優秀作品に贈られる名誉あるウヴァーロフ賞を獲得した。このとき同時に受賞したのが、新進作家アレクサンドル・オストロフスキーの『雷雨』である。(69) ピーセムスキーが描いたのはひとつの時代の終わりだったが、オストロフスキーは、これから始まる時代のさまざまな側面をあらかじめ先取りしていく才能を持っていた。

「大改革」は、ピョートル大帝の目指した近代化を完成するものと期待された。だが、「大改革」で導入された新たな法制度の成否は、旧来の諸身分が交じり合うことが文化的にも受け入れられるかにかかっていた。たとえば当時のロシアで進行した農業経済から工業経済への移行は、それまでのようにブルジョワが卑しい人間とみなされ、農民が奴隷と認識されていたならば成功しなかったはずである。しかし何世紀にもわたって続いた文化は、新しい工場から立ち上る煙とともに簡単に蒸発してしまうたぐいのものではなかった。オストロフスキーは、このような改革の時代と商業化するロシア文化とが生み出した期待や失敗を、演劇において鮮やかに描き出していくことになる。

オストロフスキーとミドルクラスの舞台化

アレクサンドル・ニコラエヴィチ・オストロフスキー（一八二三—一八八六年）は、六〇本になろうかという相当な数のオリジナル作品を書いた、ロシアで最初の劇作家であった。もっとも、その約一割は晩年にものされた共作である。彼は愛国主義的歴史物から、おとぎ話、喜劇的ボードビルの小品までありとあらゆるジャンルをカバーし、七〇〇人を超える人物を生み出した。けれども彼がもっとも得意としたのは、彫琢を凝らしてロシアの現代生活を描いた、複数の幕からなるコメディとドラマである。彼の多様な客層を反映して、彼の作品の人物もまたさまざまな経歴の持ち主であった。一八二四年に建てられたモスクワのマールイ劇場は、彼の作品がいつも最初に掛かる場所で、オストロフスキーの拠点であるとみなされた。とは言うものの、通常、彼の作品が舞台とするのは地方である。彼は観る者に忘れがたい印象をとどめる商人像を残したことで有名であるが、実際にオストロフスキーが描いたのは、商人身分にとどまらない、現にある種々のミドルクラスの姿だった。それは、工業化がもたらした社会の流動化と商業的な市場に適応していくことを余儀なくされた、さまざまな身分の寄せ集めである。

オストロフスキーとその時代

オストロフスキーの時代、一部の西欧の劇作家たちは、一九世紀演劇を単にブルジョワ精神だけでなく、ブルジョワの美意識も示すものに作り変えていた。こうした潮流に属する作品を「ブルジョワ的」と呼ぶ理由は、まず、主要な登場人物がこの階層の出身者だったことである。さらに、最終幕ですべてが解決されるのだろうとの期待を持たせて、感動的なクライマックスに向け手際よく話の筋を重ねていくことも、「ブルジョア的」と呼ぶにふさわしい。また、舞台はブルジョワの居間に置かれるのが普通だったが、ドラマが展開される場をそれまでのような公共の場から私的な家庭に移したという意味で、これは重要なことであった。こうした演出上の革新は、初めはガス、後には電力による、照明技術の進歩が生んだものである。舞台全体に照明を当てることで今までになかった奥行きが生まれ、役者は以前よりも動き回れるようになった。舞台装置はもはや単なる背景ではなくなり、居間を舞台にしたことは、ステージで展開される物語への親近感を掻き立てた。(70)

この種の演劇で大変に特徴的なことは、多作でもっとも人気のあった劇作家が、時代の試練に耐えられず、後世に名を残さなかったことである。フランスの劇作家ウジェーヌ・スクリーブは、彼のいわゆる「ウェルメイド・プレイ」なる考えを通じて、ブルジョワ演劇の代表的作家とされている。異様なまでに多作で、一八三四年にはアカデミー・フランセーズの会員にも選ばれたスクリーブだったが、にもかかわらず、批評家の受けはあまりよくない。だがスクリーブの影響は際立っており、エミール・オジエ、ヴィクトリアン・サルドゥ、そしてアレクサンドル・デュマ・フィスといった人びとは、彼の美意識を直接に受け継いだ人であった。彼らは一九世紀を通じてフランスの演劇界を支配し、彼らのもっとも有名な作品はロシア語を含む他の言語に翻訳された。サルドゥはある批評家から、すべての作品に「同じテクニックと一様な思想の貧困さ」を持ち込んだと嘲られたが(71)、サラ・ベルナールの当たり役を生み出したこと、そして作曲家プッチーニとの『トスカ』剽窃裁判に勝ったことで、その名は記憶される必要がある。ジョージ・バーナード・ショーは当時の演劇を「愚鈍なサルドゥ風」と馬鹿にしたが、そのとき彼はサルドゥの恐るべき影響力を認めてもいたわけである。

軽蔑すべき「愚鈍なサルドゥ風」は、イギリスでも、劇場に行く人びとの数を増やすことになった。それを見たショーは、辛辣な社会批評を飛ばして大いに溜飲を下げたことだろう。イギリスには、ショーに少し先立つ人物のなかにも、フランスの同業者のように批評家にはあまり評価されなかった劇作家がいた。トム・テイラー、トーマス・ロバートソン、アーサー・ウィング・ピネロといった人びとである。この三人はいずれも、複雑に変化する社会構造を演劇化するのを得意とした。なかでもロバートソンは、ミドルクラスの居間をステージ上に再現したいわゆる「カップ・アンド・ソーサー」喜劇で、「イギリスのスクリーブ」とも呼ぶべき存在だった。また、テイラーの『われらがアメリカのいとこ』は、一九世紀のアメリカでもっとも有名な作品となった。それと言うのも一八六五年四月一四日、ワシントンDCのフォード劇場でこの作品が上演されていたとき、ジョン・ウィルクス・ブースという俳優一家の息子が、芝居好きの大統領エイブラハム・リンカーンを暗殺したからである。

オストロフスキーの批評界での名声は、サルドゥ、テイラー、その他の劇作家が自国で得たそれよりも、ずっと長く命脈を保った。なぜなら彼が描いた社会の変化は、ロシアでは決して完成されることがなかったからである。オストロフスキーの作品は一九一七年以降、手厳しい攻撃を浴びたけれども、人びとに慣れ親しんだノスタルジックな過去を提供していた。彼の作品は打倒されたブルジョワに対する告発として解釈され上演されるかぎり、ソ連の政治的立場にもかなっていた。[72] だが実際のオストロフスキーはその最盛期に、日常の言葉で話す登場人物を通して時代を描くという「ウェルメイド・プレイ」の作劇法で、喜劇やメロドラマを上演したのである。

作品の素材としての商人身分

オストロフスキーの父は役人で裁判関係の仕事をしていたが、彼も当初はこの父と同じ道を歩んだ。キャリアの初期に商事裁判所に勤めたことで、彼は地元の商人たちと親しく交わった。一八五六年には、海軍省が催したヴォルガ川流域の実情調査旅行で、後に彼の作品で有名となる一連の人びとが属する社会階層に知己を広げた。歴史的経緯の相違から、ロシアの商人層は西欧の商人層と比べて、ダイナミズムや自信の点ではっきりと劣っていた。[73] ロシアの商人文化は伝統によって厳しく縛られ、変化に対して——とりわけそれが、この人びとに益よりは害をなすことの多い、政府からもたらされたときは——懐疑的であった。しかしオストロフスキーは、この身分が経済改革の成否にどれほど重要かを認識していた。そこで演劇に情熱をささげることとなったときに、彼らを舞台に登場させたのである。

まだ法律の仕事に従事しているうちから、この未来の劇作家は複数の芸術家サークルで、作家やマールイ劇場の俳優らと交流を深めていた[74]。先述したように、戯曲の出版に対する検閲は上演に対する検閲よりも緩かったので、オストロフスキーの作品は舞台にかかるずっと前から政治的な集まりで読まれ、知識人層に広まった。一八四〇年代の若手知識人のご多分にもれず、オストロフスキーはスラヴ派と西欧派が繰り広げた、ロシアの過去と未来とをどう解釈するかという国民的論争に巻き込まれた。もっとも批評家たちを困惑させたことに、彼はどちらの陣営においても愛想よく振る舞い、それぞれの「厚い雑誌」――そのタイトルにも西欧志向が自明の『ヨーロッパ報知（ヴェースニク・エヴロプィ）』と、ロシアのスラヴ性を賛美する『モスクワ人（モスクヴィチャーニン）』――に原稿を寄せた。

オストロフスキーの最初の作品『返済不能者』は、一八四九年、『モスクワ人』に掲載された。商人の家族やその仕事仲間への諷刺が遠慮のないものだったので、検閲官はその上演を禁止した。するとオストロフスキーは自身の「誤り」を認め、それを書き換えて『身内同士はあと勘定』と改題した。これは後に、彼の作品の上演レパートリーで定番となる。

だが社会批評家としてのオストロフスキーの名声を確かにしたのは、十年後、西欧派の『現代人（ソヴレメンニク）』に発表された、商人層についてのシリアスなドラマだった。その作品『雷雨』は彼の初めての悲劇であり、ある若い女性が愛ではなく身分による結婚に囚われた物語である。ヒロインのカテリーナは、アルコール中毒の商人と結婚し、夫がこなせぬ家業をとりしきっていた義母に虐げられている。カテリーナは、理想主義的な学生と恋に落ちる。だが、彼と一緒に今の境遇を脱け出すことができないと悟ると、自殺を図るのである。この力強いドラマは、『現代人』の文芸批評家で、もっとも影響力のあるインテリゲンツィヤのひとりだったニコライ・ドブロリューボフから、すぐさま熱烈な支持を受けた。劇評のなかでドブロリューボフは、商人身分が安住している無知蒙昧さを「闇の王国」という痛烈な文句でたとえた[75]。彼は、「オストロフスキーの鮮やかな描写は、われわれに闇の王国を見せつけた。……残念ながら、彼はそこから脱する方法を示さなかったが[76]」と述べている。ドブロリューボフは、オストロフスキーを商人層への厳しい批判者と位置づけただけでなく、この劇作家に、舞台という公開の場で政治的立場を示すよう勧めたのだった。

しかしオストロフスキーが商人層の容赦ない批判者だとすると、なぜ当の商人たちが彼の芝居に押し寄せたのかという疑問が生じる。実はこれは、商人が彼の作品に自分たちの声を聞き取ったからである。オストロフスキーの掲げたテーマ、台詞の構成、そして劇作以外にも及んだその演劇活動は、近代化が商人たちを待ち受けているという彼の直観をわかりやすい形で伝えた。たとえば、地方誌における『雷雨』の劇評について調べたイーラ・ペトロフスカヤの研究が明らかにしたように、地方の批評家たちはこの芝居をドブロリューボフのようにはとらえず、近代化と「新しい」女性に対する論評であるとみなした。[77] ドブロリューボフたちは、オストロフスキーは商人に対する社会批評をしているとみたが、これに対し地方の批評家は、オストロフスキーは商人の立場を代弁していると考えたのである。[78] この層には、経済の変革で重要な役割を果たすことが求められていた。だがこのとき、その少なからざる人びとは戸惑いを感じずにはいられなかったのである。

オストロフスキーは、商人たちの文化的な不安感や偏見に切り込んでいった。初期の商人キャラクターのひとりで、『はた迷惑』(一八五六年)に登場するティト・ティトゥイチ・ブルスコフの名前は文芸サークルで話題を呼び、ちょっとした頑固親爺(サモドゥール)を指す代名詞となった。しかしそういう言い方をした人たちのうちどれほどの人が、この芝居の終幕でも軽蔑的な態度でいられただろう。というのは、この「頑固親爺」は、息子の愛する少女がしがない学校教師の娘であるにもかかわらず二人を結婚させてやり、見かけとは裏腹の寛容さを示したからだ。オストロフスキーはその最良の作品のなかで、各人が互いに教え合う方法を示し、社会階層の格差を調和させたのである。

またオストロフスキーは、知識人を商人や他の身分の人びとの上に置かなかった。たとえば『雷雨』に出てくる学生ボリスは、傷つきやすいカテリーナを義母から救うことができたはずだが、結局は意思が弱すぎることを

6．若き日のA・H・オストロフスキー

露呈した。『名優と崇拝者たち』（一八八一年）に登場する学生メルゾフは、恋人を、彼女に名誉と富とを与えうる男性から引き離してしまった。これら男性インテリの愛した女性たちは社会状況の犠牲になるが、男性の側がそうなることはない。知識人男性は行動を起こせず、おろおろとするばかりである。オストロフスキーの喜劇でも、こうした学生たちは同じように欠陥のある人間として描かれており、それが軽蔑のかわりに笑いを引き起こす。『森林』（一八七一年）で、ギムナジアを落第したブラーノフが説く自分の姿は、観客の持つステレオタイプな知識人像を滑稽に追認したものである。曰く、「ご存知のとおり、僕は教育を終えませんでしたので、髪を梳かさずに出歩いたりしません。僕は毎日風呂に入りますし、夢を信じます」[79]。

時代の新しい価値

オストロフスキーは、「サスローヴィエ」ないし「サスタヤーニエ」、つまり人の法的な地位を示す身分が、変革の時代にあっても依然として個人のアイデンティティの中心を占めていたことを認識していた。だが彼は、さまざまな身分が、旧い秩序に基礎を置いた自己の地位を維持していこうと躍起になる一方で、そのような秩序への挑戦を歓迎してもいるというパラドックスを鋭敏に感じ取った。価値観の体系は変化しつつあった。このなかでオストロフスキーが取り上げたのは、生産と消費に対する新しい姿勢であり、これは社会のなかに広まりつつあった。革新的なものと旧来のものとの間の絶えざる緊張を背景にしながら、生産と消費は社会的価値を帯びるに至った。いずれも、国家にとって役に立つものだからである。第一に経済的には、両者は国内市場を刺激して輸出への依存度を下げる。第二に社会的には、両者は農奴解放によって期待されたロシア社会の流動性を高めることに貢献する。そして最後に文化的には、両者はますます多くのロシア人を「国民生活」に編入する。しかし生産という行為は、こうした望ましい性格を有するにもかかわらず依然として「手を汚す」という汚名を着せられたし、消費という行為は、自己中心的な欲望を満たすことが主たる目的である以上、インテリゲンツィヤが抱くユートピア社会の理想と激しく衝突した。

オストロフスキーはこうした暗黙のうちに批判的な風潮に対して、喜劇を効果的に使って疑問を呈した。オストロフスキーの戯曲は、ブルジョワ的、あるいはウェルメイドなカップ・アンド・ソーサー劇と言われるように、サルドゥが作った定石と設定に従っている。たとえば彼は、金持ちの妻を探し求める下級官吏ミハイロ・バルザミノフを主人公とした三部作、『祭日の午餐の前の夢』（一八五七年）、『ひとの喧嘩に口を出すな』（一八六一年）、『求めよ、さらば見つからん』（一八六一年）――「バルザミノフの結婚」という、結末を予告する副題を持つ――を書いた。この三部作で、不運な役人である主人公は、母親とプロの結婚仲介人の助けを借りながら当てもなく裕福な未亡人たちを追いかけまわす。彼より見場がよいわけでも、また賢いわけでもない女を仲介人が見つけるまでそれが続くのである。[80] オストロフスキーの喜劇では、これこそがハッピーエンドとなる。何せ自分に見合う相手とめぐり会えたのだから。この物語では金銭感覚のなさと放縦さは誉められてはいないが、どちらも悪とはされていない。けだし一九世紀のロシアでは、金遣いの荒さが依然として一般的で、社会的に許されたためである。

オストロフスキー作品では、貧しいけれども正直な官吏たちは、『収入ある地位』（一八五六年）のジャドフや『貧は罪ならず』（一八五三年）のミーチャのように、最後には真実の愛を見つける。これに対して損得勘定のみでロマンスを追った者は、『狼と羊』（一八七五年）のアポロンや『賢者にも抜かりあり』（一八六八年）のグルモフのように、当てがはずれることとなる。誠実で正直だが貧しい青年が、脇役たちの裏表ある行動に巻き込まれながらもついに金持ちの娘を勝ち取るという戯曲は、『真実はよいが幸福はもっとよい』（一八七六年）と題された。このタイトルは、オストロフスキーの筋書きの定石をもっともよく要約しているだろう。この作品では、脇役が観客に主人公の幸せは無知によるものだと明かす一方で、主人公は周囲のペテンに気づかないまま、真実が勝利すると信じ続ける。それゆえに、「真実はよいものだが、幸せはもっとよい」。

すでに述べたように、オストロフスキーの作品はサルドゥと同様、予想される結末に向けて四幕もしくは五幕から構成され、舞台は主要登場人物の応接間、そして主題としては姿を現わしつつあったブルジョワジーに関係の深い問題を扱うという、ウェルメイド・プレイだった。オストロフスキーのもっとも有名な作品[81]、『あぶく銭[82]』には、見栄っ張りで人を操るのが巧みなヒロイン、リディヤ・チェボクサロヴァが登場する。オストロフスキーはこの新しい秩序のなかの女性像を、自身が「商品」であると同時に、「商品」を買い漁る人物として造型した。劇中で、彼女の崇拝者のひとりはこう論じる。彼女と結婚して、彼女を自分だけのものにしておく奴は馬鹿だ。なぜなら、「彼女のルックスは、固定資産のように利益を生むからだ。……官途につきたい者は、彼女を上役への釣り餌にして、出世の近道にできるだろう」。この人物によれば、「われわれは実際的な時代に生きている[83]」のであり、それゆえこうしたやり方は現代的なのだ。リディヤ自身はと言えば、収入と支出の釣り合いをとることには無頓着である。「誰が経済の法則を気にするのかしら。……ママ、あなたや私にとって唯一大事なのはファッション界の法則よ。私たちに他の法則を考えている暇はないわ。私たちの時間はすべて、お店に行って買い物するためにあるの[84]」。母親は、「誰でも知っているようなことをリディヤが知る必要はないわ。あの子は高等教育を受けたんですから[85]」とリディヤを支持する。リディヤのこうした考え方は、親から受け継いだものだった。父親は官吏だったが、「自分のカネと役所のカネとをまったく区別しなかった[86]」ためにシベリア流刑になっているのだ。ところが商人の求婚者が彼の経済観念に従って、彼女を浪費家から堅実な主婦に変えることに成功する。もともと彼が、「抜け目のない商売人を出し抜く[87]」よりも、詩人や若い女をロマンチックな幻想でだます方がはるかに楽だ、と弁じていたとおりになったのである。それでもオストロフスキーは終幕で、この商人に対して、愉快な浪費家の貴族に次のように言わせている。「たとえ一コペイカすら持っていなくても、われわれはいつだって名誉と信用を受けるはずだ。古い外套と古い帽子でも、人に道をあけさせるような威厳をまとうことができる。徳とは、ぼろを着ていても人に敬われるものだからな[88]！」

7．プロフ・サドフスキー（中央）．オストロフスキー『収入ある地位』より

8．マールイ劇場でのオストロフスキー『最後の犠牲者』上演風景

オストロフスキー作品の女性たち

オストロフスキーは数多くのヒロインを描いた。これはある面で、彼の観客の構成と、女性が経済生活、社会生活の双方で果たす役割の大きさの反映であった。彼のほとんどの作品が、少なくとも一人の強い女性と、もう一人のやや気弱な女性とを対置している。たとえば、男女それぞれが互いにところを換えて肉食獣とそれに食われる獲物を演じるという喜劇的バトル、『狼と羊』では、感じのよいエヴランピア・クパヴィナが結婚相手の実業家の力を借りて、派手好きなメローピア・ムルザヴェツカヤに打ち勝つ。劇中、気弱なクパヴィナは、「私は自由を夢見ていたけれど、女が幸せになるには、男の人に頼らなければならないと結論しました」と言う。それに対して楽しき強敵ムルザヴェツカヤはこう答える。「馬鹿なことを言うものじゃないわ！ いろいろな種類の人間がいるのだから。自分のことだけでなく、国全体を取り仕切れる女だっているのよ[89]」。そして商売に疎かったクパヴィナもまた、世事を正しく認識するほど成熟し、中年のフィアンセに「本当にあらゆる手を打ったの[90]」と問うようになる。

クパヴィナに、自分はつましい猟人で、蓄えは彼女のためにとってあると請け合った婚約者ベルクトフは、オストロフスキー作品に登場する典型的なヒーローである。実は確たる商才を持つ地主だった彼は、ムルザヴェツカヤが体現する旧来の無責任な貴族の世界と、クパヴィナが抱える問題の解決を可能とさせる新たなビジネスの世界とを、自在に行き来している。たとえば、自分は所領を売るつもりだというベルクトフに、動揺したクパヴィナが後悔はないのかと尋ねたとき、彼はごくビジネスライクに「後悔はある。だが収入がない[91]」と答えるのだ。

ベルクトフは、一八六四年に改革されたロシアの新しい司法制度に生じた混乱でも、旧世界と新世界とを調和させる手腕を見せた。向こう見ずなムルザヴェツカヤは、旧制度の下で働いていてすでに引退した年配の役人を自分の訴訟代理人として雇う。彼女は誰それの見境なく訴訟を起こすのが大好きだったからで、だがこの役人に言わせると、「かつて誰一人として、彼女の要求に従おうとする者はおりません。われわれは、一度も勝訴できないのです[92]」。これに対してベルクトフは、自国の文化的土壌を理解しているので、ムルザヴェツカヤを誣告罪で告発することはしない。そのかわり彼女に対して、裁判所に掲示される口頭弁論期日の予定表に名前が載ったら威信が傷つきますよ、とほのめかしさえすればよかった。そして最後には、ベルクトフは彼女の好意すら得たのである。オストロフスキーは、未来は「銅貨を扱った経験[93]」のある人間のものだが、旧式のやり方にも従うことができなければ目的を達しえないと認識していたのだった。

オストロフスキーの喜劇が、登場人物が自分に見合った相手と出会って終わるのがお決まりだったのに対して、悲劇はよりシリアスに、暴力的な死をもって終わる。『持参金のない娘』（一八七八年）の哀れなヒロイン、ラリーサは、嫉妬深いフィアンセが自分を撃ってくれたことを感謝する。決して彼女のものにならぬ、喜びと名声ある人生を追い求める気持ちから、彼女を解放してくれたことをありがたく感じるのだ[94]。富裕な商人と零落した貴族という異なる身分の結婚を描いたメロドラマ、『誰もが罪と不幸を負う』（一八六三年）では、貴族出身の妻が、商人出身の夫を愛しておらず出ていきたいと告白すると、彼は彼女と赤ん坊を殺してしまう。『雷雨』の結末でカテリーナが不幸な家庭に戻らず入水することを選んだのを、批評家たちは、旧弊が新しい可能性を摘みかねなかった、農奴解放前夜の地方社会の状況を象徴していると解釈してきた。だがもっと簡単に、カテリーナの死もラリーサの死や夫の行なった殺人と同じく、個人の果断な選択がもたらした教訓と理解できるのではないだろうか。そのような解釈をとることで、これらの作品の結末の曖昧さが読み解けるわけではない。だが、冒頭で触れた無声映画のメロドラマ『時代の子どもたち』のように、観客が自分自身で道徳的問題を考えることを可能にしてくれるだろう。

以上述べたような時代状況の再現に加えて、オストロフスキーは言葉の革新的な用法により、演劇におけるリアリズムをさらに前進させた。彼が書いた会話は、それぞれの地域や社会集団に特有のなまりに敏感だったので、「民族学的」と評価された。[95] もっとも彼が生のままのスラングを用いたことは、演じる側にしてみれば発音が難しいうえに、政治的にはスラヴ派だという色眼鏡で見られる懸念もあることから、俳優のなかには難色を示す向きもあった。たとえばシチェプキンは早くからこういう用語法には反対だったが、これはヴォルガ地方の話し方である一本調子のイントネーションが難しかったからである。[96] このためオストロフスキーには、役に自分を合わせることができる役者が必要だった。そこでお国言葉を使った役作りに成功してスターとなったのが、新人俳優プロフ・サドフスキーやリュボーフィ・ニクリナ＝コシツカヤである。[97] 隠語や慣習を正確に再現していると評価されたオストロフスキーは、戯曲のタイトルにまでこういう自分のこだわりを持ち込んだ。その大半は、訳出不可能な当時のスラングからとられている。

この民族学的劇作家は、「登場人物にあの時代であればそれがどういう人物なのか分かる名前を付けたことによっても、伝統を大きく変革した」[98]。たとえば『あぶく銭』の主役サッヴァ・ヴァシリコフは、「サッヴァ」が商人によく見られる名前だったため、すぐにその身分と分かる。『森林』（一八七一年）では、農奴上がりの執事が不幸にも、しかしまったくお似合いの「カープ（鯉）」という名前だったために、あらゆる魚のジョークに苦しめられる。もっともこの物語でも個人の自我が勝利し、破滅寸前の服従の人生に苦しんできたこの使用人は鯉のラテン語名「カルパ」を知って、自分も他の人間と同じだと自尊の感情を得るのだった。

劇作家というビジネス

ロシア劇作家協会

オストロフスキーが経済活動の仲介者を描くことを芸術的主題としたのは、彼の実生活における最大の関心事、すなわち上演料の問題を反映していた[99]。オストロフスキーは、フランスの同業者サルドゥやデュマ・フィスが印税によって裕福な生活を送っていたことを強く意識した。ロシアの制度のもとでは、彼がもっとも脂がのっていた時期であった一八六八―一八六九年ですら、収入が二〇〇〇ルーブルに満たなかったことにひどく憤慨した[100]。彼は帝室劇場の懐に大きな貢献をしたにもかかわらず、一八八四年まで年金支給を認められなかった[101]。自覚的な職業作家だったオストロフスキーは、作家の知的財産権を強調して、書き手が適切な報酬を受け取るべきだと主張した。利害関係者の間を調整するという市場の役割を尊重していたオストロフスキーは、劇作家も自分の仕事によって金銭的利益を得ることを望んだのである。一九世紀ロシアの芸術家としては、これはきわめて危険な姿勢だった。なぜならそれは、エンターテイメントに対抗して芸術の価値を主張するさいに根拠とされた、「創造性」というものの起源や機能に疑問符をつける行為だったからである。彼のこうした態度はさらに、戯曲を読むことと上演することとの重大な相違を認識させることになる。

一八六五年、オストロフスキーは、劇作家や音楽家と名乗る人たち、そしてサドフスキーら俳優を名乗る人たちと「芸術家サークル」を結成した。一八七〇年にはこの集まりを中核として、「ロシア劇作家集会」という、彼らの物質的利害を保護することを目的とした野心的な団体がモスクワで結成された。定款が正式に許可されて一八七四年にセナートから公示されると、〔訳注3〕この団体は「ロシア劇作家協会」と改称し、労働組合が禁じられていた帝政ロシアでそれにほぼ相当する法的な団体として機能した（オペラ作家たちも三年後に加入した）。オストロフスキーは協会の最初の議長に任命され、一八八六年に死ぬまでその地位にあった。彼は法律の訓練を積んだ経験から、裁判所が著作物の概念や著作権をどのように規定するかよくわかっていた。ロシア劇作家協会は一九二七年まで存続したが、その歴史を通じて、著作権から名誉毀損まであらゆることを扱うために顧問弁護士を置いた。(102)

オストロフスキーはまた、集団で行動する利点をよく理解し、地方の団体とのネットワークを築くことに成功して帝室劇場の権威に対抗した。官製劇場の独占が一八八二年に終焉すると、〔訳注4〕彼は劇作を商業的事業と認める法律の成立に尽力した。同年、彼は演劇関係者たちに対して、自分や他の劇作家が甘んじていた一八二七年水準の報酬に一体どれほどの人が満足できるだろうか、と修辞学的な問いを提起した。(103)オストロフスキーは自己の作品の登場人物が直面した苦難を自らも経験し、牢固たる慣習と新たな可能性との間で交渉を試みた、まさに移行期の知識人だった。そして彼は、拡大しつつあった娯楽という領域を作りかえようとした書き手であった。

劇作家の地位向上を目指す努力

協会に参加した劇作家は一八二七年法を改正し、劇場の財政的枠組に自分たちを組み込むような法制にとってかえるよう、積極的に運動した。巧妙なやり方だが、彼らは自分たちの抱える問題をそのまま運動の論拠にした。ロシア演劇は、才能と独創性の双方において今や危機に瀕している、なぜなら金銭的に恵まれない劇作家など、優れた物書きは志望しないからだ、と主張したのである。協会はまた、戯曲の財産的価値を確立するため、多方面で複雑な闘争を展開した。一八七〇年にアレクサンドル二世は劇場の法規制を審議するための委員会を設置したが、委員会は「ロシア帝国法律集成」の条文を差し替え、ここに一八二七年法を組み入れようとしただけだった。(104)オストロフスキーと協会はこの措置に反対した。さらに協会は、ペテルブルクの芝居小屋で無許可上演を行なった興行主に対して訴訟を起こした。この最初のテストケースで、地方裁判所は興行主に禁錮二ヶ月を言い渡

9．ロシア劇作家協会の会員たち．1880年頃

した。[105]

これは作家側に有利な判決だったが、原則に対する例外にとどまっていた。三年後、ポテヒンが地方の興行主ピョートル・メドヴェージェフを、彼の作品『虚飾』を許可なく上演したことで告訴した。だが裁判の結果は、知的財産の所有権とコマーシャリズムの問題が依然未解決であることを浮き彫りにしたのである。一八二七年法によれば、上演される戯曲はそれが読まれる場合と異なり、帝室劇場の所有物となる。商魂たくましいメドヴェージェフは、実に如才なく、この法律を公的に認められた戯曲は公共財産であるという意味に解釈した。ロシアの法制度自体が、その点では矛盾していた。刑法第一六八四条が、「著作者の同意を得ないすべての演劇作品の公演」を禁じていたからである。だが刑法のこの規定を根拠にメドヴェージェフを訴えたポテヒンは、法律は戯曲の所有権について、帝室劇場と地方劇場との間で十分に明確な区別をしているわけではないとの理由で敗訴

してしまった。そしてさらに深刻なことに、法律は著作者個人の財産とは台本原稿そのものか、それともそれの上演なのかを定めていなかった。[106]

ポテヒンの敗訴によって問題の所在が明らかになり、協会は遺憾の意を示して対策に乗り出した。オストロフスキーが長いこと主張してきたように、上演の問題はもっとも重要だった。それは書かれた言葉が作家の意図を実現する局面なのであり、同時に、現金が得られる場面でもあったからだ。地方の興行主をチェックしつづけることが戦術的に困難ならば、彼らと何らかの協定を結ぶ必要があった。そこで協会の法務部門の責任者Ф・Н・プレヴァコがとったやり方は、メドヴェージェフの狡猾さに学んだものだった。彼はすべての事案をモスクワの治安判事に提訴することにし、地方の興行主たちに、訴訟目的で長旅をする時間と費用を省くために和解に応じるよう促したのである。[107]だが劇作家たちは、地方興行主が両首都と田舎をつなぐ不可欠の文化的仲介者であることも認識していた。地方の興行主は帝室劇場に認められた国からの助成金を欠いていたから、興行は完全に商業ベースだった。劇作家には、地方興行主と反目するのではなく協調することが必須だった。

それゆえ劇作家協会は、地元の興行主と交渉するため、各地方にまたがる代理人のネットワークを立ち上げた。この機構全体は、分担金を基礎に運営された。まず劇作家が、自作品からの収益の三〇パーセントを基金に寄付した。協会の目標のひとつが自国の劇作家の活動を奨励することだったので、ロシアの劇場向けに戯曲の翻訳を行なっている者もまた四五パーセントを納めなければならなかった。地方の代理人は、興行主と合意した額の一〇パーセントを受け取った。そして地方興行主は、演目や場所に従って定められた複雑な基準にもとづき支払った。協会と公式に契約した最初の人物は、オリョールの有名な興行主Д・П・ラズヒンであり、以後、一八七六年までに七二の劇場が加わった。これは、会員である劇作家の人数にほぼ匹敵する。[108]協会は十年の活動を経て、商業演劇に関わりたいと希望する劇作家から、出版人、代理人、企業家など、演劇における利権を持つ他の職業の人びとまで、三三〇名の会員を得た。運営資金は二万五〇〇〇ルーブルから六万七〇〇〇ルーブルにまで増大した。[109] 劇作家協会の前身であった芸術家サークルはビジネスよりは文化への貢献を目的としたが、この頃には資金不足のために解散していた。すなわち、商業主義への移行が完遂されたのであった。

帝室劇場は官の原理と商業原理の狭間にあったため、こうした展開においては矛盾を露呈した。帝室劇場は、あらゆる演劇作品に対して上演の優先権があること、またこの権利が二年間存続することを主張した。だがモスクワ貴族団の私立劇場が真っ先に劇作家協会と交渉したことを考えると、こういう主張は当時の現実にそぐわなかった。[110] さらに、帝室劇場との契約下にある多くの男優、女優が、街中のクラブでのアマチュア公演に出演してカネを稼いでいる現実があり、この問題は帝室劇場の独占終了後まで尾を引いた。劇作家協会は、帝室劇場が初演上演の拒否権を持つことを提案して、帝室劇場のプログラムに選ばれなかった作品がどこか他所で上演されるのを認めさせるという形で決着をつけた。[111] 帝室劇場のスターたちは、オストロフスキーの掲げた目標を公然と支持した。人びとが優れた戯曲をただ読むよりも素晴らしい公演を見ることを好むという現実を、スターたちはオストロフスキーに代弁してもらったのである。[112] 後に演劇界を代表することになるコンスタンチン・スタニスラフスキーは、「観客は劇場に、作品の解釈（サブテクスト）を聞きに来る。作品のテクスト自体は、家で読めるのだから[113]」と述べている。

戯曲の出版

ところで、戯曲を読むことと、戯曲が上演されることのいずれをファンが望んだとしても、劇作家協会は出版に関わるある根本的な問題に直面していた。複数の場所での上演に必要な多量の台本をいかにして一斉に印刷し、かつ流布させるか、という問いである。協会の会員は効率的な人材とメカニズムを求めて、またもや市場原理に訴えた。一八七五年、アレクサンドリンカの司書Ａ・Ф・モゼルと、『劇場新聞（テアトラーリナヤ・ガゼータ）』の発行者И・И・スミルノフとの間で初めて結ばれた契約は、委託販売という形式をとった。すなわち、出版者は費用を自分で負担してそれぞれの台本一〇〇部を印刷し、後から売り上げの五〇パーセントを受け取るのである。価格は台本の長さ次第だった。だが一年経ったとき、四三本の戯曲のうちで印刷部数の半数を売り上げたのはたった二本だった。ほとんどはわずか数部しか売れず、経費が収益を三〇〇ルーブル上回った。[114] 一八七七年には発行と売り上げの状況は改善したが、出版者は依然として赤字経営をしていた。[115]

そこに新たな事業家が現われた。一八七九年、モスクワ帝室劇場の司書С・Ф・ラズソヒンが、劇場をひとつの企業体と位置づけ、販売戦略を編み出したのである。ラズソヒンは自分自身がプロモーターであり、また無名の劇作家でもあったが、劇場の図書室を平日は一日十一時間、休日は七時間開けて、ここではあらゆるロシアの演劇作品、そしてほとんどのヨーロッパの古典作品を閲覧することができると利用者に約束した。彼も委託事業の交渉をしたが、その他に舞台装置を貸し出したり、メーキャップ用品を販売したりしてビジネスを拡大した。そしてついには最新の戯曲の印刷本を販売することを本業としたので、自分の顧客が舞台に上がるのを助けると、自分も儲かり助かるということになった。またラズソヒンは、作家と興行主の双方に、面倒な検閲を通過するには自分の知識とコネクションを使うとよいと宣伝した。さらに彼は、戯曲に加えてジョーク集や諷刺歌謡集(クプレ)など、およそ演劇にとって実際的に意味を持つものであればなんでも販売した。一八八〇年代に演劇界がブームを迎えたときには、彼はしかるべきところのエージェントとネットワークを築き上げていた。死去した一九〇〇年以降は、共同出版者だった妻エリザヴェータが一九一七年まで事業を続けた。

演劇史におけるオストロフスキー

芸術をビジネスとして成立させたこと。——これは、ミドルクラスが自信を獲得しその価値観を広めるうえで、オストロフスキーが行なった貢献のひとつである。一八八二年の法律は、劇作家に対する報酬水準を著しく改善したが、支払額は依然として作品の長さ次第であった。オストロフスキーはさらに踏み込んで、観客の動員数によって報酬が決まることを望んだ。彼が活動するロシアの文化的土壌を考えれば、これは革命的な考えだった。なぜなら、これによって書き手が作品の内容を意識的に商業化させ、観客を啓蒙するよりも楽しませるようになるからである。ソ連時代のある歴史家は数々の史料を示して、オストロフスキーは人間行動の善悪を描くことで「民衆を啓発した」と主張した。[116] だがこの研究者ですら、オストロフスキーの残した手紙は、道徳的な哲学よりも金銭問題で一杯だと認めている。

オストロフスキーは、余人の追随を許さぬ才能と豊かな創作力で、同世代のあらゆるロシア人劇作家を凌駕した。一八八六年に亡くなると、毎シーズン、彼の作品のリバイバル公演が帝室劇場を席捲した。彼はその作品と一連の活動を通して、さまざまな階層のロシア人に商業がもたらしうる利益を示した。ブルジョワ化しつつあるミドルクラスに多様なアイデンティティのあり方を示すことで、彼は市民社会の成長に寄与したのだった。それまで公共圏から疎外されていると感じていたいくつかの社会集団、とりわけ商人身分は、ビジネスや政治、そして芸術に対する態度を通じて、市民としての強い自意識を抱き始めた。やがて帝室劇場の独占体制が終焉すると、指導的地位にあった何人かの商人はオストロフスキーとともに、国家から自立した国民的な劇場を設立することを、漠然とながらも構想するようになるだろう。[117] こういう自立的かつ商業的な劇場の創設が、工業化する帝国のなかでミドルクラスの居場所探しにいかに寄与したかを分析することが、次章のテーマである。

第二章　官製演劇の商業化

急速な工業化により、ロシアのミドルクラスの社会的、経済的、そして政治的重要性が高まると、この人びとの利害や貢献を反映した価値観を確立し補強することは、よりいっそう必要な事柄となった[1]。帝室劇場の独占体制が一八八二年に終焉し、ミドルクラスが自分たちの劇場を設立することが可能になったとき、彼らは熱心に、商業と文化とは対立するのではなく、相互に補い合うものだと主張した。そして新しい劇作家が登場し、観客に現代の諸問題を提示した。このとき舞台を席捲したテーマは、資本主義とロシアの伝統との調和であった。帝室劇場がその誇りある地位を失ったわけではなかったが、競争についていくためには、こうした環境に順応しなければならなかった。

劇中の人物の社会的性格を描こうというとき、この時代には、登場人物が父祖から受け継いだものを描いてももはや意味をなさなかった。それは商業的要素が、商人だけでなくかつての領主や農民の生活にも広まったからで、演劇作品には不快な主人公として強欲なビジネスマンが登場するようになり、このことは社会不安を象徴していた。これらの人物は悪を体現したのではなく、むしろ広く社会に問題を提起する役割を果たした。それはゴーゴリやグリボエードフが、節操なく日々を送る浪費家の貴族やそこかしこにいる小役人を描いた手法を彷彿とさせるものだった。「大改革」が国家をより積極的（アグレッシヴ）に行動する存在へと変えたとき、権力と影響力の在り処も移った。演劇のテーマや役柄も、工業化という状況に合わせてアップデートされた。それまでの芝居では、多くの場合、農民が登場人物の行動の背景となっていたが、今やプロレタリアートが同じような作劇上の目的に奉仕した。一方、知識人は相変わらず、「ナロード」についてラディカルな政治思想を抱きながらも、ろくに支援のできないキャラクターとして描かれている。

　こうした演劇を、インテリゲンツィヤや後のソヴィエト史家たちは、逃避主義的だと批判している。軽妙な喜劇が人気を得たことで、演劇はミドルクラスに「笑いやうわべだけの華やかさ、お涙頂戴のセンチメンタリズム」は味わわせても、「昔の大作の果たしていたような、高尚な役割は失ってしまった」[2]と、厳しく非難された。しかしそのような決めつけは、この時代に多くの人びとが抱いていた複雑な価値体系を軽視している。この時期、それまで「身内同士はあと勘定」で済ませてきた人びとすべてにも、地平線の彼方に「雷雨」が迫っているように感じられたのである。オストロフスキーの死去から二五年目に当たる一九一一年、『劇場時評（オボズレーニエ・テアトロフ）』誌は、彼の作り出した登場人物にちなんで、この劇作家を「頑固親爺（サモドゥール）」と呼び顕彰した。[3] ロシア人の多くが、「頑固親爺」たる彼によって、部分的にせよ変化させられたのだった。

　演劇は観客と同じように過渡期の不安のさなかにあり、それを乗り越えるため、社会派メロドラマという新しいジャンルを生み出した。これは社会的な関心事でもあった家族の問題に、メロドラマの技法を適用した作品群である。[4] 家庭を舞台にしたウェルメイド・プレイはこの手のジャンルにはまさにうってつけだったが、それというのも、改革をめぐって世代間の対立がエスカレートするという状況下で、ウェルメイド・プレイはこの緊張関係を舞台に載せたからだった。メロドラマには因果関係よりも劇的な状況を強調する傾向があり、理性より感情を重んじた結果、それはとりわけ女性の間で人気を博した。劇場はさまざまな面で、公的な場面における女性の存在感の高まりを印象づける重要な場だった。たとえば、Ｅ・Ｈ・ゴレヴァやＭ・Ｍ・アブラモヴァ、そして

B・A・リンスカヤ＝ネメッティといった女性たちが、劇場の支配人となった。[5]
エリート芸術家たちは、こういうブルジョワ演劇のなかに他の芸術分野にも共通する通俗性を見てとり反発して、後に「銀の時代」として知られることになる活動を始めた。モダニズムのなかで燦然と輝くロシアの「銀の時代」は、シンボリズムとデカダンスを特徴としている。なぜなら、この芸術運動に参加した若い世代の多くは、旧世代のインテリゲンツィヤの使命感を受け継ぐことも、社会の大義のために身を捧げることも拒絶したからである。演劇でもこの新しい波が演出を刷新し、創意に富む作品を生み出した。こういう新しい演劇の拠点となったのが、一八九八年にコンスタンチン・スタニスラフスキーとヴラジーミル・ネミロヴィチ＝ダンチェンコが創設した、モスクワ芸術座である。ネミロヴィチ＝ダンチェンコは、その演劇人生をごく普通の劇作家としてスタートさせたのだが、アントン・チェーホフの才能を目にすると自らは書くことをやめ、演出家となった。二人が作ったモスクワ芸術座は、その組織においても理念においても、それまでの劇場とは異なっていた。まず劇作家や俳優ではなく、演出家が上演を指揮した。また配役はスターシステムにもとづくのではなく、全体的なバランスが重視された。[6] そして、自然主義が支配的になった。スタニスラフスキーが主張するところによれば、彼の舞台は生活を正確かつ詳細に、身体的そして心理的に再現するものであり、それゆえステージの上で本物のコオロギがさえずることすらある。このように自然主義は、かつてのリアリズムが人道主義的な政治性を大切にしたのと異なって、形式を重視する演劇だった。伝統的な俳優たちは、感情の動きを否定する演出に対して尻込みした。劇作家のなかでモスクワ芸術座ともっとも関係が深かったのはチェーホフであるが、一八九六年にアレクサンドリンカ（帝室アレクサンドリンスキー劇場）で掛けた『かもめ』が大コケしてからというもの、彼はモスクワ芸術座の演出家たちに自分と相通じる精神を見いだしたのである。チェーホフは民間の商業的なコルシュ劇場でキャリアをスタートさせた人物で、当初は帝室劇場と関係を切るつもりはなかった。しかし、モスクワ芸術座の創造的な演出こそが、彼が特徴としたひそかな政治的エッセンスをもっともよく表現すると知ったのである。

もっともスタニスラフスキーは「経済観念を喪失」した人だったから、モスクワ芸術座は民間企業でありながら、興行収入ではなく後援者からの支援に依拠しつづけた。過去の研究は、こういうモスクワ芸術座に不朽の存在という高い評価を与え、ブルジョワ演劇の方は無視している。しかし以下では、モスクワ芸術座については、それが他の演劇分野の発展に与えた影響という観点から取り上げるに止めよう。(7)

一九〇五年革命で政治情勢が緊迫すると、劇場は世論が闘わされる場となった。そこではあらゆる社会集団や文化的党派が、零落する貴族の手放した政治的、経済的利権を手に入れようと狂奔した。革命はひとつの副産物として多元主義をもたらし、それがたとえばモスクワ芸術座とアレクサンドリンカという、あり得ない組み合わせのコラボレーションをも可能にした。この時期の舞台からは、ミドルクラスの台頭を見ることができる。ここからは、ミドルクラスが数だけでなく、出自や野心をも多様化させていった様子が見えてくるのである。

新しい演劇の役者たち

カラトゥイギンやモチャロフ、シチェプキン、サドフスキーといった俳優たちは長く演劇界に君臨し、演技を通していかなる行動をとるべきかを表現した。だが新しい時代を迎えると、文化的コンテクストの変化に対応して、ハムレットからファムーソフに至る大役が再解釈を迫られた。この結果、舞台にはさまざまな新しいデンマークの王子が出現する。(8) А・И・スムバトフ＝ユジンは、その整ったおもざしと攻撃的で男らしい存在感とによって、懐疑に囚われ悩むのではなく、決然と復讐に向かうハムレットを生み出した。スムバトフ＝ユジンはグルジア出身で、劇作家としても知られていたが、内省よりも情熱のまさった彼のキャラクターは、経済的、軍事的に拡張する一八九〇年代のロシアを体現するに相応しかった。(9) それと対照的に、А・П・レンスキーは内向的

10. А・И・スムバトフ＝ユジン公爵．男性的なハムレットである

で傷つきやすいハムレットを演じた。これは、ロシアの成長がいびつであること、そして専制体制のもとでいつまでも政治参加の機会を得られないことから、リベラルな知識人が抱いていた自己懐疑の気分に対応していた。役作りにあたってレンスキーは、当時の社会で影響力を増していた精神医学を反映させ、心理的真実性を高めようと努めた。[10] この二人は一八八〇年代にマールイ劇場のマチネ公演のアイドルとしてキャリアをスタートさせ、後にこの劇場の指導的存在へと成長した。

アレクサンドリンカで彼らと似た立場にあったのは、Ю・М・ユリエフである。彼はスムバトフ＝ユジンのようなルックスのよさと、レンスキーのような心理学的役作りの方法とをあわせ持つ、ロマンチックな俳優だった。さらにアレクサンドリンカには、この時代のもっとも偉大な喜劇役者コンスタンチン・ヴァルラモフも所属していた。「コースチャおじさん」と親しみを込めて呼ばれたヴァルラモフは、その見事な胴まわりをドタバタ喜劇風に使って観客を楽しませ、皆に愛された。彼とマールイ劇場の喜劇役者В・Н・ダヴィドフは、副業として有名ナイトクラブのコメディにも出演した。一九〇八年以降、ヴァルラモフ、ダヴィドフ、ユリエフは、演劇よりも映画に将来性があると判断し、映画界でのキャリアを重ねた。その結果、彼らのニュースや写真が大衆向け出版物に掲載され、彼らは舞台俳優の地位を国民的有名人の域に引き上げることとなった。

社会派メロドラマは感情を存分に見せることを必要とし、女性に主役を割り当てることもしばしばであった。それで世紀転換期の演劇界では、女優が支配的地位を占めた。トップ女優がそれまでの慣習を覆して、男性共演者の倍近い出演料を得たのである。[11] こういった環境のもと、ペテルブルクのマリヤ・ガヴリロヴナ・サヴィナとモスクワのマリヤ・ニコラエヴナ・エルモロヴァは、かつてカラトゥイギンとモチャロフとの間で生じたような、両首都間の競争心を再燃させた。ロシアの観客は、二人の演技に政治性を読み取った。サヴィナは品のよい喜劇や、抑圧的なシステムの下に忍従する女性のメロドラマに優れており、新しい時代に合わせてそつなく自分を変えていくことのできる人物と見られた。これに対してエルモロヴァは、モチャロフと同様に相当の反逆児で、フ

11. А・П・レンスキー

リードリヒ・シラーの『マリア・シュトゥアルト』や『オルレアンの少女』といった、強いけれども状況の犠牲となる女性の演技に優れていた。いずれの女優も、彼女たちの個性に合わせて特別に創られた役を持った。ヴェーラ・コミサルジェフスカヤは帝室劇場から独立し、この二人の情緒たっぷりの演技にモスクワ芸術座の生んだ革新的な演技で挑んだが、彼女たちを上回る人気を得ることはできなかった。[12] ただ仮に、コミサルジェフスカヤが天然痘で一九一〇年に早すぎる死を迎えることがなかったとしても、彼女もまたサヴィナやエルモロヴァと同じく、新しいメディアのスターと張り合わなくてはならなかったろう。それは、アップで映されるために若さの美に物を言わせる、映画女優たちであった。

国民としての観客

演劇史家イーラ・ペトロフスカヤは、一八九七年の時点で「ロシアを構成したのは地方だった」と述べている。[13] この年に行なわれた国勢調査によれば、両首都に住む人びとは二五〇万に満たず、対して地方都市にはそのおよそ七倍の人口が居住していた。演劇に関する全国誌は地方のファンにも届き、スター自身も帝室劇場の夏季休暇中に地方を巡業した。地方のファンが本物のサヴィナを見る機会は稀だったとしても、彼女は全国の誰もが知るスターだった。さらに、地方には独自のスターシステムがあった。[14]

演劇誌は観客に、プレミア公演や有名人の最新情報を常に知らせた。たとえば、『観客(ズリーチェリ)』は読者を「政治と演劇の観察者」と呼び、街頭と劇場とを結びつけようとした。この雑誌は、一八八〇年代に大衆紙のジャーナリストや劇作家、俳優らの団体によって創刊されたものである。その編集陣には、ニコライ・チェーホフやヴァシーリー・ネミロヴィチ＝ダンチェンコが加わっていた。いずれもそれぞれ、後にモスクワ芸術座の創設に関わるア

12.「コースチャおじさん」ことヴァルラモフ．オストロフスキー『雪の王女』の「霜のおじいさん」役

13. マリヤ・エルモロヴァ．急進的な若者たちの間で人気を博した．

14. B・H・ダヴィドフ，マールイ劇場とコルシュ劇場を代表する喜劇役者

ントン・チェーホフ、そしてヴラジーミル・ネミロヴィチ＝ダンチェンコの兄に当たる。『観客』は、巡業俳優たちのアネクドートやどこでも上演できる寸劇、切り抜いて額に入れるのによい挿絵といったものを、帝国全土に頒布した。

こういった出版物は、アマチュア演劇を積極的に後押しすることで売り上げを伸ばした。『家庭の演劇(ドマーシュヌイ・テアトル)』は、一八九五年に家庭向け人気雑誌『祖国(ロージナ)』の付録月刊誌として創刊されたが、そのタイトルが示すとおり、ボードビルからシリアスなドラマまで、家庭で演じることのできるさまざまな台本を提供した。『演劇文庫(テアトラーリナヤ・ビブリオテーカ)』もまた、とくに地方のアマチュア公演向けの台本を連載した。その他、『フットライトと生活(ラムパ・イ・ジーズニ)』はゴシップを報じて人気を博し、週刊の『劇場時評』は、地方公演の上演時間、劇場の場所、作品のあらすじといった観客向け情報と、ゴシップとをあわせて掲載した。演劇人は、全国に流通するこうした雑誌に広告を出した。

このように観客の層が拡がり人気が高まったことによって、劇場ではさまざまな社会層が交流するという新しい局面を迎えた。このためエチケット教則本は、劇場での振る舞い方に多くのスペースを割くようになった。一九世紀末におけるそのアドバイスは、それまで教会での行動について書かれてきたことをなぞっている。またウェルメイド・プレイでは、集まった人びとを煽る情熱的な演説よりも静かな対話が重視され、緻密な筋立てが意識されるようになった。その結果、芝居じみた要素は失われたわけではないにせよ、変化を見せた。こういったことを背景に、劇場は今まで以上に、人を見ると同時に人に見られる場となった。エチケット教則本は、次のように求めている。「若い女性は、柄付メガネ(ロルネット)で場内を見まわすことをできるかぎり控えましょう。若い女性の役割は、自分の姿を見せて喜びと賞賛を引き起こすことなのですから。実際のところ、大半の女性が、他の女性がそんな目で見られていることを羨んでおり、ロルネットで彼女たちを見ています。また上演中は、女性だけでなく男性も観客を眺めることをやめましょう。こうした行為は、自分に関心をひくための見せびらかしだと思われてしまいます[15]」。

他方、人は劇場で見られることはあっても、何か音を立てて聞かれることはあってはならず、その場合には、不作法者として爪弾きにされるおそれがあった。静かにするのは、何よりも強調されたことだった。エチケット教則本は伝えている。「劇場で友人を見かけたときでも、彼らに合図するのは無作法であり、呼びかけるのはさらに悪いことです。身を起こすことなく、かすかに会釈するにとどめましょう[16]」。一九一〇年には、劇場は「清潔できちんとしているならば、劇場に来るのに普段着や仕事着でも構わない。ボックス席と最前列の席に座る者だけが、盛装しなければならない」という方針を打ち出し、その門戸をいっそう広げた。またそのさいの注意書きは、強すぎる香水やビールあるいはタバコで匂う息に注意するよう促しているが、このことは、以前はアミューズメント・パークに遊びにいくような階層の人びとが、劇場にも来るようになったことを示している[17]。もっとも、こういう注意書きは、必ずしも下層階級だけに向けられていたわけではない。たとえば、ニコライ二世の妹で俳優志望だったオリガは手袋をつけ忘れたことで、またその母である皇太后は皇族用ボックス席でしばしばタバコを吸ったことで、居合わせた観客から顰蹙を買ったのだった[18]。

商業演劇――モスクワのコルシュ劇場とペテルブルクのスヴォーリン劇場

コルシュ劇場

かつてオストロフスキーは、「ブルジョワはどこにいても、芸術に対して有益な影響を与える[19]」と述べたことがある。彼のこの言葉は、改革後のロシアでもっとも重要な独立系劇場を興した、Φ・A・コルシュとA・C・スヴォーリンの事業に、とくに当てはまるだろう。二人とも、もとは企業家だが文化への情熱を持つ知識人であり、「ブルジョワ・インテリゲンツィヤ」という、双方の理想を併せ持つようなこの時期に特有のカテゴリーに分類することができる。二人の企業家としてのキャリアを見ると、ビジネスの成功がいかに文化活動を活性化するかがよく分かる。

コルシュは軍医の息子で、最初は法曹界で働いていたが、一八八二年に官製劇場の独占が終わると、直ちにもともとの夢だった演劇の世界に戻ってモスクワに劇場を創設した。[20] コルシュは自分の劇場を作るにあたり、四つの目標を掲げた。第一に、モスクワで芸術を求める声の高まりに応えた劇場にすること。第二に、地方の俳優に、地元よりよい条件で出演する機会を与えること。第三に、新作の上演を通じて、現代劇を改良すること――この目標のため、金曜夜に実験的作品の特別上演が設定された――。第四に、若い世代に割引価格でロシアと外国の傑作に接する機会を作ること――そのために、日曜午前の公演は学生に無料で公開された――。後に、マールイ劇場もこうした方針を採用した。[21]

コルシュは、この四つ、それぞれの目標を達成しながら静かにロシア演劇を革新していった。オストロフスキー作品は、マールイ劇場とコルシュ劇場の双方で他の作家よりはるかに頻繁に上演されたが、それぞれの劇場監督は作品をそれぞれ異なった形で解釈し、一部の批評家はコルシュ劇場の公演の方を評価した。[22] コルシュ劇場の、通常は金曜夜の特別公演でロシア初公演を迎えた劇作家には、ヘルマン・ズーダーマン、エドモン・ロスタン、ヘンリック・イプセン、ヨハン・アウグスト・ストリンドベリ、ジョージ・バーナード・ショーといった、当時のヨーロッパにおける気鋭の人びとが含まれていた。無論言うまでもないことだが、こういうリストに、ペテルブルクの物書きだったアントン・チェーホフのようなロシアの才能ある人物も加わるのである。[23]

コルシュは俳優に行動の自由を与えることで知られたため、後に有名になる役者たちが駆け出しの時期には彼のもとに集まった。[24] しかしレンスキーを含めてほとんどの役者は、帝室劇場から声がかかるとコルシュ劇場を離れた。コルシュが逆にスカウトした事例は、アレクサンドリンカから短期間移籍した、人気性格俳優ダヴィドフだけである。それでも、オペレッタや軽喜劇のスター女優、リディヤ・ヤヴォルスカヤとマリヤ・ブリュメンタリ＝タマリナとが一八九〇年代のこの劇場に華を添えた。

コルシュは経営が苦しいときですら、前述の四つの目標に忠実だった。このことは、演劇はビジネスであると同時に文化だという彼の信念を示している。この劇場は第二シーズンを迎えたときに、破産寸前まで追い詰められた。それと言うのも、コルシュが『ツァーリ、ヴァシーリー・シュイスキー』――ロシア史でもっとも演劇に向いた一七世紀動乱時代のエピソードからとった戯曲である〔訳注1〕――の上演にあたって、舞台装置と衣装にチケットの売り上げで回収できる以上の経費をかけてしまったからである。この芝居はクレムリン武器庫の学芸員によって書かれたのだが、時代考証の正確さにこだわってストーリーのおもしろさが犠牲になり、観客が集まらなかった。(25) コルシュは、劇場の大幅な改組と劇場運営に参加していたモスクワの商人バフルーシン家の援助によって、経営を立て直した。そして一八八五年のシーズンを、ロシアで初めて電気照明を採用した新しい大劇場で迎えた。これを設計したのは、擬古典的なロシア・スタイルの建築様式のパイオニアだったM・H・チチャゴフである。さらにコルシュは付属の劇団を利益を配当するビジネスに改め、自ら取締役に就任した。(26) 彼の娘はコルシュのもとで劇場支配人として働き、戯曲の翻訳も行なった。こうして一九〇七年にコルシュ劇場が二五周年を迎えたとき、チケット売り上げ枚数の累計をみると、モスクワの全住民がこの劇場に四回は足を運んだ恰好となった。(27)

コルシュ劇場は、インテリゲンツィヤが「人気優先主義」(28) として危惧するようなことも行なった。一八九二年、コルシュはナポレオンの元洗濯女を描いたサルドゥ作の大人気喜劇『マダム・サン・ジェーヌ』を自分の手で翻訳し、ロシア公演では流行の隅々に至るまで細心の注意を怠らないよう、スター女優ヤヴォルスカヤをパリに派遣したのである。(29) しかしこういった批判とは対照的に、レフ・トルストイはコルシュが演劇の大衆化に情熱をかけたことを高く評価し、彼の劇場で自身の『闇の力』を初演した。(30) 当時の劇評家がコルシュに共感しつつも指摘したように、コルシュの最大の失策は演劇作品をあらゆる人びとに見せようとしたことだった。(31) だからコルシュ劇場に対するおそらくもっとも妥当な歴史的評価は、旧劇場の建物がΦ・O・シェフチェリによってアール・

ヌーヴォー様式に改装され、モスクワ芸術座の拠点となった、というところだろう。

スヴォーリン劇場

ペテルブルクにはいくつかの民間劇場が作られたが、官製のアレクサンドリンカに比肩する最初の劇場は、一八九五年に創立されたスヴォーリン劇場である。スヴォーリンは、社会的影響力のある日刊紙『新時代（ノーヴォエ・ヴレーミャ）』の発行者として知られた、財界の新しい支配者のひとりだった。歴史の教科書では、スヴォーリンは、非暴力の革命がまだ可能だと考えられていた時代における、反動派の巨魁として登場する。彼の政治的見解は、ブルジョワジーに共感を寄せる人びとが進歩的だと考えるものに水を差すような内容だったから、歴史家にとってスヴォーリンは常に頭の痛い存在だった。ある点で彼はチェーホフと親しかったが、スヴォーリンにはチェーホフとの親しい関係を決裂させるほどの激しい反ユダヤ主義思想があった。他方でスヴォーリンは貴族身分でありながら、所領から不労所得があるという特権には、きわめて批判的だった。それで彼は、工業化がもつ経済的可能性を信じ、金融・財政の変化が社会的、政治的によい影響を及ぼすことを期待する人びとの代弁者となった。またスヴォーリンは、ロシアの未来を作るために発言しようという意思を、決して失わなかった。[32]

スヴォーリンは出版業界に一大帝国を築き上げたので、演劇に好きなだけ情熱を捧げることができた。彼は自ら戯曲を執筆した。そして興行主としてのスヴォーリンは、市民社会の領域を拡張しようとする進歩性と、その領域が完全に民主化されることは防ごうとする保守性という、両極端の性格をあわせ持った。それでスヴォーリンには、レフ・トルストイの『文明の果実』を上演しておきながら、ヴィクトル・クルィロフの人種主義的な『イスラエルの息子たち』で大ヒットを飛ばす、といったことができた。[33]

スヴォーリン劇場は、スヴォーリンがП・П・グネーディチやЕ・П・カルポフといった二流の物書きと共に所属した、公認の文芸同好会を起源とする。それゆえ、この劇場は正式には「同好会」と名付けられていたが、普通は彼が大株主で大きな影響力を持ったために「スヴォーリン劇場」、あるいはアレクサンドリンカより小さかったために、「ペテルブルクのマールイ（小さい）劇場」と呼ばれた。スヴォーリン劇場もコルシュ劇場と同様に、演目ではなく公演形態がライバル劇場とは異なっていた。両劇場には、ヤヴォルスカヤやダルマトフら、多くの人気俳優および女優が出演している。

スヴォーリンが劇場に出資した主たる理由は、自作を上演させ、作家としての虚栄心を満たすためだった。もっとも彼の作品は帝室劇場でも上演されたので、その行動は単なるエゴで片づけられるものではない[34]。たとえば、スヴォーリンのもっとも有名なメロドラマ『タチヤーナ・レーピナ』（一八八九年）のタイトルロールは、彼特有のリベラリズムと彼流の女性擁護論を体現している[35]。タチヤーナ・レーピナは、男に誘惑されて捨てられたために、遅効性の毒を飲む。つまりこの作品は、当時の社会で、男性が女性よりもはるかに大きな自由を享受している現実に抗議したのである。また主人公は激情に駆られたその台詞で、才能ある者は生まれついての貴族よりも優れているのだという、スヴォーリンの好むもうひとつの哲学を披瀝した。もっともこの芝居が人気を博したのは、作品が持つこういった政治性よりも、この作品の舞台受けする性格によってのことだった。と言うのも、レーピナは舞台に登場する前に毒を飲んでいるので、彼女の演技と人生が同時に悲しい結末へとなだれこんでいくのである。この役を演じた女優たちは、タチヤーナが化粧室で拍手を聞きながらこと切れるシーンで、観客の喝采と涙とを同時に引き出したのだった[36]。前述のサヴィナとエルモロヴァは、いずれもこの場面を演じるのに優れていた。

スヴォーリンの『過去を捨てて』は一九〇五年に初演されたが、革命の時代におけるモダニティと伝統との交錯を物語っている[37]。主人公の伯爵は国家勤務から退いたばかりで、これからは地方で穏やかに暮らそうと考えている。彼は自分が公正な官吏だったことを、常々誇りに思っていた。そして引退後の生活に退屈し不満がたまると、今度は地元の政治に何かと口を挟むようになった。だがそこで伯爵が直面したのは、彼は国家に勤務していたが、実は何ら国に貢献してこなかったという苦い真実だった。彼の婿となる人物はクライマックスの長広舌で、官僚は見れども見えず、自分では何も見ようとしない、と一席ぶつ。スヴォーリンは、たしかにある面においては反動的だったが、このように革命的な側面も有していたのである。

忘れられた劇作家とテーマ

イヴァン・ミャスニツキー

コルシュは事業の採算をとるために、平日公演の安い席に客を集め、金曜の実験公演と日曜の割引公演の損失分を埋め合わせることができる作家を重用した。このなかで、コルシュにもっとも信頼されたのがИ・И・ミャスニツキーである。今日、ミャスニツキーの名前はほとんど顧みられないが、彼は世紀転換期のロシアにおけるもっとも著名な作家のひとりで、驚くほど多くの喜劇を書いた。彼は商人身分の出版人К・Т・ソルダチョーンコフの養子（おそらくは婚外子）で、地方タブロイド紙に文芸記事を数多く書くとともに、少なくとも十八篇の小説と短編集、そして二巻の戯曲を著した。ミャスニツキーはコルシュに対して、時事ネタを使った笑劇（ファルス）や喜劇を提供した。まれに、教養ある批評家が、そうした彼の作品を取り上げることもあった。だが、彼らはその作品を、ロシアが直面する課題からの嘆かわしい逃避と評するばかりだった(38)。

ミャスニツキーがもっとも関係の深かったのは商人身分だったが、彼の作品には官吏や退役兵、悪賢い奉公人、インテリゲンツィヤになりたがる人びと、都会生活を夢想する地方の住民も登場する。またミャスニツキーは、「ウェルメイド・プレイ」ではなく、サイドストーリーを集めてつなぎあわせる手法を用いた。彼の作品のお決まりの登場人物は、結婚適齢期の若い女性、それとは対照的な横柄な人妻や姑、さまざまな思惑を持つ求婚者たち、それから混乱を解決しようとする年配の男性たちである。彼は話し言葉を用いて、登場人物の出自を示した。登場人物が抱いている社会的な上昇志向を、この人たちが発音できない言葉があることで表現したのである。たとえば、『クルトズボフの結婚』[訳注2]に出てくる結婚仲介人は、「痛くてたまらん『ア＝リストクラシー（アグロノミー）病（痛風）』にかかってしまう」と危惧し、自分が世話した結婚式では、シャンパンならぬ「シームペイン」を飲むのが好きだと言うのだ[39]。

ミャスニツキーは、同時期のフランスの劇作家で、面倒に巻き込まれ、てんてこまいする野心家を喜劇タッチで表現するのを得意とした、ジョルジュ・フェドーになぞらえることができる[40][訳注3]。両者とも、どうすれば喜劇が社会の変化に戸惑う観客に、公の場での振る舞い方を指南できるか弁えていた。ミャスニツキーは『二〇万』で、ある商人が宝くじに当たって突然に大金を得た顛末を描き、ぶざまな上昇志向を茶化してみせた。主人公である幸運な商人は、家族をつれて貴族が住む地区に引っ越そうとする。だが彼と友人たちは、シャンパンを扱うことも、最新のステップで踊ることもできない。さらに、彼は社交界のしきたりを知らなかったため、うっかり三人の女性にプロポーズしてしまう。この笑劇の教訓は、「都会でビリより、田舎で一番の方がよい」である。

ミャスニツキーがコルシュに初めて提供した戯曲『可笑しな老女』（一八八二年）には、工事請負人、店員、御者、医師、聖職者の家族だが教会の勤行に参加しない人びと、そして彼らの親戚や召使といった、いかにも観客のなかにいそうな人びとが登場した。主人公は、両親が流行を誤解し、彼に「フィノゲン」などという洗礼名をつけたことを嫌がっている。その妻は、ヨーロッパは「理解できない国」だけれども、パリに「静養」に行きたいと夢見ている。そして二人の会話では、「ボンジュール」などのフランス語が、たいていは間違った形で頻用される。たとえば、ある女性の登場人物は、フランス語の「モナムール（私の愛しい人）」という呼びかけを、ロシア語の「ムラモルヌイ（大理石の）」と誤解した。結局二人は穏当にも、パリならぬモスクワの商人地区に住もうと決める。そう決めたのは、ロシアの国民的歴史家ニコライ・カラムジンがそこで文学的インスピレーションを得たからという、もっともらしい理由からだ。

以上のようにミャスニツキーは、従来の演劇に大衆向けバラエティー・ショーの要素を加えた。彼は、普遍性とか寓喩といった耳慣れない言葉には興味のない観客のために書いたのだった。文芸批評家たちは、コルシュがミャスニツキー劇の観客層を大事にしすぎたと非難した。しかし彼らは、金曜夜の実験劇と土曜夜の笑劇の観客が重なっている可能性を、理解していなかったのである。

ヴィクトル・クルィロフ

もう一人の、演劇史で言及される以外にほとんど注目されることのない人気作家は、ヴィクトル・クルィロフである。彼は多作な劇作家で、一八九〇年代にはアレクサンドリンカの監督を務めた(41)。彼はフランスの人気作家サルドゥの諸作品をロシア公演のために翻訳して、「ロシアのサルドゥ」と呼ばれた。と言って、実はゲーテも訳しているのだが、こちらについては何のあだ名もつけられていない。彼には西欧のオリジナル作品を剽窃しているという批判があったが、こう言われたときには断固として否定し、どの戯曲でも自分はロシアの状況にあわせて原作を大きく改変せねばならなかったと反論している。そしてしまいには妄想が膨らみ、ヨーロッパ人が彼のオリジナル作品を盗んでいるのだとさえ主張した(42)。

クルィロフは、一八六〇年代の改革の時代に幾何学の教師として働き始め、劇作家へと異例の転身をした。彼はその時代の標準に従い、処女作『流れにさからって』(一八六五年)で、農奴を虐待する横暴な領主というステレオタイプな物語を書いた。こういうストーリーは農奴解放後には受けなくなったので、クルィロフはサルドゥを真似て、あるいは少なくとも彼のシチュエーション・コメディやドラマを意識して、またもや時代に合わせた作品を書くようになった。彼は日刊紙から物語の着想を得た。たとえば、著名な紳士が道で少女につきまとって逮捕された事件を舞台化したのが、『治安判事殿!』(一八七七年)である。この喜劇は、娼婦以外の女性が公的空間に現われるようになったときの、良識ある男性たちの驚きを表現している。この作品の登場人物は、女は家庭にいるべきだと考えているが、女性につきまとったという容疑で逮捕されるとこう述べる。「昔は女をテレム（住居のなかで、女性に割り当てられた特定の部分）に閉じ込めたものだが、今や女性への見方を変えねばならないのですね。……今の方がずっとよい！」[43]

筆が速く、タッチの軽いクルィロフは、劇作家協会の同業者たちとたえず衝突した。彼は協会員でありながら地方の興行主と勝手に交渉するため、オストロフスキーの悩みの種だった。だがこれには理由があった。協会が後援する作品は、会員たちの承認を受けなければならなかったのだが、尊大な会員たちはクルィロフを見下していた。それにもかかわらず、自分の作品が協会に利益をもたらすという状況に、クルィロフは苛立ったのである。彼はまた、地方の小さなアマチュア劇団向けに、登場人物が少なく大がかりな舞台装置も必要としない短編戯曲を十巻も書いて、素人演劇を振興した[44]。ロシアの知識人たちは、ショーがサルドゥとその後継者たちを「愚鈍なサルドゥ風」とけなしたように、一八九〇年代を「クルィロフ時代」と呼んで蔑んだ[45]。

サルドゥやロバートソンの作品は、現在ほとんど再演されない。同様に、クルィロフの『無鉄砲』（一八八八年）や『夏の白昼の夢』（一八九二年）が、上演されなくなって久しい。しかし、これらの戯曲を歴史的史料として分析することは、過去から伝えられたさまざまな情景（シーン）に目を遣るということである。それらのシーンは、多くの点で銀板写真（ダゲレオタイプ）で撮られた画像と似ている。そこには、カメラの前で姿勢を取ることに由来する文化的な歪みがある。だからそれが語りかけてくるものは、目に見えるほどには多くない。しかしそれでも、さまざまなことを伝えてくれるのだ。

社会派メロドラマにおける近代性

工業化とミドルクラス

一八八二年から一九〇五年にかけて、ロシアのミドルクラスは、急速な工業化に起因する無数の変化に順応しようと努めていた。教科書では、この時代は、皇帝アレクサンドル三世（在位一八八一―一八九四年）が「大改革」に終止符を打とうとした、「反動」の時代だったとされる。また通常は、この「反動」は芸術にも停滞をもたらしたと言う。こうした見解ゆえに、ミャスニツキーやクルィロフは過度に軽視されてきたと言えるのだろう。先にも述べたように、当時の演劇作品をより詳細に歴史的文脈に位置づけて読むならば、この時期のロシアが旧時代に戻ることなく、改革に適応しようとしていたことが分かるはずである。

官製劇場による独占が廃止された後の演劇界で起きた論争からは、この国の社会関係をめぐって新しい考え方が現われたのを確認することができる。その論争は、駆け出しの劇作家スムバトフ＝ユジンと帝室劇場の監督ポテヒンとの間で生じた。スムバトフ＝ユジンの『セルゲイ・サチロフ』（一八八三年）によって、新世代と旧世代左派の政治的見解が、いかに一致しないかが露わになったのである。(46)『セルゲイ・サチロフ』は改革前の地主貴族が送った生活をやや誇張して表現した物語だが、スムバトフ＝ユジンはポテヒンの『虚飾』に出てくる人物の性格を引っくり返し、善良な農奴と残酷な領主に嫁いだ妻との情事を描いた。すると、賦役の行動に関して論戦が発生した。スムバトフ＝ユジンの物語で、農奴たちが同輩である主人公の農奴ではなく領主側を支持したことに、ポテヒンが異議を唱えたのだ。ポテヒンが描いてきた農奴は「犠牲者」であり、彼らを抑圧する領主に同調するはずがなかった。ところが、若い劇作家スムバトフ＝ユジンはリアリズムを導入して、ロシアの社会関係を伝統的に律してきた家父長主義――そこにはツァーリと臣民との関係も該当する――とは異なるものを描いたのである。この時代、皇帝アレクサンドル三世は依然として、家父長的な関係を望んでいた。しかし劇場に集まる観客は、そこから離れて「市民」となる準備ができていたわけである。[47]

消費は、観客を市民へと成長させる大きな一歩だった。だが世のなかでカネがどれほど回ろうとも、何の議論もないままに、資本主義文化が人びとの価値観を変えてしまうようなことはあり得ない。なぜなら、競争と利益とに結びついた個人主義は、ロシア的な価値観とは著しく相違したからである。たとえば、ネミロヴィチ゠ダンチェンコの『われらのアメリカ人』とトム・テイラーの『われらがアメリカのいとこ』を比べてみると、ロシアとイギリスでは、工業化を牽引したアメリカ人の創意工夫に対する評価がはっきり異なっていたことが分かる。テイラーのイギリス版では、誠実なヤンキーは気障なイギリス貴族よりも優れた人物として描かれている。しかしネミロヴィチ゠ダンチェンコのロシア版では、アメリカ流のプラグマティズムはシニカルな態度と二枚舌の象徴であった。そこに登場するロシアの工場技師は、アメリカ的工業生産を理想視する人物なのだが、証明書を偽造し、労働者を食い物にする悪役なのである。

『ジェントルマン』――実録もの戯曲

商人身分はその経済状況によって飛躍を遂げ、社会で重要な地位を占めるに至った。だがそれとともに、この人びとのなかからは必ずしも評判のよくないセレブも登場した。スムバトフ゠ユジンのもっとも知られた戯曲『ジェントルマン』（一八九七年）は、彼に最初のグリボエードフ賞を与えた作品だけれども、そのために彼はモスクワの有力な商人一族の怒りをかう羽目となった。この作品が重要であるのは、薄くヴェールをかぶせてはいるが現実の地方生活をドラマ化したこと、つまりはリアリズム演劇に革新をもたらしたことにある。作者は登場人物に仮名を用いたが、モデルが誰だったかを隠しおおせていない。主人公は政治的にも経済的にきわめて有力な企業家一族の御曹司、ミハイル・モロゾフだと、分かってしまうのである。〔訳注4〕実在のモロゾフ家の人びとは、父祖の世代とは異なり、しっかりと教育を受けよい身なりをした、新世代の商人の代表格だった。ミハイル・モロゾフ自身、「ジェントルマン」を自認し、M・ユリエフというペンネームで——誰もだまされなかったのだが——学者としてのキャリアを積もうとした。スムバトフ＝ユジンが造型したルィドロフもまた、ビジネスマンだが、文学で成功したいという野心を持つキャラクターだった。しかしミハイルとの類似点は、それだけではない(48)。『ジェントルマン』は、モロゾフ一族のゴシップをネタにした作品であった。この一族が世紀末のモスクワで占めていた地位を考えれば、その意義が分かるというものだろう。話の筋は、モロゾフその人の実生活から採られている。ミハイル・モロゾフの若く美しい妻は、零落した商人一家から意に染まぬ形で嫁がされたのだが、ミハイルのもとを出ていくというスキャンダルを起こした。『ジェントルマン』が書かれたのは、まさにその時期だった。道を踏み外したモロゾフ夫人は、まもなく帰ってきた。だが公演が始まる頃には、夫妻の別居の噂がささやかれていた(49)。

スムバトフ＝ユジンの戯曲は、この夫婦のもめごとを、金銭にまつわる新しい価値観とインテリゲンツィヤの旧い価値観との衝突という観点から解釈した。ルィドロフは、決して悪人ではない。彼よりも典型的なインテリゲンツィヤである他の登場人物の方が、道徳的に不誠実である。だがルィドロフが「新しい人間」のために本を書き、『どん底』という新聞を発行しようとしたりしたとき、その考え方が問題となった。この「新しい人間」について明確な定義はされていないが、拝金主義的傾向が強い者だとほのめかされている。この芝居は、資本主義には腐敗へと向かう傾向があることを、多くの個所で暗示するのだ。ルィドロフの可愛い妻は、夫に尽くしてはきたものの彼を愛してはいないので、その考え方にすっかり幻滅した。代わって彼女は自分の理想に近いと見えた作家の誘惑に負け、実際のスキャンダルどおり家を出てしまう。しかし彼女は作家が彼女との結婚は望まないと知るとルィドロフのもとに戻り、夫は喜んでそんな彼女を迎える。つまるところ、彼女は夫が「ジェントルマン」で、礼節を重んじる人であることを思い知るのだった。

『ジェントルマン』のような実録ものは、演劇界が大衆向けプレスと競合して旬の話題を扱うことを可能にした。しかし、この作品の意義はここにあるのではない。『ジェントルマン』がグリボエードフ賞を受賞したのは、この作品が文化への影響力を強めていた商人たちの資金力を痛烈に皮肉ったためだった。ルィドロフはもっとも有名な場面で、「ロシア全国が、どれほど第三身分による救済を待っていることか」と自らの使命感を述べる。彼はまた、「かつては貴族が作家を輩出したが、今やわれわれの番だ」と言い、新しい社会層が旧い社会層にとって代わることの素晴らしさを自画自賛する。(50)『ジェントルマン』がモスクワのマールイ劇場で初演された際、市の有力者モロゾフ一族はモスクワ市政府に圧力をかけて公演を中止させた。だが禁止措置は一シーズンしか続かず、ミハイル・モロゾフもはや不快に思っていないと伝えられた。彼の妻は帰ってきたのだし、そしておそらく、彼は自分の名を知らしめたことが気に入ったのだろう。

不幸な結婚——演劇の中心的テーマ

物語のなかの若きルィドロフ夫人も、実在のマルガリータ・キリロヴナ・モロゾヴァも、当時の社会で広まっていたある問題に直面していた。女性がこれまでにない自由を享受している今、結婚を無理強いされた場合にどうすべきかという問いである。「女性問題」が、他の多くの社会的・文化的変容に関わる主題として、議論の中心に躍り出たのだ。スムバトフ＝ユジンの作品でもっともよく上演された『鎖』（一八八八年）は、不幸な結婚を強いる法制度を扱っている。物語の主人公は、法律のせいで、自分と娘を捨てた妻と離婚することも、長年、事実上の妻として彼と暮らしてきた別の女性と結婚することも許されない。もっとも、気まぐれな本妻は最後には自分が捨てた人たちと和解し、内縁の妻となった女性をも受け入れる。しかし作者は最終幕で、この妻を唐突に死なせてしまう。法律上、離婚が不可能ならば、そうやって物語から退場させるほかなかったのである。

この時代の女性は、そういう法律上の制約にもかかわらず、不幸な結婚から逃れ、個人としての生活を充実させていった。「モスクワのクルィロフ」として知られたヴラジーミル・アレクサンドロフもまた、マールイ劇場でエルモロヴァのために書いたメロドラマでこの問題を取り上げ、ささやかではあったがファンがついた。[51] アレクサンドロフはもとは弁護士だったが、裁判よりも芝居が好きという人物だった。この劇作家は、『訴訟沙汰』（一八九三年）という当時大当たりした作品を書いたのだが、ここには強いヒロインが登場する。ヒロインのオリガは、ステパンという、建築家として成功しビジネスマンでもある男性と結婚して、二人の間には小さな娘カーチャが生まれた。オリガは裕福な商人の未亡人の後見を受けて成長し、この未亡人の財産を今はステパンが管理している。誰もが、未亡人のおかげで、オリガはよい結婚をしたと言う。だが彼女は、夫が金のことしか考えないのでひどく不幸である。そして、夫がある女性の経済的苦境につけこんでいると知ったとき、彼女は道徳的資質を発揮して、娘を連れて夫のもとから出ていってしまう。その後、彼女は、ステパンが他の建築家のデザインを盗用したことも知る。彼女は家具付きの部屋に引っ越すが、仕事を見つけることができない。民法は夫に対する妻の従属義務を定めており、妻が独立して働きに出るには、夫の同意を要するのである。彼はカーチャと引き換えに同意を与えると言い、オリガが拒絶すると、法的手段に訴えて娘を取り戻そうとする。だが、オリガの道徳心が彼の堕落した魂に作用した。ステパンは和解しようとして、カーチャを彼女に返すのである。芝居の結末は、観客の解釈に任されている。オリガはステパンに、自分が戻るかは彼の行ない次第だが、これからも彼には自分たちのもとを訪れてほしいと言うのだ。このようにオリガは、働く自由と娘を育てる権利のために闘い、困難な現状に挑みつづけた。これが少し前の時代だったら、オストロフスキー作品の悲劇的ヒロインたちのように、彼女は自殺という結末を迎えたはずである。

不幸な結婚が一九世紀の演劇界で関心を集めたのは、離婚が不可能であることが、近代化に必要な社会の流動性を阻害するからだった。一八九〇年代以降、不満を持つ妻たちはますます増え、不倫や家出によって自分たちの現状を訴え、成果を挙げつつあった。[52] 劇作家たちは、新たに登場した社会層と伝統的な価値観とを対比し、いかに伝統が近代化を妨害するかという大きな問題に注意するよう、呼び掛けていた。強要された不幸な結婚が近代社会の流動性を失わしめるという主題も、そうした問題のひとつだった。離婚のドラマは、個人の選択の自由について考えさせる、拡大された形の社会派演劇だったのである。本来は私的（プライベート）なはずの行為が公衆（パブリック）の間に真剣な反響を引き起こしたことは、とくに知っておいてよいだろう。

世代の対立

スムバトフ＝ユジンとポテヒンとの衝突は、基本的に世代の問題であり、状況が同じでも、年齢や経験によっていかに考え方が異なったかを示している。このような世代の対立は、イヴァン・ツルゲーネフの傑作『父と子』（一八六二年）を想起すれば分かるように、社会変動を描く場合に恰好の枠組を提供している。工業化の進展は家庭に深刻な断絶を引き起こすほど、速く、かつ徹底したものだった。とくにこれは、職業選択の幅が拡がり、それまで子どもを家業につなぎとめてきた経済構造が動揺したからである。そして資本主義文化を受け入れることで、市場経済に内在する偽善的側面もまた露わになったため、親子の間にはしばしば根深い対立が生じた。ただし、新しいやり方に魅了された子の世代が、必ずしも常に父の世代に反抗したわけではない。たとえばＡ・П・ヴェルシニン『アントーノフの財産』（一八九八年）では、父親が欲深く上流ぶった子どもたちに敵意を抱き、彼らに遺産を渡すよりはと、自分のカネに火をつける(53)。またП・Ｍ・ネヴェジン『昔の住まい』（一八九二年）は、新しい世代の政治的な底の浅さを描いている。この物語では、商人の子弟たちが親の旧式な価値観を嫌い、さらに一世代前のナロードニキにならおうと決意する。「人民のなかに赴き」、農民の文化水準を向上させようというのである。ところがヒロインは、こういう「気高い志」に飽きてしまって、訪れた先の村で戯れの恋を仕掛ける。

世代の対立をドラマ化したもっとも有名な作品は、セルゲイ・ナイジョノフ『ヴァニュシンの子どもたち』である。これは一九〇一年、モスクワのコルシュ劇場とペテルブルクのスヴォーリン劇場で同時上演された。[54] ナイジョノフは、スタニスラフスキーとも血縁のある、商人アレクセーエフ一族に生まれた人物である。[55] この作品の独特なところは、ナイジョノフが造形したヴァニュシンのキャラクターにある。彼はオストロフスキー流の「頑固親爺」ではあるけれども、旧世代のやり方にも新世代の態度を生み出した責任があると自覚できる人物だった。劇中、ヴァニュシンは自分と家族の苦悩について考える。子どもたちは彼の前では畏まるが、見えないところでは不正直で堕落した生活をしている。なぜならば、父たる彼が道徳にかなった考え方を教えなかったからだ。また彼の妻は、家庭のなかにうわべの秩序と静けさを保つことだけに腐心している。なぜなら、あまりにも長いこと夫の癇癪を怖れて暮らしてきたので、自分というものをすっかり失ってしまったから。しかし数々の秘密が、一家の見せかけの平和を脅かす。ヴァニュシンは家業を潰しかねない不祥事を蔽い隠すため、自分の器量のよくない娘をある男と結婚させたが、この婿はそれをネタに、ヴァニュシン一族をゆすりに出る。退学処分になった末の息子は飲酒に耽り、父が雇っている年上の女性と関係を持つ。長男は教育を受けることを強く望んだが、商売を学ぶために父に無理やり退学させられ、挙句には、当人よりも二つの会社が結びつくことを目的とした政略結婚を押しつけられる。

末の息子が、自分の幸せは家族から離れることで初めて得られると確信して家を出ようという段になって、ヴァニュシンはようやく自分の過ちと向き合った。自分が知るやり方でしか振る舞えない父に、息子は同情する。そしてヴァニュシンは和解しようと、妻と子どもたちに頭を下げる。だがハッピーエンドで終わると思われたその矢先、失意のヴァニュシンは自殺してしまった。旧世代の秩序はその歪んだ行動のスタイルや偏見とともに舞台を去ることで、象徴的な形で、現代生活が悲劇的状況に陥った責任をとったのだった。[56]

ナイジョノフと並んで人気を得たのはマクシム・ゴーリキーである。この作家は大胆で、政治的には極左であり、たちまち新世代の代弁者となった。ゴーリキー『小市民』は、やはり世代間格差によって社会の変化を予言し、『ヴァニュシンの子どもたち』とともに、一九〇二年のグリボエードフ賞を受賞した。ある批評家はこれに不満を抱き、ゴーリキーはあまりにもナイジョノフを模倣していると非難した。しかし二つの作品がよく似ているのは、二人の作家がともに社会問題への鋭い直観を備えていたこと、そして効果を高めるために家族を物語の枠組として使ったことによるものだった。[57] グリボエードフ賞をめぐる論争は、ロシア演劇がふたたび変化の局面にさしかかったことを暗示していた。そして変化は、ロシア社会が革命に向かうにつれて顕在化する。

革命後の舞台、一九〇五―一九一七年

一九〇五年革命と演劇

一九〇五年一〇月一四日、ロシア帝国がゼネストの発生で機能不全に陥っていた夜、アレクサンドリンカでは、オストロフスキーの『心臓は石にあらず』が上演される予定だった。だが喜劇役者ダヴィドフが監督のもとへ行き、「私の心臓も石ではありません」と遠回しに諫めたため、その夜、劇場に明かりがともされることはなかった。[58] 革命の結果、演劇関係者は検閲が撤廃されて芸術の自由がより許容される環境を得た。また民間の劇場に勤務する者は組合の結成が容易になり、劇場主の権力に対抗できるようになった。しかし革命によって演劇が直面したもっとも重要な課題は、専制権力がその一部を議会に委ねた今、そうした政治的変革をどのように舞台化するかという作劇の問題だった。

ナイジョノフは一九〇七年、『ヴァニュシンの子どもたち』の結末を書き換え、革命後の風潮を取り入れよう

とした。このバージョンでは、年老いた家長は自分で命を絶つのではなく、家業の支配を企てた退廃して非道な長男の手にかかる。このナイジョノフによる新世代の告発は、旧バージョンほどには人気を博さなかった。だが彼は道徳的に退廃した世代を親から子へと移すことで、新政権下で権力を手にした人びとも、親の世代と同じように、おのれの説明責任を心すべきだと観客に気づかせたのだった。[59] 社会は、経済成長のなかで登場した「退廃した息子」を、その代表者として国会に送り込むわけにはいかないのである。

インテリゲンツィヤの退場

アレクサンドロフがエルモロヴァのために書いた『ある結婚の物語』（一九一三年）という離婚のドラマは、別の問題を提起している。この作品には、ごくごくステレオタイプな人びとが登場する。工場を経営し、息子と娘が自分より文化的に洗練された人物になることを望む未亡人。それから、エルモロヴァ演じる未亡人令嬢の歌の教師で、かつてはコンサートのスターだったが、自堕落で酒好きの男爵と結婚して自分の財産まで喰い潰されてしまった女性。そしてこの教師の息子で、母の生徒である未亡人令嬢と結婚する作家。アレクサンドロフはこの結婚を描くことで、没落しつつある貴族出身のインテリゲンツィヤと、資金力によって権力のヒエラルキーを登る商人という、社会矛盾の図式を浮き彫りにした。さらに彼は、そこにインテリゲンツィヤを役立たずだと批判する、一九〇五年革命以降の社会感情も付け加えた。[60] もはや舞台上では、ブルジョワがストーリーを道徳的に導く役を担った。

『ある結婚の物語』の見せ場は、未亡人令嬢がまともな生活のできない作家の夫に不満を抱き、地元の医師と不倫するくだりである。義母である歌の教師が、不倫は所詮「ブルジョワ的な」行為であり、離婚は「俗物的な道徳主義」に他ならないからそのまま結婚生活を続ければよいと言うのを聞いて、嫁である未亡人令嬢は家を出る。彼女は医師と一緒になったり、実家に戻ったりしたかったのではない。ただ、義母や夫のような、思い上がったインテリゲンツィヤの横暴から逃れたかったのだ。最後の場面で、インテリたる歌の教師は、やはりインテリたる作家の息子に、私はおまえを愛しつづける、だっておまえは父親の弱さを受け継いでいるけれども、私の芸術的天分をも引き継いでいるのだから、と確言する。こんなママの息子に、果たしてどのような未来を、あるいはどのような影響を望むことができようか。

これより少し前、А・И・ストイキンの『インテリゲンツィヤ』（一九一一年）でも、インテリゲンツィヤとはいかなる人のことをいうのかが議論になった。この芝居は、ブルジョワのイメージするインテリ像に合わせて、動きよりも対話に長い時間が割かれている。ストイキンは最初の数幕を、一九〇五年革命の直後に設定した。ロシア社会がインテリとナロード――首都のバリケードや地方で気概を見せた労働者と農民――との関係について、思いをめぐらせていた時期である。[61] 両者の関係は、希薄かつ緊張したものだった。ナロードが蜂起する可能性が十分にあるというので、一部の世論は、急進的なインテリゲンツィヤはナロードを行動に向かわせることに責任があると考えていた。

『インテリゲンツィヤ』のヒロインは、かつて地方で女優をしており今は富裕な工場経営者の愛人だが、典型的なリベラル知識人である工場の住み込み医師と恋に落ちる。この良心的医師が、インテリとナロードとの理想の関係をめぐって展開される対話の中心にいる人物である。彼は、労働者の間でアジテートする急進的な法学生を際立たせる役どころだ。一方、こちらの法学生はステレオタイプの憎まれ役で、自分の理想どおりに立ち上がらないナロードのことを嫌悪している。そして工場の顧問弁護士は、道徳などビジネスの世界では相対的にすぎないことを体現しており、資本の側を代表するキャラクターだ。たとえばこの弁護士は、もし社会主義が権力を得るなら自分は社会主義者になるけれども、現実に権力が資本のもとにある以上、自分は資本主義の側に立つと言う。

ヒロインと医師は、道徳をめぐって苦悩する。医師はヒロインの愛を受け入れ、自分は「俗物的な道徳主義」

には共感しないし、彼女と工場主との情事を責めるつもりもまったくないと請け合ってみせる。しかし彼女は、彼の誠実さにかえって逆に疑いを抱く。物語の最終幕は五年後という設定で、観客は、彼女がしばらく医師の愛人になったが別れたこと、それは医師が彼女を咎めたことが理由ではなく、彼女が不安になったからだと知らされる。だが彼女は最後に、村の診療所でともにナロードに奉仕しようと、医師のところへ戻ってくる。これに対して急進的な法学生は、結局は地方の役所の小役人におさまっている。彼はナロードに殺されることを怖れて酒に溺れる。不信に満ち、恐怖から逃れられず、酒浸りになって身を持ち崩すこの人物は、インテリゲンツィヤの新たな典型像だった。もはや知識人は、その過激な考え方が嘲弄される、無能な落伍者になったのである。

「俗物」再考

「俗物」とは何かということも、また問題となった。なぜなら、粗野で自己中心的に振る舞うとされた身分の者が、それまで数世代にわたりこういう侮蔑を受けてきたのに、今や道徳面での支配力を誇示しつつあったからである。レフ・イヴァーノフの『貴族のなかの俗物』（一九一二年）は、貴族と商人がその社会的地位を替えつつあるという状況を描いた。(62) ここで登場する「俗物」は、数年前に玉の輿婚をした元コーラス・ガールである。貴族の夫が放蕩者だと知った彼女は、離婚を後押ししてくれるよう、夫の叔父と叔母とを訪れる。彼女は、自分が二人の自堕落な甥と結婚したのは、彼が自殺をほのめかしたからだと告白する。しかも夫は、ペテルブルクでもっとも有名なナイトクラブ、「アクヴァリウム」に所属するシンガーとの間にも付き合いがある。それで彼女は叔父たちが提案する和解金を断って、自分の自由を求めるのである。この物語では、医師とその妻および娘、弁護士、隣家に住む商人といった他の登場人物によって、社会的地位が替わりつつある状況がいっそう明瞭になる。コーラス・ガールと弁護士、医師の娘と商人という、地位の異なる者同士の二つのロマンスが、この喜劇のなかで実を結ぶのである。

この作品では、人が「貴族」となるか「俗物」となるかはおのれの振る舞い次第であり、身分による違いではないことが全編にわたって示されている。たとえば医師の妻は、娘の求婚者が商人なので彼を認めないが、自分の愛読書が『失われた娘と母の嘆き』『娼婦の女王』『マドリード宮廷の秘密』だと言うのだから、その文化水準の低さが露呈している。また、この商人はチュルキンという姓で、当時流行った通俗小説『緑林のチュルキン』(一八八二～八五年)から取った、「匪賊」という愛称がある。〔訳注5〕そんな商人チュルキンは、社会的地位が上の人に自分を印象づけようとして、「ルネサンス」と言うべきところを「レミントン」(ロシアでのタイプライターの呼び名)と口走ってしまう人物である。だが彼はコーラス・ガールをよく気遣い、またしっかりとした道徳観があることで、医師の娘の心を射止める。コーラス・ガールの方はと言うと、自分は教養がないのだから飽きられるかも知れないと正直に言って、弁護士の求愛を斥ける。ところが彼女の誠実さに打たれた元の夫の親族が、根拠のない不安を克服し弁護士と結婚するよう彼女を諭し、持参金を与えて、ハッピーエンドの大団円となる。このように『貴族のなかの俗物』は、さまざまな立場の者たちが互いに交流することの利点を強調し、社会が変化したことを示したのである。

政治世界の舞台化

演劇史家ペトロフスカヤは、一九〇五年には、「誰もが新聞を読んでいたのと同じように、劇場にも行った」と述べている。(63) これは誇張に過ぎるが、しかし帝国中で新聞を読む何百万もの人間が、劇場にも行きたいと考える可能性は十分にあった。彼らには、政治に対する関心があった。こういった状況のもと、いくつかの省で幹部職員として務めた過去があるИ・И・コルィシュコは、新政府の内情を芝居にすることを思い立った。一九〇五年革命後、検閲は緩和されたから、ロマノフ家に触れない限り、コルィシュコはロシア帝国の高官たちのゴシップをかなり自由にドラマ化できた。『偉大な人』を初めとする有名な戯曲を書いたにもかかわらず、演劇史ではコルィシュコのことを取り上げない。だが現存の政治家を登場させるという彼の作風は当時の観客の支持を得たのであり、一九〇五年後のロシア演劇を論じるにあたって、触れておく必要がある。

かつてモスクワの観客が、『ジェントルマン』の主人公はミハイル・モロゾフだといともあっさり見抜いたように、帝国中の人びとが、コルィシュコの『偉大な人』の主人公は伯爵セルゲイ・ウィッテであると認識していた。ウィッテは、多方面で活躍した人物である。急速な工業化の立案者であり、一九〇五年に敗北した日本との戦争では驚くほどの好い条件で講和条約を結んだ外交官であり、さらにその年の十月には、渋るニコライ二世に擬似代表機関であるドゥーマ（国会）の設立を認めさせて、全国に広がるゼネストを終息させた政治家であった。しかしこういう目覚ましい成功からおよそ一年も経たないうちに、保守勢力からは行き過ぎを責められ、リベラルな世論からは不徹底を非難されて、ウィッテは失脚した。コルィシュコは大蔵省でウィッテの部下として働いたことがあったから、そのときに内輪で見聞した出来事を舞台化したのである。(64)

作者は自分の政治的動機が純粋であることを強調し、自分が描こうとしたのはロシアというシステムそのものであって、特定の個人の人生ではないと主張した。コルィシュコが言うには、ロシアでは妬み、怠慢、沈滞、陰謀、凡人の存在という構造的な障害によって、政治的才能のある人びとが目的の達成を妨げられている。彼の芝居はこうした問題を暴露するもので、それで彼はウィッテの私生活を事細かに描いたというのである。(65) 無数の政治的駆け引きが展開され、さまざまな決定が下される冬宮のような上流世界で、有能な伯爵ウィッテは稀有の交渉力を持っていたが、彼の二度目の結婚にまつわるスキャンダルから、譲歩を余儀なくされることもしばしばであった。(66)『偉大な人』の工人公B・A・イシモフもまた、ある貧乏貴族との不倫が疑われる妻のイーラと、彼女の腹黒な親族たちの野心によって足をすくわれている。たとえばイーラの母親はサロンを開くが、そこでは、実際のウィッテ夫人もやっていると噂されたように、高官たちが好ましからぬ人びととカード遊びをして賄賂を受けている。イーラの従兄弟は極東ロシアで胡散臭い投資戦略を練っているが、これは日露戦争直前にウィッテを蔵相の地位から逐った陰謀家たちを匂わせる。腐敗したフランス人ジャーナリストという役も、実在するウィッテの取り巻き連の一人であって、現実の大臣もこの物語の大臣も、フランスのメディアにロシアの政治的・経済的な安定について偽りの好意的な記事が出るように、彼にカネを渡すのである(67)。

作者によれば、この芝居のテーマは、もとは正しい目的を達する手段として権力を求めたのに、しまいには権力自体を誇示する誘惑に取り憑かれた人間を描くことだった。イシモフは改革法案を保守的な国家評議会によって潰され、株価の操作でその清廉な人格も台無しにしてしまう。哀愁漂う最後の場面で、彼は自分を、改革を試み挫折したロシアの先駆者たちと比べてみせる。ちょうどウィッテの失脚が保守派の復権の序曲となり、一九〇五年の革命後、多くの人びとの希望が潰えてしまったのと同様に、舞台でもロシアの改革の将来に希望が示されることなく幕が下りる。

『偉大な人』は、マールイ劇場で初演されて大当たりした。B・A・リンスカヤ＝ネメッティ社は、地方巡演が始まる前に、宣伝用のパンフレットを刊行した。そこには両首都の主要誌から、モスクワで立ち見の出た公演が少なくとも五回あったという記事や、来場した高官たちの名前、そして、この芝居がウィッテを写した「写真」なのか、それとも作者が言うように、政治構造を描いたものかといった議論が転載された(68)。経費節減のために地方公演では、「人の皮を被った獣たち」の素性が知れる、有名な舞踏会のシーンがカットされた。それでも、この作品は首都と同様に大ヒットした。渦中の「偉大な人」、ウィッテは、かつて自分が信頼した部下のこうした背信行為に沈黙を守った(69)。

多くの批評家が指摘したように、コルィシュコは劇作家というよりジャーナリストとして優れていたようである。この後、彼は『戦場にて』（一九一〇年）で国会をドラマ化し、もう一度ヒットを飛ばそうとした。しかし、ウィッテの話と違って性的スキャンダルがなかったため成功しなかった。中道の人を主人公にした彼の作品は、どれもドラマとしての盛り上がりに欠けた[70]。コルィシュコ自身は『戦場にて』を「ロシアで最初の政治劇」と銘打ち、自分を「ロシアのイプセン」だと思っていた。だが彼は、このノルウェーの文豪と異なり、一九一〇年のロシアという時代設定のなかでしか人物を造型できなかったのである[71]。

緞帳のうしろの革命

この時期の演劇では、一九世紀インテリゲンツィヤの政治的理想が暗黙のうちに批判されたが、観客には、モスクワ芸術座やそれに追随する実験的演劇の新しい創造性を理解せねばならないという義務感はなかった。普通の観客は、レオニード・アンドレーエフの『ある人物の生涯』(一九〇六年)や『飢餓王』(一九〇八年)のような、シンボリスト風の奇妙な作品を嫌がった。しかし若くして亡くなったチェーホフは、一部の演劇人の間で神格化され、スタニスラフスキーの手で演出された彼の作品は崇拝された。一方、帝室劇場は商業演劇と実験演劇の双方から熱気を感じ取り、一九〇五年以降、巨額の資金を投じて、装置や衣裳、そして建物自体を新調した。一九〇一年に帝室劇場の総支配人に就任したB・A・テリャコフスキーは、上演レパートリーの刷新をも求めた[72]。テリャコフスキーは所管する帝室劇場の老いた人材よりも民間の創造的な若手演出家たちに共感を抱き、一九〇八年、革新的なフセヴォロド・メイエルホリドをモスクワ芸術座から引き抜いた。メイエルホリドは、オスカー・ワイルド『ドリアン・グレイの肖像』の演出に見られるように――この作品では主人公は若いままで、肖像画が齢を重ねていく――、ロシア演劇界にモダニズムを持ち込んだ代表的人物である。このような演出家をテリャコフスキーが雇ったことは、大きな反発を呼んだ。なぜなら、すでに名声を確立したスターたちは、モダニズムの実験的な演出を好まなかったからである。のみならず、スターたちはメイエルホリドの求めた、アーティストの上下関係を覆して演出家を頂点に置く体制にも反対だった[73]。

モスクワ芸術座で支配的だったモダニズム、シンボリズム、自然主義に対する反発は、オストロフスキーへの郷愁を呼び起こした。一九〇九年、『フットライトと生活』誌は『雷雨』上演五十周年を祝ったが、そのなかで、昨今の演劇は破綻していると、オストロフスキーへの回帰を呼びかけた。雑誌編集部がとくに懐かしんだのは、オストロフスキーが「ブイト（быт）」をステージに再現させる、そのやり方だった。「ブイト」とはロシア語の「ブイチ」から派生した言葉で、日々の日常の営みを指す。彼らは、オストロフスキー作品は登場人物に感情移入できるから理解できるが、内容よりも形式を優先させるシンボリズムの技法や、スタニスラフスキーの細部へのこだわりは、舞台の上の人間から生命力を奪うようなものでうんざりする、と述べた。編集部はまた、「芸術のための芸術」という当時のシンボリストの議論に触れて、「ブイトのためのブイト」となることへの危惧を示した。曰く、芸術は大いなる公共善に尽くさねばならない。それと同じように演劇には、人びとがそこに日常経験の反映を見いだすリアリズムという様式によって、ブイトが戻ってこなければならない[74]。芝居はそれ自体を目的として上演されてはならず、観客に何かを訴えかけるべきだ、と。

こうした現代演劇の苦悩を舞台化したのが、A・A・プレシチェエフの『スター』（一九一〇年）という、「シリアスな喜劇」である。ヒロインは巡業の劇団を率いる地方の女優で、演劇は文化を向上させることができると信じて、自分が興行的利益から見放されつつあるのをなかなか認めない。ところが彼女は、スタニスラフスキーに影響されたハイブローな高尚文化と、定型的で調教されたサーカスの動物にも似たローブローな民衆文化にはさまれて、自分が身動きできなくなっていることに気づく。このスターが、自然主義について嘆息するシーンは切ない。「昔は、観客は役者の言葉を信じたものだった。役者が雨が降っていると言えば、観客はそう信じた。でも今は、舞台の上に本当の雨が必要なのだ！」そして、「私たち役者には才能があった。だが今は演出家が絶対だから」、こうした好ましくない変化が生じたのだと非難した[75]。

しかし彼女にとって不吉な脅威となったのは、モスクワ芸術座ではなく、モダンな娯楽の代表たる映画だった。この新しい娯楽は、スターである彼女の観客を奪ったうえに、マネージャーが彼女の稼ぎを映画館の会計係に使いこむという、ごく個人的な損害までもたらした。結局、この物語のヒロインは前の世代の抑圧されたフェミニストとは異なり、演劇をやめて彼女を愛する男性と結婚することに決める。そして、「家事をして、野菜を育てて、部屋着で歩き回りたいわ。もう髪型のことで悩まされたくないの[76]」と言うのだった。彼女の演劇人生がコミカルに描かれたり、状況に流され引退したりしたことは、作者が反フェミニズム的だったためではなく、作劇上の理由からである。きっと彼女は、演劇界から引退して一息つき、ミドルクラスのひとりとなって映画を見たとき、自分が持っていた可能性に改めて思いを致すに違いない。

結論

ブルジョワ演劇では、世界は客間のサイズに縮小される。その閉鎖的な物語のなかで、たしかにドラマは、大きな意味を持ったテーマを掲げるだけの容量を失ったように見えた。実際、一部の批評家たちはそのように考えた。しかし、単一の社会層の利害関心や問題を扱うようになったことで芝居の文化的射程が狭くなったという批判は、ミドルクラスが実はさまざまな身分から構成されていたこと、そしてこの層もまた演劇の性格を変えたその同じ力から生まれたことを、考慮していないと思う。彼らの社会派メロドラマは、単に設定を貴族のサロンからミドルクラスの客間に移して、旧来の問題に新しい装いを施したのではない。依然としてドラマの核心をなしたのは、特権を持つ人びとと権力から排除された人びととの対立だった。それぞれの物語は、主張に説得力を持たせるために、新しい技法に訴えたのである。閉鎖的な劇場の建物、三方が壁となった舞台セット、前舞台を囲むプロセニアム・アーチ、多額の経費といったものから生み出されたヒット作品は、一八世紀までの聖書劇や、一九世紀初頭の叙情的な感傷主義、そして一九世紀半ばの社会諷刺からも大きく異なる、独自のものだった。ルネサンスの感性が「この世界は芝居である」という思想を生んだならば、商業主義はこれとは逆の「芝居のなかに世界がある」という考えを根づかせ、演劇を自己完結的なものにしたのである。

西欧が世界戦争へと突き進んでいた頃、演劇はミドルクラス的価値観の牙城として隆盛を誇った。一九一四年、モスクワには一九の民間劇場があり、他の主要都市でもこの水準に近づきつつあった[77]。テリャコフスキーは、劇場関係者は銃後で不可欠の奉仕をしていると主張して彼らの徴兵に抵抗し、ある程度の成功を収めた[78]。しかし戦争によって演劇が取り上げる社会問題は深刻化し、しかもそれらは現実世界では解決されないままだった。一九一七年、二月革命でツァーリが退位に追い込まれたとき、マールイ劇場を占領した者たちは、運べるものは略奪し、運べないものは廃棄することで、官製ブルジョワ演劇に終止符を打ったのである[79]。

第三章　モダンライフとしてのスポーツ

一九一二年、道楽者のボリス・スヴォーリンはペテルブルクで少年サッカー大会を組織し、その優勝杯に自分の名を冠した。しかし、こういう仰々しい活動は、周囲の嘲笑を引き起こした(1)。ボリスは出版界と演劇界の大立者、アレクセイ・スヴォーリンの息子で、アスリートという新興エリートの世界で足場を得ようと、団体スポーツを利用したのである。ボリスは『挿絵つき運動雑誌・スポーツ（イリュストリロヴァンヌイ・ジュルナール・アトレチカ・イ・スポルト）』の編集部に身を置く傍ら、当時のロシアでもっとも著名なスポーツ選手と交際を重ね、こうやって商業と大衆報道の相乗効果で力を得ようとした。この種の相乗作用は、これまでもスヴォーリン一族の繁栄と政治的影響力の源泉だった。ただ、競争を内容とする平等主義的な運動競技をボリスが活躍の舞台としたところに、その程度こそさまざまであるが、「大改革」後のロシアにおいてスポーツというものが持った重要な意味を垣間見ることができる。

団体スポーツは、農業社会から工業化された都市社会への移行を示す代表的な指標である。メルヴィン・アデルマンは、伝統スポーツと近代スポーツとを隔てる六つの特徴を挙げている。すなわち、組織、ルール、役割分担、公的情報、自由競争、統計と記録。そのいずれもがインフォーマルなアプローチから秩序だった体系へという、資本主義的工業化とパラレルな関係に立っている(2)。さらに言えば、社会関係の変容と新種の公共圏の形成を、アデルマンはそこに加えてもよかったかも知れない。これらもまた、市民社会の成長に寄与したからである。またその他に、商業化がスポーツの組織化に果たした役割も無視できない。その影響はギャンブルから賞金まで、また給料から広告まで、きわめて広い範囲に及ぶ。

スポーツ選手は社会の尊敬を受ける人物となったが、こういった地位の向上からは、スポーツとモダニティとを結びつける巨大な社会変動をうかがうことができる。「賭け率表示機」、すなわち電気的に賭け率を表示する機械が誕生したおかげで、ギャンブルの規模は拡大した。馬見物は大衆に人気の娯楽となり、かくて競馬は「王侯のスポーツ」としての名声を失ってしまった。経済発展を促進するべく、政府が土地の利用をめぐるさまざまな規則に手をつけたとき、ハンティングもまたかつての高貴な香味を喪失した。加えてライフルの製造コストが下がっていって、銃の所持者が万単位で増えたことにより、地方の生態にも変化が生じた。村々を回ってクマとの格闘を見せ物にしていたサーカスの力自慢、あるいは村の荒くれ者が活動の場を都会に移し、国際基準に合わせて改定されたルールにもとづきレスリングの試合をするようになると、この人たちは貧者と富者の双方から敬意を集めた。富裕層はヨットクラブや自動車クラブを設立し、ミドルクラスの間ではサイクリング協会の組織化が進んだ。ロシア最初のフットボール（米国流に言えば「サッカー」）チームは、工場のイギリス人マネージャーの手になるものだったが、これこそは、工場に求められる合理的で秩序だった体系がアスリートの世界に移し換えられた究極の例だと言うことができる。間接的な形ではあるが、競技上の規則、会費の納入、組織だった競争といった要素は、工業化のルールを教え込む働きも担った。スポーツと健康は元来密接な関係にあると気づいた教育者の手で、カリキュラムに運動競技を入れる公立学校も増加した。一八九六年にオリンピックが復活すると、スポーツを通じてロシアは国際政治に引き込まれた。後に一九一二年のオリンピックで大きな屈辱を味わったロシア人は、強力な身体が象徴する政治的意義を理解することになる。スポーツに対する関心の高まりを背景に、当時躍進を続けていた娯楽産業から資金を得て、スポーツ雑誌の刊行が続いた。ロシア社会の各層で、スポーツはまさに生活の一部となった[3]。

このように、運動競技では合理的で秩序だった組織化が重大な意味を持つことを否定できない。だがその一方、こういった競技が著しく個人主義的で、かつまた情緒的であるのもたしかである。スポーツの影響を受けるなかで、ロシア人は個人レベルでの行動様式を変えることになった。試合のルールが暗黙のうちに要求している、しっかりと統制された所作を外に向かって示すこと、それと同時にこれを内面化することが人びとに求められたからである。運動競技の根幹にあるのは、きわめて個人的な要素、すなわち身体そのものである。競争は資本主義のエートスと並行する形で発達を遂げ、そこからは身体(ボディー)と精神(ソウル)の融合を目指したある信念が生まれた。曰く、他者より秀でるには、身体的な耐久力と精神的な決断力を結合せねばならない、と。普通は「愛好家」と訳される「リュビーチェリ(любитель)」というロシア語は、アマチュアを指す言葉だけれども、この言葉には、アマチュアの語源となったラテン語——それは個人の情熱を強調している——とまったく同じスピリットが反映している。観客、すなわち金を払って観戦するファンは、自分の個人的な愛着を通して、運動競技を巨大なビジネスへと変えていくのに必要な資金を提供する。ファンは選手やチームのなかに、自分が抱く漠然とした、そしてより大きな願望を代弁してくれる存在を感じ取る。こうして彼らと一体になることで、ファンもまた試合に意味を見いだすのだ。

さらにまた、団体スポーツは、ファンや選手の間で市民的な自覚を育てていくことにも貢献した。金を払って観戦する観客のために場を整備することは、都市景観の変貌を促し、それは公共空間という観念の生成に作用した。スポーツクラブが先頭に立って、公共の福祉の増進に向けた立法を求める、といった動きが頻出した。ハンターが土地の管理の質的向上を訴え、自転車の利用者は道路の改善を要求した。だがそれと同時に、スポーツは市民社会にとって呪わしい存在となることもある。たとえば下層階級がギャンブルにのめり込んで、稼ぎを教育的な余暇に充てる代わりに、享楽的な浪費に耽る恐れがあった。ただギャンブルと言っても、偶発的な見返りを求め「運命の女神」を当てにするトランプやサイコロと異なって、スポーツイベントは身体能力あるいは技術の優劣を判定するものとみなされるから、結果をもっぱら偶然にのみ委ねてしまうことはない。試合における賭けの要素は、競争と同じ程度に、スポーツにとっては大きな存在理由だった。競争につきものの賭けという行為に、経済的成否がはっきりとしない状況下で危険を承知で進むのに必要となる起業家精神のようなものが、浮かび上がっているからである。(4)

帝室馬場の民主化

養馬のロシア史

不貞を題材にレフ・トルストイが書き連ねたメロドラマ『アンナ・カレーニナ』のなかで、もっとも痛ましい情景のひとつは、アンナの愛人ヴロンスキー伯爵が愛馬フルー＝フルー号を撃たねばならなくなる場面だろう。この馬は、レースの途中で負傷したのである。トルストイ本人は、このシーンで名誉を重んじるヴロンスキーの精神を描こうとしたのだった。だがこのエピソードは、戦場における卓越した乗馬技術を貴族将校が誇ることのできた時代が、もはや過ぎ去ろうとしていたことを示している。最後にヴロンスキーは一八七六年の露土戦争に赴くわけだが、この戦役は戦争が機械化される以前の最後の戦いだった。塹壕、機関銃、そして戦車が馬を単なる運搬用の家畜に変えてしまう前の時代、馬上での技量を恃んで大言を吐くことは、将校にとっては習い性となった営みだった。賭け事にもこれが反映していて、ヴロンスキーはそこでは当然のように見栄を張る他なかったのである。いくつもの賭けに手を出すヴロンスキーには、騎兵として戦場に臨む者に求められる、自信と向こう見ずとが混然としている。一方、フルー＝フルー号の運命を免れた幸運な馬は、ギャンブルに集まる大衆を前に競馬場で活躍していたのだった。

大規模な賭けを可能にしたロシア最初の「賭け率表示機」は、一八七六年、皇族の厩舎が集まるツァールスコエ＝セローにあった競馬場で初めて使用された。これが爆発的に利益を上げたため、賭け率表示機は一八七七年にはモスクワにお目見えし、やがて地方都市にも広がって、一九一〇年までにその数は五〇を超えるまでとなった。[5]この機械は、実にカネのなる木であった。それはギャンブルを組織化した。巨額の賭け金をひとつにまとめ、勝ち目の薄い馬への賭けを促すためにハンデを計算し、集まった賭け金から勝者に対して配当を行なう、――こういった働きをしたからである。配当後に残った金額は主催者の懐に入り、そこから新たに馬の飼育費を捻出することができた。サラブレッドは軍馬として不可欠で、その飼育はツァーリ政府に莫大な負担を強いてきたが、こうして賭け率表示機が広まったため、政府は財政難から解放される望みを得たのである。[6]一五世紀のイヴァン三世時代このかた、歴代の君主は馬の飼育を支援するべく、国庫から多額のカネをつぎ込んできた。ピョートル大帝はオランダから、製図工だけでなく種馬も招いた。ピョートルの姪で贅沢好きのアンナ女帝は、馬の飼育場を四ヶ所から一〇ヶ所に増やし、欧州産だけでなく東方起源の純血種の育成にも努めた。エカテリーナ大帝は、数百万ルーブルという養馬の負担が国庫を圧迫していることに気づいて、国営飼育場の一部を閉鎖し、民間のイニシアティヴを奨励した。一八一二年のナポレオン戦争でロシア国内の馬の保有数は破滅的に減少したので、アレクサンドル一世は厩舎の再建を余儀なくされた。Φ・B・ロストプチン伯爵のような裕福な民間ブリーダーも、政府施設に負けないような模範的な厩舎を作った。一九世紀前半には小規模ブリーダーが急速に数を増やしたが、養馬の費用は依然高く、これら厩舎のオーナーたちは国の助成に依存せざるを得なかった。農奴解放を実現したアレクサンドル二世が厩舎も国家から解放したのは、こういうコスト高ゆえかもしれなかった。不況期であるにもかかわらず、彼は農奴解放の補償を迫られ、ありていに言えばカネに追われていたのである。[7]

観戦型スポーツとしての競馬

競馬は、近代最初の観戦型スポーツということができる。数千人の収容が可能な競馬場の建設が契機となって、それは公共空間の再編を促した。その建設は、ギャンブルから利益を上げる政府が担った。観客が座る位置は料金によって決まったけれども、レースそれ自体は基本的に民主的だった。さまざまな背景を持つ人びとが、競馬場に集まることで同じひとつの活動に加わり、優れた馬を見つけるという同一の目的を共有したからである。都会のスポーツとして、競馬は都市の景観を変えた。巨大な競馬場の建設に加え、観客の移動に必要な交通手段も整備されたのである。競馬はまた、大衆ジャーナリズムの活性化にも貢献した。レース当日に発行される単体の情報紙だけでなく、日刊紙でもレース期間中の競馬情報が報道され始めた。競技の形態そのものもまた変化した。かつては同じ馬に長い距離を何回も走らせていたのが、同日中に可能な限り多くの馬をコースに登場させる形へと移行したのだ。(8)

この新しいスポーツが持つ吸引力は、早々にその負の側面もあらわにした。公共の福祉に関心を抱くリベラルな活動家は、競馬に対して憤激した。彼らの見るところ、労働者はすでに貧困に陥っているにもかかわらず、一獲千金を夢見て、もともと乏しい手持ちのカネをさらに浪費してしまうのである。国家は競馬の収益の一パーセントを組織的な慈善活動に提供するよう指示することで、この種の批判を相殺しようと試みた。賭け率表示機をもっとも痛烈に非難したのはモスクワ市政府で、市政に対する介入だとして中央政府と対立した。両者の争いは、土地の管理をめぐる対立に端を発している。一八三一年、国有財産省は民間のイニシアティヴを刺激する目的の一環として、都市郊外の適した土地を各地の養馬団体に引き渡した。その三年後、これらの団体はレースを主催する権利を認められることとなり、ここで優秀な成績を収めた馬は種馬にされた。しかしアレクサンドル二世の都市改革で、一八七二年に選挙制の市会が誕生すると、議員たちはこうした用地の管理権を要求し始めた。人口の急増にともない、土地の用途はますます大きな問題となっていたのである。モスクワ市郊外の競馬場はペトロフスキー公園の一角にあったが、ここは市民の娯楽にとっては最適の立地で、資産価値もきわめて高かった。
市会はまず一八七三年に養馬団体への課税を試みたが、団体側は支払いを拒んだ。そこで市会は、養馬団体は国に奉仕していると指摘して、国有財産省養馬局に税の肩代わりを強制しようとした。だが養馬局もまた、支払いを拒否した。ひとつの団体について年五〇ルーブルという課税額はむしろ十分に穏当な数字であり、そのことは、対立の主たる原因が実は金銭トラブルではなかったことを示唆している。一八七七年、国の法律がレース主催者は収益から一定の割合を地方政府に納めるようにと定めたさい、市会はこのカネを道徳的に汚れたものだと非難した。こういうカネをあぶく銭だとバカにする態度は、結局一九一七年まで続くのである。一八八〇年代には、改革派の市長ニコライ・アレクセーエフが、モスクワ競馬場は腐敗の温床だとして、内偵を進めさえした。伝えられるところでは、醜聞の発見に躍起となった市長は、「労働者、職人、使用人、零細な商人」の傍らに座って、この人たちが日がな一日、健全な活動ではなくギャンブルに夢中になるさまを観察したという。一八八九年には、賭け率表示機が故障したため暴動が起こった。競馬というものがはらんでいたさまざまな顔が、この事件では露呈している。その後、機械に対する非難が繰り返されるなかで、アレクサンドル三世はこれを「巨悪」と呼んだ。だがそれを非合法化しようという君主は、ついぞロシアには現われなかった。[9]
五等文官И・О・コルヴィン゠ミレフスキー、そしてかつて帝室養馬場の責任者を務め、自分自身も卓越したブリーダーだったИ・И・ヴォロンツォフ゠ダシコフ伯爵は、かのツァーリのもとに駆けつけて、サラブレッドの飼育は賭け競馬なしには続けられないと説得した。[10]事実、最低賭け金がこのとき一ルーブルから一〇ルーブルに引き上げられ、この変更により、ギャンブルが国の養馬事業に与える貢献は、年額八〇〇万ルーブルから一〇〇〇万ルーブルに増加すると見積もられた。[11]政府の取り分が収益のわずか一〇パーセントにすぎなかった点を考慮するなら、合法ギャンブルがどれほど大きなビジネスとなるのか、推測できるだろう。批判に対する譲歩としては、わずかに、今後は学生が競馬場で金銭を賭けることを禁止したにすぎない。[12]

賭けレース――プロとコントラ

アルコールの政府専売も、貧困層から不道徳な手段で得た金銭を国庫に吸収する仕組みだとして議論となったが、これと同じく、賭け競馬をめぐる論争は世論が専制体制を公然と批判するのを可能にした。法律家で自由主義運動の立役者のひとり、A・Φ・コーニは、競馬改革論者と連携して政府への圧力を強め、一八八九年と一九〇〇年に、政府に規制強化を飲ませることに成功した[13]。国家評議会は一九〇九年に賭け競馬の禁止法案を審議したが、フランスやドイツで同様の試みに踏み切った後に暴動が生じた轍を踏むまいとして、結局はこういう劇的措置を斥ける決定をした[14]。

この「巨悪」を擁護する側に立つ人びとは、自分たちに向けられた批判的なプロパガンダをたくみに反転させた。アレクセーエフが提示した、ギャンブルに熱狂するあまり盗みに走る退廃的な労働者という禍々しいイメージに対抗して、ペテルブルク総督は一八九五～一九〇一年に編集された統計資料をもとに、賭け競馬と関係した犯罪はわずか二二件にすぎないと反論した。賭け率表示機は「地方住民のための経済活動の活力」となっており、競馬関連の雇用は、賭け競馬に批判的なモスクワでさえ一万件を数えたとされる。治安判事のひとりは、自分が扱った犯罪一〇件のうち四件がギャンブルに起因すると主張したが、彼の見解を立証できる材料は存在しなかった[15]。さらに賭け競馬の支持者たちは、敬愛される詩人アレクサンドル・プーシキンの名を持ち出し、彼はリスクを求める嗜好の持ち主だったと述べた。とは言っても、プーシキンの『スペードの女王』の主人公が辿った悲惨な運命、あるいは偉大な小説家フョードル・ドストエフスキーがトランプ賭博にのめり込んだ事実については、伏せられていた[16]。馬で遊ぶのは運命の女神の機嫌をとることではなく、動物を合理的に研究することだ、といった議論もある。

賭け競馬が馬の飼育にもたらす利益を明らかにするため編集された統計資料は、議論の余地のないポジティブな影響ばかりを示している。一八五四年から一九〇七年までの間に、政府に登録された養馬団体の数は九六から三七〇〇に急増した。またこの間に、競走馬の数は二六〇頭から三〇〇〇頭にまで増え、競馬場は二〇から五四、すなわちほぼ三倍増となった。[17] 国は養馬事業と賭け競馬を直接結びつけて考えていたから、抽象的な美辞を連ねて賭け競馬がもたらす実質的な見返りに背を向けることは、定見を欠く振る舞いだと映っただろう。またある者は、軍は良馬を必要としているといった主張だけでは賭け競馬を擁護する十分な理由にならないとしても、養馬事業は農耕馬の質の改善にも貢献している、と言う。[18]

賭け競馬のもっとも強力な擁護論は、一九一二年、スポーツ・ジャーナリストのM・K・ブレイトマンにより提起された。彼の見立てでは、ギャンブルこそは市民的自由の根幹をなす。当時の流行りの理論に依拠し、リスクを取ることは人間の本質だと主張するブレイトマンは、さらに、競馬というスポーツが持つヨーロッパとのつながりや「文明化された」性格を強調してみせる。彼はまた、官憲は自分のカネでリスクを負う個人の権利を認めるべきだ、とも述べている。[19] 賭け競馬を株式市場や国営の宝くじになぞらえる者は多かったが、[20] ブレイトマンは競馬をそれが本来あるべき場所に、すなわち「公共の娯楽やレクリエーションのための施設」と同列に置いた。人びとが単に自分が楽しむためにカネを使ったことをも問題視するなら、「もっとも慎ましやかなコーヒーハウスや公園」ですら閉鎖されねばならないだろう。——こう指摘する彼は、ピューリタン的倫理観が娯楽の世界に侵入してくるのを嘆いたのだった。[21] この当時、およそ二〇〇万ルーブルをかけ建設されたモスクワの競馬場だけで、四月から八月のレース期間中には一万五〇〇〇から二万人の観客が訪れ、毎年、一〇〇万ルーブル近くのカネが賞金として提供された。[22] これほど巨大な経済規模を誇る事業が、美徳のためというだけで消え去るなどということは、考えにくい。

競馬に対する関心は社会のすべての層をとらえている、だから競馬は平等主義的な営みだというブレイトマンの楽観的な図式では、競馬が持っている民主化のポテンシャルが誇張されすぎた嫌いがある。だが進歩派を自認する人びとの間で支持を得るには、こういう主張は実に適切なやり方だった。当時の競馬記事には、ガガーリン家のようなロシアの最上流の名家、ボリス・スヴォーリンに代表される新興富裕層、そしてエリセーエフ家といった商人の名が登場する。皇族、その他の社会的名士はレースを協賛し、自分の名前を賞に冠した。トリョフゴルニー織布工場は重賞レースの支援で得られる宣伝効果を理解しており、企業活動としてこれを援助した。意味深なことだが、この工場は皇族よりも多額の賞金を提供したのだった(23)。地方紙もまた、両首都に勝るとも劣らぬ熱意をもって、レースの模様を報道している。第一次世界大戦期、前線から遠いヤロスラヴリは、ロシア競馬の首都となった。すでに競馬は、帝政ロシアで最初の国民的余暇となっていたのである。

スポーツとしての狩猟（ハンティング）

狩猟の社会学

一八五二年に刊行されたИ・С・ツルゲーネフの『猟人日記』は、「大改革」前夜のスポーツの世界に、政治を持ち込むことになった。「読者よ、狩りの大きな魅力のひとつは、これにのめり込んだ人間に導かれて、土地から土地を絶えず歩いて回ることにある(24)」と喝破する主人公は、「大改革」直前のロシアを彷徨する。お伴をするのは、農奴の少年たちである。少年たちの人間性を主人公は雄渾な筆致で描いているが、当の少年には基本の市民的自由はおろか、土地を利用する権利もない。農奴解放後、社会を再構築するうえで、ハンティングは積極的な役を担った。のみならず、田園の資本主義化がもたらした諸議論においても、狩猟は中心的位置を占めたのである。

食糧調達あるいは自衛のための手段ではなくスポーツとしてのハンティングは、組織だった社会的行為と言うべきである。かつて封建的な原則にもとづき所有されていた土地が領主の私的所有の対象に変わると、ヨーロッパ全土で、狩猟はそれが以前に帯びていた儀礼的性格を失った。イングランドを素材としてかつてE・P・トムスンが述べたように、森林は一九世紀までに政治の舞台に変貌し、ハンティングは階級闘争を表現するものとなったのである。[25] 驚くべきことだが、このようなモダニティの一翼としてのハンティングに、狩りは動物への虐待行為だという理由から、ピョートル大帝は異議を唱えたという。[26] アレクサンドル二世は、「大改革」の直前、ハンティングを利用して貴族主義的な社会秩序の称揚を図った。皮肉なことだが、それはアレクサンドル自身がその解体に着手したシステムの、言うなれば最後の輝きとなった。[27]

ハンティングの普及

一九世紀前半、団体を設立することは公式には禁じられていたから、ロシア人は個人的関心にもとづいたインフォーマルなネットワークの形成に向かった。その代表例が「サークル（クルージュキ）」で、これはインテリゲンツィヤの集いの場として、この人びとの集団意識の形成に寄与した。「大改革」が始まると、会員が政治に立ち入らないという限りで、政府は集会に対して以前より寛容な態度を取った。ハンターたちの「サークル」は政府から一八六二年に許可を受け、独自の定款を持つ「モスクワ猟友会」となった。創立時の会員は六七名で、地方に支部を設立することも認められた。定款は公民としての義務を強調し、狩猟を規制する法律について猟友会は環境保護の観点から助言をすること、また猟犬の飼育に協力することを定めている。政府の補助金を財源にして雑誌『自然と狩猟（プリローダ・イ・オホータ）』の刊行も始まったが、この厚遇に応えようと、猟友会は皇族向けの狩猟ツアーを組織した。さらに地域貢献の一環として、「祖国の必要に応じるため、常日頃から狩りに勤しむ不屈の意思をもって」[28]、猟友会は都市郊外や村落で捕食動物の捕獲に努めた。

一八七〇年代に狩猟規則が改められ、狩猟ライセンスの取得が容易になったことで、実際に活動するハンターの数は増加した。一八七〇年代末までに、モスクワにはすでに三つの猟友会が生まれており、いずれも資源の共有と狩猟旅行の準備を活動の主目的にしていた[29]。生計の手段というより一種の娯楽(ホビー)として、ハンティングは短時間ではあっても会員を市外に連れ出し、自然へと回帰させた。会費の高さと皇室の財政支援の点から見て、これらの協会のうちもっとも高い地位にあったと思われるのが、「モスクワ狩猟愛好家協会」である。会員を厳選した結果、会費は一九一一年までに五〇ルーブルという桁はずれの額に跳ね上がったが、この協会の豪奢な設備を享受する二〇〇名の会員には、それはとくに問題にならなかった[30]。もっとも、同じように高い会費を設定した全国数百の団体からは、エリートたちが離れてしまった。

民間の猟友会の多くは雑誌を出しており、国内の読者を結びつける役を果たした。こうした動きは、とくに一八九〇年代以降、顕著だった。これらの雑誌は読者に対し、自分の狩猟体験を投稿するよう呼びかけている。ハンターたちの投書は、巨大で多様性に富むロシア帝国の姿を生き生きと描いていた。シベリアでクマを追いかける者。トルケスタンでトラを追う者。シカなどそれほど珍しくはない獲物も、ヨーロッパ・ロシアの至るところで狩りの対象となった。単調な都市生活から逃げたいという読者には、オオカミ狩りの描写などはスリルあふれるものだったろう。とは言っても、市街地や鉄道駅でオオカミと出くわしたという話も多く、これなどは工業化があまりに急速に進んでしまい、自然の方が変化に追いつけなくなっているという状況を示唆している。おそらく読者の多くは、実際に自分も狩猟に従事するハンターだったと思われる。しかし、もっぱら想像の世界のなかで獲物を追うような者もまた、同様の楽しみを追体験できた。一九一〇年までにオオカミ狩りは屋内の競技場へと舞台を移し、観て楽しむためのスポーツとなったが、これは工業化の速度を物語るひとつの指標と言えるかも知れない[31]。

ハンティングと民主化——銃器、ガイド、環境問題

技術の著しい向上は、ハンティングが工業化と速度を共有することを可能にした。火器購入が容易になったこ

とは、ハンティングの民主化にとって決定的に重要であった。壊滅的なクリミア戦争から教訓を得ようと決意した陸相ドミトリー・ミリューチンは、国外を視察し、速くて軽く、おまけに安いライフルに目をとめた。同時期に起こった南北戦争を背景に兵器が大きく進歩したアメリカは、とりわけ注目の的だった[32]。こういう安価な銃は、急速に軍から市民生活へと浸透した。これには、スポーツ用猟銃の雑誌広告も一役買っている。一八七九年、『われらが狩猟（ナーシャ・オホータ）』誌は、パリで製造されたライフルの販売記事を掲載した。その三年後、このライフルをペテルブルクから取り寄せるときの発注価格は、一挺七五ルーブルだった。それが一九〇五年までに、わずか九ルーブル弱に下落するのである。専門誌が製造業者と交渉して、予約購読者に銃を特別価格で提供できるよう努めたことは、この新しいスポーツの商業化に著しく貢献した[33]。

このような新しいタイプのハンターは、ツルゲーネフの主人公のように、なじみのない土地に入るときには、依然として現地の農民にガイドを頼まねばならなかった。実体験を綴った記事の多くは、投稿者であるハンターとガイドの間に依然存在した溝を、図らずも明るみに出している。ハンターは農民に呼びかけるとき、くだけた親称の「君（トゥイ）」を用いている。しかるに、農民はハンターに向け丁重に「貴方様（ヴィ）」と答えているのだ。またあるハンターは、自分は犬もガイドもクマの手に掛けられたことがないと大見得を切ったが、そこから浮かび上がるのは、農奴解放前から続く、ハンター側の上から目線のイメージがいまだに消えていないという事実だろう[34]。もちろん、ガイドの専門的技量の向上を称賛する者もあり、純粋に高い技術を備えたハンターに敬意を寄せるガイドもいた[35]。しかし如才ない農民は、新しいルールを急速に、地域経済のなかに組み込んでいった。ジャーナリストのひとりが記したところでは、農民は新しい家内工業を生み出したという。農民自身の密猟を隠すために、当局に虚偽の密告をするとちらつかせて、ハンターを強請（ゆす）ったのである[36]。さらに一八八〇年代にクマ狩りのためロシアを訪れたイギリス人ハンターの記述では、罠で獲物を捕えた後に、それを撃つ権利を売る農民もいた。価格は一プード（三六パウンド）当たり一ルーブルである[37]。

近代的なハンティングが、ハンターとガイドの間の同志的・平等主義的関係を育んだわけでは必ずしもない。新しく両者を取り持つ手段として、カネが持ち込まれたからである。『猟人日記』から五〇年以上も後のことだが、富裕な商人パーヴェル・リャブシンスキーは、(首尾よく)クマ狩りを行なうために、複数の村を保有していた。このとき彼は、スポーツにおける貨幣経済の役割を体現してみせたのである。[38] リャブシンスキーは、モスクワ市民の指導的存在のひとりだった。その彼は、大きな戦果を挙げるために、持てる資産のかなりの部分をハンティングに注ぎ込んだのである。[39] 彼のガイドを務めた農民は高給取りで、なかには一人当たりで二〇ルーブル以上も稼いでいる者がいる。[40]

工業化にともない、環境問題はハンターの最大の関心事となった。C・A・オゼロフは「老いた独り者」のペンネームで著述を行なった人で、密猟と国土の荒廃をテーマに掲げて、ツルゲーネフ以後のハンティング文学を代表する存在となった。急速な工業化の結果、自然が攻撃にさらされる。着実にハンターが増えることで、獲物の枯渇もまた始まる。「老いた独り者」の記憶によれば、一八七〇年代以降、獲物の数が減少した。このときまでは、各地に獲物は多数存在していた。彼の見るところ、農民による密猟はそれほど深刻な脅威ではない。問題は、無知ゆえに不注意にも季節外れの狩りを行なうハンターが、初春に動物の母子を殺してしまうことにある。[41] 一九〇九年に、関連の省庁を集めたある委員会が新しい狩猟規則の作成に取りかかったが、これは包括的な内容となった。ハンターの最低年齢からそれぞれの季節に使用が許される猟犬の種類に至るまで、そこではおよそあらゆることが規整されたのである。[42] 通常の狩猟ライセンスの取得費用は五ルーブルなのに、白鳥のような珍しい品種を追いかける者は四〇ルーブルが必要とされた。[43] さらに外国人は、ロシア人の倍額を支払わなくてはならなかった。[44] ロシアのクマはステータスの高い戦利品で、多額の出費も当然とされたのだった。[45] ロシアを訪れるヨーロッパ人旅行者向けのガイドブックを広げてみると、ハンティングがツーリストの大きな魅力となっていたことが分かる。[46]

革命の時代のハンティング

一九〇五年革命の過程で、ハンターたちは政治意識を強めた。革命家がうたう「戦術、活力、同志愛」というスローガンにハンターもまた学ぶべきだと、この年一二月に刊行された雑誌『猟犬と猟銃によるハンティング（プソーヴァヤ・イ・ルジェーイナヤ・オホータ）』の特別号は主張している。モスクワ猟友会の機関誌だったこの雑誌は、帝国全土に散在する、これより小さな三〇ほどのクラブの意向も代弁していた。雑誌の編集部は読者に対して、富裕層優遇の狩猟規則に抗議するよう呼びかけている。編集部はまた、「不信心な価格」をつける店舗をボイコットするよう求めた。インテリゲンツィヤを自称する人びとの場合と同じように、ハンターたちも今や独自の「身分（サスローヴィエ）」を形づくったわけである。編集部は出自より趣味を重視して、農民も仲間に引き込んだ。彼らは、次のように問うてみせる。「農民にとって、同志たるハンター以上に自分に近しい者があるだろうか」と。だが編集部は、農民たちと共同で行動するには至らなかった。新しい自由、とりわけ狩猟に関するそれを失うことを恐れたのである。[47]

革命の暴力性が技術の向上と結びついていたことは、銃の所有に対する疑問を高めることになった。火器の取得が容易になったことは、新たな論争を引き起こした。安価な銃は素人が狩猟に出かけることを可能にし、結果、獲物の枯渇が生じただけではない。銃の価格が下がったことで、市街地で安易に拳銃が使用される危険性も増大した、と言うのである。銃の所持規制を緩和する論拠として、「自衛」が引き合いに出されるのを恐れた『われらが狩猟』誌の編集部は、一九一一年、銃規制立法（ガン・コントロール）の制定を求めているが、規制の対象となるのはスポーツ用ライフルではなく、拳銃である。[48]もっとも第一次世界大戦前夜には、この雑誌も「誰でも買える価格！」の銃や、「護身のためのピストル」といった広告を掲げており、こういう銃はライセンスなしでも購入可能だった。[49]すでにロシア人自身が、市街地で格好の獲物にされる事態が生じていた。こういう危険の高まりを前に、当時の第一級のハンターであったC・A・ブトゥルリンは、一九一二年、自著『カメラを携えハンティング』のなかで、「ハンティング」を「殺害」と同一視すべきではないと発言して、批判を和らげようとした。

このように、技術の変化とレジャーの時間をつくろうという意識の変化が結びつき、娯楽は眼に見える政治的影響を持つことになった。狩りにあたって、領主と農民との関係は、いまだ同志と呼べるものではたしかになかった。だがハンティングというスポーツは、上下を問わず、およそすべての社会層から人を引きつけたのである。独自の「身分」を形づくったハンターにとり、その身分としてのアイデンティティは工業都市からの逃避に求められる。しかし、こういう逃避があくまでも、一時的なものと考えられていたことは重要である。なぜなら、このスポーツマンたちは、輝かしい未来からエスケープする気持ちなどなかったからだ。

運動の教授と体育教育

伯爵リボピエル

工場のなかであれ、風通しの悪い事務所で座ってなされるものであれ、ハードワークは身体を衰弱させる。身体上の健康と精神上の健康は運動するとの認識は、一九世紀末の「身体文化」運動の勃興に帰結したが、それはとくにドイツを経由して、東方のロシアにも浸透した。この運動の底流には科学的な思想があるとの評判があり、それゆえ運動の大御所たちは、ロシアも含めてあらゆる国で、運動の「教授」という称号を得た。ロシアのスポーツ史に君臨したのは、次の三人の教授だった。Г・И・リボピエル伯爵、В・Ф・クラエフスキー博士、そしてИ・В・レベヂェフ。各自のバックグラウンドにほとんど共通項はないけれども、彼らのキャリアは、運動競技が組織化されるこの揺籃期に互いに交錯している。何より重要なのは、三名ともが運動競技を個人の努力の賜物として考えたこと、運動は競争で栄光を勝ち取ることより、自分自身のためにこそなされる価値があるものだと、考えていたことである。この三人の努力によって広く身体（ボディー）に対する崇拝が普及し、一九一四年までに、そ

15. Г・И・リボピエル伯爵．卓越したアマチュア・スポーツマンとして知られた．

れは公教育の内部に一定の地歩を占めるに至った。

先陣を切ったのは、リボピエルであった。一八四五年、グリゴリー・ポチョムキン公爵にもつながるきわめて裕福な家庭に生まれた彼は、イタリアで少年期を送った。一二歳で始めた器械体操を皮切りにして、彼はあらゆるスポーツを経験した。ゆえに「競争のあるところ、伯爵の姿あり」と言う。一五歳のとき、リボピエルはサーカスでレスラーの挑戦を受けて立ったが、敗退した。成人して職業の選択を余儀なくされたとき、彼は近衛連隊での勤務を選び、露土戦争で重傷を負った。この怪我で敏捷な行動ができなくなった彼は、乗馬技術を磨こうと考え、ハリコフにあった一族の土地に厩舎を建設した。彼はまた、「純血種猟犬愛好家協会」の設立にも携わった。だが一八九〇年ごろ、クラエフスキーとの出会いを契機に、このエリート主義的スポーツマンは、ロシアの身体文化運動が民主化するうえで、最大の立役者のひとりとなる。(50)

ドクトル・クラエフスキー

ヴラジスラフ・フランツェヴィチ・クラエフスキーは、ペテルブルクの医者だったが、一八八〇年代にベルリンの重量挙げ選手カール・エルンストと知り合いになると、彼と協力して活動の場を国外に移した。ワルシャワ生まれのクラエフスキーは、ヨーロッパの健康ブームに興味を抱き、(51)自分のジムを開こうと考えながら、オーストリアとドイツを回った。彼が自分のアパートにジムを開設したのは、一八八五年のことである。レベヂェフによれば、これは「ロシアにおける運動競技の誕生」であった。スポーツは、かつてはサーカスの見世物以上のものではなかった。それがクラエフスキーの尽力によって、文化的活動と認められるようになったからである。このジムは、すべての社会層に開かれていた。クラエフスキーはジムの壁を、自分とともにトレーニングに励んでいる、利用者の写真で埋め尽くしている。

教育という観点を強調して、クラエフスキーは自分の課程を修了した者に修了証書を交付した。一八九五年、クラエフスキーとその支持者たちは、「ペテルブルク・アマチュア・アスリート・サークル」を立ち上げ、ロシアで初の全国ボディービル大会を主催した。そこで観客の前に現われたのは、汗に光る肉体以上のものだった。プログラムのなかに、たとえば『ローマ兵士の攻撃から身を守るゲルマン人の少女』といった、興味をそそる活人画も含まれていたのである。こういったエンターテイメントの側面も、定款に記載された団体の活動の一部だった。アマチュア劇団の力を借りて、これらのスポーツ団体はさまざまな形の余暇に対する関心に応えようとした。(52)

一八九六年、クラエフスキーのサークルは「ペテルブルク運動協会」へと発展し、協会はリポピエルを議長に選出した。二年後に自転車協会の関係者が合流した時点で、運動協会は三〇〇名を超える会員を誇るまでになったが、会員が増えたために、毎年の競技会を馬術学校の広いスペースに移さねばならなくなった。クラエフスキーの教え子のなかには、国際的に活躍したロシア人レスラー、イヴァン・シェミャキン、ゲオルク・ガッケンシュミット、B・A・プィトリャシンスキーといった人たちがいる。(53)悲しむべき皮肉と言わねばならないが、一九〇〇年に、クラエフスキーは凍結したアニチコフ橋の路面で転び、足を複雑骨折した。生涯にわたって健康問題に取り組んできた彼ですら、こういう事故を免れることはできなかったのである。(54)

ヴァーニャのオヤッさん、レベヂェフ

本節に登場する三人のなかで、人びとの記憶にもっとも長く残ったのはレベヂェフだろう。その大きな理由は、ソヴィエト期にも彼がレスリング界の指導的人物だったからである。レベヂェフはとにかく力持ちで、サーカスとともに旅して回り、観客のなかから手を挙げた者と数コペイカを賭けてレスリングする、そんな昔を思わせるようなレスラーだった。クラエフスキー以前の世代なら、こういうことを続けていたろう。しかし代わりにレベヂェフは、レスリングを競馬に続く人気と利益を兼ね備えたスポーツへと変えるのに貢献した。一八七九年にペ

テルブルクに生まれたレベヂェフは、一八九八年に第三ギムナジアを卒業した。在学中に、彼はスポーツの才を開花させた。彼のやや曖昧な自伝にはペテルブルク大学法学部に入学したとあるが、ドロップアウトし、プロのレスラーになったという。「運動の教授」としばしば呼ばれるレベヂェフだが、教育者という側面を強調するためこういうニックネームを自称したのか、それとも自分が主張するように、人びとが彼の技術を称えてそう呼ぶようになったのかは定かでない。彼が最大の名声を勝ち得たのは、レスリング界きってのプロモーター「ヴァーニャの親爺」としてである。(55)

リボピエルは、社会的地位を保証された裕福な家庭の出身であった。クラエフスキーは、医学博士の名に恥じない学問的な業績を持つ研究者だった。これに対してレベヂェフは、出自や性別に関係なく運動は誰にとっても有益だという考えを、世間に広めた企業家だった。またレベヂェフは通信教育を通じてボディービルを教えたり、一連のスポーツ誌にニュースや創作を寄稿したり、レスリングの歴史を書いたりした。一九〇五年以降、彼は「ツァールツコエ＝セローー・アマチュア運動協会」の機関誌だった『挿絵つき運動・スポーツ雑誌』の編集部に身を置いた。レベヂェフはまた近代オリンピックへのロシアの参加を先頭に立って推進し、その後半生にはペテルブルク陸軍アカデミーと林学・工芸大学に体育教育の講座を開いている。(56)

個人競技として発達したボディービルに新たな興味が高まってくると、レベヂェフは「オヤッさん」の本領発揮で、ここにこれまで怪力を誇るだけだった村の力自慢を招きよせた。もともとは特定の階級の流行りにすぎないボディービルを、レベヂェフは観戦型の商業スポーツに変え、大成功を収めたのである。野蛮さは従来この競技の特徴だったが、レベヂェフが競技精神を強調したことは重要だろう。ツァーリ政府は階級的な偏見に固執し、一八九四年までプロレスリングを禁止していた。(57)観客の多くを下層階級と考える政府は、レスリングの試合が彼らを刺激し暴動の起爆剤となるのを恐れたのである。老練なレベヂェフの手腕により、西欧とほぼ並行して、ロシアのレスリングも運動競技としての敬意と大衆人気の双方を得た。余暇の過ごし方はさまざまだが、それらの

16. И・В・レベヂェフ．レスリング・ファンの間では「ヴァーニャのオヤッさん」で通っていた．

余暇の何にも増してレスリングは男らしさの観念を変えたから、改めて第四章で扱うことにしよう。レスリングがこういう文化的なインパクトを持つ観戦型スポーツになり得たのも、競技者の肉体というものに対して、レベヂェフが新しい明確なビジョンを抱いていたからだった。

身体への関心

「劇場としてのレスリング」は、『運動の教授』と題された、レスリングを扱う演劇が一九〇七年に現われたことで、反転した。〔訳注1〕この戯曲は、集団で身体を動かすことが当時どれほど普通のことになっていたかを示してくれる。タイトルロールの人物は、さまざまな年齢の男女のために、トレーニング教室を経営している。同時に彼は、公立学校での体育の授業を義務化しようと、政府に法制化を働きかけていた。レベヂェフと同様、この主人公には、家庭用トレーニング本として、安価なブックレット『身体の発達』を書いた経験がある。この劇の売りは健康な肉体に関する医学的な講釈なのだが、これと合わせて至るところで、ロシア人の身体的な虚弱さとドイツ人やイギリス人の持つ運動技能とが対比されていた。(58) この作品が本格的な舞台に掛かったわけではないけれども、そこに含まれる多くの主張は、身体に関心を持つ観客の心に響くものだった。

劇中のツァーリ政府は、主人公が待望した体育の必修化に踏み切っている。ここには、当局の意向が誇張された形で示されている。政府はスポーツを国家的問題と考えて、これに介入しようとした。一九〇四年の日露戦争で帝国が貧相な姿をさらしたことは陸軍省と国民教育省の尻を叩き、両省は体操あるいは体育を学校カリキュラムに取り入れる運動に加わった。これに続いてニコライ二世も、陸軍少将ヴォエヴィコフを「身体発育委員会」の全国議長に任命し、この委員会に体育教育の進展状況を調査させた。たとえばペテルブルクでは、「毎年子どもの参加者が増えているある教育団体」でレスガフト教授が講演し、身体の健康を強調した。(59) モスクワでは、一八九六年以降、二人の医師が中心となって、サッカークラブの設立に向け奔走した。(60) あるいはまた、校庭でのスポーツを推進した者もあった。校庭は、健全な肉体と健全な精神の結合を可能にする。堅い長椅子、風通しの悪い教室、そして「監視者の厳しい眼」は悪い影響をもたらす、と。[61] 課外での競技を通じて、水泳や救命技術といった個人の安全に直接関わる個々の課題を教えることもできるだろうと、教育者たちは説いていた。[62]

結社とクラブの時代

あらゆる種類のスポーツが熱烈な人気を集めた結果、内務省から正規に設立許可を得た民間のスポーツ団体は激増した。この種の団体は一八九〇年代に主要な都市で現われ始め、帝国全土に広がるが、とくに一九〇五年の革命を経て爆発的と言えるほどに拡大した。このとき多くのロシア人が、新たな力を得たように感じたのである。こういった団体は、二つの主要な目的を追いかけていた。第一に、あらゆる種類の運動競技の情報を広め、幅広い層にスポーツに参加する機会を提供すること。第二に、会則、会費、安定した運営、そして団体内のあるいは同種の他団体との競争の機会を備えている組織化された団体へと、ロシア人を引き込むこと。こういうアマの団体を介して、何千人ものロシア人が、自分の周辺に生まれつつあった公共圏へと包摂されていった。

一八九〇年代は、工業化とクラブの急速な拡大が重なった時代である。これは、偶然の一致以上のものと考えられる。カネの流れが変わったために、貴族のなかには立場を奪われたように感じる者がいたが、逆に新興の富裕層は自分たちの地位を顕示する場が欲しくなった。クラブの会員になろうという人びとは、以前に比べ自由な時間と処分可能な所得を手にしていた。彼らが自己意識を高めるのに、同好の士と交際する以上の方法があるだろうか。この種の交流から得られる利益獲得の可能性も、運動クラブに対する投資の有益な見返りだと考えられたことだろう。

ほとんどすべてのクラブの定款が会員資格をあらゆる身分の者に開いていたが、会員名簿が現存しない状況では、この原則が実際どこまで実現されたのか、正確に推測するのは不可能である。クラブに加入を希望する者は、通常は会員の推薦を必要とし、ある批評家の指摘によれば、この段階で事実上の選別がなされた。この批評家は、互いに見知った同士でないと一緒に遠出に行こうとしない、とも嘆いている[63]。比較的小規模なクラブには、恒常的な活動の場を持つ余力がなかったので、ダンスその他の行事にさいしてはホールを借りねばならなかった。もっとも、こういう運動以外の行事のおかげで、クラブ活動への参加者は増えた。大部分のクラブでは男性会員の占める割合が圧倒的だったが、クラブを通して女性も社交の機会をつかんだのである。

一八九五年に組織され、その二年後に公式に許可を得た「ペテルブルク運動サークル」は、比較的早くに設立されたクラブのひとつである。その目的は、「身体の発育および若者の健康増進に有益な身体運動の振興」だという。選ばれた理事会が遠足や季節ごとの競技会を準備したが、その種目は砲丸投げから自転車まで、個人競技と団体競技の双方に及んだ。後発の大半のクラブとは異なって、このサークルは女性の入会を認めていない。とはいえ他のクラブでも、ほとんどの定款が入会希望者は他の会員による推薦と会員多数による承認とを必要とすると定めていたから、排他性と無縁だったわけではない[64]。

ペテルブルク運動サークルは当初は競技会の開催を活動の中心としていたのだが、残された記録によれば、会員は互いに競い合うことよりも、エクスカーション目当てに入会した印象が強い[65]。年会費は三ルーブルとわずかだったが、会員名簿は「名士録」的色彩がある。たとえば、どこにでも顔を出すボリス・スヴォーリンとその兄アレクセイ・スヴォーリン。有爵貴族でありながら国際的に活躍したテニス選手のП・Ф、そしてН・Ф・スマローコフ＝エリストン[訳注2]。当代きっての二人の大衆作家も加わった。多作で知られたА・В・アムフィテアトロフと、А・А・プレシチェエフである。組織が期待していたことと実際に挙げた成果との間にいかほどの距離があったにせよ、このサークルが、スポーツをクラエフスキーのジムに見られるプライベートな空間から公共圏へと引き出すという、組織モデルを提示したことはたしかである。

一八九六年に設立許可を受けた「モスクワ身体発育振興協会」では、会員の社会的出自はさらに多彩である。

男女双方の参加が許されただけでなく、教育が主要な目標に据えられた。定款は「両親や教師が若者に適した正しい身体訓練法を習得できるよう支援する」と定めたうえ、さらに公開講座の開催、小冊子の刊行、修了証書の交付をともなう体育教育を試みた。学生を対象とした競技会、田園の新鮮な空気を味わうための会員向けのエクスカーションも企画されている(66)。

一九〇四年にペテルブルクに設立された「身体教育のためのボガトィリ協会」は、もっとも影響力のある団体のひとつだった。会費を納める正会員以外にも、人びとに活動に参加する機会を提供したからである。協会のブレーンを務めたК・Г・アレクセーエフは、学童の体育教育に従事するため、一八九〇年代に軍務を退いた人物だった。彼は同志から資金を調達し、一九〇〇年には体育教育を専門とする特別学校を設立した(67)。一九〇六年までに、ボガトィリ協会はペテルブルク周辺に七ヶ所の用地を確保し、さまざまな年齢の子どもたちが各種スポーツの練習をできる環境を整えた。さらに協会の指導部は、幼稚園児のため年二回の休日行事を組織して、可能な限り早い年齢から団体運動に励むことの意義を宣伝した(68)。それはクラブというよりむしろチャリティ団体という感じで、協会の年会費は三ルーブルと低く、これで賄えたのはせいぜい最低限の部分にすぎなかった。指導部は寄付を呼びかけ、また有料の講演会を開催して、多額の資金を集めた(69)。クラブが排他性を強めつつあった流れに抗して、ボガトィリ協会では二〇コペイカを支払えば非会員でも行事に参加することができた。会員名簿を繙くと、そこにはWho's Who的趣がある。画家のイリヤ・レーピン、作家のアレクセイ・トルストイ、П・С・シェレメーチェフ伯爵の他、(ロマノフ家の者はいなかったものの)公爵あるいは公爵夫人、そして演劇プロモーターのП・Б・パリムも会員だった(70)。ボガトィリ協会は経済的な脆弱さより身体的弱さを問題にし、健全な身体を求める健康推進運動を学校のなかに持ち込んだ。そこに投じられた資金、声望、そして組織は社会の最上層からも注目されるにふさわしいものだった。他の都市に広がった支部を通じて、ボガトィリ協会は少なくとも一九一四年の末まで、子どものための運動場を開いていた(71)。

ペテルブルク運動サークルほどではないにしても、大多数の民間スポーツ団体は、ある程度まではこれを真似た存在だった。定款を眺めると、総じて運動トレーニングの他に、ダンス、講演会、エクスカーションを組織することが団体の活動として挙げられている。ただし一貫して目標の中心となっていたのは、「各種スポーツの発展の促進」である。[72] 一九〇八年にペテルブルクに設立された「スパルタクラブ」は男性のみを会員とし、スポーツそのものを超えた活動を通じて、会員の「道徳的・知的・身体的成長」を果たすことを目指した。[73] さらに多くの工場ではそれぞれ独自のスポーツ団体が設立され、ここを中心に職場のアイデンティティが育っていった。これは、革命家の悩みの種だった。工場のクラブは勤務先への忠誠心を鼓吹するべく作られており、それゆえ階級や技能といったより幅広い文脈にもとづいて外から連帯を図ろうという試みを弱めてしまう、との批判が起こった。[74] しかし健全な肉体、健全な精神を求める運動は、全国的な潮流であった。すべてのロシア人にとり、それは個人が達成すべき目標として意識されるようになったのである。

ヨットと自転車──移動とスポーツ

ヨットクラブの民主化

競馬は軍事上の必要から生まれ、その後、社会的な威信のある事業へと変わった。皇族と接する機会を提供したからである。同様に、ヨットクラブもまた、ミドルクラスがここに進出するまでは閉鎖的な存在であった。その原型は、「帝室ヨットクラブ」に見ることができる。一八四六年にニコライ一世によって設立されたこのクラブには、当初は軍事的目的と社会的目的の双方があった。ツァーリをスポンサーとしてヨット大会が開催され、そこには外国のヨットも参加した。しかしクリミア戦争で国庫が左前になると、政府はクラブの運営を民間に委

ね る他はなくなった。一八五八年に設立され、九二年に「ネフスキー・ヨットクラブ」と改称されるこのクラブは、何度かの名称変更と組織の改編を経験している。このクラブは「さまざまな資力、さまざまな地位」を有する人びとに開かれており、その目的は「あらゆる種類のウォータースポーツを振興すること」だった。このため結局、帆走や漕艇といった部門に特化したクラブが登場することになったが、こういう新興のクラブが社会的な認知を受けると、ネフスキー・クラブの指導者は特権的地位を維持するため、皇族からの支援を仰いだ。組織には、アレクサンドル三世の皇女、クセニヤの名が冠された。会費は五〇ルーブルと高く、ために多くの人が入会については二の足を踏んだ。ちなみに、一九一七年のラスプーチン暗殺事件の首謀者のひとり、フェリクス・ユスーポフ公爵は設立会員のひとりである[75]。

ネフスキー・クラブの意義は、その会員構成にあったのではない。また会員が参加するハイソな国際レースにあったのでもない。その意義は、このクラブがまったく新しいタイプの組織の先駆けであること、すなわち、特定の活動を通して会員の仲間意識が培われるような組織であったことにある。皇族の庇護を求めた猟友会と同じように、このヨットクラブは入会を認められた者のプレステージを最大限に高めようと、関係のない一般人の加入を極力排除しようとした。これに対して、帝国全土に登場した、とくに「帝室」とは名乗らない多くのヨットクラブの場合には、自分を大きく見せようという模倣につきものの虚栄心が顕著であった。港がないにもかかわらず、モスクワその他の主要都市では、河川でヨットに乗る者のためにヨットクラブがオープンした。これらのクラブは、後に他のウォータースポーツが成長するのを助けることになる。一八九二年までに、ロシア帝国では河川に面した都市に推計で二二の登録ヨットクラブがあって、とくにそれらはヴォルガ沿岸に集中していた[76]。

しかしこういうヨットクラブの民主化には、マイナス面も存在した。上流階級が見栄っ張りの模倣者から一定の距離を取ろうとしたのは、それほど不思議なことではなかった。「ペトロフスキー・ヨットクラブ」など、実際にセイリングするよりは、賭けトランプをするために集まる方が多かったのである。このクラブの活動は、新聞よりも警察の逮捕記録に出てくることが多いというありさまだった。クセニヤ大公女の名を冠したヨットクラブでも、運に任せて夜遅くまで賭博に耽る者の姿が見受けられた。ただこのクラブは会員資格を絞っていたから、香水の強いにおいを振りまく女性やジゴロの数は、街の反対側にあるライバルのクラブほどには多くなかった。[77]言えることは、ペトロフスキー・ヨットクラブには、彼らが真似た高貴な先行者と同じように、それまでなかった公共的な空間がはっきりと姿を見せ始めたということである。

自転車クラブ

ヨットクラブはその後もウォータースポーツを活動の中心に置いていたが、一部の会員は、自転車のような新しい陸上の運動に勤しむクラブにも所属していた。ボートと同じで自転車も、競技レースも含めて、さまざまに利用される移動手段である。この両方を扱う専門誌もあって、その推計によれば、一八九二年のロシアには、四〇に上るヨットクラブと自転車クラブが存在した。[78]自転車自体は、これが発明された一八六六年以来、ロシアでも知られていた。だが自転車が比較的安価な移動手段として意識されるのは、両輪が同じサイズで、ギアやブレーキがあり、安全性を高めた一八八〇年代まで待たねばならない。[79]一八八八年に設立された「モスクワ自転車クラブ」は、ほどなくして、帝国のすべての主要な都市に支部を持ち、あるいは類似の団体を有することになった。一八九二年までにその数は一七、モスクワにはさらに二つのクラブがある。[80]ペテルブルクの自転車クラブは、一八九七年には、会員五〇〇名を誇った。[81]こういった自転車熱の背後には、都市化が促したスピードへの渇望がある。たとえば、ペテルブルク郊外のツァールスコエ・セローとストレリナにも、自転車クラブが存在していた。

自転車は娯楽の二つの目的、つまり運動と競争の両方にかなう乗り物だった。自転車は、その所有者には、市外の新鮮な空気を味わう遠出のための手段となる。それはまた、観客たちが見守るなか気力充実のレーサーたち

17. 夜の女でにぎわうペトロフスキー・ヨットクラブ

が競い合う、地方の競輪場へといざなってくれる道具ともなる。自転車は、夏の間は、職場とダーチャを行き交う人を運んでくれる。一八九〇年代になると、今日であればスピードと距離を争う「究極の」スポーツと呼べるこの競技に、ロシア人は夢中になった。[82] レスリングと飛行機で活躍した、ロシアの傑出したスポーツマン、セルゲイ・ウトチュキンは、自転車競技を皮切りにスポーツ界に入った人物だった。デビューした一八九五年だけで、七七回も優勝した。[83] 他の例を挙げれば、一八九六年にイルクーツクからモスクワまでぬかるみのなかを走破しようと決意した命知らずのイギリス人、ロバート・ジェファーソンの事故の話は、モスクワ自転車クラブの機関誌『サイクリスト』で逐一報道されている。ジェファーソンの過酷な行程を報じるルポからは、ロシア全土でサイクリングがどれほど人気だったのかを知ることができる。たとえば、ある区間から次の区間まで、彼と並走するファンも数多くいたのである。[84]

自転車はおよそ一〇〇ルーブルと安価なうえ、中古車ならさらに安かったから、熟練労働者や事務職員を含めたミドルクラスにも手の届く代物だった。特別な訓練も、また市内の街路以外の専用の練習場所も不要であり、他のスポーツと比べて、サイクリングは商業的なポテンシャルも高かった。一八九二年までに、ロシアでは六〇〇〇台以上の自転車が販売されている。[85] そこには根底から人を解放的な気分にさせる性格があるから、モダニティをめぐる言説の多くにサイクリングが登場している。たとえば、サイクリングは女性の間でも人気を博した。ブルマのような専用の服を買う必要があったが、こういう特別な服装それ自体に、単なるファッションにとどまらない政治的意味が含まれていたろう。また正教会は自転車に対して批判的で、自転車にまたがった聖職者に威厳を欠くとの不快の念を示している。[86] スピードがあり操縦も容易な自転車は犯罪を助長する、徒歩で追いかける追跡者よりペダルを漕いだ泥棒の方が逃げ足が速いと、危惧する者も存在した。[87] もっとも、多くの人たちは、自転車が持つ新しさと移動能力に単純に圧倒されたと言うべきだろう。[88]

18. モスクワ・ペテルブルク間のレースを闘ったサイクリストたち

コマーシャリズムと自転車

　だが商業主義のおかげで、自転車はさらに前進した。製造業者はレースを通じて自社製品を宣伝し、その購入を促した。後に自動車会社が行なったのと、まったく同じ手法である。イギリスのハンバー、スターレイ両社はロシアに自転車工場を設立し、ロシアの国産メーカー、ポベーダ社（「勝利」社）と競合した。スターレイ社は「ロシアの道路事情を考え特製された」自転車のことを宣伝し、これを「サイコ」と名づけた。[89] 一八九五年に「ペテルブルク自転車協会」が主催したロシアで最初の重賞レースで、参加者たちはペテルブルクからモスクワまで、ほとんど舗装されていない道を互いに競ったのである。サイクリングがすでに国民的娯楽となっていたフランスからの参加者を尻目に、[90] このとき最初にゴールを切ったのは、ロシア人ミハイル・ヂェヴォチュコだった。記録は四〇時間弱である。このレースが大成功を収めたため、一八九六年には、同じルートを今度は逆に、モスクワからペテルブルクへ辿る二回目のレースが計画された。[91]

　この二回目のレースにおいて、ロシア人参加者И・H・シェリャエフを悲劇が襲った。明らかに、自転車のサドルで会陰部をすりむいてしまったのだ。レースの運営者は事故につながることを懸念し、医者に診断させようとした。ノヴゴロト中継点に詰めていた医師がシェリャエフに随行し、傷の治療を求めたが、シェリャエフはレースの続行にこだわった。今回もヂェヴォチュコが勝利を収め、不運なシェリャエフが痛めた大腿部は感染症で壊死してしまった。数日間は持ちこたえたものの、結局彼は亡くなった。その結果、ロシアではスポーツを行なう場所をめぐって、とりわけサイクリングの場所について、さまざまな議論が引き起こされることになった。[92]

シェリャエフの死を契機に、トレーニングの方法についても、緊急に議論する必要が生じた。複数の医師が指摘するとおり、スポーツには肉体と精神の双方にわたるエネルギーが必要である。だが競技会に参加しようと準備する時点で、このように心身を酷使することを十分に考えた者はまれだった。[93] アマチュアリズムとプロフェッショナリズムの違いも表面化し、なかでも金銭面での見解の差は顕著だった。[94] レースの主催団体の一員だったレベヂェフは、今後は競走に賞金を出すべきではない、選手は純粋にスポーツに対する愛のため、そしてまた鍛錬により与えられる精神と身体の力を求めて自転車に乗るべきだと主張した。だがビジネスという側面が、運動のための運動という理想主義に勝利した。それと言うのも、「会員数でも参加者の質の面でも、もっとも有力だったペテルブルクのクラブが、賞金レースの存続を支持する側に回った」からである。[95]

自転車は、製品販売や賞金レースで上がる利益以外の別の面でも、商業主義を象徴していた。成功したクラブは独自の機関誌を発行したが、製造業者の出す広告、あるいは自転車レースの観客をターゲットにした地方のナイトクラブのオーナーや劇場主による広告からも、クラブは資金を得たからである。こういう客はダイナミックで、カネ離れがよいのが特徴だった。[96] 一八九八年に、モスクワのペトロフスキー公園にオープンした「サイクリスト・カフェ」は、メニューにアルコール飲料を載せていない。モスクワ自転車協会は年間の会費が一〇ルーブルで、会員は各種の会員特典に加えて、さまざまな娯楽の機会を手にできた。会員を示す銀バッジが、アイススケート競技会、フェンシング練習会、その他多くの社会行事に参加するためのパスの役割を果たしたからだ。ト

19. モスクワ市競輪場の様子

ランプやビリヤード、家族そろってのピクニック、アマチュア演劇、そして週末に催行されるグループ旅行も、こういった行事の一部であった。[97]

自転車をめぐる反目

こうしたクラブの目的のひとつは、会員をその他大勢と区別して、社会的線引きを行なうことであった。ペテルブルク近郊のストレリナでは、夜間に自転車が点灯していたランプ目がけて石や泥の塊が投げつけられる事件が生じ、犯人たちは「フーリガン」呼ばわりされた。だが彼らは彼らで、単に自分の縄張りを守ろうとしただけでなく、サイクリストを一種の侵入者と見ていたのだった。とくに女性のサイクリストが、悪態を浴びたようである。[98]『サイクリスト』誌に掲載された、道路に向かって割れた瓶を放りつける農民たちのイラストには、階級対立の一要素が描き出されている。[99] А・Г・アレクセーエフとП・А・スミルノフ――ともにモスクワの傑出した商人一族で、熱心な自転車乗りでもあった――は、自分や友人に嫌がらせをしてきた乱暴者と大乱闘して、思う存分、自分のたくましい筋肉に物を言わせた。その結果、二人とも逮捕されてしまうけれども。[100]

サイクリスト・カフェは、モスクワのホドィンカ原にあった競馬場のそばに位置していた。このため新聞の伝えるところでは、自転車と競馬、二つのファンの間で小競り合いが頻発している。[101] こういう衝突の話からは、階級間の敵意が原因だという印象が、真っ先に浮かんでくる。より特権的な層に属するサイクリストが、一日の賭けに負けた後でよろよろと家路に向かうギャンブラーを、軽快に追い抜いていくイメージである。だがそれは、あまりに矮小化した見方と言うべきで、「階級」がいまだ萌芽にとどまっていた事実を覆い隠してしまうだろう。スポーツのもっとも重要な属性のひとつは、「競技の舞台を平等化する」力、つまり平等に競争するために過去の社会的差異を平準化する力にある。こういった社会的平等主義とも形容できるものを通じて、身体と精神の機敏さを競う新しい基準が築かれたのである。スミルノフ一族に石を投げつけたフーリガンは、新たな社会変動に対する苛立ちを発散させようとした。しかしフーリガンたちは、こうした変化から彼ら自身が被る利益に無自覚だった。

日常化する自転車

自転車の所有者は着実に増え、一九〇三年までに、ペテルブルクでは二万五〇〇〇人以上の人が免許を受けて走っていた。しかしそれにもかかわらず、一九〇〇年以降、サイクリング熱は沈静化する。[102]これについて、競走面を強調しすぎてファンをサイクリングから引き離してしまったと、スポーツの堕落を非難する観察者もあった。[103]けれども、自転車はまばゆいスポーツ競技という性格は失ったが、移動のための手段として、ごくごく日常的なものになったと見ることもできる。絶えず道路の整備を主張していた自転車専門誌の論説と、これに続いて街路の舗装が進んだという事実の間に直接の因果関係が存在したのか、この点については定かでない。だが、自転車の増加は道路の改善を反映していると解することは、論理的だろう。一部の自転車クラブは、ツーリズムの団体に吸収された。短いエクスカーションを行なううえで、自転車が持つ安価な移動手段という強みが、そこでは利用されたのである。[104]

サッカー――チームと工場

ペテルブルクのサッカー

集団をまとめ、序列に従いメンバーを振り分けるという点で、チームスポーツは工場と似ている。しかも全体の効率は、各パートがそれぞれの仕事を適切に果たすことで確保される。[105]野球の原型といわれるボールとスティックを用いたゲームは一例だが、一八八〇年代以前から、ロシア人はこの手の集団スポーツを楽しんでいた。とはいえ、近代を特徴づけるような高度に規則化されたチームスポーツはまだ見られなかった。こういうチームが最初にロシアに登場するのは、イングランド経由である。急速な工業化のため、ロシア人工場主の多くは、熟練した技術者や管理者を西欧諸国から雇う必要があった。[106] そこで、臨時にやってきたペテルブルクのお雇いイギリス人が、余暇に楽しむお気に入りの活動を持ち込んだ。それがサッカーである。当初、彼らはもっぱら自分たちの間でプレーしており、競技場で公然と「作業する」といった大それた考えは持っていなかった。しかしイギリス人の活動に刺激を受けて、この楽しみに加わろうというロシア人が多数現われたのである。記録に残る最初の試合は、一八七九年にペテルブルクで行なわれたサムプソニエフスキー工場とネフスキー工場との間のゲームで、イギリス人チーム同士の対戦である。ロシア人が選手権に参加するには、それからおよそ二〇年の歳月がかかった。記録では、一八九七年の「ヴァシリエフスキー島サッカー選手サークル」と「ペテルブルク・アマチュアサークル」の対戦が、ロシア・サッカーの事始めだという。両チームとも、ロシア人だけでなくイギリス人選手も加わっており、ヴァシーリエフスキー島チームが六対〇のスコアで一方的な勝利を収めた。[107]

翌年の再戦では、今度はアマチュアサークルの側が四対三と番狂わせの勝利を演じた。もっとも、ロシア側の関心の高まりにもかかわらず、このスポーツを仕切っていたのは依然イギリス人だった。ペテルブルクで最初のサッカーリーグを構成した三チーム、ヴィクトリア、ネフスキー、ネフカは、いずれも外国人労働者によって組織されたものである。また一九〇一年以降、優勝賞金を出したトーマス・アスプデンもイギリス人だった。[108] 大胆にも、ロシア人だけで編成されるチームがこのリーグに参入したとき、彼らは大敗を喫した。[109] 彼らの敗北はロシアの工業的な後進性を暗示していると見るならば、一九〇七年前後から、向上の兆しが見えてきたと言えるだろう。しごく当然にも、一九〇八年になり、ロシア人チームはアスプデン杯をゲットしたのである。[110]

20.「ただ今プレー中」

モスクワのサッカー

モスクワのサッカーも同様の経路を辿った。最初に報道されたのは一八九五年の試合で、ホッパー工場のお雇いイギリス人によるものだった。それから一年と経たずして、衛生協会のデメンチエフ、ポクロフスキーの両博士が、健康的なアウトドア・スポーツの一環としてサッカーを商業化することを考え、クラブを組織した。しかし、少なくともその後の一〇年間は、イギリス人の工場に依存する状態が続いた。[111] 初期のモスクワチームでは、チャーノック四兄弟が指導的な役割を果たし――このうち二人はオレホヴォ＝ズエフのモロゾフ織物工場で、残り二人はセルプホフのコンシン工場で働いていた――、その後のリーグ戦でも他を圧倒するプレーを見せた。[112] 四兄弟は、モロゾフとコンシンという、モスクワの商人身分のなかでもっとも進歩的といわれる二家族のところで働いていたことになる。彼らは自分たちの「イギリス・スポーツクラブ」を通じて、雇い主であるロシア人ボスを説得し、カネと場所とを提供するよう働きかけた。こうしてブームが始まり、一九〇九年には、定期的に試合を行なうリーグが設立されたのである。[113]

多くのクラブは自分たちが代表する工場や地域、ときには最寄りの鉄道駅の名を冠し、地域性を色濃く体現した点で、アマチュアのクラブとは一線を画した。その他のクラブ、たとえばマーキュリーといったクラブの場合は、あちらこちらで建設が進んでいた映画館と同じで、ある一定のイメージを伝えるような名称を用いた。またオレホヴォ工場ゆかりのクラブは、単に「モロゾフ組」と呼ばれたりした。オーナーのサッヴァ・モロゾフは革命諸党派への寄付やモスクワ芸術座に対する支援で有名な激情的な実業家だったが、英国のメディアに「サッカーもできる技術者および労働者求む」という求人広告を出したという。[114] この彼の下で、チームは強豪に成長した。[115] 一九一五年頃にはあまりにも多くのチームが存在したので、それらは力量に応じてランク付けされた、三つのリーグに分けられた。

元サッカー選手で、優れたスポーツ記者としても名を馳せたボリス・チェスノコフは、一九四七年にソ連的視点で過去を振り返り、階級闘争というストーリーを用いて、黎明期のモスクワ・サッカーの歴史を書き換えてみせた。エリート主義的な「モロゾフ組」対労働者チームという図式である。人気の雑誌『レッツ・スポーツ（ク・スポルトゥ）』の元編集者チェスノコフは、負け犬を描く実にクラシックな寓話を使って、読者を追憶へといざなっている。——彼のチームは最寄り駅のロゴシュスキーにちなんだ名前を持っているが、リーグ参加を許されず、それゆえ「アウトロー」集団と呼ばれた。当のチェスノコフ自身も含め、事務員層から構成されたメンバーは、小銭を節約して備品を買うため、朝メシを抜き、長距離を徒歩で移動する。対照的に、性悪なチャーノック兄弟は勝利のためには恥も外聞もなく、モスクワの高級レストラン、メトロポールでレフェリーを接待したりする。[116] ロゴシュスキー・チームのメンバーのヴァシリエフ兄弟は、バケツに水を汲みデリバリーして収入を補っている。彼らの居住地域には、いまだに下水設備がないからだ。チームは泥だらけの原っぱや共同墓地で練習し、専用のゴールの代わりに丸太を使う。ひとつしかない貴重なボールに選手全員が責任を感じ、毎晩それを魚油で磨いた。彼らのたくみなプレーは多くの観客を魅了するが、そのファンたちも、社会的出自が疑わしいため警官に追っかけ回される輩ばかりだ。そして予想どおりのオチながら、その才能が認められ、ついに一九一四年にリーグ加入が許されると、チームは「モロゾフ組」を打ち負かし、敵を呆然とさせるのだった[117]。

このチェスノコフが描く成功物語には、ソヴィエト期特有の露骨な脚色が加わっている可能性がある。とは言っても、すでに一九一七年以前から、彼が自分の編集後記を演壇に使って、サッカーの民主化を呼びかけていたこともたしかである[118]。さらに言えば、アメリカその他の、まさに工業化のさなかにあって、なせばなる、根性は特権を打ち負かすと考えられた国ならば、本質的には似たような話が展開したろう。ここでもっとも重要なのは、集団をめぐる寓意である。チームは個人の才能に依拠しているが、一体的に機能して初めて勝利できるからである。チームスポーツにこういった側面があればこそ、それは近代という時代や戦争に関する普遍的なメタファーを提供できたのである。個人で闘うアスリートとは反対に、チームの成功はファンからの支援にも多くを負っている。ファンはチームと友好を深め、自己のアイデンティティの一部をチームと重ね合わせる。チームは共同体の代わりとなり、それまで赤の他人であった者をひとつにまとめる力を示す。そのさいに人を結びつけたのは、一種の希望に他ならなかった。ファンが一人ひとりではできないこと、つまり勝利し自分の優秀性を明かすことを、チームとしての選手たちなら実現してくれるという希望だった。ファンたちは、チームカラーやチームのジャージを通して、自分たちのアイデンティティを示したのである[119]。

地域リーグ、全国大会、そして世界へ

サッカーは、何かを代表したいという根本的な願望を満たす形で組織化されていった。近隣のチームから次第にリーグが形成され、今度は市のチャンピオンの座が争われた。一九一一年の時点で一三チームがモスクワ市の王座を競ったという[120]。裕福な宝石商P・Φ・フリトが、優勝賞金を提供した。オデッサ市の選手権は、一九一一年に初めて開催された。ただし海港都市として国際色豊かなこの市では、一八七〇年代からすでにサッカーの試

合は行なわれている。[121] ウクライナの二大都市、ハリコフとキエフでは、一九一二年に統一の選手権が始まった。[122] その後、大学を初めとする高等教育機関も自前のチームを作り、対抗戦を開始した。[123] 以上に続いて実現が期待されたのが、全国選手権である。一九一三年に「全ロシア・サッカー連盟」が設立され、三三都市の一五五クラブ、約四〇〇〇名の選手が傘下に入った。[124] 都市間の対抗戦では、その都市で最良の選手を集めて、地域のオールスターチームが編成された。一九一三年に行なわれた両首都対抗戦は、一万人のファンを魅了した。[125] これは、米メジャー・リーグの一九〇八年ワールドシリーズで、シカゴ・カブズがデトロイト・タイガーズを破った最終戦の観客の二倍に当たる。[126]

次にやって来たのが国家間の対抗戦で、やはり選りすぐりの選手たちでチームが組織された。もっとも、他のヨーロッパ諸国との対戦成績は、それほど芳しいものではない。ロシアが半植民地化していた友邦フィンランドにさえも、ロシアチームは苦杯を舐めた。チェコから来て働いていた者たちは、かつてオデッサのチームでプレーしていたこともあるが、そのチェコのナショナルチームとペテルブルクのオールスターチームが一九一〇年に対戦したとき、はじめて前売り券が売りに出された。しかし試合を観戦した四〇〇〇人を超えるロシア人は、スコア三対一での敗北に落胆することになる。[127] 二年後、キールから訪れたドイツの全国チャンピオンも、やはりモスクワのチームを相手にその強さを見せつけた。このときは五〇〇〇名の観客が集まっている。[128] ロシアのチームは、その後も世界大戦が一九一四年に勃発するまで、国際試合を追い求め続けた。そのなかには、惨憺たる結果に終わった一九一二年のオリンピックも含まれている。対オクスフォード大学戦（ロシアチームが敗北）から対トルコ戦（ロシアチームが勝利）まで、国外チームとの対戦成績は、ロシア側から見て七勝、七引き分け、二一敗である。こんな貧相な戦績にもかかわらず、ロシア国内のサッカー熱は増す一方だった。[129]

ロシアに渡った、イギリス人の工場マネージャーたちは、単にお気に入りの娯楽をエンジョイしただけではなかった。彼らはロシアの友人や労働者たちを、ある政治的な意味を持った活動に引き入れたのである。イギリス

21. 国内選手権でモスクワと覇を競わんと集合したペテルブルク・チームの勇者たち

人はその国民的な娯楽であるサッカーやクリケットを媒介にして、自国の植民地を、公正なプレー、公正な競争といった自分たちが理想とするイメージに合わせて再編しようとした。それはちょうど、アメリカ合衆国がモンロー宣言以降支配力を強めていた近隣の中米諸国、そして第二次大戦で打ち負かした日本に、野球を輸出したのと同じ構図である。ただし西インド諸島や日本の場合と同様に、ロシア人もこの輸入されたスポーツを自家薬籠中のものにした。階級やナショナリズムといった文脈で、サッカー試合の意味を規定したのである。ただそうは言っても、ロシアを訪れたイギリス人マネージャーが今や現代世界ではなじみの薄いクリケットの熱狂的ファンではなかったことには、ロシア人は未来永劫感謝すべきだろう。

ロシアの女性アスリート

スポーツは圧倒的に男性のものだったが、少数ながらも、あえてここで男性と張り合おうという女性はいた。水泳（もっとも泳ぐビーチは分かれている）、テニス、自転車といった種目は、[130]身体の健康を目指していたから、男らしさを物語る諸原則を脅かすことはなかった。これに対してハンティングは絶対的に男のスポーツとみなされており、女性がここに参入したということ自体が、社会の変化を顕著に示す指標となった。ハンティング関連の文献を見ると、女性はそこでまずは男性の敵として登場する。森で自分の真の男らしさを見せようという男性陣を何かにつけて邪魔立てする、口やかましい女といった扱いである。[131]だが散発的ではあるけれども、女性も雑誌に投稿を始めた。一九〇五年に「С・Г・公爵夫人」なる者が『猟犬と猟銃によるハンティング』誌に書いた記事には、ユニークな、女性独自の物の見方が現われている。未熟なハンター、猟犬、そしてオオカミの闘いを眺めた彼女は、流血の事態にスリルを覚える。しかし彼女は、自分がこういう「サディスティックな」本能に屈したことをやんわりと非難し、この記事を結ぶのである。男性ハンターから見るならば、人前で自分のなかの獣性をこんなふうに抑えつけようとするなどは、男らしくない振る舞いだと映ったろう。[132]

少数とはいえ存在したプロの女性ハンターは狩猟を組織し、人から珍重されるクマのような獲物にまで狩りの対象を拡げた。だが一九一二年に『レッツ・スポーツ』誌の編集部が指摘したことだが、総じて男性ハンターは、自分が同性ハンターに示すような敬意を女性のハンターに払うことには否定的だった。この雑誌には、卓越した女性ハンターの名が登場する。たとえば、マリヤ・グリゴリエヴナ・ドミトリエヴァ゠スリマは探検隊を率いて北極点からサハリン島まで踏破し、数冊の技術書をものした。リディヤ・ミハイロヴナ・マズリナは貴族出身のアニー・オークレイとも言うべき女性で、[訳注3]「帝室狩猟協会」でも有数のハンターであることを、身をもって示した。またアンナ・アドリフォヴナ・ギリバフは、二週間のハンティングでオオカミ六頭を仕留めただけでなく、クマ狩りのときにもやはり印象に残る活躍を見せた。(133)

女性に過度の自立意識が芽生えること、あるいは女性が自分の女らしさを犠牲にすること。——こういった恐怖は、ジェンダーやアイデンティティをめぐる議論を引き起こした。(134)しかし豪胆な女性たちは自動車レースに参加したり、最初は気球、次は飛行機と対象を変えつつ、一九一〇年の「フェミニナ杯」を競ったりした。(135)ロシア人女性のなかからは、重量挙げでマリナ・ローレが新記録を出す快挙を見せ、一九一四年には女子バスケットボールのチームが輝かしい成功を収めた。(136)身体の健康を説く人びとは女性の参加を積極的に応援し、男性よりも女性の方が運動を必要としているとほのめかす者までいた。(137)イサドラ・ダンカンのおかげで有名になった、ある種近代的な「裸足の」ダンスも女性を刺激し、優美さと体力の向上を促した。〔訳注4〕アメリカは工業国のリーダーであり、オリンピックでメダルを量産しているが、これまで長く、女性がオリンピックに参加することに反対してきた。これと対照的にロシア人は、スポーツに励む女性に対して、理屈のうえではとくに問題を認めなかった。だが、ジェンダーの平等に対する理解は乏しかった。(138)

ロシアのオリンピック選手——スポーツ・ナショナリズムの国際化

オリンピックとナショナリズム

一八九六年にアテネでオリンピックが復活すると、先進工業国は各国の近代化の度合いを如実に照らし出すような、このオリンピックという競争に引き込まれていった。これを組織したピエール・ド・クーベルタンは、必ずしも最初から国際的に注目されていたわけではない。アテネ大会から四年後にパリ大会が実施されるが、オリンピックはそこではむしろ万国博に客を呼ぶ、アトラクションのひとつという位置づけであった。アメリカの無名都市セント・ルイスでオリンピックと万国博が同時開催された一九〇四年には、参加した五五四名の選手のうち、アメリカ以外からやって来たのはわずか一二二名にすぎなかった。[139]

このように、オリンピックはショー化した見世物へと変わっていくように見えた。だがまさにそのとき、先見えのする観察者は、スポーツの選手こそその国の力を象徴する存在だ、と睨んだのである。イギリスやドイツ、そしてアメリカなど、もっとも工業化が進んだ国が最初にオリンピックのポテンシャルに気づいたことは、驚きではない。一九〇八年ロンドン大会の主催者は、初めてオリンピック専用の競技場を建設し、そこに七〇〇〇人の観客を収容することができた。一九一二年に、あるアメリカ人旅行者は、ロシア人を「それほど運動向きの国民ではない」と書いた。もっとも彼女は物事を相対化して語っており、レスリングとサッカーでは、「ロシア人はよい成績を挙げた」としている。[140]そして、隣国の首都ストックホルムでオリンピックが開催された一九一二年ともなると、多くのロシア人も、国際的な運動競技会こそ「大国」としての地位の源だ、と理解するようになっていた。このためスウェーデンでの惨憺たる成績は、(日露戦争における海戦での大敗になぞらえられて)「スポーツにおける対馬」と称され、国力の劣位を国内に自覚させる強力なメッセージとなった。

クーベルタンの元来の意図は純粋にスポーツへの情熱を競うことだったが、その意に反して、ナショナリズムこそオリンピックの隆盛を導く鍵となった。選手たちは、肉体に対する共通の理解を通して団結を深めるのではなく、ナショナリスティックな感情によって自分が引き裂かれていることに気がついた。クーベルタンのもうひとつの誤算は、参加をアマチュアに限ることで、ジェントルマンや学究肌のスポーツ選手と腕力で生計を立てている荒くれ者とを切り離せると考えた点にあった。[141]ギリシアの女性貴族は軽率にもマラソン優勝者と結婚すると予告したが、祖国に金メダルを持ち帰ったのが羊飼いの少年だったため、涙ながらにプロポーズを破棄したのだった。[142]ストックホルム大会で、ネイティヴ・アメリカンのジム・ソープは観客を圧倒する活躍を見せたが、公

22．テニスの女性チャンピオン，Ａ・Ｋ・トミリナ

式委員会によりメダル剥奪処分を受けた〔訳注5〕。ソープがプロの野球選手であった事実が、判明したからである。アマチュアとプロとを対置する議論は、今なお競技に影を落としている。この議論ゆえにオリンピックは、今もなお近代なるものをめぐって展開されるさまざまな言説の中心にある。そしてまた、オリンピックが選手のプロ化に依存する状況も続いている。

ロシアのオリンピック参加

最初の国際オリンピック委員会(IOC)には、ロシア人委員一名が参加していた。だがツァーリ政府は選手に投資することに何らの利益も見いだせず、一八九六年の第一回オリンピックにひとりの選手も派遣することはなかった(143)。一九〇八年段階でも、ロシアでは民間主導だった。複数の民間団体が過去数年にわたって対抗戦を開催、後援した後に、合同チームを組織してロンドンへと送り出したのである。ペテルブルク運動サークルは、医師一名、学生一名を含む四名のレスラーを派遣した。滞在環境はひどいもので、トレーニング施設も同じ程度に劣悪だった。埃っぽい部屋で二人がひとつのベッドを共有し、汚い地下室に敷かれた「清潔かどうか怪しげなカーペットの上で」練習する状況に置かれながらも、ロシア人レスラーは見事な結果を残した。百名の相手と競り合いながら、アレクサンドル・ペトロフとニコライ・オルロフが、それぞれレスリングで銀のメダルを得たのである(144)。またフィギュア・スケートでは、H・A・パーニンが金メダルを持ち帰った。これは帝政期のロシアが獲得した、唯一の金メダルとなった(145)。

このささやかな成功に刺激されて、一九一〇年にペテルブルクにいくつかの民間運動サークルの代表が集まり、オリンピック全国委員会を組織した。委員長には、ペテルブルク自転車協会の元会長B・И・スレズネフスキーが指名された。身体発育委員会の全国議長を務めるヴォエヴィコフ将軍や、当時『レッツ・スポーツ』誌の編集者だったチェスノコフも、この委員会に参加している。ヴォエヴィコフはミネラルウォーター販売に関与していったため、ロシア帝国の健康問題には彼のビジネスが絡んでいた。全国委員会の緊急課題のひとつは政府に財政支援を懇請することだったが、結局、委員会は活動費用の大半を自弁とするよりなかった(146)。派遣可能な人数よりも多くの選手が出場を望んだため、ユニフォーム――国旗をイメージしたリボンがあしらわれた麦わら帽子――の決定は、代表の選出に比べれば簡単であった。内務省は全国委員会にチーム編成の権限を委ね、側面から全国委員会を支援した(147)。モスクワのクラブは、ライバルのペテルブルクが優遇されるのを恐れて、自分の選手がしかるべき待遇を受けないようなら出場自体をボイコットすると言って脅している(148)。両首都の対立はサッカーの試合でケリをつけようということになったが、結果は賢明にも二対二の引き分けであった(149)。

大半の選手は、貨物船ブルマ号に乗って開催地に向かった。甲板を練習場所とすることができるし、船員を手助けして体調を保とうという魂胆からである。大会中、ロシア選手団は船内でごろ寝していたが、これはフィンランド号に泊まっていたアメリカ選手団と同じである。ニコライ二世は選手団の見送りと激励のため、子どもを連れてブルマ号を訪れている。契約上の理由で、ブルマ号は全選手が乗船する前に錨を上げねばならず――テニスのエース、M・H・スマローコフ＝エリストン伯爵も乗り遅れた一人である――、ヴォエヴィコフは乗り遅れた者を船まで連れてくるのに、皇帝所有のヨット、ストレラー号を手配しなくてはならなかった。ブルマ号は大きな期待を受けてストックホルムに向かったが、とくにテニスとフェンシング、そして重量挙げでの活躍が予想されていた(150)。

ロシア選手団は、当初から不運続きだった。典型は、レスリングのゲオルギー・バウマンだろう。船酔いを恐れて航海中の食事は控えようと考えたため、バウマンはペテルブルクを発つ前に食いだめをし、挙句、試合ではより重いクラスに振り分けられてしまったのである。これでは、彼は力を発揮できない(151)。またテニスではロシアが誇る二人のスターが初戦でぶつかり、一方が早々と大会から姿を消す羽目となった。試合に勝ったスマローコフは、当初は優勝候補の筆頭と目されていたが、結局メダルを取れなかった〔訳注6〕。ドミトリー・パヴロヴィチ大公を含む帝国の将校団もお粗末で、射撃とヨットで銅メダルを得たにとどまった。サッカーチームに至っては、ドイツに一六対〇で大敗する屈辱を舐めたのである。

スカンディック諸国の仲間意識も、問題だった。一九〇八年のロンドン大会では判定がかなり疑わしく、それで国際オリンピック委員会は審判も多国籍化するよう求めたのだが、それでもロシア選手団は、「スウェーデン人による数字操作」に抗議している。[152] またフィンランドは本来ならばロシア帝国の一部のはずが、スウェーデン側はフィンランド選手に自分たちの旗を持って行進すること、そして独立した立場で競技に参加することを認めていた。ロンドン大会でのアイルランド選手の場合と、同じ扱いである。サッカーのロシアチームは、初戦でフィンランドとの対戦が組まれたため侮辱されたと感じた。しかも、試合は二対一でフィンランドが勝利したとあっては、ロシアの憤懣が増すことになった。またフィンランドのレスリング選手たちは、この種目でスウェーデンと金メダルを分け合っている。多くのロシア人は、こうしたフィンランドの成功は、彼らが国を挙げて身体の発育に取り組んできた結果だ、と考えた。[153] ストックホルム大会でロシアが獲得したメダルは三つ、参加一六ヶ国のなかで一三位という成績だった。もしフィンランドがロシア帝国の一員として大会に参加していたならば、こんなみじめな成績で、足を引きずりロシア選手団が帰国することもなかったろう。あるスポーツ誌の編集者が書いているが、このとき「大国」としての面目はほとんど失われたのである。[154]

この試練に、ロシア人は意欲的に立ち向かった。ボリス・スヴォーリンはサッカーだけでなく、アイススケートの試合も後援して、要請に応えた。[155] 次のオリンピックは一九一六年のベルリン大会だったが、これに向けて、一九一三年にキエフ、一九一四年にリガで、二つの全ロシア・オリンピック大会が開かれた。しかし、大戦の勃発によりオリンピックは延期され、メダルを競い合うはずだった若者たちは、代わりに生死を賭けた戦場へと送り込まれた。もっとも、大戦には運動への関心を刺激したという面がある。頑強で攻撃的な肉体が前線で必要とされるのは、明らかだったからだ。一九一五年には、地方都市ヤロスラヴリで、さらにもうひとつのオリンピック大会が催された。国内のあらゆる職業、あらゆる身分から観客が訪れたことは、大会の組織者たちを喜ばせた。[156]

戦争は、あらゆる面でスポーツに強い影響を及ぼした。クラブや民間団体が増え、学校では体育の時間が増えた。[157] 男子生徒が、徴兵されたチームメイトの代わりを務めた。[158] 選手は兵士となり、逆に兵士が選手となることもあった。団体スポーツにとって根本的に重要な市民的自覚が、こうして競技場から戦場へともたらされたのである。スポーツは国を変えるが、それと同時に国もまたスポーツを変える、――一九一七年までに明らかとなったのは、このことであった。

第四章　女優とレスラー――アイデンティティの生成

マリヤ・サヴィナとイヴァン・ポドドゥブヌィ。これは四〇年にわたってアレクサンドリンカのスターだった女優と、レスリングで二度世界王者になった唯一人のロシア人選手の名である。仮に二人が出会ったことがあったとしても――第一次世界大戦中に公債を売るといった場面であれば考えられなくもない――、まったくの偶然にすぎなかったろう。だがこの二人には、接点がある。男性／女性それぞれのあるべき社会的な役割をめぐってそれまで抱かれてきた考え方は、工業化にともなう激動の数十年を経て変化した。こういう変化の有力な原型（プロトタイプ）を提示しているという点で、サヴィナとポドドゥブヌィの間には共通項があるのである。(1) 当時新しい行動のルールを学ぶ必要に迫られていたロシア人に対し、二人は自分の文化的なイメージを通して、手本を示したのだった。この時期、消費経済の出現によって、大衆世界が姿を見せつつあったけれども、ここで自分を表現するにはどう変わらなくてはならないのか、これを二人は教えたのである。女と男、つまりサヴィナとポドドゥブヌィは、それぞれが理想の「女らしさ」や「男らしさ」を演じたのだった。商業主義はこの二人を、「ある文化的・政治的な枠組のなかで不可視の、そして下位の存在となってしまった」人びとの代弁者にした。「その枠組とは、男であること（あるいは女であること）の意味が事実上高度に規則化され、日常のなかに組み込まれ、一般的に言って、その意味があえて問われることもないといった世界である」[2]。

他の点ではいろいろな思い違いがあったとはしても、カール・マルクスは、工業化によって社会関係が再編されるということを正しく理解していた。産業資本主義は経済の効率化を必要とし、それには社会統制の新しい形態が必要になる。そのなかには、一連の新たな性的カテゴリーが含まれており、それが新しい経済の要請にしたがって性差を区分けしていくが、この点はミシェル・フーコーが指摘したとおりである[3]。さらに工業化の結果として、階級間の関係と同じく両性間の力関係も不均衡になった。それゆえに、こういった不平等のシステムから必然的に生じる対立について、資本主義のイデオロギーに依拠しながら、それを緩和するための方法を見つけなくてはならなくなった。「女性問題」が表面化して、女性を従属的な地位に置いているその理由は何か、が問われるようになると、両性間のヒエラルキーを「当然視する(ナチュラライズ)」実証主義を強化しようと、生科学が援用された[4]。もっとも、資本主義が提供した役割を受け入れた女性たちは、女らしくあることがより大きな利益につながったから、その代償を手にしたと言える。ずらりと並び、種類もますます豊富となっていく化粧品。——これを通じて、女らしさは消費と結びつけられた。そして男は、女が消費するものの生産に従事したのだった。

そこで、女優とレスラーの話に移ることとしよう。サヴィナとポドドゥブヌィの経歴を繙くと、その背後に流れる社会の変化をうかがい知ることができる。この変化が、二人を、フィリップ・リエフ言うところの、「個性のモデル・タイプ」あるいは「新たな文化の担い手」としたのである[5]。両者はいずれも、その才能と野心を武器に、自分の生まれ落ちた下層社会から這い上がっていった。彼らの選んだ職業は、一部のエリート社会にとっては依然として縁遠いものであったろうが、そのことはここで想起すべき事柄ではない。二人は旧来のエリートの模倣ではない、新種のアリストクラシーの登場をその身をもって表わしていた。それに旧いエリートに属する人びとのなかにも、公然と二人と付き合おうという者が、きっと少なからずいたことだろう。彼らとて、二人の栄光の陰に甘んじようとは思っていなかったからだ。

サヴィナもポドドゥブヌィも、その輝かしい地位の背後で血のにじむような努力をしている。だが重要なことだが、二人が称賛されているのは、こういう努力よりも、むしろ残した結果そのものによってである。この資本主義的文化の基本的な特徴のひとつは、生産よりも消費の方に、高い社会的価値を認める点にある。ウォーレン・サスマンたちが主張するように、そのことから、個人のさまざまな属性のうち、どれが高く評価されるかが決まってくる。(6) この女優とレスラーは、大衆消費の対象にされたセレブリティのあり方を象徴していた。演技者として二人は自分の個性を他者の眼前にさらけ出したが、実はそうした二人の個性のいくばくかは、大衆の気を引く目的から意図的に作り出されたものだった。サヴィナとポドドゥブヌィは、写真やはがきといった具体的な形であれ、人前のパフォーマンスで二人が生命力を吹き込んだそのアイデンティティにおいてであれ、この世俗的時代の偶像(アイコン)であった。そして二人のイメージは、商品となって流通する。他のセレブと同様に、二人は一個の人間であると同時に、偶像崇拝の対象であったことを理解しなくてはならない。そしてまた、両者の個人的経験は、さまざまな社会問題を代弁もしている。観客である大衆を前に二人が提供した表象を通じて、それらの社会問題は、人びとの広く知るところとなっていた。

本章はスターの生涯に光を当てる。それは、ファンにとってスターとはどんな意味を持っていたのか、より広い視点から探るためである。このファン心理という問題は、ここではとくに重要である。なぜならこれを調べることで、人がアイデンティティを築くにあたって人気の果たした意味が分かるからである。(7) とりわけサヴィナとポドドゥブヌィは、「男／女」というジェンダー役割がどう発展していったのかを、照らし出してくれる。これら二つの性に割り当てられた社会的な振る舞い方は、近代なるものが提示した要求に合わせて形を変えていったが、サヴィナやポドドゥブヌィの生き方はこのような変化のありさまを浮き彫りにしている。ジェンダーとは、すでにある現実というよりも、表象のうちにある属性である。(8) それゆえに、自分が演じる人物を介して大観衆を魅了する演技者という主体は、文化の変容を映し出す単なる鏡には終わらない。演技者という主体は、そういった変化を作り出す媒体としても機能する。模倣は単なる追従ではない。アイドルの服装や外見をいろいろと取り入れることによって、模倣する側は一部でもよいから自分をアイドルと融合させることができたなら、と考える。ファンとアイドルとのこの関係は、一対一の対応関係があるような定型的なものというより、むしろ多面的な形を取った。ファンたちは各自がてんでに、そしてばらばらに選択することが多いからである。この時代の「モデル・タイプ」だったサヴィナとポドドゥブヌィは、人が自分を確立していくためのさまざまな機会を提供したということによって、人びとの人気を得たのだった。

女優

アレクサンドリンカの女帝

一八六〇年代の「大改革」は市民的権利の確立のための基礎を据えたが、しかしそこから生じた社会構造の下でも、ジェンダーにもとづく厳格な区分は牢固として存在した。一八七〇年代には、高潔な精神を持つ陸相が女性にも陸軍外科アカデミーの門戸を開いたけれども、彼の後任がふたたびこれを閉じてしまった。舞台での演技は、女性にとって公的空間に進出する数少ない手段のひとつだった。もっとも、女優と娼婦という「公的な女」を分かつ境界線は、社会の意識のなかでは必ずしも明確に区分されてはいない。ただリタ・フェルスキが主張したように、商業主義の高まりは、プロの女優を、「商品の官能性と美学性とを軸に形成されていった文化の模範的な象徴」に変えた。(9) ひとたび消費が生産と同等の重要性を獲得するや、女優たちは演ずるべき新たな役柄を発見したのである。(10)

アンシャン＝レジームの末期にロシアの舞台を彩った多くの女優のなかで、サヴィナが他を圧倒していた理由

23.「アレクサンドリンカの女帝」ことマリヤ・サヴィナ

はいろいろに考えられる。何よりも、彼女は四〇年という前例のない長い期間、スターとして君臨した。彼女には自負を込めて、「私こそアレクサンドリンカの代名詞だ！」と言えるだけの正当な理由があった。オストロフスキーは、「観客の正気を失わせる」彼女の才能を激賞している。(11) 一八七七年にペテルブルクで彼女がデビューすると、『公民（グラジュダニン）』紙には、「サヴィナ以前のロシア演劇の悲惨な歴史」といった表現が登場した。(12) ユーモア作家のニコライ・レイキンの筆によれば、サヴィナには、一八八八年にロシアを訪れたサラ・ベルナールのような国際的スターにも比肩できる、国内のファンを集める力があった。(13) サヴィナのファンたちは、彼女こそロシアが世界の演劇界に提供できる至宝だという期待を込めて、サヴィナを「ロシアのドゥーゼ」と呼んだ。〔訳注1〕だが一八九九年のプラハとベルリン公演では、彼女は暖かい歓迎を受けたものの、国外からの次なる招聘に結びつくほどの成功は収めなかった。(14) それでも、当時幅広い層に読まれていたロシアの大衆紙が、誇張を交えつつ彼女の公演の模様を逐一報道してくれたおかげで、国内の読者たちは劇評やインタビューを残さず知ることができた。(15) こうしたファンは、「偉大なるサラ」ことベルナールが一八八一年に行なった三回のロシア公演のときのプレミアで、リヴィナを軽んじる態度を取ったと憤慨した。だがサヴィナはメディアを通じて事件に寛大な態度を示し、ファンに向かって、自分とベルナールはプロとして互いを深く尊敬していると、納得させようとした。(16) 心もち民族主義的なところもあったサヴィナは、芸術や文化について、西方ばかり気にするロシア人の自信のなさを嘆いている。(17)

　演劇史家がサヴィナについて十分に論じてこなかったことは、注目に値する。ブルジョワ的な価値観に対してソヴィエト期に文化を独占した人びとが嫌悪を示してきたことを考慮すれば、むしろ次のように言うべきかも知れない。サヴィナがこの人びとから素っ気なく無視されてきたという事実にこそ、悪しき大衆と呼ばれていたカネ離れのよい消費者の間でサヴィナが絶大な人気を得ていたことの証（あかし）である、と。サヴィナにはとくに女性の間に崇拝者が多く、ホーム・コメディから社会派ドラマまで、同時代の諸問題に関わるさまざまな役を演じて、その本領を発揮した。彼女はファンの期待する衣装を着ることから、チャリティへの個人的参加に至るまで、ロールモデルとしての自分の立ち位置を、きわめて真剣に受けとめていた。彼女の生涯は、近代の発展とともに顕在化した、フェミニズムと女らしさ(フェミニティ)の間にある古典的なパラドックスを物語っている。男性優位の世界のなかで男と対等な立場を確立した女性と、こうやって勝ち得てきた地位を隠すため個人的な魅力を武器にする女性、というパラドックスだ。

マリヤ・サヴィナ――生い立ち

マリヤ・ガヴリロヴナ・サヴィナは一八五四年、エキセントリックな村の教師とそれに悩まされていた妻との間に生まれた。こうした家庭環境ゆえに、幼少期のサヴィナは身体的にも情緒的にもきわめて不安定だった。アレクサンドリンカを征服する以前のサヴィナについては、当人の自伝があり、それには『困難と流浪』という印象的なタイトルがつけられている。しかし一八七七年以降のサヴィナについては、彼女のメモワールは伝記作家の助けにはならない(18)。彼女の父親は習字と図画を教えていたが、本当の興味は演劇にあった。かつてオストロフスキーは、地方劇場について、「あらゆる種類の失敗からの逃避場所」と呼んだことがある。しかしこれはサヴィナの父親や、幼少期に始まる彼女の芸歴に影響を与えた人びとのことを、不当に評価した表現と言えるかも知れない(19)。サヴィナは早くにアイデンティティの危機を迎えた。と言うのも、父親が国の役人という安定した職を捨て、家族ともどもオデッサに移り、もともとの「ポドラメンツェフ」という姓を、舞台受けする「ストレムリャノフ」に変えたからである。これがマリヤの最初の改名であった。ちなみに彼女は三回結婚しているが、「サヴィナ」というのは最初の夫の姓である。母親の方は芸術的な意欲はまったく持っておらず、汚らしい住居の家賃の足しにするというだけの理由で、サヴィナやその姉と一緒に舞台に立っていた。

サヴィナの幼少期の生活については不明な点が多い。母親に捨てられた不幸な体験により、おそらくは記憶が茫漠となっているためだろう。母は、女たらしの無能な夫の下にマリヤ一人を残して去っていった。その後の数年間、サヴィナはドサ回りの旅芸人の一座に加わり、地方の町々を渡り歩いた。この時期に積んだ個人的経験が、後年彼女が得意とした感情的に難しい役柄をこなすうえでの引き出しとなった。次つぎに変わる父親の愛人のひとりから家を追い出された幼いサヴィナは、重病を患い、彼女の母親代わりであった女優のひとりの看病を受けて本復した。[20] 一五歳にも満たない齢で彼女がプロの女優になったのは、自己防衛のため、すなわち無責任な父親から自立する資金を稼ぐためだった。生涯にわたって両親からネグレクトされていたサヴィナだったが、自分の場合とは対照的に、彼女自身は家族を捨てようとはしなかった。姉の子どもを養子に迎え、父にはアレクサンドリンカのエキストラの職をあてがいさえしている。[21]

学校教育は中断しがちで満足なものではなかったものの、サヴィナが舞台で品位を失うようなことはなかった。貧しい孤児が才能を頼りに帝政ロシアで第一級のスター女優に変わるという彼女のストーリーは、明らかに、一九世紀以降の成功物語の古典的事例となっている。ミュージカル『ショウボート』（一九二七年）のなかの一曲、「意地悪な舞台の暮らし（ライフ・アポン・ザ・ウィッキド・ステージ）」[22]〔訳注2〕をまるで先取りするかのように、サヴィナはキャラクター造形に苦しみながらも、心から自分の仕事を愛していた。そしてハッピーエンドのおとぎ話さながら、あるスターの代役を務めたことから、ひとりの興行師の目に止まったのである。後から振り返ってみれば、サヴィナが権威ある帝室劇団に早い段階から加わることなく、地方劇場で経験を積んだのは幸運だった。一八八二年まで独占が演劇のあり方を規定していた両首都に比べて、自腹を切る地方の観客には、より多様な演目を好むところがあったのかも知れない。サヴィナは豊富な舞台技術を身につける必要に迫られ、今宵はボードビル、明日はオペレッタ、週末はオストロフスキーの戯曲といった具合に立ち回りを求められた。それで、彼女の持ち役は三〇〇にもなる。[23]

もしサヴィナが帝室劇団で演劇活動を始めていたら、主に年齢を基準に役を変えていくような、型どおりの女優に終わった可能性が高かったろう。サヴィナとともに演劇界の頂点の座を争った二人、マリヤ・エルモロヴァとヴェーラ・コミサルジェフスカヤは、いずれも有名な演劇一家に生まれた。エルモロヴァはプロのプロンプター、コミサルジェフスカヤはオペラ歌手の娘である。エルモロヴァは帝室演劇学校に入学したが、コミサルジェフスカヤの場合は数年間地方を回り、力量を高めることが必要であった。注目してよいことだが、この二人はある特定の役柄では目覚ましい活躍を見せたものの、自分のレパートリーをそれほど拡げることはなかった。競争相手のサヴィナと異なり、彼女たちは政治的にラディカルな役を中心に演じていたおかげで、後世の評価はサヴィナに比べてはるかに高い。[24] しかしサヴィナ自身も彼女のファンも、死後にこれほどの差がつけられるとは思ってもいなかったろう。サヴィナの言葉を借りれば、「悲劇の王女とボードビルの召使いの双方を、同じ程度の努力で」演じきれる点が、彼女の芸域の広さを物語っているのであるが。[25]

地方の演劇界を引っ張っていた企業家のひとり、П・М・メドヴェージェフが一八七一年にニジニ＝ノヴゴロトの劇場を訪れたのは、単なる偶然というより、むしろビジネスのうえでの関心からだった。このヴォルガ上流の商業港で毎年開催される全国市(フェア)の間、サヴィナもここで舞台に立っていた。後に彼女が語ったところでは、二人の出会いはまさに舞台での突然の発見と呼ぶのがふさわしい。その晩のメドヴェージェフの目的は、彼女の共演男優のひとりを品定めすることで、サヴィナも別の女優の代役として舞台にいたにすぎない。しかし一座が驚いたことに、終演後、楽屋を訪れたメドヴェージェフは月額二五〇ルーブルという契約を提示し、自分の本拠地、カザンの劇場にサヴィナをスカウトしたのである。[26] さらに、彼女は一シーズンに二つの、いわゆる「募金興行」に加わることも認められた。この興行では、彼女は売り上げ収益を全額手にすることが許されたうえ、彼女のファンはそれが彼女のための興行であると理解していたので、さまざまな贈り物を届けてよこした。ときにはそこに、高価なギフトや宝石が混じることもあった。サヴィナの募金興行の盛況は、疑いもなく彼女の人気を物語っており、他人が望み得る以上の財力を彼女に与え、彼女の生活水準を高めたのである。[27] サヴィナのファンが彼女に毎年贈り続けた、驚くほどのギフトのリストには、ロマノフ家の代々のツァーリが毎年下賜した、印象に残る寄贈品も入っている。[28]

24. 舞台衣装を身にまとったサヴィナ（その1）．対照的な衣装姿で，彼女の幅広い持ち役がよく分かる．

25. 舞台衣装を身にまとったサヴィナ（その2）．対照的な衣装姿で，彼女の幅広い持ち役がよく分かる．

二〇歳を迎えるまでに、サヴィナはカザンのメドヴェージェフ劇団からサラトフの劇場に移籍した。二倍の月給で誘われたのだ。この頃からまた、彼女は共演者の妬みを買い始める。これは、競争がプライドと同じように強烈な芸能人の世界では、とくにシャープになりがちな、一種の職業病と言えるだろう。[29] サヴィナは当時のほとんど誰にも増して、「陰謀家」との非難に悩まされた。必ずしも、そのすべてが事実無根というわけではない。[30] 自分より才能が劣ると見下していた女優が、アレクサンドリンカから招かれたとき、野心家のサヴィナも荷物をまとめ、運を頼んで帝都に向かった。一八七〇年代半ば、両首都では依然として国立の劇場だけが合法的な舞台であり、民間のクラブで演じられる劇は、誰かに発見されたいと願う者が、演劇界に入るための重要な経路であった。彼女が自伝で、自分は舞台に恐れを抱いていたと述べる部分は、やや割り引いて読まねばならないだろう。だが、成功が即座に訪れたと書くくだりは、容易にうなずける。彼女が後に不平をこぼしたように、たとえアレクサンドリンカの演出家連が、「(彼女を) 卑劣にも食い物にする」ことになるにせよ、である。[31] 演出家たちは、それでも彼女の才能をフルに活かして、サヴィナの出世を助けたのだった。

役作りの特徴

舞台上のサヴィナは、純粋に変幻自在であろうとした。だが、彼女の演じた役は彼女の人格を規定しており、また彼女の個性を反映していた。彼女は必ずしも絶世の美人ではなかったけれども、その技術の高さで名声を博した。サヴィナの演技を記録した映像が残っていないため、この問題を正確に論じるのは難しい。ただ、彼女がどういう役を好んだかを分析することで、若干のヒントが得られるだろう。典型的なリアリストだったサヴィナは、社会派メロドラマをもっとも得意とした。こういう舞台は同時代の問題を題材とし、主演女優は、現在であれば過剰とみなされそうな様式で自己を表現し、主人公を等身大の人物以上に大きく見せて、哀切な場面を造り上げる。これとは対照的に、スタニスラフスキー流の自然主義は、全体的なテーマを活かすべく、俳優に対しては個人主義に走らないよう、自分の感情を抑えるように要求する。サヴィナとスタニスラフスキーとの違いは、スタイルや解釈を超えた深いところにある。なぜなら、サヴィナにあっては俳優自身が演技上の決定権を持っており、システムの中心を占めていたからだ。これに対しスタニスラフスキーは、演出家の役割と全俳優の演技のアンサンブルの意義を高めようとしたのである。

一八九六年、リアリズムと自然主義の断絶を赤裸々に明るみに出すような戯曲が、チェーホフによって提供された。アレクサンドリンカで、『かもめ』が初演を迎えたのである。かつてサヴィナは、A・C・スヴォーリンの『タチヤーナ・レーピナ』での女優役で大成功を収めたが、今回、チェーホフが「かもめ」の寓意として造形した女優ニーナ・ザレーチナヤの役を演じるのは断った。[32]（彼女に代わって、ニーナの役はアレクサンドリンカで少女役を始めたばかりのコミサルジェフスカヤが務めることになった。彼女は後に帝室劇場を離れて自分の劇場を立ち上げるさい、サヴィナに象徴される芸術的保守主義と対抗しようとして、ニーナ役を自分の最大の持ち役として活用した）。サヴィナの予想どおり、このプレミエは失敗に終わった。[33] この事件はサヴィナの芸歴では比較的遅くに起こったのだが、彼女がどういうタイプの女優となっていたかを示している。女性を相手に通俗的なアピールをすることは二流文化の特徴だと考える者は、サヴィナが商業的な成功を収めたという理由で、彼女を批判する。しかし女優が観客に対し果たさなくてはならない使命とは何かについて、サヴィナが示す解釈は、この人たちが提唱するものに勝るとも劣らないほどの真摯で称賛に値する、ある政治的課題を映し出していた。サヴィナにしてみれば、ニーナ・ザレーチナヤという劇中のこの人物が、そこで生じたさまざまな事件に苦しみながらも、何ら再生に向けた行動を試みないという点が問題だった。サヴィナだったら、きっとチャレンジの姿勢を見せたろう。サヴィナがニーナ役を断ったのは、こういう理由によるものである。

回想録のなかでサヴィナは、人びとに広く知られていた、どんな場面をも支配してしまう自分の能力については、控え目な記述に努めている。彼女自身がもっとも誇りにしていたのは、むしろ役に入り込む力、すなわち演じている人物になりきる能力だった[34]。「世紀末」の心理的な特徴とされるのは個性、ロシア語で言えば「スヴォエ・ヤー（自分なりの私）」の追求である。評論家がとくに褒めたのも、サヴィナが自分の演じる役にそれぞれに固有の自我を与えたことだった[35]。しかしサヴィナも批評家たちも、この役に没入するという考えにとらわれすぎていた。重要な点は、サヴィナが一八七〇年代以降、女性にとっては憧れの役を数多く創造したということにあった。エルモロヴァやコミサルジェフスカヤに比べると、当たり役に恵まれる機会が乏しいサヴィナだったが、彼女の演じるヒロインは、喜劇であれ悲劇であれ、その独自性において傑出していた[36]。社会観察に秀でたジャーナリスト、ヴラジーミル・ミフネヴィチは、サヴィナの女性人気を次のように説明している。「サヴィナのおかげで、わが国の女性は自分を愛せるようになった。女性にとって彼女は誇りであり、躍動感あふれる守護者であり、明確に自分を代弁してくれる存在だ。まさに彼女はアイドルなのだ」[37]。また『公民』紙の解説によれば、男性にとってのサヴィナの魅力は、彼女が舞台に持ち込んだ凛とした女らしさにあるという。「われわれ男性は、そのような女性を心地よく愛する。愛らしい一方で目には炎を宿し、子どものようにナイーヴかつコケティッシュでありながら、心には無数の矛盾を抱えているような女性を……。実生活では、彼女のように魅力ある女性はまずいないのだが」[38]。

ミフネヴィチは、消費世界とサヴィナを結びつけていた、彼女の人格のある一面をズバリと指摘している。それは衣装である。彼女はまさに衣装を通じて、人に自分を見せるという行為のモデルとなったのである。しかし衣装のことを論じるのは、きわめて難しい。なぜなら衣装は女優の自弁とされており、それが高くついたために、女優たちは同じ服装の繰り返しで済むような役どころに、レパートリーを限定する傾向があったためである[39]。以前、サヴィナもメドヴェージェフとの間で、問題を起こしたことがある。彼女が「ヒロインというよりはメイド」のような服装を見せたからで、そんな姿では、侯爵が恋に落ちるような女性には見えなかったろう![40] こうして彼女は役に見合った衣装を着ることの重要性を学んだが、ファッションを観る目的で訪れた観客も同時に楽しませたいと考えた。サヴィナは非常に多くの近代的な女性を演じたから、彼女には、女性ファンが観たいと期待する国際色豊かなさまざまな衣装を見せる機会があった[41]。サヴィナがもっとも人気を得たのは、クルィロフの作品――どちらもフランスの劇作家サルドゥの喜劇『マダム・サン＝ジェーヌ』および『離婚しよう』を翻案したもの――に出てくる二人のヒロインである。そこでの妻たちは、パリ風のドレスとド派手な帽子を身に着けて、権威をひけらかしている。こんな家族のヒロインを、サヴィナは演じたのである。後にサヴィナは、衣装の機能をめぐるいくつかの公開討論に巻き込まれたが、このとき彼女は、ベルナールとドゥーゼが自分の個性を際立たせることを優先して役に合わない格好をしたと、二人を批判した[42]。

サヴィナは、通常評価を受けているものよりはるかに広い範囲の役を演じた。だが、彼女がある一定の役柄で消しがたい足跡を残したこともたしかである。笑劇であれメロドラマであれ、一八九〇年代のモダンな女、というのがそれである。彼女の強みは、リチャード・シェチュナーが「審美ドラマ」と表現したもの、つまり観客の物の見方を変えるために、意図的に作られた演技にあった。シェチュナーによれば、サヴィナと彼女の観客とは直接に結びついている。なぜか。「審美ドラマでは、劇場にいる誰もが演技の参加者である。しかるに、演技に寄りかかったドラマでは、ドラマで役を演じている者だけがドラマに参加する[43]」。演劇界の「革新者たち[訳注3]」にサヴィナはきわめて批判的で、一九一〇年に、関係者は観客の目的を忘れてはいまいかと疑問を呈している[44]。彼女の考えでは、観客は「舞台で起こっている事件と共鳴して、魂を震わせる」ために、芝居に来ているのだ。オストロフスキーが造形したもっとも著名なキャラクター、つまり『雷雨』で継母のいじめにあって自殺してしまう、感受性豊かなカテリーナのことだが、この役を演じるにあたってサヴィナは、実世界との関係をうまく築くことができない少女、という姿を前面に出した。この解釈は、伝統的なカテリーナ像と大きく異なる。それまで彼女は社会環境の無力な犠牲者とされ、自分の足で立つ内面的な強さを欠く女性と捉えられてきたからである。一九〇五年以降はシンボリズムにも色気を見せ始めた不屈のリアリズム作家、レオニード・アンドレーエフは、サヴィナを説得して、自作のひとつで主演を務めさせようとした。この説得にほとんど折れかかっていたサヴィナだったが、三〇年以上にわたって自分が理解するあるべき芸術の姿を磨き上げてきた彼女は、最後は次のように言い放って、演劇界の風向きの変化に抵抗した。「舞台の上で、私は象徴（シンボル）ではなく、人生を映し出すことをしてきたのです(45)」。

サヴィナのキャリアは、ロシアのサルドゥことクルィロフと切り離せない。一八七〇年代にサヴィナがアレクサンドリンカに移ってきたとき、クルィロフはこの劇場の芸術面の支配者だった。二人はたびたび衝突したが、常にお互いの才能を必要とした(46)。サヴィナの持ち役三〇〇のうち三〇が、クルィロフの戯曲に関係がある(47)。二人の共同作業では、言うまでもなく『マダム・サン＝ジェーヌ』がもっとも名高い作品であるが、両者が最初に手を組んだのは一八七七年、И・С・ツルゲーネフの『村のひと月』においてだった。サヴィナの役はさして重要なものではなかったけれども、彼女はこの役を再解釈して、場面が持っている意味を際立たせた。ツルゲーネフはその方法に感銘を受け、彼女と文通を始めた。このおかげで、彼女はささやかながらも、芸術的には陳腐だといった非難に反論するだけの資格を獲得したのだった(48)。もっとも、舞台の上のサヴィナを創造したのは、クルィロフを初めとする、文化史的には二流と呼ばれる作家たちであった。

サヴィナが演じた女

サヴィナも属していた中レベル（ミドルブロー）の文化は、女性の客層によって支えられていた。この文化に向けられた執拗な批判のひとつは、同時代の身近な舞台設定が多すぎるというものであった。エルモロヴァはというと、シラーの『オルレアンの少女』を政治的感性に訴える形で解釈し、モスクワの学生多数を魅了したことで記憶されている。対してサヴィナは、観客を自分の応接間に、つまり同じ時代の、ときに滑稽で、ときに深刻な状況へと招き入れたことで知られる。実際には、エルモロヴァもクルィロフの戯曲やその他の社会派メロドラマに出演しており、

26. 戯曲『嵐』上演時のサヴィナ（カテリーナ役）

同じようにサヴィナも、シェイクスピアからオストロフスキーまで演じたキャリアを持っている。だが彼女たちのイメージは、観客が観たいと望んだ方向に沿って作り上げられたものだった。日常の光景から着想を得た劇というのは、急速に時代遅れなものになる可能性がある。これとは対照的に、高等芸術（ハイアート）は普遍的真理に到達すると考えられている。フェミニストの文芸評論家は、高尚文化（ハイブロー）を男性、ミドルブローの文化を女性に結びつけるおなじみの理解に反論して、「時代を超越した真理」なる仮説それ自体が、外部の社会的・文化的な変容に絶えず影響されてきた事実を明らかにしている。[49] それゆえに、サヴィナの主要な持ち役に同時代的性格が強いことは、文化史家に、この時代を見通すうえで不可欠な知見を与えるものである。つまり、サヴィナがもっとも人気を博した役柄こそ、ロシアのミドルクラスの女性が持った関心を社会的に解説するのだ。

サヴィナは、演劇を通して近代を生きる女性の辛苦を代弁した。これは、フェルスキの次の主張を補強している。曰く、通常、近代なるものは男性的イメージで描かれるが、「近代における女らしさを分析することは、個々人の感情が高度に歴史性を帯びていることを理解させてくれる」、と。[50] 女性には生活のバランスを保つための合理的な思考能力が欠けているから、女性が平静な感情を保つことは男性に比べ困難なことだ、と当時は考えられていた。サヴィナが演じるヒロインは、シラーの描いた、専制に抗して人びとを導くジャンヌ・ダルクなどではない。こういった古典悲劇の人物というより、ヒステリックで身持ちが悪く破滅的であるという、メロドラマに適した女性だった。同時代のある評論家は、サヴィナが演じたヒステリーを女性の典型的行動をリアルに再現している、と言って称賛した。ヒステリックなヒロインが持つ芸術的意義を高く評価できた点で、おそらくこの人物は、時代に先んずる知性の持ち主だったと言えるのであろう。[51]

一八八八年にメロドラマの極致とも言うべき『タチヤーナ・レーピナ』に出演したことで、サヴィナは自分の代表作を得た。[52] スヴォーリンにとっても、これは唯一真にヒットしたと呼べる作品である。これはある女優の実話をもとにしたもので、彼女は裕福な未亡人へと心移りした愛人に捨てられ、開演中の舞台の上で毒を仰ごうと決心する。[53] タイトルロールを担うサヴィナは、最終幕で死の苦しみを演じた。ここでは、観客さえもが二役を演じている。彼らはサヴィナを眺めつつ、レーピナが瀕死の状態にあることを知る。しかし、レーピナの演技に憑かれた者たちは、本当は彼女が死ぬわけはないということを忘れて、演じるサヴィナとステージ上のレーピナを混同したかも知れない。[54]

舞台で死ぬことは、きわめて女性的な行為だった。デュマ・フィスの『椿姫』に登場する肺病持ちの高級娼婦マルグリット・ゴーティエは、一八五一年、咳込みながら演劇史のなかにその名を刻んだ。これ以降、舞台のヒロインはゆっくりと迫りくる死をその身に負いつつ、最期の声を上げる。[55] ただし、こういうステージ上の死については、当時支配的だった道徳規範が暗黙の約束事を置いていた。性的な不品行のない女性は、こうした非業の死を遂げることはないのである。サヴィナのもうひとつの当たり役、オリガ・ランツェヴァはまさに恥知らずな女山師だった。[訳注4] 実際、作者のボレスラフ・マルケヴィチは、ヒロインがモラルに背いているというので、検閲を通すのに苦労している。[56] 結婚生活に退屈したオリガは、愛人と外食していたところを、慇懃にして折り目正しい自分の夫に目撃される。ただし二人の複雑な関係は、離婚によって終止符が打たれるわけではない。後にオリガが再婚を考えると、この元夫が突如現われ、彼女の姦婦ぶりを暴き立てるのだ。だがその彼も、最後は彼女の傍らにいた。浪費のつけで、モスクワの屋根裏で病床にあったオリガは、元夫の腕のなかで息を引き取るのだった。[57] 第一幕の時点では彼女に批判的な観客があったとしても、この印象を改めるのに十分な時間が流れている。ある評論家は書いている。ランツェヴァは、「舞台の上で死ぬまでに、どれほど長い苦しみのときを過ごしたことか」。[58]

フェミニンとフェミニズムの間

ステージ上の公のサヴィナと実生活での私的なサヴィナは、その生き方が交錯していた。それが彼女のファンには何を意味していたのだろうと考えるとき、この交錯は興味深い。[59] メドヴェージェフは、彼女は無垢な娘を演じられる、とベタ誉めである。しかし、サヴィナがかつては本当にイノセントな生娘だったとしても、一六歳で男優H・H・サヴィンと最初の結婚をする以前に、すでに彼女は性の純潔を失っていた。自分の情事は性愛ではなく、ロマンチックな恋愛だと言ってサヴィナは美化するが、これは驚くにあたらない。「私には、彼が輝く甲冑をまとった騎士に見えました」。――最初の愛人で、自分より倍の年齢はあろうかという会社の重役のことを、彼女はこんなふうに語っている。[60] だが実際に彼女が結婚したのは、ろくでなしのサヴィンだった。彼はブエノスアイレスで横領事件を引き起こし、将来を約束されていた海軍での地位を棒に振った人間だった。しかし、洗練された物腰と美しいフランス語風のアクセントで、彼は月に七五ルーブルの収入を得ていた。国に務めていたときよりも、実入りがよかったのである。[61]

新婚の幸福はすぐに色あせた。夫の女道楽に対抗しようと、サヴィナは「庇護者」たる公爵を頼りにし、この公爵は手切れ金を与えて夫を追い払おうとした。この間、サヴィナは五年にわたって、二番目の夫となる性悪な貴族、H・H・フセヴォロシュスキーと不倫関係を続けていた。彼はサヴィナに、舞台を捨てて、田舎の自分の領地で生活しようと迫った。[62] サヴィナは同情から、最初のうちは二人の間の地位の差を尊重する態度を見せた。夫の仲間が見下すような、貞淑な妻の役を演じたのである。だが実際のところは、夫は破産を回避するため、彼女が舞台で稼ぐ金を必要としたのだった。結局二人は、一八九一年に離婚した。サヴィナの三度目の結婚はそれからほぼ六年後、裕福な実業家A・E・モルチャノフとのものだった。ロシア海商協会会長で、帝室劇場の理事のひとりでもあった彼との結婚は、彼女の死まで続いている。サヴィナは二人の関係を、オストロフスキーの戯曲のタイトル、『輝かしいが温かみはない』で形容している。この結婚が成功したのは、ひとつには二人が離れて暮らしていたからである。サヴィナは、自分のサラリーで生活していた。もっとも今度の夫には、サヴィナを記念した博物館を建てるなど、前の二人に欠けていた献身的なところがあった。[63]

サヴィナの恋愛遍歴が、観客には秘密でも何でもなかった点は重要である。一八九八年に刊行された彼女のメモワールの初版を見ると、女優と娼婦が「公的な」女性として、一括されているのが分かる。このメモワールが物語るように、どのような出自の者であれ、女優と娼婦は平均的な女性に許されているより、はるかに明けっ広げな性生活を送っていると思われていた。サヴィナ個人の道徳性が、ここでの問題なのではない。重要なことは、彼女をめぐる世の人びとの評価であり、それがサヴィナの芸術活動だけでなく、彼女の社会的な活動にとっても何ら障害とならなかったことだ。見知らぬ観客を前にして毎晩舞台で演技するには、ある種の自信が必要である。そのおかげで、サヴィナ個人の意思だけでなく、ステージ上の人格も強くなったのである。彼女は公私の境界線を軽々と越えたが、そうであればこそ、女性ファンは、サヴィナを自分の家庭を脅かしかねない存在だとは考えず、むしろお手本として歓迎したのだった。こうした図式は、とくに一九世紀末には重要であった。この時期、総じて女性たちは、一方では女らしさを求める伝統的な慣習によって、他方では権力を行使する手段を求めるフェミニズムの政治運動によって、自分が挟撃されているのを感じていた。当時の法は女性に対し公共圏で自立するのを認めておらず、そのため彼女たちは、法的な制約が敷かれたその周辺領域で、活動の場を開こうといろいろな行動を試みていた[64]。舞台の上では淑女のごとく振る舞いつつ、実生活では自分の意思を貫いたサヴィナは、いずれの世界に対しても大切な原則を提示することができた。女らしさ（フェミニン）とフェミニズムとは、同じコインの表と裏を表わしていたのである。そのコインには、「近代という時代が持った危険と希望の双方を、力強く象徴している女性像」が刻まれている[65]。女らしさとフェミニズムは、表と裏に位置しながらも、結局は同じコインのうえにある。

　サヴィナがフェミニストと名乗ることは、まず考えにくいだろう。世紀転換期のロシアでは、この言葉はイギリスの騒々しい婦人参政権論を思い起こさせるものだった。また性を階級の下位に置く社会主義者の立場にも、彼女は耐えきれなかったろう。サヴィナは、ジェンダーに関わる政治運動との連携を望まなかった。にもかかわらず、彼女はその生涯を通して個人の自立を主張し、商業的・芸術的決定が下される劇場という場に、自分の立ち位置を確保したのだった。彼女はいわゆる「新しい女性」だった。すなわち、「公の場での新たな行動様式と、ジェンダーの新たな役割を実験する女性」だったのである。[66]

チャリティとサヴィナ

サヴィナは、さらにもうひとつの公共圏にも進出した。女性は演劇を介してチャリティに加わることで、自分の存在を訴えることができる。多くの地方俳優が、彼女の博愛精神について証言している。彼女は資金を提供して、夏場に地方役者と興行旅行をして歩いた。それはアレクサンドリンカで高給を食み、他に活計の術を必要としない人間らしい、気前のよい行動だった。[68] 一八八三年にサヴィナは、技術の向上を目指してロシア演劇協会の設立を支援し、後にはこの協会の会長となった。一八九七年には、第一回全ロシア舞台活動家大会の開催にも尽力した。彼女が残したおそらくもっとも貴重な成果は、一八九六年に設立した高齢の役者のための養老院、そして舞台関係者の子どものための保育施設だったろう。この保育施設は明らかに、サヴィナ自身の幼少期の記憶に起因していた。こうした彼女の公共心は、演劇界の同朋のみに向けられたわけではない。日露戦争期には赤十字運動に時間を割き、第一次世界大戦にさいしては、皇室主催のチャリティにも協力したのである。[69]

サヴィナの残した遺産

サヴィナが晩年に直面した演劇界の変化は、これまでの対応能力を越えるものだった。年齢の問題があっても、彼女にとってアンナ・カレーニナ——それを演じるには、たしかにサヴィナは齢を取りすぎていた——のような役に挑戦すること自体は不可能ではなかった。[70] 一九〇八年、アレクサンドリンカに着任した「恐るべき」監督フセヴォロド・メイエルホリドは、評判の芳しからぬアヴァンギャルドを持ち込み、サヴィナの圧倒的な存在感に挑戦した。しかし、彼女は依然メイエルホリドを凌駕していた。新しい作品への出演依頼で電話が鳴りっぱなし

27. この圧倒的権力を誇る女優は，配役をめぐる舞台裏での暗闘を物ともしなかった.

のため、台詞の勉強ができるのは自分の馬車のなかしかないわ、などと愚痴をこぼしては、自分に相変わらず並はずれた魅力があると主張したのだった。[71] こういう大げさな主張をしていた全盛期が過ぎたときには、すでに彼女はロシアの制度そのものとなっていた。どういうスタイルや振る舞い方が、適切で魅力的だと呼べるだろうか。——この点について、四〇年もの間、サヴィナは絶大な影響を与えたのだった。たとえ文化至上主義者が彼女の商業主義、そして大衆化を厭わないその態度に不満を感じたとしても、帝政末期のロシアにおいて、サヴィナは自身が力強い女性であっただけでなく、周囲にも力を与えるような存在だったのである。

レスラー

商業的レスリングの登場

レスリングというきわめて男性的なスポーツは、工業化時代の男らしさとは何であるかを、端的に示している。それは、工場で必要とされる頑強な肉体と、オフィスで必要とされる鋭敏な知性だ。[72] 工業化がもたらした諸悪と戦うため、一八八〇年代になって健康と衛生の改善を目指そうという運動が活発になったが、レスラーもこのような時代の所産だった。鍛えられた肉体と鍛えられた知性、——これがレスラーのレスラーたるゆえんであった。リチャード・ダイヤーが指摘するように、「鍛えられた肉体というのは、生まれながらの精神力によって作り出すことができる。何より重要なのは、それが作られたものであるということ、思考と計画を適用した産物なのだということである」[73]。競争力は高いが、感情をコントロールでき、暴力的ではないレスラーという存在は、ギリシアの古典的英雄と次第に姿を見せつつあった機械の秩序とを総合している。

世紀末のイングランドとアメリカでは、男らしさを象徴するスポーツとして、ボクシングが台頭した。[74] だがロシアでは、ボクシングは農民的な野蛮さというイメージを払拭することができず、ロシア内務省も殴り合いを組織化するのを認めようとはしなかった。[75]ボクシングは、「壁」の名で知られる農村の慣行を想起させたのである。[訳注5]これは村同士が互いを襲撃して、タイマンを張るという娯楽である。[76]法律により一八三二年以降は禁止されたのだが、こういった格闘は地方で存続しただけでなく、都市の工場労働者にまで広がった。一八九四年までツァーリ政府が商業的レスリングを禁じていたのも、これと同じで、下層階級の肉体主義を危惧していたからだった。[77]民間の運動クラブのボディービルダーがグレコローマン・スタイルを採用するまで、レスリングはプロ化されることはなかった。グレコローマン・スタイルのおかげで、サーカスを想起させる筋力よりも、規律が重視されるようになったのである。[78]それまでレスラーは、「村の力持ち」と「規律正しい貴人」という二つのイメージの間で揺れ動いていた。観客がこの二つを結びつけてレスラーを見るようになって、レスラー自身も初めてこの両要素を統合することができた。[79]

ロラン・バルトは、ときに乱暴なまでにレスリングを脱構築している。これまでの文化批判が大衆文化への偏見に立って軽く見てきた活動に対して、彼は批判理論の側から正統性を与えたのである。[80]バルトは高尚(ハイブロー)／低俗(ローブロー)の二分法を斥ける代わりに、観客にとって意味を持つ記号の体系が、レスリングの場合にはどうやって作られるのかに目を向けた。彼は、レスリングが何よりも肉体を重視し、「日常的な感覚が持つ曖昧さを超越して、わずかの間でも人びとの幸福感(ユーフォリア)を呼び起こす」ことを強調したのである。[81]ロシアの場合、客層は「プチブル、つまり商店主」の男性を中心としながら、そこにリボピエルのようなスポーツ好きの貴族たちや社交界の魅力的な女性が加わり、さらには「髪結いおよびフーリガン」、そして学生や男漁り(コケット)する女たちも、至るところで見ることができた。この人たちは、レスリングに日常生活における男性的な闘争がシンボリックな形で再現されているのを見て、これを楽しんだのである。[82]

レスリングの商業的プロモーターは、大衆向けメディアを通じて、レスリングのイメージを広めようとした。

たとえば、「ミニチュア図書館シリーズ」の一冊として刊行された安価なレスリング史の本は、一九〇八年に発行され、発行部数一万を誇った。またM・ソロヴィヨフの『レスラーとアスリートになる方法』は、野心的な若者への指南書として売りに出された。「ヴァーニャの親爺」こと興行師レベヂェフは、小規模ながら一種の出版帝国を築き上げた。一九一一～一七年に刊行された隔月刊誌『ヘラクレス』（ゲルクレス）もそのひとつである。彼は伝説のボディービルダー、チャールズ・アトラスに先んじて、ボディービルに関するパンフレットを書き、一九一七年には三七五枚に上る「現代の剣闘士」の肖像を収めた本を出して、レスラーの肉体美に魅せられた当時の人びとの関心に応えた〔訳注6〕。レベヂェフはこういう出版活動を通して、セレモニーの仕切り屋といった役を果した。彼は、「肉体を売りにしたスペクタクルと、文章にされて権威を得た見解の間に橋を渡した」のである(83)。ポーズを取ったレスラーの姿は、絵葉書の形でも広まった。その結果、大衆文化の力は強まり、男らしさとは何かについて、さまざまな考え方を生み出すとともに、これを広めていったのである。

イヴァン・ポドドゥブヌィ

長く人気を保ったこと、そして多彩な役を演じたことで、サヴィナは当時の女優のなかで際立つ存在となった。これに対してポドドゥブヌィは、ロシアの優位を顕示するため、彼女よりも厳しい競争を他のレスラーたちと繰り広げねばならなかった。アスリートが俳優よりも活動の期間が短い点も、彼にとってはハンデであった。しかし、パリの世界選手権で二度にわたって優勝したので〔訳注7〕、彼の記憶はソヴィエト期のみならず、ソ連の解体後にも残ることになった。すでに故人でありながら、乳産業の宣伝に用いられたのである。舞台でサヴィナが振るったほどの支配力を、リングの上のポドドゥブヌィが示したわけではない。けれども、彼がレスリングの第一人者であるのはたしかである。チャンピオンの座に就いた他の選手の伝記と読み比べてみると、ポドドゥブヌィのものが、もっとも明瞭にレスリングという現象を説明してくれる。帝政末期の社会でこのレスラーが得た大きな名声

28. レスリングの世界チャンピオン，イヴァン・ポドドゥブヌィ

は、いろいろな選手の個性が融合してできたものだった。この人たちはスポーツへの情熱を共有しており、以前であればお互いを反目させたかも知れない差異が覆い隠されたのである。

ロシアの架空の豪傑、イリヤ・ムロメツの生まれ変わりと称賛されたポドドゥブヌィは、ザポロージェ・コサックの出身である。一八七一年に、ポルタヴァ県（現ウクライナ）の農村に生まれた。彼自身の話によれば、父親と（一二五歳まで生きたと噂される）祖父は、いずれも彼より強かった。若い頃のイヴァンとその父は、殴り合い（ナ・クラフ）や農村風レスリング（ナ・ポーヤサフ）で闘っては、村人を楽しませた。ナ・ポーヤサフとは、闘う両者が互いのベルトをつかんだ状態から、相手を仰向けにひっくり返すことを競うレスリングである。彼らの村があった領地の管理人は、もとは別の土地から移ってきた労働者だったが、イヴァンを説得して、どこか別天地で好機を求めさせようとした。彼ほどの力を持つ者であれば、よい条件で雇ってもらえると思ったのである。こうして二〇歳のときに、ポドドゥブヌィは故郷を離れた[84]。

ちょうどロシアが、工業化を始めた時期であった。新しい人生を歩み始めた田舎の少年は、近代が持つ美点を象徴する存在となった。ポドドゥブヌィはまず、黒海沿岸の港湾都市をいくつか回り、ギリシアの船舶会社の労働者として皿洗いの仕事に就いた。最初はセヴァストポリ、次いでフェオドシヤである。こうした都会的環境のなか、彼はすでに広く流行していたボディービルに夢中になった。一八九七年、旅のサーカス一座の一員として売出し中のスターレスラー、ゲオルク・ルリヒが町を訪れた。当時の典型的なショーのひとつで、サーカス所属のレスラーは、観客に挑戦を呼びかけた。ポドドゥブヌィは「ベルト」をつかむ農村スタイルのレスリングでルリヒに勝利し、最初の賞金を獲得した。しかし彼は別のレスラーに敗北し、そこで貴重な洞察に至った。力だけではダメで、俊敏な肉体と精神が必要だと悟ったのである[85]。

レスリングに必要とされる技術をいくつか身につけると、ポドドゥブヌィは、このスポーツが貨物船での荷降ろしよりも楽に稼げることに気がついた。一九〇〇年にオデッサ、その後にキエフに移動したところで、彼は

「ニキーチン兄弟サーカス」と契約した。〔訳注8〕一座は当時のロシアでは、もっとも規模が大きく成功を収めたエンターテイメント企業のひとつだった。興行師アキム・ニキーチンはポドドゥブヌィに、筋肉を分厚くすることで、出身であるコサックらしい外観を整えるようにと説得した。それまでサーカスに所属するレスラーは、純然たる娯楽とプロスポーツとの間を綱渡りしているような存在だった。だから、ポドドゥブヌィがニキーチンらと一緒に活動を始めたのは、時期的に幸運だったということになる。ちょうどレベヂェフがレスリングの地位を向上させようとして、レスリングが古典古代に起源を持つことを説いていたからである。ポルタヴァの村人にすぎなかったポドドゥブヌィは、キエフの有力者たちの間で引っ張りだことなり、ジムで一緒にトレーニングをしようと誘われたりした。Ｅ・Φ・ガルニチ＝ガルニツキー博士はイヴァンを説得して、「フランス風」スタイルに転向させたが、これは古代ギリシア起源の慣行にもとづく、技術力の高いレスリングである。より荒々しく、アメリカで支配的だった「キャッチ・アズ・キャッチ・キャン」の技術、あるいはロシア農村の「ベルト」とは、性格を異にするものだった。(86)

キエフでのポドドゥブヌィは、地域の運動クラブで活躍するスポーツマンで作家でもあった、一人の男と親交を築いた。レオニード・アンドレーエフである。彼は少なくとも、インテリゲンツィヤの周辺にいるスポーツマンに、ポドドゥブヌィの名を広めるだけの影響力を持っていた。ポドドゥブヌィがプロとして本当の意味でブレイクしたのは、その名がリボピエルの耳に届いて以後である。リボピエルは彼をペテルブルクに招きよせ、さらに一九〇三年には、ポドドゥブヌィには初の国際試合となるパリ大会へと送り込んだ。ソ連時代のスポーツ記者チェスノコフは、リボピエルは自分の支援するスポーツ選手を所有するサラブレッドと同じに扱っている、と非難する。(87)たしかに、選手団にはスポーツ狂のヴラジーミル・アレクサンドロヴィチ大公が同行する可能性もあり、このなかにいては農民出身のポドドゥブヌィが場違いな気分を感じることもあったかも知れない。だがリボピエルは、レスラーに対して、敬意を込めて常に「貴殿」と呼びかけており、社会的身分よりも選手としての関心をもとに仲間意識をはぐくむことに、生涯を通じて努力していた。[88] ドイツの伝説の強豪、オイゲン・サンドウもまた、サー・アーサー・コナン・ドイルやクイーンズベリー侯爵らがいたサークルに、温かく迎えられたのである。[89]

プロレスラーとスポンサーである貴族との関係を、社会的平等を享受する理想の共同体だ、と呼ぶのは言いすぎかも知れない。しかし実際に彼らの関係は、過去に人間を隔ててきた基準が再編されつつある状況を反映していた。普通、男同士というと、飲酒や賭博といった弱さのうえに結びつくものだが、リボピエルや、彼同様にスポーツ選手との交流を望んだ者たちは、むしろ男らしさの美徳が文字どおり媒介となるような、同性間の結びつきを求めた。スポーツはこのような紐帯を与えてくれると、この人たちは高く評価したのである。[90] トレーニング、選手としての勇気、能力主義的要素などが、彼らの関係のなかで重視され始めた。一九〇五年の革命が下層階級の持つ潜在的な暴力性への恐怖感を掻き立てた後も、ポドドゥブヌィ以下の農民出身のチャンピオンたちは、こういう懸念を鎮めるような肉体的な自制心を発揮していた。

エスニシティとレスラー――プィトリャシンスキー、ルリヒ、ザイキン

おそらくは出身の階級以上に、ポドドゥブヌィを特徴づけていたのが、彼のナショナリティであった。彼はレスリングで頂点に立った、最初のロシア人である。ロシア帝国初の世界チャンピオンはヴラジスラフ・プィトリャシンスキーであるが、彼は当時ロシアの支配下にあったポーランド王国の首都ワルシャワの出身だった。健康・衛生運動はフランスやドイツから東方のポーランドへ、さらにロシア帝国領のバルト地方へ、そして帝国の両首都へと広がっていった。スイスで教育を受け、ボディービルを始めたプィトリャシンスキーは、競技のためにベルリンやパリを訪れた。ロシアでは、まだレスリングが縁日の出し物にとどまっていた時代のことである。そこで成功を収めて帰国した彼は、ペテルブルクのクラエフスキーのジムで働き始める。このジムで、彼は至るところに登場するリボピエル、そして後にチャンピオンとなるイヴァン・ザイキンらを指導したのだった。[91]

ピョートル大帝のときからロシア帝国領となったバルト地方のエストニアからは、帝国の次世代のチャンピオンが輩出した。アレクサンドル・アベルクは、国際的名声を得た初のエストニア人レスラーだった。一九〇一年にパリで優勝したロシア初の世界チャンピオン、ゲオルク・ガッケンシュミット（ハーケンシュミット）も、エストニア出身のバルト・ドイツ人である。「ロシアのライオン」と呼ばれた彼は、レーヴェリ（現タリン）の貧しい家庭の生まれで、クラエフスキーのジムで技術を磨いた(92)。地理的な条件も有利に働きつつあった。西部の国境地帯に住んでいたツァーリの臣民たちは、この新種のスポーツの重要性に着目し、国外での活動に積極的に加わったからである。

エストニア出身のゲオルク・ルリヒは、二人ともまだ駆け出しの頃、ポドドゥブヌィに「ベルト」で敗れたことがあったけれども、レスリング史に特別な痕跡を残した選手だった。商家の出身で若い頃病弱だったルリヒは、健康の増進を目的に学校でレスリングを始めた。セオドア・ルーズベルトと同じである。すでにティーン・エージャーの頃に、ルリヒはそれまで長く信奉されてきた、「レスラーはアスリートにあらず」というスポーツ界のドグマを打ち壊した。まだギムナジアに在学中から彼は多くのスポーツに励んでいて、さまざまな競技会で二一の地方記録を打ち立て、これで自分の能力を証明したのである。卒業後ペテルブルクに移った彼は、クラエフスキーのジムでトレーニングを積み、ここでフランス流から「ベルト」まで、さまざまなスタイルのレスリングを習得したのだった(93)。

ルリヒは、ロシアで初めて人格を陶冶したレスラーであった。彼はサーカスのショーマンシップと、レベヂェフがこのスポーツに持ち込もうとした人びとの尊敬とを、一身に体現したのである。紳士と学者の二つを兼ね備えたルリヒが、淑女にふさわしい男性という評判に値することは疑いない(94)。ルリヒは、おのれの知的な背景を飾り立てるとともに、中背ながらも筋肉質なその肉体を誇示してみせた。一般用の写真では、しばしば気取ってタキシードを着用したり、あるいはイチジクの葉のみをまとった裸体で写ったりすることで、自分の宣伝に努めたのである。レベヂェフの記述によれば、その信じがたい敏捷さゆえに、ルリヒは他のレスラーからも「神」と尊敬された。「大衆を誰よりも興奮させる」能力も、常に称賛の的となった。ユダヤ人のファンでさえ、ルリヒはもとの名前をソロモンというのだと噂して、彼を自分の同朋だと主張するありさまだった。[95]

ポドドゥブヌィの後には、同じく農民出身のイヴァン・ザイキンが、レスリング界の頂点に登りつめた。ポドドゥブヌィより一〇歳年少のザイキンは、農奴の孫だった。彼は、一八九九年にシムビルスクの農村を離れ、出稼ぎ労働者としてヴォルガ流域を旅した。サラトフで店員の仕事を得た彼は、この地方の民間重量挙げクラブのメンバーとなった。ザイキンが秘めた能力のことを耳にしたプィトリャシンスキーは、彼をペテルブルクに招き、クラエフスキーのジムでフランス流レスリングの訓練を積ませた。その後、ザイキンはヴォルガに戻って、ツァリーツィンのサーカスでレスラーとして働き始めた。一九〇五年にはモスクワのナイトクラブ、「アクヴァリウム」で選手権に参加している。その後の彼は右肩上がりで、常連になっていたパリの世界選手権でも、輝かしい成功を収めたのだった。[96]

フランスの首都でザイキンは、自分の人気を高めるのに役立つ、別の領域も開拓した。飛行である。第一次世界大戦の直前、空を飛ぶことが大流行し、レスリング同様、ヨーロッパの多くのアヴァンギャルドたちを魅了したのである。[97] ザイキンは、パイオニアであるアンリ・ファルマンが設立した飛行学校で授業を受けた。その彼のまわりには、有名なスポーツマンのセルゲイ・ウトチュキン、国産空母の建造を提唱した海軍大尉のЛ・M・マツエーヴィチ、チニゼッリ・サーカスの人気ピエロでアンドレーエフの親友のひとりだったジャコモ、そして魂の救いといった話よりも知名度を追うのに夢中と見える二人の正教会の聖職者、ラスプーチンとイリオドルがいた。[訳注9] マッチョのリアリズム作家、アレクサンドル・クプリーンも、ザイキンの仲間である。ザイキンはパイロットとしてクプリーンとともに飛行したとき、自分の男らしさを立証する機会に遭遇した。あわや死亡事故にもつながりかねないトラブルが発生したのである。クプリーンは、悲痛な調子でエンジンの故障と墜落の模様を記している。すんでのところで、二人は飛行機から脱出したのだが、「落ちている間、私もパイロットも一瞬たりとも恐怖を覚えなかった(98)」。翌日の新聞のひとつに、「ザイキンは自分の飛行機さえ仰向けにした！」との見出しが躍った(99)。

革命が一九一七年に起こったときザイキンが国外を巡業中だったのか、それとも革命後にロシアを離れたのか、残された史料からは定かではない。いずれにせよ、彼は帰国の意向を示すことなく、現役最後の数年間をアメリカとキューバの巡業で過ごした。彼を売りに出したジャック・カーレイは、ボリシェヴィキ革命を逃れたヴォルガ農民という触れ込みで、ザイキンを利用した〔訳注10〕。とくに誇張された宣伝文句のひとつは、革命前のロシアのイメージを髣髴とさせる。細部には誤りもあるけれども、それは当時のセレブたちの仲間意識を伝えるものである。一九二五年一月にニューヨークのメディアが報じたところでは、もうひとりのロシア人エミグレ、シャリャーピンが、メトロポリタン歌劇場で歌うのではなく、アーモリー・ホールのリングサイドに陣取る姿が見受けられた。幼馴染のザイキンを応援するためだ。カーレイによれば、若い頃にはこの二人にマクシム・ゴーリキーも加わって、三人でマーク・トウェインの主人公よろしく、ヴォルガ流域を旅して回った、という。未来派の詩人で飛行機ファンのダヴィッド・ブルリュークは、実際にニューヨークでザイキンの活躍を目にしている(100)。

興行としてのレスリング——プロモーター、ヒーロー、そして悪役

世紀末までにレスリングには固定的なファンが生まれ、チケットの売り上げによる採算も見込めるようになった。そこでどの国でも、プロモーターは試合のための固定した会場を求め始めた。一九〇五年にレベヂェフは、ペテルブルクのナイトクラブ、「ファルス」でロシア初の国内選手権を開催した。彼はこのとき、レスリングの舞台をサーカスからナイトクラブに移すという、西欧で起こっていたことを踏襲したのである。パリのフォリー・ベルジェールや、ベルリンのヴィンターガルテンがその例であった。ナイトクラブという舞台装置は、

29. 民族的アイデンティティの希薄なゲオルク・ルリヒ

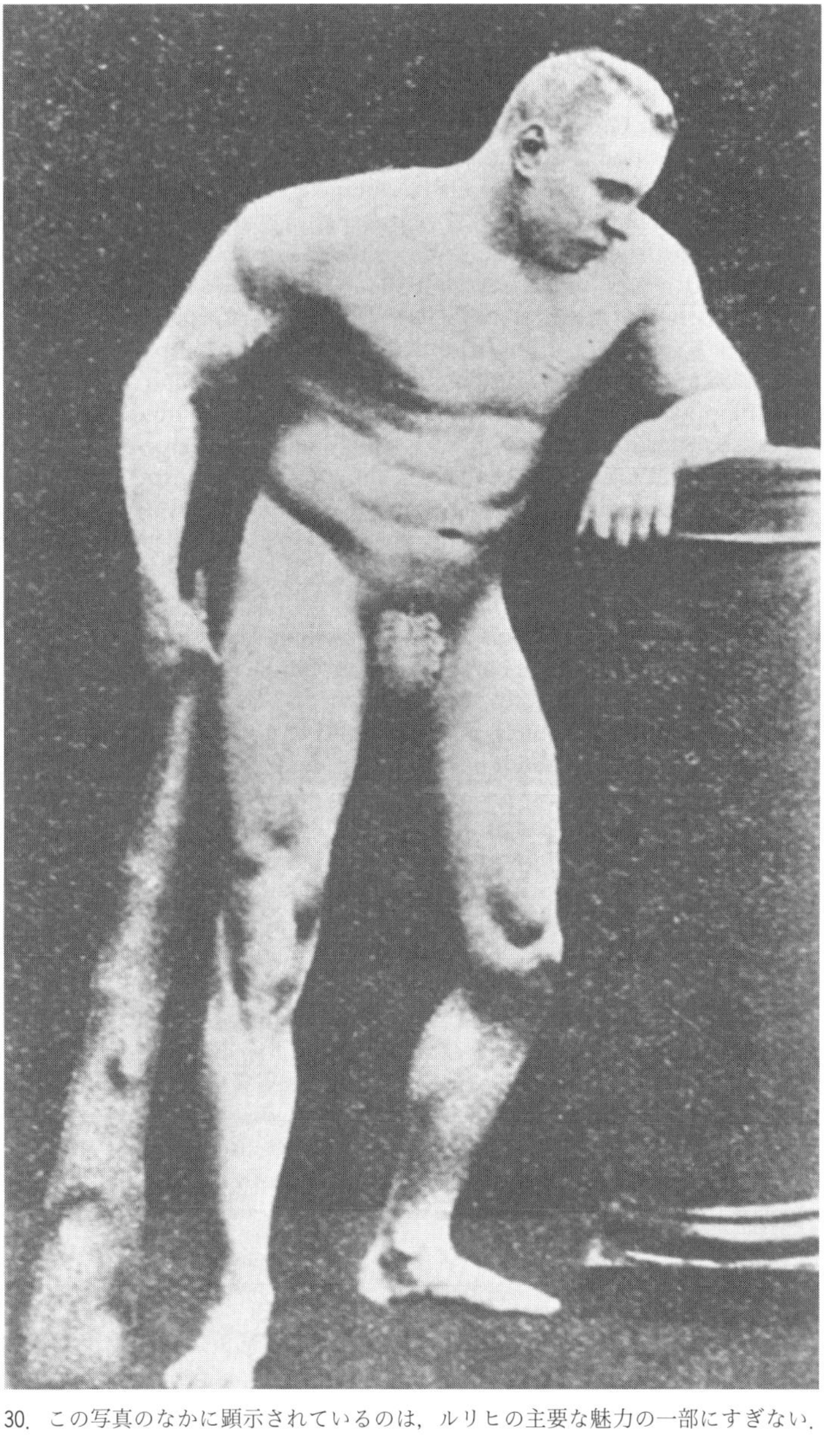

30. この写真のなかに顕示されているのは，ルリヒの主要な魅力の一部にすぎない.

サーカス時代よりも裕福な観客を引き寄せる効果を発揮したが、財力に劣る者たちを完全に排除したわけではない。また、一種セクシーな雰囲気も漂い始めた。その結果、ルリヒは美食家（ボン・ヴィヴァン）という顔を強調するようになり、社交界の淑女を初め、女性の姿もリングサイドに増えた。端的に言えば、ナイトクラブを舞台とすることで、レスリングはスポーツとしての万能性や順応力を改めて確認したのである。

次第にレベヂェフは、卓越した興行師、「オヤッさん」としての活動を自分の柱としていった。彼はレスリングの興行的な側面を開拓して、スポーツと商業資本主義との結合を代表する存在となった。レベヂェフが組んだのは、ナイトクラブ「ブーフ」のオーナーで、ショービジネスでは当時ロシアでも有数の存在だった、П・В・トゥムパコフである。しかし、彼らが最初に企画した選手権は失敗に終わった。興味を持ってくれたのは、トゥムパコフ自身が「大衆食堂の群集」と冷笑した人びとだけだった。「ロシアのバーナム」と称されたトゥムパコフは、こういう騙されやすいカモには、とにかく我慢がならなかった〔訳注11〕。そこでトゥムパコフは、「政府が興行の承認を拒否している」との情報を流して、大衆を刺激しようと考えた。ロシア人が政府の命令に進んで服従することはなくなっていた一九〇五年という時点で、この戦術は人びとの心に触れるものであった。その三日後、トゥムパコフはニタニタと笑いながら、座席がすべて埋まった事実に目を細めていた。レベヂェフの計算によれば、トゥムパコフはこのシーズンに四〇〇〇ルーブル以上の純益を上げたはずである。それでレベヂェフは、選手に収益のわずか三五パーセントしか配分しなかったと、トゥムパコフを非難している(101)。だが、すべての関係者にとって、レスリングがもうかる稼業であることは、これで明らかとなった。

スポーツ選手であることを理由に、レスラーは追加の金銭補償を受けていた。にもかかわらず、彼らは本質的にはパフォーマーであり続けた。スポーツから利益を得るためには、観客の受けに頼らざるを得なかったのだ。レベヂェフ自身は、リング上ではささやかな成功しか挙げていない。自ら冗談めかして語ったところでは、彼がもともと観客から「運動の教授」と呼ばれるようになったのは、選手としてより、学者然として競技することが多かったからである。両端の跳ね上がった口髭をたくわえる伊達男（フラント）として、レベヂェフはその身だしなみの方で有名であった。伝統的な農民の野良着、長靴、たっぷりとした半コート（ポドヂョーヴカ）、そしてひさしのついた学帽といった格好である。思えば、レフ・トルストイ、ゴーリキー、そしてシャリャーピンも、典型的な農民の衣装を流行に変えたセレブだった。

ヴァーニャの「オヤッさん」の理解では、レスラーがファンから支持を獲得するには、際立った個性を必要とする。たとえば、タキシード姿のルリヒとコサックのポドドゥブヌィは、両極にある二つの文化を象徴している。一九〇八年、ポドドゥブヌィは、ルリヒが八百長試合を持ちかけたと言って彼を批判し、このコサックは洒落者に対して道徳的な優位に立った[102]。

「教授」としての名声を確立した後、レベヂェフはレスラーの知的なイメージを宣伝し始めた。そこには、今に続く「頭脳vs筋肉」という議論のなかで、人びとに強く訴えるものが存在した[103]。画家のA・И・クラフチェンコもまた、レスリングに専門的に取り組んでいる。陸軍外科アカデミーの卒業生のひとりは、第一次大戦の勃発により前線勤務となるまで、「ブリヂェンコ」というリングネームで闘った。またアリフォンス・シュヴァルツェルは、「美貌（アドーニス）と知性（ユリシーズ）の融合体」として「大衆のお気に入り」となった。彼は性感染症が専門の医者から転身して、リングに活動の場を移したのである。A・B・ズナメンスキーは度の強い鼻眼鏡を着けて闘い、「数学の教授のように見えた」と言う。彼は五か国語を操ると評判の架空のイギリス人レスラー、「ウィリアム・ムーア」の役を演じて、レスラーの知的なイメージを強めた[104]。

これに対して、より荒々しいイメージに訴えた者もいる。たとえば、フォークロアや呼び売り本に登場する一八世紀の匪賊にちなんで、「ヴァンカ・カイン」を名乗ったレスラーがいた。また「アントン・クレチェト」を模倣する者も現われたが[105][訳注12]、これはペテルブルクの「街売り（ブールヴァール）」紙、『コペイカ新聞』に連載された冒険物語で活躍する、架空の義賊である。モイシェ・スルツキーは「ユダヤのサムソン」を自称していたが、やせぎすの体躯とその敏捷さで、むしろ「泥棒の息子」のあだ名で知られていた。もっとも独創的な人物のひとつが、B・アヴチェーエフ＝ブラツェリの「でぶっちょおじさん」だ。[106] 彼は、五〇〇ポンド近くもある、相撲取りのごとき巨体を誇っていた。大勢のファンが彼の対戦相手に水を浴びせたりするので、このでぶっちょおじさんは、これでしばしば勝負を助けられていた。彼は選手というより、エンターテイナーとして活躍した。後には興行師となり、映画を数本制作しさえした。[107]

レスリングの英雄には、敵も必要である。単なる運動技術の面よりも、有り体に言って、ヒーローを際立たせる悪役としてである。ここで人種の問題が、ロシア人の男らしさをことさらに強調する重要なイデオロギー上のファクターとなって、リングの上に持ち込まれる。ロシア帝国の南部にはカフカースと中央アジアが含まれるが、この地域出身の選手は浅黒い皮膚の色で、それと分かる。彼らは言うなれば、ロシアの文化的優越というファンタジーのための生け贄である。これらの引き立て役はアフリカから来た人びとの末裔であれ、帝国南部の出身者であれ、コントロールが必要な、野蛮で下劣な男らしさを誇ってみせるのが常だった。彼らは、あたかもジャングルに棲む生き物のように見られていた。「野生のアニマルが本能的に持つしなやかさ」を見せるか、それとも「俊敏なヒョウ、それも青銅色に黒光りするヒョウ」のように自分を見せるか。[108] ロシアの観客の前に頻繁に現われた二人の黒人レスラーは、いつも最悪の振る舞いを見せた。チュニジア人のムルズクは残虐な反則攻撃の噛みつきを行ない、タイトルマッチで相手の耳に歯を立てたマイク・タイソンの先駆けとなった。[訳注13]「チョコレート色した米国人」、ジョン・マーフィは、サリバトル・バムブラというリングネームで、不埒なファンにしばしば発砲した。[109]『ヘラクレス』誌は、次のような、とりわけ印象的な笑い話を伝えている。この記事の筆者は、地方での試合に呼ぶために、血眼になって「ニグロ」を探し求めた。そこで彼は、リングの上の思いがけない事件に遭遇した。なんと、肌を黒くする染料を用いて、人工的にでっちあげたアフリカ人レスラーが、肝心の染料にアレルギー反応を起こしてしまった、と言う。[110]

こうしたステレオタイプがあったから、黒人レスラーにはリング上の悪行が許されていた。それは彼らの市場価値を高めたが、それと同時に、黒人レスラーは、スポーツの高潔さを守るために立ち入ってはならない一線を示すための、人身御供という役割を背負うことになった。リングの上の黒い野蛮人を打ち倒す文明化された白人という図式は、世紀転換期の帝国主義を背景に、ひとつの明白な政治的メッセージを発信している。なるほど、野蛮人にも独自のファンが存在した。それは、文明が課したさまざまな規制にあらがう声だった。たとえば、『ヘラクレス』誌に掲載された記事の著者も、宣伝ポスターで「ニグロ」が出場するとうたっている。こうしたレスラーが大人気を博すことを知っていたのである（一九〇九年の紀行映画のひとつでは、アフリカ人は「化粧したヨーロッパ人とは違い、本当に黒い肌をしている！」と、強調されている）[111]。

ロシアでは肌の黒い選手の数が不足しており、しかし彼らは観客の人気を得ていたから、「オヤッさん」のような興行師は、即席の代案を考えねばならなかった。ある者は、自分のアイデンティティを変えるため、肌の色を黒く変えた。またある者は、人の怒りを買うようなプレーでは、覆面に身を隠すのが楽であると気がついた[112]。こうした覆面レスラーは、スポーツマンシップに立ったルールを破って、観客の人種的偏見を煽ったのである。「オヤッさん」はひと夏の間、嘘の予告で観客たちをおびき寄せた。「赤覆面」が、近々自分の正体を明かすとほのめかしたのである[113]。もちろん当の「赤覆面」は、そんなことはしなかった。衣装の一部を脱ぎ自分の姿をさらすなど、レスリングの英雄であれば、受け入れられない行為だったろう。それはポドドゥブヌィの側が、逆にルリヒを買収するようなものだからだ。

世紀転換期におけるジェンダー問題

女嫌いの流行作家

サヴィナは、「新しい」女性を代表しただけではない。他の女性もサヴィナのおかげで勇気づけられ、彼女を追って公共空間へと飛び込んでいったのである。そこから、ジェンダー間の勢力の均衡が脅かされる危険性が生じた。ブライアン・プロンガーの主張によれば、「男性が女性を従える技術のひとつは、男らしさ／女らしさという、権力を伝達するひとまとまりの記号にある」[114]。レスリングにおける純粋な肉体中心主義は、女性の従属を正当化したが、それは、周到に鍛えられた肉体が男らしさの真髄を象徴したからである。しかもリングの上の生身のレスラーは、フィクションのなかのレスラーによって、その価値をさらに高められた。現実世界のレスラーと彼のファンは、大流行のフィクションのなかに、自分たちの明らかなカリカチュアを見いだした。そのフィクションとは、もっとも多作な大衆作家のひとりであった、ニコライ・ブレシュコ＝ブレシュコフスキーの小説である。この作家は、エスエル党の伝説の闘士、エカテリーナ・ブレシュコ＝ブレシュコフスカヤの息子だった。母親がシベリア流刑になった後、彼は母方の祖父母によって育てられた。学校を卒業すると、彼はタバコ工場の会計士の仕事に就こうとして、一八九三年にペテルブルクに移り住んだ。しかし、すでに世紀末には、彼は職業的なジャーナリストとして十分な成功を収めるに至り、後には揺籃期の映画産業でシナリオライターも務めている[115]。彼の作品は、その底流にあるジェンダー観、ないしジェンダー・ポリティクスという観点から見て、印象深い。たとえば一九一七年の二つの革命を題材としたある長編は、退廃的なリベラルを非難している。作家はこの人びとに女々しさを見て、それを嫌ったのである[116]。押し寄せる女性化の傾向への彼の危惧は、その作品を貫くモチーフであった。なればこそ、男らしさを再構成するため、レスラーの意義が重視されたのである。

もっとも人気を呼んだブレシュコ゠ブレシュコフスキーの二つのレスリング小説、『世界チャンピオン』と『現代の剣闘士』は、一九〇八年に『アスリートの世界』というタイトルで本になった。この本は少なくとも二版を重ね、一九〇九年には『剣闘士たち』の題で舞台化された。評論家のひとりは、現代の演劇ではアクションが弱いと日頃不平をこぼしている観客もこの作品にはきっと満足するだろう、とコメントしている。彼は冗談半分に、ブレシュコ゠ブレシュコフスキーのことを、「イプセン、チェーホフ、メーテルリンクのすぐ後に続くもの」と評した。(117) ところが、ミドルブローの日刊紙『ペテルブルク新聞』が誇らしげに報じたところでは、初演のチケットは売り切れとなり、観客のなかには芸術世界の住人も含まれていたのである。(118)

彼の小説と同じく、この劇の魅力は、モデルが容易に分かる点だった。主役のタムピオは金髪のエストニア人で、慢性的な健康問題の解決のためレスリングを始める。これに、女たらしで、堂々と勝負するより買収の方を好むという彼の特徴が加わると、ルリヒとの共通性が浮かんでくる。元チャンピオンの年老いたトレーナー、レムメルマンは、フランス流の運動スタイルを自分の若き弟子たちに教え込もうとする。これは、プィトリャシンスキーがモデルと簡単に分かる。さらにメインのヒーローたちは、ポドドゥブヌィやザイキンを思い起こさせる。これら無学の少年たちは、旅のサーカスで力を誇示していたが、後にレムメルマンの指導を受けるためペテルブルクに連れて来られた、という設定なのである。物語に登場する架空の興行師は「運動の教授」と呼ばれており、膝までの半コートとレベヂェフ風の学帽を着用している。リボピエルの名さえ、小説のひとつに登場する。彼は、同席した上流社会の面々と選手たちに、コニャックを注ぐのである。

実在の選手たちを想起させるブレシュコ゠ブレシュコフスキーのフィクションには、内幕を描いたゴシップ物という信憑性が生じ、ファンを熱狂させた。クプリーンは、ブレシュコ゠ブレシュコフスキーがレスリングの世界を明瞭に描いたと言って、彼の一連の仕事を称賛した。この二人は、ピエロのジャコモを主演に据えた映画で協働したこともある。(119)〔訳注14〕ブレシュコ゠ブレシュコフスキーはパンフレットを書いたり、一九一三年に映画『黒覆面のレスラー』でレベヂェフと一緒に主役を務めたりもした。シンボリストの詩人アレクサンドル・ブロークが、大衆文化に魅せられていたことはよく知られているが、彼もクプリーンの勧めで、ブレシュコ＝ブレシュコフスキーに関心を持ち始めた。ロシアのモダニストで、アヴァンギャルドの画家たちも、レスラーが体現する完璧な（男性の）肉体に夢中になった。レスラーが自分の階級的イメージを打ちこわし、それに代わって、筋骨たくましい近代的な男らしさを提示したからである。[120] こういう陶酔的な結びつきを見ると、大衆（ブールヴァール）と前衛（アヴァンギャルド）とをつなぐさまざまな関係のなかにあって、理想の男としてのレスラーが、他の何にも増して重要だったことが明らかになる。

女性への強烈な反感をバックにして、ブレシュコ＝ブレシュコフスキーは文化の面から男らしさを論じた。彼によれば、女は男を喰い尽くし、男が貯めた大切な性的・経済的な活力を搾り取る存在である。不義を重ねる妻が勤勉な夫をだまし、彼からカネを引っ張り出す。そして自分がぞっこんの、頑強な肉体の男性に、贈り物やシャンペンを買い与えるのだ。地方のゴシップをもとにした同様の話では、妻を寝取られた役人が昇進を棒に振る。妻がスキャンダラスにも、レスラーを追いかけたことで、慎み深い夫に不幸なツケが回ったのである。[121]

こうした女性たちは、これみよがしな消費がもたらす悪徳のすべてをさらけ出しており、商品化された肉体ばかりに目を奪われ、それが売り物になっていることを期待している。これとは対照的に、レスラーの方は、メロドラマのヒロイン同じように、イノセントな存在として造形されている。たとえレスラーがそれらのヒロインと比べて、性的な自由に恵まれていたにしても、である。たまたま誘惑に屈した場合も、その後に男たちはスポーツの倫理を守るのに必要な自覚を成長させる。フィクション上の典型的な主人公は、彼の金を狙うおばと身体を狙う地方劇場の少女役の間で板挟みになる男である。ブレシュコ＝ブレシュコフスキーにしてみれば、人前に姿をさらす女性など、「公的な女」、すなわち娼婦に他ならない。[122] 彼には女性の美術モデルが登場する作品がいくつかあるが、その彼女たちは、売春を副業にする者と解されていた。このような登場人物のひとりは、不正に芸術

31.『ヘラクレス』誌に掲載された風刺画のひとこま.「記録を追えば健康を失う」事実が揶揄されている. 肉食女子に狙われてしまうからだ.

家からくすねた利益をレスラーにつぎ込んでいて、彼女の身体を商品として扱う男性以上に堕落した印象を与えている。[123] たしかに、レスラーもたいてい裸体でポーズを取っているが、彼らの場合は、身体や魂を売りにしているといった烙印は回避できた。こういう裸体の伝統は、古典古代に由来していると考えられていたからである。[124] この古代への回帰が生んだ幻想のおかげで、全裸に近い恰好で男同士が抱き合っていても、ポルノとして非難されずにすんだのである。

女を排除した世界――男性同性愛の文化

ブレシュコ＝ブレシュコフスキーの作品では、レスリング界を侵食する女性の悪意が強調されている。そこで男性たちの逃避先となるような、同性同士（ホモ・ソーシャル）の空間が必要になってくる。彼は女性とのセックスはあまりにもコストが高いということを示して、女性との親密な関係が本当に望ましいのか、疑問を呈したのだ。ブレシュコ＝ブレシュコフスキーは女性を犠牲者というより捕食者として描き、それによって、公的な空間における男女の伝統的な役割を反転させたのである。ここには、ある種のイデオロギー的な意味がある。そこでは、女性が公共の場に進出すれば男性は危機に瀕する、という図式が示唆されている。こうした女性は、あたかも吸血鬼のように、男性同士をそれとなく接近させる役を担った。[125]

貪欲な女性が、真面目な男性に向けて解き放たれた。そこで、こうした男性を救えるのは誰かが議論になった。しかし、女性を排除した世界に引きこもろうとすると、否応なく別の「性的種族」の亡霊が現われてくる。ちょうど生成の途上にあった、同性愛者である。[126] 同性愛者という用語自体は、ある特定のカテゴリーの人間を描くために作り出された言葉で、ジェンダーを基準に社会的な役割を割り当てていった近代化と歩調を合わせるようにして発展した。[127] ロシアで同性愛が一般的な問題として注目され始めるのは、世紀の転換期である。当時の立法者は、法典の一部を修正して、社会的・経済的変化に対応しようと試みていた。重要なことだが、その場合に法的な問題とみなされたのは、もっぱら男性同士の関係であった。レズビアンは心理的な問題とされ、考慮の対象外だったのである。たとえばイングランドなど、一八八五年にラブーシェル修正条項が登場して、これがその一〇年後にオスカー・ワイルドを法廷に立たせる根拠となった。[訳注15] それら西欧諸国と比べると、帝政ロシアは同性愛に対して比較的寛容な国家とみなされている。(128) ツァーリ、アレクサンドル三世の弟のひとりは、自分の性的な志向を隠す必要を感じなかった。同性愛を公言する貴族も複数存在した。彼らはツァーリから庇護されただけでなく、外務省を含めた、政府部内で高い地位を維持していた。(129) こういう男性たちの行動は、アリストクラート特有のデカダンスとして容赦されていたのかも知れない。(130) ジョン・デミリオ、ケネス・プランマー、ジョージ・チャウンシーその他の主張によれば、貴族政よりも資本主義の方が、ホモセクシャルな関係をとがめるイデオロギー上の理由があると言う。(131) こういう主張は、政治的な自由主義が示す新しい社会的言説は依然として抑圧的であり、ただその方法が異なるだけだとする、フーコーの基本的立場をいささか誇張したものである。そしてこれは、世紀末ロシアの性意識に関する研究で、ローラ・エンジェルスタインが指摘した論点とよく似ている。彼女が言うには、「西欧の自由主義的な秩序における権力のヒエラルキーは、階級と同じ程度にジェンダーにも、そして社会規範と同じ程度に性的規律にも、依存していた」(132)。大量に流通したレスラーのイメージは、次のことを示している。――新しい男らしさの観念は、男性同士の性的関係を許さなくなった。だが、もし男性がヒエラルキーを維持し、ビジネスを御していこうとするならば、依然男同士の結びつきは必要であった、と。

レスラーたちの同性愛的な図像、とりわけ『ヘラクレス』誌が広めた抱き合う半裸の男たちという図像からは、次のような推測が生まれる。同性愛なる観念は、異性愛を前提とした男らしさという観念が発達するのと並行して、形作られたのではあるまいか、と。これらの写真は、きわめて政治的な形で、男性の肉体を強調している。R・W・コーネルの説くところでは、「ほとんど常に、真の男らしさは男性の肉体に由来すると考えられてきた」(133)。この見解は、夜ごと、リングの上のレスラーによって立証された。チャウンシーの指摘によれば、「ボディービルダーは、ジェンダーに割り振られた特定の社会的役割を守ろうとした。この役割を、肉体が時代を超えて持つ権威と結びつけることによってである[134]」。レベチェフも、詩的な言葉でコーティングしながら、男性の肉体が持つイメージに性的意味を与えている。「二〇世紀の群集は、ボディーラインと力（パワー）を愛する[135]」。ファンのひとりは、少年時代を次のように回想した。「アーク灯のしたで、エストニア人半神の広い肩を目にしたとき、私は気絶せんばかりだった……。身体全体にパウダーが振られ、彼の肌は、イタリア北西部の町カララから切り出された大理石のような色をしていた[136]」。

グレッグ・マリンズは、『ヘラクレス』と同系統の米誌『身体文化（フィジカル・カルチャー）』を分析している〔訳注16〕。彼の主張によれば、同時代の身体文化運動を報じるジャーナリズムは、「発達した筋肉を持つ者たちのクローゼット」となっていた[137]。この手の雑誌は異性愛者の男性を主たるターゲットとしていたから、彼らに対して、曖昧なメッセージを発信している。半裸男性の図像イメージと、それとは対照的な、雑誌に漂う同性愛的嗜好を明確に否定するそのテクストのことである。こうして雑誌は、レスリング界に見いだされる男同士の関係に光を当てた。そこでは支配する男性というイメージが作り出され、さらにそのイメージが、民族的に優秀なロシア人という観念により、人種主義的色彩を加えられて膨らまされた。

男同士（ホモ・ソーシャル）の排他的な関係を追求することは、男性の肉体を漁る女性といったイメージによっても補強された。なぜならこういう消費志向の女たちは、女性に特有の要求として、男性にセクシーであることを求めたからである。実際、女性のファンは強欲だった。ジャーナリストのひとりは、レスリング会場での女性の姿を次のように描写している。「彼女たちは完全にわれを失っていた……。そして恥知らずにも、会場全体に聞こえるほどの大声で、お気に入りのレスラーに声援を送るのだ」。リングに私物を投げ込む女性までいた[138]。すでに精力も商品となっていた。商業メディアに登場した特許医薬品の広告にざっと目を通すと、男らしさが衰退気味で、回復の要ありと認識されていたことが分かる。不能の完治を請け合うという、特許医薬品の宣伝があった。これは、新しい女性たちがアスリート以外の者にも性的要求を強めていたことを示唆している。ハゲの治療をうたう広告は、外見上のアピールが必要なことを力説してみせる。アルコール中毒の完治を約束する宣伝も、登場した。この種の広告が対象としたのは、いつも飲酒のせいで家庭が壊れていた男だった。もっとも、酒への攻撃は諸刃の剣になる。それは勤労倫理と家族を守ることにはなっても、伝統的な男性同士の活動を男たちから奪う危険があったからだ。だから、たとえばジャック・ロンドンのように――彼の作品はロシアでも大人気だった――、社会改革を説く人びとから排斥された男らしさが横溢している作家も出てくる。彼の作品は、大酒を含めて、精力的な行動を奨励していた。(139)

男らしさを襲った危機は、フェミニズム運動から到来したわけではない。ロシアでのフェミニズムの展開はあまりに微弱で、真の脅威にはなりえなかった。(140)むしろ恐ろしいのは、女らしさの方だった。女性を、新たな要求リストを抱えた性的な存在へと変質させたからである。西欧と同様、一八八〇年代のロシアでは、ストレスあるいは「神経衰弱」がミドルクラスの男性の流行病となった。(141)それに加えて教育機会の増加によって、女性のなかにも男性に劣らぬ野心が生まれ、有意義な働き口や公共生活全般に参加する権利を求め始めた。こういった志向は、比較的家庭的な活動であるチャリティの領域、またこれと関連があり、サヴィナらも参加していた社会改良運動においても目撃された。

ただし、マイケル・キンメルが指摘するように、真の敵は女性そのものではなく、「男らしさの重要性と可視性を縮減した」工業化にあった。(142)工場の現場では、生産の合理化を図るテイラー主義と時間動作研究（タイム・アンド・モーション・スタディー）によって、労働者の疎外が生じた。(143)さらにロシアのレスリングファンは、西欧のファン以上に、自分の男らしさに対する脅威に直面していた。ロシアの専制的な家父長制は、女性の臣民と同じように、男性臣民の権威と自律性も貶めていたからである。冬宮にいるニコライ二世を光源にして発散される男らしさというイメージは、近代世界ではほとんど社会的な有用性を持っていない。このツァーリは、帝国の家長という役割こそ自分が果たすべきものと考えていたが、それはすでに時代遅れで、資本主義の政治的要請に逆行するものであった[144]。鉄道が一ヴェルスタ（約一・〇七キロメートル）伸びるごとに、また工場がひとつ増えるたびに、ツァーリの家父長的支配と、彼の権威を模倣していた村の長老の支配力は色あせていった。一九〇五年の革命を経て、ロシア人男性のごく一部に渋々ながらも選挙権を与えたニコライだったが、これは当時求められていたものを満たすには遠かった。より重要だったのは、ストルイピンによる一九〇六年の土地改革である。これによって農民は、共同体に対する法的義務から完全に解放された。この結果、数万人に上る農民が都市に移住し、進行中の工業化というテイクオフの過程に参加していった。このような都市への移住者にとって、プロフェッショナルなレスリングの試合は、都会での新しい振る舞い方を学ぶ場として、一定の社会的機能を果たしたのである。競技における自己抑制や観戦マナーも、そのひとつだった。

ジェンダーの屈曲、そして境界線の監視

ねじ曲げられるジェンダー——異装芸人

サヴィナとポドドゥブヌィは、ロシアを未来へと導くのにもっとも適合的な女性像／男性像を体現する存在だった。しかし、ジェンダーの安定性は理想ではあっても、社会の公準ではない。男と女の境界線のうえで、堂々と活動する者もまたいるのである。この人びとは異性の服を身に着けることで、見る者に、物事すべてが決して見えているとおりではないこと、石に刻み込まれているかのように当然と思われる選択も実は流動的であることなどを、思い起こさせた[145]。異性の服を着ることが重要なのは、異性になりきることを意図するからではない。ジュディス・バトラーによれば、異性の服を着てジェンダーの構造そのものを真似ることで、社会がそれぞれの

ジェンダーのアイデンティティをどのように作り上げているのか考える、よいきっかけとなるから重要なのである[146]。サヴィナのワードローブには、膨大な服が収まっていた。ポドドゥブヌィの場合には、それはごくごくわずかであった。このように、人が身にまとう衣服というのは、権力が社会生活のなかでどのように行使されるのか、そのひとつのあり方を示している。従って、異装する者には、「女性／男性」の二分法の外に位置する集団にふさわしいパワーがある。異装してジェンダーの枠組を揺るがす手法は、ボードビルでは定番となった[147]。

ロシアではじめて女装を売りにした芸能人は、アレクサンドル・ガリンスキーである。「異装芸人（トランスフォルマトル）」として活躍した彼は、宣伝ポスターでも女装姿を披露している。多才なガリンスキーは喜劇ダンサー、パロディ作者、劇作家という顔も持ち、戯曲『寝とられ男』を書いたりもした。モスクワ芸術座が彼の作品を上演することはなかった。しかし、どの都市でも劇場街では軽めの出し物が人気を集めていて、週ごとに演目が変わったから、ガリンスキーが上演料を稼ぐ余地があった。そうした舞台で、彼は性を扱う軽妙な作品を上演し続けたのである。彼の出し物のひとつ、『現代のスターたち』は人気の女性歌手や女優を真似る芸だった。ガリンスキーはまた、芸者の扮装もしている。日露戦争は、単なる軍事的関心以上のものを呼んでいたのである。上演プログラムを見ると分かるが、異装する芸人は決して特別な存在だったわけではない。ロシアの舞台には、ジェンダーの境界を越える女性も存在した。大人気を誇ったイギリスのパフォーマー、ヴェスタ・ティリーの商業的成功にならったのである[148]〔訳注17〕。

サヴィナの「女」／ポドドゥブヌィの「男」——定型化されたジェンダー

皮肉なことだが、異装する者は、サヴィナやポドドゥブヌィが体現した標準的なジェンダー・アイデンティティが指し示す境界線の監視役だった。演技と具象化を媒介に、この女優とレスラーは自分の公的な人格を用いて、帝政末期のロシアにおける「女らしさ／男らしさ」の文化的定型を築き上げた。この二人の人物は、両性の役割やジェンダー・アイデンティティの制度化、さらには消費文化の成長を象徴していた。この定型は、変化する社会の必要に応える形で、政治的な要請と状況認識のなかから作られたのである。それゆえ、そこには期待と恐怖の双方が反映されている。——男は強く控えめでなくてはならない。女を守るだけでなく、「弱者」のイメージを逆用して男を捕えようとする女からも、互いを守っていかねばならない。対して女性は、消費者という役割を引き受け、家政の分野で力を振るうことを強く期待されていた。男性と異なる領域であるが、女性も対等の役割を求めていた。

サヴィナとポドドゥブヌィが育てた人格は、通俗的なフィクションのなかで活用された。こうしたフィクションでは、社会的機能を割り当てるのに、ジェンダーを基準とするのがお約束だったからである。アメリカン・ドリームを描き続けた大衆作家、ホレイショ・アルジャーは少年に、自分の力でのし上がっていくよう教えていた〔訳注18〕。一方、少女の模範はシンデレラで、いつの日か王子が現われて、女の手ではどうにもできない状況から自分を救い出してくれるまで、虐待に耐えるよう諭していた。ボロ着から金持ちに成り上がろうとする少年の希望を、ポドドゥブヌィは見事に実現した。出世の過程で他人の尊敬を勝ち取りつつ、決して運だけに頼らずに、自分で状況を変えたのである。同様にサヴィナの生涯も、最新版のシンデレラ物語として読むことができる。社会構造が民主化し、女性は労働力となって登場した。それにともない、働く娘は保護してくれる男性を得てようやく幸せを見つけられるといった定型的なプロットは、まったく新しい形で、ある特定の文化的機能を果たすことになった。おそらくサヴィナの偉業は、ポドドゥブヌィの場合に劣らず、勤勉な努力の賜物だったろう。だが、ステージの上と同じく人生においても、彼女は自分より強く、そして自分を導いてくれる存在が必要な女性を演じた。自分で稼いで活計を立てる労働者ではない。自分を引っ張る才人が必要な女性を演じたのである。皮肉なことだが、モルチャノフという姿を取って彼女の王子が現われたとき、すでにサヴィナは、彼を単なる後援者として扱うだけの、十分な自立性を手にしていた。彼女の王子は、自分の成功を確認するために登場する、言うなればい

32. 異装を売りにした女性芸人オリガ・ドゥレトヴァ

33. 「異装芸人」アレクサンドル・ガリンスキー（盛装時の写真）

くらでも代えのきく存在でしかない。彼女は、すでに自力でハッピーエンドを達成していたのである。

男らしさをめぐる議論は、第一次世界大戦の勃発によって最高潮に達した。フェミニティ（女らしさ）とフェミニズムの対立も、戦争が女性に割り当てた役割をめぐって先鋭化した。開戦は、大衆に文化的イメージを発信するうえで、これまでのところ潜在的にはもっとも強力であったメディアの登場と重なっており、またこのメディアの成長を促した。そのメディアとは、映画である。ロシアの無声映画に関しては最終章で論じるが、映画がジェンダー間の深刻な対立を指し示していたことはたしかである。この対立は、混乱の時代に、女らしさと男らしさが文化的規範の座を求め争うなかで深刻化した。

第五章　内外を旅するロシア人

ツーリズムとミドルクラス

ニコライ・レイキンは商人身分出身のジャーナリストで、自分と同じ商人層の読者の間で、たいそうな人気だった。モダン・ライフを送るなかで読者が感じてきた困惑を、彼はたくみに戯画化したからである。たとえば、ヨーロッパ周遊旅行に出かけたロシアの成り上がり者を素材にして、レイキンは一八九二年にパロディ小説を発表した。題して、『オレンジの熟した場所』という。作品の主人公たちは――その一部は、レイキンの二年前の作品『わが国の国外旅行者』にも登場している――、パリ万博を訪れる。彼ら商人出のツーリストたちは、何かにつけて不平たらたらで、自分に似合わない衣装や、食欲を減退させるばかりの料理に機嫌を損ねている。無論、異文化交流にはつき物の、さまざまな失態にも悩みが尽きない。挙句の果てに、なぜ自分たちが、貴族にとっては必須であった大陸周遊のグランドツアーを絶対に経験せねばならないのかと、当然ながら疑問に思い始める始末である。レイキン作品の人物は、外国語と言えば、「ホテルの客室」や「アルコール飲料」を表わす言葉ぐらいしか、前もって覚えていかない。牛肉以外は、どんな料理を出されても怖気づいてしまう。そんな彼らは、重要な事実を発見する。「故郷が最高」ということだ。こうしてロシア人ツーリストは、訪れた場所が「自分にはまったく合っていない」ことに気づくのである。フィクションの世界で、彼らに匹敵する人物を挙げれば、敬愛すべきロンドンっ子、ブラウン夫人といったところだろうか。ヴェネツィアの「ため息橋」でブラウン夫人が感じたような場違いな気分を、この一団も感じるのである。(1) レイキンの創造した不運な旅行者は、マーク・トウェインの描く『イノセント・アブロード』とも似ているだろう。訪問先への反応を通して、この人たちは実は自分の育った社会について、多くのことを語っているのだ。

一八世紀、ヨーロッパの青年貴族たちは、大陸をめぐる周遊旅行に出発した。それは様式化されたセンチメンタル・ジャーニーと呼べるもので、科学上の発見というより自己の発見を目的としていた。(2) それから一世紀後、商人身分のロシア人ツーリストは同様のルートを辿って国外に向かい、知的洗練の輝きを——もっとも、そういう輝きはすでに大陸周遊からはいくぶんか薄れてしまってはいた——追い求めた。これらのツーリストは、文化資本を蓄積しようと決意していた。ピエール・ブルデューの主張によれば、文化資本は経済資源の重要な補完物で、社会的な転用が可能である。(3) 多くのロシア人は、知的洗練と権力とが相互に補い合う関係にあることに気づいていた。彼らは自分たちの行動範囲だけでなく、地理的認識の範囲も拡げようとし、そのために、改良が進んだ当時の輸送手段、そして伝達手段を活用した。一九世紀末の急速な工業化の過程で、個人の運命は産業の盛衰に翻弄されたが、この時代のツーリストには、経済的な資本と同じく文化的な資本を蓄積する、きわめて現実的な理由があった。

レイキンは自分の本に登場するツーリストを戯画化し田舎者扱いしたが、皮肉なことに、このとき彼は、ツーリストが実はモダニティの主役であるという事実を利用している。商業ベースに見合う産業としてのツーリズムの成長は、ミドルクラスの生成と並行しており、すでに資本主義は旅行の様式やその動機に重要な影響を及ぼしていた。商業旅行を容易にした交通革命を初めとして、資本主義の原理はツーリズムのすべての側面に変化をもたらしたのである。心理面では、ツーリストは時間について新しい観念を抱くようになった。休暇を、労働の周期の合間の休憩時間と捉え始めたのである。ジェイムズ・ブザードの指摘によれば、休暇は「日常生活を離れて、こういった機会でもない限り実現の見込みもないような潜在的な可能性を自由に現実化するための時間、あるいは想像の余地」を保証してくれる。[4]とは言っても、こうした自由は、時間と賃金によって決められてしまうものだろう。今や時間は、輸送手段が時刻表どおり進むように、適切に組織されねばならなくなった。そしてまた、商業的ガイドブックでお勧めの内容を体験するには、ある一定の長さの時間を確保しておく必要も生じた。揺籃期のツーリズムをリードした人びとは、どのように体験という行為を商品化し販売するかを、商業資本主義から学んだ。広告を収入源とするツーリスト向け出版物は、冒険の商品化を推し進め、ついにはこれを旅の終わりを記念する土産品という形で売り込んでいった。かつての思索に富んだ旅先からの手紙は、急ぎ書きなぐられた絵葉書へと姿を変えた。[5]時計とガイドブックはツーリストの必需品となったが、かつてのような自力で道を切り開く旅人であれば、これらはナップザックのなかに入っていなかったろう。

ツーリズムと帝国

ツーリズムは、ロシアのミドルクラスが自己のアイデンティティを成長させる手段のひとつとして発達した。ここに言うミドルクラスのアイデンティティは、コスモポリタニズムと保守的ナショナリズムという、本来まったく異なる性質を合わせたものである。こうした現象は、旅の主役が貴族出身の「旅人（トラヴェラー）」からブルジョワジーの「ツーリスト」へと移ったことから始まったが、それはエリート主義から商業主義への移行が内包する、およそすべての社会的変化をともなっていた。[6]ハーヴェイ・レーヴェンスタインは、こういう「旅人／ツーリスト」の二分法が、「旅人」をロマンティックに理想化し、「ツーリストという言葉を軽蔑的に用いる」発想に立っている、と言う。[7]けれども、このような二分法は、教育旅行と娯楽旅行を区別する、きわめて有益な社会的区分と言うべきである。ツーリズムが隆盛を見るに及んで、ナショナリズムに関わる言説と帝国主義に関わる言説が互いに融合していく状況に、観光産業は深く巻き込まれていった。ツーリズムの隆盛は、ロシア帝国が周辺部を併合し拡張していく過程と並行して進んだ。この過程でツーリズムはきわめて重要な役割を果たしたが、それと言うのも、ツーリストをもっとも魅了するスパや海浜が帝国の東部および南部の非スラヴ人地域に位置していたからである。

地名を文化的に盗用することは、併合の第一歩であった。こうした盗用に促進されて、エドワード・サイードが「想像の地理学（イマジナティヴ・ジオグラフィーズ）」と名づけた営みも生まれたのである。[8] メアリ・ルイーズ・プラットの観察によれば、改名とは、いわゆる「発見者」が現地の知を征服者の知に組み換えていくひとつの手段である。[9] たとえば、一七八七年にエカテリーナ大帝はクリミアへの大旅行を行なったが、これによってクリミア併合は、正規の条約には欠けていた権威を帯びるようになる。ロシアがオリエント世界のエキゾティズムを今や自分のアイデンティティの一部として吸収したという事実が、こうして強調されたのである。[10] エカテリーナはタヴリヤという古名を復活させて、クリミア半島をロシア化した。タタールの居住地としての過去、とりわけムスリムの遺産を消し去ることで、彼女は歴史の修正を試みた。彼女の主たる目的は、この半島を古代ギリシアと結びつけることにあった。古代ギリシアは、その後継者としてのビザンツ帝国を間にはさんで、ロシア正教の源泉と捉えられてきたからである。[11] またタタール起源の地名ゲズレフが、ギリシア時代の古称エウパトリア（ロシア語ではエヴパトリヤ）に戻された例もある。ここはクリミア戦争の重要な会戦の舞台であるため、戦後、ツーリストを強く引きつけた。けれども、慣習もまた固有の浸透力を持つ。エカテリーナは、タヴリヤという、太古に初めてこの半島につけられた古名を復活しようと試みたが、こういう彼女の努力によっても、トルコ語由来のクルィム、すなわちクリミアという名称を駆逐することはできなかった。[12]

翻訳という手段を用いたロシア化は、文化的征服の及ぶ範囲を拡げた。カフカース地方のピャチゴルスクについて、当初ロシア人はここを「熱湯（ゴリャチエ・ヴォドィ）」と呼んでいた。それが後に、この地域に対してペルシア人が元来用いていた名称「ベシュ＝タウ」を意訳して、「五つの山（ピャチゴルスク）」を意味する新たな地名が採用された。[13] かつてのグルジア王国の首都トビリシもロシア化されて、チフリスとなった。カフカースに進出した新時代の征服者（コンキスタドーレス）たちも、自分にちなんだ名前をつけた。「ロシアのヴィシー」の名声を博することになるボルジョムでは、一八四五年にロシア軍の司令官が自分と娘の名を二つの鉱泉につけ、その水を娘の健康のために持ち帰っている。[14]〔訳注1〕バルト海の沿岸では、ナルヴァ河がフィンランド湾に注ぐ河口地帯が、一八七〇年代に入ると夏の人気の観光地となった。そこでこの地の指導層は、ピョートル一世がつけたグンゲルブルク（「空腹の町」の意）を改めて、より親しみやすいウスチ・ナルヴァ（「ナルヴァ河口」）へと名称を変えた。[15]このように地図を描き直すことで、ロシア人は自分たちの帝国史も書き換えたのである。

こう見てくると、各地でロシア化が進展したと言えるかも知れない。しかし、事態はそれほど単純ではない。昼間、文化と歴史をめぐる旅をしてきたツーリストたちが、夜に羽を休めた場所を眺めてみよう。すると、逆の現象が生じていたことが分かる。各地に現われたほとんどすべてのホテルには、当初、「ヨーロッパ風の」という修辞が付されていた。この言葉の響きで、客が高いサービスを期待できるかのようなイメージを生み出していたのである。他に多く見られた例としては、ブリストル、グランド・ホテル、ベルヴュー、さらにはサン＝レモといった語をロシア語に翻字した名称もあった。モスクワにあった「スラヴのバザー」（スラヴャンスキー・バザール）は、この第二の首都で人気を集めるホテルのひとつへと成長した。このホテルは洗練されたレストランを備え、ローカルなアイデンティティを売りにした点で、群を抜いていた。だが、ロシアのホテルは、そこから名前を借りてきた本家のサービス水準を、果たしてどこまで維持できたのだろう。——その程度は明らかにバラバラで、時とともに向上が進んだ、と言う他ない。西欧のガイドブックでは、ロシアでの基準が評価の物差しに使われることはまずなかった。もっとも一九一二年に書かれたガイドでは、「（ロシアの）主要都市におけるホテルのサービスと料理は、まさに圧倒的だ」といった、高い評価が見られる。[16]

本章の主題

本章が扱うのは、近代産業のひとつとしてのツーリズムの発展である。さらにここでは、ツーリズムを、近代なるものが内包している拡張性や伝播性を物語るひとつの要素と捉えて分析することにしたい。以前の社会と比較したとき、近代はいかなる利益をもたらしたのか。――これについては、現在のところ、いろいろな意見がある。だが、初期のツーリストが近代の積極的な代弁者だったことはたしかだろう。フロイトですら、ツーリズムについて分析している。彼の見立てでは家族、とりわけ父親からの逃避こそが、旅行がもたらす心理的な利益だった。[17] 社会学者のディーン・マッカネルの見解によれば、「近代社会の経験的・観念的拡張は、さまざまな点で……ツーリズムと観光に密接に関連している」。[18] またジョン・アーリは、各種の制度、技術、イデオロギーを通じて、一九世紀に「ツーリストの視線」が形作られてきたとする。そして彼は、接触による新たな成果が既存の世界観に融合される、独特の過程について論じたのである。[19] 地元の住民が、こういうツーリストの視線をどう受けとめたのかはまた別の問題で、これについてはこの本では触れない。ただし、ロシアを旅行する西欧人ツーリストの眼に映ったロシア人の姿については、本書で論じておこう。西欧人の視線が、比較的モダンなアイデンティティを築くことになったからで、この点はやはり無視できないのである。

ロシアの旅人

ロシアを想像する――カラムジンとプーシキン

「旅人」型旅行者の典型と言えば、ロシアではピョートル大帝だろう。彼は自分を発見するためだけでなく、より正確な言い方をすると、自分が体現する国家を発見するために西欧に旅した。貴族のなかでも、とくに選りすぐりの人びとにとっては必須であった西方への旅行は、当時ピョートルの下で、国家勤務の一形態として開始された。そういった貴族のひとり、一六九七年にイタリアに送られたピョートル・トルストイの日記を見ると、彼は文化の相違について、レイキンの描いた商人に比べて理解が深かったことが分かる。とは言っても、それを表現するための適切なボキャブラリーに困っていた点では、この両者はよく似ていた。[20] 強制的な西欧化をめぐる他の問題でも同じことだが、この点で、ロシア人は経験を豊かにするというより、単に過去の経験をなぞるにすぎなかった。アンドレアス・ショーンレの指摘によれば、ここがロシア人による旅行記と大陸の旅行者の作品との本質的違いなのである。なぜと言って、ロシアの筆者たちは、大部分の西欧諸国の読者にはすでにおなじみの文化について、まずは自分の読者に教えてやる必要があり、それと同時に、自分探しにも励まなければならなかったからである。[21] ロシア語の文章語を創るうえでもっとも影響力があった二人の作家、つまりニコライ・カラムジンとアレクサンドル・プーシキンが、ともに紀行文学の発展にも重要な役割を果たしたのは、驚くべきことではない。文体と心理描写の革新を通して、二人はロシア人に、自分たちの周囲で進行している帝国化に、いかに対応したらよいかを教えた。カラムジンもプーシキンも、ヨーロッパ文学の構造と様式が持つ強い影響を意識していたが、彼らはそういうヨーロッパ由来の伝統を徹底的にロシア化して、同朋たちに、より大きく多様な世界のなかに自分たちを位置づけるために必要なボキャブラリーと、そのための場とを提供した。一八世紀アメリカの旅行者ジョン・レドヤードに、「哲学的地理学（フィロソフィック・ジオグラフィー）」という言葉があり、これは主として哲学上の境界線で区切られた世界のなかに身体的な線を引いて境界を書き換えることを指す。レドヤードの表現を借りるならば、カラムジンとプーシキンが行なったことは、読者のために「哲学的地理学」を進めることであった。[22]

一七九〇年に、カラムジンはドイツ、スイス、フランス、イングランド（ここは彼のお気に入りだった）を歴訪した。このときの体験を書くことを通して、カラムジンは、かつてイギリス人トーマス・ヌージェントが残した古典、『グランドツアー』（一七四九年）が行なったことと同じ役割を果たした。ローレンス・スターンの『センチメンタル・ジャーニー』（一七六八年）が火を点けた、当時人気の紀行文学というジャンルに、カラムジンはロシア人として最初に貢献したのである。[訳注2] シムビルスク出身の作家カラムジンの『ロシア人旅行者の手紙』は、彼の帰国直後に『モスクワ・ジャーナル』に連載された。これは、記述的なルポルタージュと、思弁的な自省とを融合させた作品である。[23] 一人称で語られており、読者が彼のすぐ脇を歩いているかのように、カラムジンは「親愛なる友人たちよ」と呼びかける。こんな書き方で、カラムジンは読書と旅との境界線を曖昧にした。[24] たとえば、彼は次のように書く。「パリで一番輝かしい建物を一緒に見学しましょう。――いえ、それはときを改めてからにしましょう。あなたがたは疲れたし、私もそうです」。[25] カラムジンの旅日記はロシア人に、旅の目標は学問ではなく、自分を見いだすことにあると説いている。

カラムジンは、ロシアにおけるセンチメンタリズムのもっとも重要な提唱者だった。そこでは、知識は感覚的な経験を通じて蓄積されると考えるため、旅が奨励された。[26] 非常に情感に富む叙述で、カラムジンは心の内側と外界とを結びつけている。ロシアに帰国し、ペテルブルク近郊の海軍基地に上陸するや、彼は記す。「私は出会う人すべてを呼びとめ、質問しました。ただただロシア語で話しかけ、ロシア人が答えるのを聞くために。御存知のように、クロンシュタットよりもみすぼらしい街を見つけるのは難しい。しかしそれでも、私には愛おしいのです」。[27] さらに、次第に自信を深めたカラムジンは、ロシアで最初の重要な歴史家となった。そして、ロシア人が自分の土地にその存在を刻み込むための、新しいテクストを提供したのである。[28]

カラムジンとは対照的に、プーシキンはヨーロッパを訪れることを夢見ながらも、それを実現することはできなかった。政治的理由のゆえに、専制政府が彼にパスポートの交付を拒んだからである。だがリツェイでフランス語、英語、古典語を学んだ彼は、ヨーロッパ文学に深く通じていた。オデッサとキシニョフでわずかばかりの国家勤務を経験した後、彼は詩作を活かして紀行作家として活躍した。『カフカースの虜』（一八二一年）でプーシキンは、読者を帝国の辺境部へと組み込まれたばかりのピャチゴルスクにいざなってみせる。『バフチサライの泉』（一八二三年）ではクリミア、『ジプシー』（一八二四年）ではベッサラビアへと、彼は人びとを連れていく。また散文でも、『エルズルム紀行』（一八二九年）を執筆して、オスマン帝国と境界を接するカフカース地方での軍事行動の模様を伝えている。

執筆を支えたプーシキン個人の体験は、非常に限られたものだった。一八二〇年にわずか二ヶ月カフカース地方に旅行した後、一八二九年にここを再訪しただけである。彼の描く風景は、彼の作品の人物と同様、現実に存在する以上に鮮烈な姿で、そのほとばしる想像力のなかから作り出されたものだった。批評家たちは、イギリス・ロマン主義のアイコン、バイロン卿が与えたプーシキンへの影響に注目してきた。二人とも、文明を否定し、世間のアウトサイダーに伍して社会とは何かを考えるような、幻滅にとらわれた人物をテーマとしていたからである。[29]二人が描く主人公は、世間に背を向けようとしながらも、自分が優れた人間であると夢想して、逃げ場所を求めた外の世界に自己を同化することは拒もうとする。[30]プーシキンの作品では、「他者」との接触は理想視され、主人公は異国の風習が手に届くものであるかのようにほのめかして、旅を奨励する。辺境を征服するさいに振るわれた暴力は、彼の作品が平等主義的な語り口をとるなかで隠蔽された。そこに登場する「他者」は獰猛な一方、心の底では高次の文明への同化を希求する存在として描かれたからである。[31]プーシキンの詩は、ある特定の場所への心理的な愛着を作り出す。今回は、帝国の辺境地帯が対象となった。[32]

ロマン主義の紀行作家は多くの読者に刺激を与え、彼らの足跡を追うようにして、読者は作家が歩んだ旅を辿っていった。[33]皮肉なことに、バイロンもプーシキンも、死後、その身体がツーリストを引きつけた。バイロンがギリシアで夭逝すると、彼の同朋は群れをなしてそこに向かった。詩人が見てきたものを追体験しようとしたのである。プーシキンもまた、自作の主人公と同じような死を遂げた。そして、彼の命を奪った決闘の舞台、ペテルブルクのチョルナヤ・レチカだけでなく、プーシキンがかつて住んだり働いたりした場所すべてが、聖地扱いされた。好調だったカフカースの観光産業は、一九一二年に次のような宣伝を打っている。――「プーシキンで育った」ロシア人は、「子供のころからこの地を訪れることを夢見てきた」[34]。プーシキンの生誕からほぼ二〇〇年を経た現在でも、彼にゆかりの土地を回ることは、一種の巡礼という性格を持っている。現在のロシアの政治的・地理的姿がどんなものであれ、それは自分とロシアの双方を発見するための旅なのである[35]。

カラムジンとプーシキンでは、文体も本質も異なっている。カラムジンはセンチメンタリズムの旗手としてヨーロッパを回り、ロマン主義に属するプーシキンは帝国の南部国境地帯を旅した。だが、自己認識を深めるうえで旅がどれほど重要であるかを、二人の作家はそれぞれの手法で明らかにしており、この点で両者は共通する。カラムジンが重視したのは、彼の『手紙』を通じて読者が体感できる経験だった。これに続いて、彼は歴史書を執筆し、そこではロシアの地理的位置づけを明示するような枠組みが提示された。これに対して、プーシキンが読者に提供したのは、想像力とモティベーションである。いずれもロシア人が、自分は他者に優越しているというイメージを抱きながら、「自分たちの」帝国をあちこちと訪れるうえで必要なものだった。プーシキンの後継者たちの多くは、読者をこういう詩的な旅行へといざない続けた。そのなかでは、ロマン主義の作家ミハイル・レールモントフがもっとも卓越した力を見せている。

紀行文学の流行——フヴォストフ、ゲラコフ、ベロフ

カラムジンは、「荷物を背負い、杖を手にした者は、官界にも学界にも責任を負わない」との言葉を残している[36]。これは、後の紀行文で人気の金言となった。二流の詩人で翻訳家のД・И・フヴォストフ伯爵は、一八一八年に『旅行記』[37]を刊行し、「サンクト・ペテルブルクからチフヴィンスキー街道に沿って帝国の諸都市に至る」旅を記した。彼が描いたのは、最古の、そしてそれゆえにもっとも神聖な古代ルーシ以来の都市である。そのような街、ヤロスラヴリやスズダリでは、一三〜一四世紀に起源を有するロシア正教会の修道院が、今日でも主要な観光資源であり続けている。フヴォストフは旅行の詳細と歴史情報とを、そして人口統計と詩とを結びつけた。

一八二四年に刊行された彼の旅行記の第二版には、読者からの書簡が追加されている。フヴォストフの本を出した出版社は数年後、さらに読み易くハンディな『放浪者たちの日誌』を刊行した。この本は、二人の旅人の交流と会話にもとづく日記という形を取っている。ただし、作者の情報は詳らかでない。[38]

国家に勤務する者たちは、自分が公務で行なった旅を、カラムジンを真似た絢爛豪奢な散文形式で記録して、それが公務ではなかったかのような偽装を始めた。一八二八年、五等文官ガヴリール・ゲラコフは、自分がロシア各地を回った旅の体験談を刊行した。[39] ゲラコフの旅日記は、訪れた土地を読者に深く知ってもらおうと自己発見の話法を用いていて、この点でとくに貴重である。[40] たとえばニジニ・ノヴゴロトで、彼は「永遠のミーニン」の墓を前に涙する。ミーニンとは一七世紀初頭の動乱時代、一六一二年にスウェーデン軍とポーランド軍を駆逐した国民軍のオルガナイザーで、ニジニ・ノヴゴロドで屠殺を営んでいた。ゲラコフは、現在(いま)の自分とロシアの過去とが結びつく場に立つという感動的な体験を見事に利用し、経験に箔をつけるためには、実際に目撃者になることが必要だと強調したのである。[41]

ゲラコフは遠く、クリミア半島はシンフェロポリまで出かけている。彼は出会った人びと、出会った土地を描くさいに、歴史的要素を散りばめた。そうすることで、ゲラコフはタタール人、グルジア人、カザークをエキゾティックな、しかしロシア人と地理を共有する同朋として紹介したのである。この旅行談で「外国人」と呼ばれるのは、鉱泉を求めてクリミアを訪れていた西欧人である。[42] ゲラコフの革新性は、旅行という行為における基本的要素、たとえば道路、食事、宿泊施設といった問題を強調した点にも現われている。[43] これらの根本的な問題が解決されて初めて、内省の機会を求め単独で行動する旅人に代わり、休日に大挙して出かけるツーリストが旅行の主役になり得たのである。プラットが指摘したように、この新しいツーリストという存在は、ロマンティックな旅人というより実利重視のプラグマティストであった。彼らにとって克服すべきは、実際に往来を妨げる軍事的な障害より、むしろ快適な滞在を保証する補給上の問題だったのである。[44] 突然に訪れた訪問者でも宿泊が可能な余力を備えたのは、まずもって主要都市だった。また、初版が一八三七年に刊行され、その後も版を重ねた小型ガイドは、モスクワからペテルブルクまでのルートを取り上げ、有料で食と寝床を提供してくれる家庭を紹介している。完全なホテルとは言えないにせよ、こういった施設が登場したことは次の事実を物語る。すなわち、旅行者が宿泊するために、知人や地方の農民を頼りにせねばならなかった時代は、もはや過去のものになったということである。(45)

一八五一年に『ヨーロッパ・ロシア東部に関する紀行文と印象』で自分の遠出のことを記したヨシフ・ベロフは、旅とツアーとの境界線を歩んだ存在と言うことができる。(46) 過渡期の人間であるベロフは、ひっきりなしに節約の必要を口にしている。このことから、彼が時間を持て余していた金持ちなどではなかった事実が明らかだろう。また、彼の泊った場所はきわめて多岐にわたっていて、そこに、次第に変わりつつあったロシア国内の状況が反映されていた。たとえば、片田舎ペルミの貴族たちは、自分たちとモスクワとをつないでくれる客人(まれびと)として外来者を手厚くもてなしてくれた。その一方、この旅人は道中、御者が寝る粗末な小屋に泊まらなくてはならないこともあった。ロシア皇帝の支配下にあるアジア系臣民やムスリムの慣習には総じて軽蔑的なベロフだったが、彼はタタール人家族のところで短時間の滞在を楽しんだりしている。またベロフは、モスクワとカザンにあった家具つきの安価な部屋など、より長期の宿泊に適した有益な情報にも触れている。ツーリズムが人気を集め、それゆえに利益を見込めるようになると、帝国のあちこちで企業家たちが「ペンション（ロシア語ではパンシオン）」を開き始めた。こういう安い宿泊施設は、まとまった長期の滞在を望む観光客には、とりわけ好都合だった。

単身で旅行していたベロフだったが、彼は現地で出会った観光中のグループについても言及している。そこには、男性顔負けに、旅を通じた自己発見を期待して胸をふくらます女性もいた。(47) ベロフの記述では旅行記にお決まりの歴史解説が一定の割合を占めるけれども、出色は帝国内部のエスニックな多様性、とりわけカザンのタタ

34. クリミアに建てられたペンションの一例

ール人に彼が向ける鋭い視線である。中立的な観察者としての距離を保ちつつも、ベロフは旅を通して、「中国の万里の長城からフランスの田舎に至る」諸民族をロシアに統合しようとした。[48]「目立たず、人の注意を引くこともなく、他民族を調査し分類していく」という、優越的な地位にあるエスニシティに特有の視線で、ベロフは行く先々を見回している。[49] 対象に対し距離を取って眺めるというその態度と、断片的な歴史情報を散りばめていくというその話法によって、ベロフは諸民族のるつぼという帝国の政治秩序の頂点にスラヴ人を置いたのである。こういう彼の態度や話法は、いわゆる「ツーリストの視線」を予兆させる。観察者が見知らぬ環境のなかで自分の立つ場所を見極めていくのを可能とさせる、あの系統だった物の見方である。

旅からツアーへ

専制政府は「大改革」を進めるなかで、ロシア人に旅行の理由とその機会とを提供した。農奴を人格的に解放してシティズンシップの意味を拡張したので、住民は帝国のより大きな使命に自分も関与したいと考え始めた。さらに、これに続いた工業化で新しい商業や技術の成長が生じ、これが旅行の機会を増大させた。そこで、旅行情報がさらに容易に利用できるようになる必要が生まれた。ツーリスト向けの商業的ガイドブックの出版で先駆となったのは、一八四〇年代のイギリス人、ジョン・マレー三世である。マレーの成功を受けて、すぐさまドイツ人カール・ベデカーが改良を試み、この業界では絶対的な支配力を誇った。〔訳注3〕彼は商業的観点を重視して、複数の言語で旅行ガイドを出したのである。ただしロシア人の場合には、まずは一八四五年に設立された帝室地理学協会の活動に頼らなくてはならなかった。この協会が、全国の地理情報をカバーした書籍を出していたのである。もっともそこには、人に関する情報がなかった。その後、民族学者が数巻本の教科書を出すようになり、彼らの言い方では「帝国」というより「祖国」と呼ばれるものについて議論を始めた。今やツーリストへと変わり始めた将来の旅行者にとって、これらは新領土を帝国の一部として描いた新しい情報源であった。(50) ツーリスト時代の訪れを告げたのは、一八七五年にペテルブルクに登場した小新聞である。これは広告収入だけで製作され、ヨーロッパとロシアの主要都市に配布されて、広くロシアの両首都のホテル情報を伝えている。(51)

団体旅行とツーリズムの発達

団体旅行の始まり

一般に商業的ツーリズムの創始者とみなされているのは、一九世紀半ばに活躍したイギリス人、トーマス・クックである。団体旅行を組織するうえで彼が始めた新機軸が、後世にさまざまな影響を及ぼしたからである。レスター禁酒協会の書記として、「レベル向上」運動に関与していたクックは、地方の労働者階級にとって飲酒に代わる娯楽となるよう、遠足を組織することから事業を始めた。〔訳注4〕労働者も休暇を保証され、教育目的での旅行を奨励されるべきだとクックは説くのだが、これは必ずしも賛同を受けたわけではない。だがクックは産業革命の諸原理に依拠して、一八五一年にイングランドの中部からロンドンまで一五万人以上のツーリストを送り込んだ。

このツーリストたちは、この年の第一回万国博覧会の目玉で、英国が誇る未来への記念碑とも言うべき、水晶宮を見物したのである。クックの理解によれば、鉄道は旅行をめぐる多くの根本的な問題について、再考の機会を提示するものであった。同時にまた、クックは、実用性を重視する組織化と大量生産が効率化と経費の削減の双方に寄与することにも気づいていた。観光旅行に金をつぎ込むという行為は、自分を向上させるという名目で簡単に正当化されたのである。(52)

クックが考案した手法を通じて、それまで「休暇」や「可処分所得」といった言葉の背後に秘められていた観念が、ついに世界で最大の産業を作り出すことになった。(53)クックは教養の低い者を尻込みさせていた心理的障壁の一部を取り除いて、さまざまな社会的背景を持った顧客たちをひとまとめにして連れ歩くのに成功した。エドマンド・スウィングルハーストは次のように指摘している。——クックと契約したツーリストは、「自分よりも社会的地位の高い者がまとうオーラが、あたかもおのれの肩に降りてくるかのように感じていた。この人たちの多くは、上流階級に奉仕する教師や医者、聖職者であった。この人びとが、自分と上流階級との間の文化的ギャップはときの経過とともに埋まっていき、それがひいては社会的ギャップも縮めていくと期待したのは、それゆえ無理からぬことだった」(54)と。クックは多国語を操るガイドをつけ、宿泊施設を前もって準備して、団体旅行を組織した。また国境を通過するさいは、通行税の納付や通貨の両替も支援した。美術評論家のジョン・ラスキンは、団体旅行では人びとが「ひとつの塊であるかのように振舞い、目的地から目的地へと慌てて移動する」傾向にあると嘆いている。(55)このラスキンは工業化による略奪から農村的なロマン主義を救い出そうと、自分の芸術的影響力を駆使した人である。ツーリズムの発達で旅行からエリート主義的性格が失われていく時代にあって、ラスキンは独立した旅人たらんとした。この時代、きわめて多くの人びとが、彼らの熱望に応えるかのようにラスキンのような批評家が文化資本へと変えたものを、経験することができた。しかし、それを可能にしたのは、まさにこういうパック旅行の進化であった。

ロシアの観光産業

クックが先鞭をつけた団体旅行のモデルは模倣が容易であったため、ほかにもツーリストの募集を開始する代理店が登場した。ロシアにはクックやベデカーのような先駆者は現われなかったが、顧客からの手数料で事業を営む小規模ながらも多数の旅行代理店や、国内への、そして頻度は少ないが国外への観光旅行を促した会社組織が生まれたのである。こういう会社のなかで最初にメジャーになったのが、ロシア汽船貿易会社である。同社は、ラスキンが強く蔑んだ考え方、すなわち人間もまた商品だとの考え方を、むしろ容認していた。一八五七年にオデッサで設立されたこの会社は、工業化を図る政府から補助金の恩恵を受けていた。この海運会社はその後、発展途上の鉄道部門にも手を伸ばして、貨物だけでなく乗客も運んだ。(56) 一八九七年の時点で、同社の持つ船舶のほぼ半数、四七隻が乗客を受け入れていた。そのなかには、観光旅行用に設計されたクルーズ船二隻も含まれている。(57) 一八九二年の飢饉とコレラ流行、そして一九〇五年革命のような自然災害あるいは社会混乱の時期を除き、帝政期を通じて、この会社は順調に利益を上げた。(58) 乗客には安価な切符に殺到する傾向があったが、聖地への巡礼は相当な数にのぼり、巡礼の輸送はこの会社のドル箱事業のひとつだった。(59) 一九一五年までに、同社は国内、国外のきわめて多くの地域にツーリストを送っている。二〇名以上のグループについては、格安旅行が組織された。学生と教師も、通常より割安で旅行ができた。(60) 会社の本社はペテルブルクにあったが、主要都市すべてと海辺のリゾート地には事業所が置かれていた。

ロシア初の旅行代理店を自称する企業は、ペテルブルクに、レオポリド・リプソンによって設立された。かなり早い時期から、すでに一八六七年には、彼はイタリアとスペインへのツアーを手配し始めている。宣伝上の戦略としてリプソンが強調したのは、旅の手軽さである。彼がクックの手法を借りて約束したのは、「心理的・肉体的な快適さに関わる苦労のすべて……すなわちチケット、荷物、ガイド、輸送、そしてチップに関係したすべての面倒」を肩代わりすることだった。他の業者と異なるリプソン社の顕著な特徴は、そのツアーがゆっくりしたペースで進められたことである。この結果、現地の人びとやその土地を味わう時間的な余裕が生まれ、参加者は「一生涯残るような記憶」を持ち帰ることができたという[61]。

近代都市の人間関係を再現するかのように、リプソン社のツアー参加者はお互いにまったく面識のない者として顔を合わせた。そのなかには、男性の姿も、女性の姿も見られた。リプソンが、自社のツアーへの参加条件のひとつとして、適切な社会的振舞いを求めた点は重要だろう。ツアーの成功は集団の仲のよさに左右されたので、リプソンは、たとえば宗教や政治に関する議論を避けるように助言している。一定の上下関係を維持するために彼が主張したのは、不満は引率者に直接訴え、他の参加者の前では決して表に出さないことだった。国境を越え禁輸品を運ぼうとして逮捕される者が出たりすれば、グループ全体に迷惑をかけることになるだろう。興味深いことに、創設から四〇年後も、この旅行手配者は依然として、旅先での振舞いの重要性を強調している。この事実は、ツーリズムが多くの者にとって、社会化、そして世界市民化（コスモポリタニズム）の手段として機能したことを示している[62]。一八八五年の時点でリプソン社の提供する旅行の価格は、フィンランドとスウェーデンを三週間で旅する三五〇ルーブル程度のものから、パリやイタリア、エジプトなど各地をめぐる代金二五〇〇ルーブルの三ヶ月旅行まで、多岐に及んだ。これらのパッケージの料金は、ロシアの新興富裕層にとって手頃なものだったろう。この分野では彼らは経験を欠いていたため、これを補ってくれるリプソン社の組織的手腕が必要であった[63]。

ロシアの旅行代理店に関するデータは、絶望的なまでに散逸している。残されたそれから分かるもっとも確実な結論は、少なくとも数社が数年間は存続し、業界にとどまるのに十分な成功を収めたということである。ある一群の投資家たちは、リゾートの設営を図る同様の企業家の存在に刺激されて、一九〇三年に「ツーリスト」という会社組織を立ち上げた。残る史料が乏しいため、このツーリスト社がどの程度の成功を収めたのか、定かではない。ただ同社の定款には、この発展途上の業界で、当時いかなる課題が関心を集めていたのかが示されている。ツーリスト社の社員（出資者）になるには、少なくとも年三ルーブルを支払えばよかった。とは言え、主たる出資者は、責任の多寡に応じて五〇〇〇、三〇〇〇、一五〇〇ルーブルといった額を投資する人びとで、社員は出資比率にもとづき利益を受ける。同社の発起人は、自分たちの業界では規模が重要なことを理解していた。それゆえ彼らの説明によれば、「個々の店舗や小企業と協議することに関心はなかった」。また彼らには、開発が進んでいない地域では、ツーリストをいつでも宿泊させられるとは限らないことも分かっていた。それで彼らは、宿泊施設と食事を適切に手配することを約したのである。さらに同社は多言語を扱える代理店との提携を押し出していたので、外国人ツーリストも対象とした事業展開を望んでいたと思われる。しかしツーリスト社の発起人は、ラスキンが軽蔑していた考え方、すなわちツーリズムは人と物品を流通させるものである、との考え方を本質的に理解していた。同社は石けんからハガキまで、ツーリズムに必須の商品を製造し、国中の鉄道駅で販売するよう、交渉を進めるとした。ただしこの種の活動は、着手してもおそらくは失敗しただろう。会社は労働力を利用するうえで、資本主義的な原則に依拠していたからである。その場合、多くの仕事を抱え込む業者ほど儲けは少なくなるものである(64)。

非営利の旅行クラブ――ロシア・ツーリスト協会の場合

しかしロシア人には、私企業よりも公式に許可を受けて設立された団体の方を好む傾向があったようである。たとえばアルペン・クラブは、一八九〇年代以降、アマチュア登山家をカフカースやクリミアへと導いていた。スポーツ・クラブなど、当時多数存在していた自発的結社（ヴォランタリー・アソシエイション）と同じで、これらの団体に利益を出す義務はなかった。目的に共感する外部の後援者から、資金を得ることができたからである。資金調達のために、興行を主催する権限を認められた団体も多い。さらに定款を見ると、これらの団体はツーリズムを教育、それも主として健康に関する教育の手段と位置づけ、活動していくことが強調されている。多くの団体が独自の会誌を発行していたが、こういう公的な機関誌に加えて、複数の商業雑誌の刊行も始まった。一九〇五年の『旅行者（プチェシェストヴェンニク）』、一九一二年の『美しき彼方（プレクラスノエ・ダレコ）』などである。会誌の方は科学的情報とセンセーショナルな物語の双方を載せ、教育という目的に資そうとした。これに対して、商業雑誌は読者からの収入に強く依存していた。ニュータイプのツーリストが提供する、きびきびとした散文体と客観的な観察眼は、旧来の紀行作家が帯びた情緒的な性格と明らかに一線を画している。

この種の団体のなかで、「ロシア・ツーリスト協会（ロシースコエ・オブシェストヴォ・ツリーストフ）」は最大のものになった。ペテルブルクを本拠としたこの協会は、一八九五年に設立された自転車ツーリストのための旅行クラブに端を発する。この協会が自転車旅行から始まったのには、二つの理由がある。最大の理由は、自転車が比較的安価な旅行手段だったことだろう。さらに言えば、サイクリストに関する規則は都市ごとに異なっており、自転車で境界を越えるさいに要求される通行税は非常に複雑であったため、中央に拠点を持つ組織が必要だったのである。サイクリストたちは遠乗りを企画し、他の都市にある類似の組織との協力関係を築き始めた。彼らの会誌は当初『自転車（ヴェロシペド）』と題されていたが、一八九八年に『ロシアのツーリスト（ルスキー・ツリースト）』と改称された[65]。一九〇三年には、二一五三名もの会員を数えた[66]。年会費は二ルーブルとされていたが、後に一ルーブルに引き下げられた。リボピエルはここにも顔をのぞかせていて、五〇ルーブル支払って終身会員となることにより、ロシア・ツーリスト協会に精神的な支援を与えている[67]。

ロシア・ツーリスト協会という新しい名前を採用したことは、サイクリスト中心の団体というイメージを変える以上の意味を持った。協会の会誌は、タイトルにエスニックな意味でのロシア人を指す「ルスキー」という形容詞をこれまでのように使っていたが、会の公式な名称としては、「ルスキー」に代えて、帝国的な含意を持つより包括的な語である「ロシースキー」を使用し始めたのである。ペテルブルク以外の主要都市には地域の代表が常駐し、帝国中の町や村には利用者と協会とを取り次ぐエージェントが存在した。一九一〇年の時点でこの協会は、主要な都市に一〇〇名以上の代表と二五以上の大規模な委員会を抱えるほどだった[68]。『ロシアのツーリスト』誌はエージェントの氏名を一部掲載していたが、一八九九年のリストを垣間見るだけでも、ツーリズムが多様化していた事実をうかがうことができる。こういうリストのなかに郵便局長、村の医師、ルター派の牧師、そして公爵が含まれていたからである。[69]

『ロシアのツーリスト』誌のおかげで、道はどこへでも開けているようなイメージが生まれた。実際、同誌にはイタリア旅行や中国徒歩旅行に関するレポートが掲載された。もっとも旅行の大部分は、実のところは、かなりささやかな規模だった。主だったツアーの形としては、地方に在住するエージェントが、参加料金一〇コペイカでご当地の見どころへと日帰り旅行を組織する例がある。こういった旅行を通して、「週末」という時間の観念が強められた。すなわち、労働から切り離された時間を、自己啓発のための有意義な計画で埋めることが意識され始めたのである。モスクワのキャンディー工場への日帰り旅行が、コダック社のカメラで記憶にとどめられると（同社は雑誌に広告を出していた）、ただの平凡な土曜日がひとつの大きな事件に変わった。[70] トゥーラ支部は、偉大なる作家トルストイの領地ヤースナヤ・ポリャーナの訪問を企画し、現在「トルストイ紀行」と呼ばれるようなツアーの先駆となった。[71] ロストフ・ナ・ドヌーの会員たちが組織したのは、Н・И・パストゥホフの領地へのピクニックである。彼は、モスクワでもっとも成功したタブロイド紙『モスクワ紙新聞（モスコフスキー・リストク）』を刊行して、酒場のオーナーから百万長者へとのし上がった人物だった。成功後、自分の生地へと引退していたのである。[72]

ツーリスト協会は、会員の洗練度を高めるためのレッスンを提供した。彼らが強調するところでは、ツーリストになる理由のひとつは、社会的格差の解消に役立つ文化的な技能を身につけることにあった。たとえば協会は、世紀転換期ともなると駅構内に設置されるようになっていた自動券売機をいかに使えばよいのか、説明を行なっている。[73] また、会誌に載った広告からは、ツーリズムが著しく商業化しているのを知ることができる。国境を越える団体旅行を組織するのとまったく同じような感覚で、協会は利用者にディスカウント価格でカメラなどの旅行用装備やホテルを提供していた。商人たちは各地の協会の代表と交渉して、旅行参加者のために格安品を供給した。こうして、入会費二ルーブルと引き換えに与えられる会員バッジが、流通性のある金銭的価値を帯びたのである。それに加えて、協会は会員に対し、政治的とも言えるような主張の機会を提供した。たとえば、ロシアの道路が適切に整備されていない状況をやり玉に挙げて、協会は当局への抗議運動を組織している。[74]

ロシア・ツーリスト協会モスクワ支部

ロシア・ツーリスト協会のモスクワ支部は一九一〇年に独立を宣言し、事業範囲を拡げ始めた。[75]「レベルアップによる対等化」という、もともとはクックが主張した信条を踏襲して、モスクワ支部は、社会経済的な観点から見て下層に位置する人びとのために、教育ツアーを組織したのである。参加者として想定されていたのは学校教師、学生、医療助手など、仕事柄、自己啓発に関心が高いと考えられる者たちだった。ここでは、ツーリズムが単に「誰もがやりたいもの」というだけでなく、「誰もがするべきもの」として認識されてきたことが重要である。「人民のインテリゲンツィヤ」を自認する、『知識報知（ヴェスニク・ズナーニヤ）』誌の関係者たちは、一九一〇年にこのツーリズムの意義をめぐる論争に加わった。彼らは独自のガイドブックを出すとともに、会誌の登録読者向けにツアーを組織しようとしたのである。[76]だが、このガイドブックがあきれるほどに専門性を欠いていたことを思うと、『知識報知』グループにちょっとした遠足以上のものを組織する能力があったとは考えにくい。たとえば、読者が退屈するからとの理由で、ガイドブックは列車の時刻表を載せておらず、代わって、もっぱら思弁的な話題ばかりを取り上げている。しかしそれにもかかわらず、『知識報知』の関係者は、自分たちの「学び教えよ」というモットーと、「自分の故郷を学べ」というスローガンとを結びつけようと努めていた。[77]そこに、この当時、ツーリズムへの態度やその目的が変わりつつあった事実が反映されている。一九一七年以降、労働者が掲げる要求のなかに――そしてまた政府が賛同する活動のなかに――、ツーリズムへの参加を含めることが重要になった所以である。[78]

ロシア・ツーリスト協会モスクワ支部については、有益な記録が残されている。一例を挙げると、一九一一年のエクスカーションに参加した三六三名の給与額が、公刊されている。その額は、年三〇〇ルーブル以下から六〇〇ルーブル以上にまで及ぶ。標準的な金額は、三〇〇ルーブルから四二〇ルーブルである。[79] これら給与額が分かる参加者には、熟練労働者、教員、商店主、下級役人といった、当時生成過程にあったミドルクラスで、そのなかの下層に位置する人びとが含まれている。彼らはツーリズムに参加することで、ミドルクラスを自認することができたのである。エクスカーションはいろいろな形で組織され、料金も目的地や滞在期間に応じ、五五ルーブルから一一五ルーブルとさまざまであった。ちなみに目的地はフィンランドからカフカースにまで及んだが、すべてロシア帝国内の地域である。協会はモスクワでもっとも有名な慈善家たちに、追加の資金援助を要請した。そのなかには、商人のパトロンとして知られた女性Ю・T・クレストヴニコヴァとM・K・モロゾヴァ、モスクワ在住の三人のリャブシンスキー家の人びと、そして気前のよかったC・B・パーニナ伯爵夫人の名が見られる。[80]

経験が蓄積されると、ツアーの質も向上する。それにともない、参加者の数も増え、必ずしもパトロンを必要としなくともよくなった。一九一二年に、モスクワ支部はわずかではあるが利益を計上している。[81] 七〇〇名の参加を見込んでいたところ、実際には八〇〇名以上のツーリストが旅行の契約をしたからである。主催者側は、個々の見物の間の休憩時間を増やすなどして、移動のペースを緩やかにした。団体旅行が始まった当初は、問題はいろいろと大きかったが、この頃でさえ、調査を受けた者のうち八四パーセントが満足であると答えている。カフカース旅行中に溺死した参加者も、その直前までおそらく十分に楽しんでいたことだろう。[82] 村の教師たちはツアーのおかげで、田舎の単調な生活から一時的な逃避の機会を与えられた。彼らはツアー後のアンケートで、異口同音に感謝の気持ちを述べたのである。彼らの感想を要約すると、次のようになる。「心を寄せ合う友達もなく、さびれた村で年中過ごし、私の魂は疲弊していた……。学期後の休息や娯楽への渇望……。年がら年中求めてきた夢が、突如として果たされるのだ。何という幸福！　自分たちの夢が現実のものとなる」[83]。野心的な主催者は、ヨーロッパ旅行についてもいくつか将来的な計画を進めていた。しかしすでに一九一三年を迎え、大戦

35.『知識報知』グループが刊行したガイド『スプートニク』(ロシア語で「旅行案内」の意)

により国境が閉ざされる時代が間近に迫っていた。

温泉——国民国家としての帝国

温泉リゾートとしてのカフカース

ツーリストが、旅行によって自分の肉体と精神のいずれを先に強化しようと考えたのか、正確に知ることは不可能だろう。ただ二〇世紀に入るまでは、肉体と精神とはそれほど明確には区別されていなかった。それゆえ、両者の間でツーリストが自覚的に選択を行なうことは困難だったろう。特定の病気を治療しようとする者もあれば、失われたエネルギーを回復し、自分を再生するには、一時的な休養が必要だと考えていた人びとも存在した。肉体をケアするためには、特定のタイプの土地や鉱泉が必要であった。そして、鉱泉はその回復力の高さから、古代より人気の目的地であり続けてきた。鉱泉の周囲に築かれた温泉地（スパ）は、心労やその他の健康不安に悩む人びとに回復を約束してくれたのである。[84] ツーリズムが産業として発達すると、スパはバケーションのためのリゾートへと変化した。ミドルクラスの家族旅行を対象に、湯や泥による温浴に加え、各種の娯楽が提供され始めた。[85] なるほど、観光産業に飲み込まれてしまう前でさえも、スパ文化には単に治療に関わる以上の何かが含まれていた。たとえばスパでは、普段は接点のない謎めいた人びととのロマンスが生じる可能性があった。有名なスパの多くは国境地帯に位置したが、こういうロマンスは、その近辺に生活する、さらに謎めいた人びととも起こり得たのである。

スパは、ツーリズムが発達する以前から文学作品に頻繁に登場している。絶大な人気を博したA・A・シャホフスコイ公の喜劇『リーペツク温泉』（一八一五年）を観たロシア人は、タムボフ県のスパがその劇にふさわしい理想的な舞台であることを理解しただろう。ちなみに劇のテーマは、副題が示す「コケットになるためのレッスン」であった。登場する男性陣の中心は、ナポレオン戦争から帰還した将校たちだが、劇の主人公は腹に一物ある若い未亡人である。スパを舞台にしたおかげで、通りすがりの登場人物がごく短期間だけ同じ空間を共有するといった設定でも、話には十分な説得力が出てくる。これは、テレビの昼ドラで病院という舞台設定が果たす役割と似ている。アレクサンドル・ベストゥージェフ゠マルリンスキーは、一八二五年にデカブリスト蜂起に参加してシベリア送りとなった後、『ダゲスタンからの手紙』（一八三二年）を書いて、カラムジンやプーシキンのような紀行作家の仲間入りをした。その彼が一八二〇年代に著した二編の中編小説、『野宿の一夜』と『カフカース温泉地での一夜』は、スパを舞台としている。しかし、スパを舞台としたもっとも有名なロシア文学と言えば、やはりレールモントフの『現代の英雄』（一八四一年）になるだろう。[86] 彼の軍歴は波乱に富んでいる。レールモントフはカフカースで二度、懲罰として最前線に送られているが、一八四一年には、健康上の理由で、ピャチゴルスクの温泉地へと送られた。[87]

ロマンに満ちたカフカース。――プーシキンやレールモントフが描き出す、黒い瞳と情熱に彩られた物語は、この鉱泉に富む地方への旅行熱をさらにかき立てた。ロシア帝国で、カフカース以外に自然の恵みを強烈に印象づける土地としては、バルト海沿岸やクリミア、それもとりわけ黒海沿岸の地域が挙げられるだろう。こうしてスパ文化は、帝国主義の一翼となって発展した。言ってみれば、軍隊の後を追う形で、ツーリストが現地に入り込んでいくわけである。ツァーリ政府には、将校の健康回復のため、彼らをスパへと派遣する慣行があった。だから政府は意図せずして、温泉旅行を加速させたのである。[88] カフカースの鉱泉を用いてスパを作ることは、この山岳地帯で長期にわたり大きな犠牲を払って続けられてきた征服という行為を、文化的横領という手段を借りて背後から推進する試みであった。[89] 文学史上名だたる人びとが訪れたため、ピャチゴルスクはもっとも有名なスパとなった。ここは一八〇三年に最初のスパとして公式に認定されていたが、その後二〇年近く、リゾートとしての本格的な整備は進んでいなかった。二〇の鉱泉を持つ最大級の温泉地のひとつ、エッセントゥキは当初は前線基地だったが、一八三九年にリゾートとなった。ここと人気を激しく争ったボルジョムは、一八二〇年代以降、兵士の受け入れを始めている。

ボルジョムの歴史をひもとくと、この地域一帯の発展の様相が分かる。ここには、一八三〇年代に建物や浴場施設が現われ始めた。一八四五年、自分の娘を連れて治療に訪れたE・A・ゴロヴィン将軍の働きかけで、鉱泉の管轄は軍から行政機関に移された。チフリスからおよそ一三〇マイルの距離にあるボルジョムの成長は、もっぱらこの地域への輸送能力に左右された。四〇年以上もロシア軍の進出をカフカース北部で食い止めてきたイスラムの指導者シャミーリが一八五九年に捕えられると、地域全体の開発は容易になった。帝室が御料地を建設したことも、ボルジョムの魅力を高めた。ニコライ二世の病弱の弟ゲオルギーは、この地で生涯を過ごしている。一九〇一年には、大ロシア人の住民（二〇三一人）が現地生まれのグルジア人（一四二四人）の数を初めて凌駕した。必ずしも進歩を意味するわけではないが、開発の進展を示すデータである。

ツーリズムは、カフカース正教再興協会によっても促進された。一八六〇年に創立されたこの協会は、ロシア人ツーリストがより違和感なくアットホームに過ごせるよう、この地域の特異性を解消することを使命としていた。(90)〔訳注5〕今や輸出のために、ミネラルウォーターが瓶詰めされるようになった。かつては傷病兵の宿営地として、病院のイメージが強かったボルジョムも、「旺盛な食欲の王国」といった新たな評判が立つようになった。入浴と並んで、登山や乗馬が人気となり、オーケストラや旅の一座が夏を通じて娯楽を提供した。一九〇三年の時点ですでに、利用可能なホテル、別荘、賃貸アパートが、事前の予約であっという間に埋まってしまうありさまだった。(91)ブザードが描いた西欧人と同じで、ロシア人も「親しい人びとを放り捨てて、現地の人びとと交流しよう」と、積極的に望んでいたわけではない。むしろ彼らも、「新しい環境のなかで、親しい人たちに気晴らしをさせようとしたのだった」(92)。カフカースの観光ブームは、都市の大衆文化におけるカフカース・イメージの拡大

と並行しており、両者が互いに相乗的な作用を及ぼした可能性がある。(93)

黒海沿岸のリゾート化――クリミア半島とソチ

ロシアの海岸地帯もまた、ツーリズムに恰好の場を提供した。海浜は健康と気晴らしの双方を結びつけ、スパより格段に多くのツーリストを集める力を持つ。美しいビーチ、山々、そして温和な気候に恵まれたクリミアは、ロシアにおけるツーリズムの発展の核として機能した。(94) 一八七〇年代に、ついに鉄道によってこの半島が両首都に連結されると、経済発展は単なる可能性ではなく、十分にあり得る話となった。宮廷医師C・П・ボトキンが「彼のやんごとなき患者をリヴァディヤに送り」始めるにともない、ツーリズム人気が爆発した。この港湾都市ヤルタに近い土地に、一八三四年以降ロマノフ朝が御料地を設けていたのである。(95) 皇族が定期的に訪れたことで、ヤルタ周辺は黒海沿岸で最初の純粋なリゾートとなった。その発展たるや、まさに「日単位どころか時間単位の成長だった」(96) と言う。最初の最高級ホテル「ロシア」が、鉄道の敷設と軌を一にして出現した。ツーリズムが近代化を促進するインパクトを持っていたことは、このホテルの建設にうかがえるだろう。まず、ホテルが必要とした配管工事によって、給水システムが改良された。現地のタタール系住民だけでは必要な建設労働者を確保できなかったため、周辺地域からロシア人農民が連れてこられ、その多くがここにとどまった。タタール人、ユダヤ人、ギリシア人商人によるバザーが衰退し、代わりに常設の店舗が中心となる。(97) こうして、ツーリストの到来ブームが始まったのである。

患者のために黒海での入浴を勧めた医師のひとりは、同じやり方で自分の病気も治療した。その彼は、一八七三年にガイドブックを書いている。サナトリウムが最初に置かれた土地であったオデッサは、長いこと列車で移動することが可能な唯一の海浜であった。(98) ただこの医師が指摘するところでは、クリミア戦争以降、人口がほぼ倍増しており、ここに見られる都市化には否定的な影響もあった。都市の大気の汚れだけでなく、有名な階段をたどってビーチに降りるときの苦労も、健康にとってマイナスだった。[99] 病人たちを食い物にするかのように、価格を吊り上げる地元住民が多かったため、滞在費用も高騰した。だがロシア汽船貿易会社は、著名な保養地となった場所に、定期的な観光ツアーを組織しようとしていた。目的地となったのは、エヴパトリヤ、セヴァストポリ、アルプカ、フェオドシヤ、そして宝石にも比するような帝室御用達の高級リゾート地ヤルタである。先に述べた良医が個人的に気に入っていたのは、フェオドシヤである。ここはヤルタに見られた自然美は欠いていたが、静けさと水質では卓越していた。彼は、患者が健康を回復した（それはまさに「日単位どころか時間単位で」起こった）後も、ここに生涯滞在するよう勧めている。この発言に、フェオドシヤがツーリストのためのリゾートに変化していった事実を見ることができる。この医師は、毎週日曜日と木曜日に公園の円形ステージで演奏されるチェコ人オーケストラの旋律に合わせて踊ることを、訪れる者に助言していた。[100]

一八八一年に黒海沿岸に関する記録を残した別の医師は、この土地に娯楽の要素が侵入することに遺憾の意を示した。なぜなら、気候のよい時期に娯楽に引かれて集まる騒々しいツーリストのせいで、患者が平穏を乱される可能性があったからである。またこの医師は、別の現象も記録している。個人の領地が、客の落とす金目当てのリゾートへと変貌していく姿である。ここにあったゴリーツィン公爵家の所領は沿革をピョートル大帝の治世にまで遡るものだが、公爵家は、アントン・チェーホフの戯曲『桜の園』のまるで先例と言わんばかりに、領地を分割し売却してしまった。[101] ヴォロンツォフ公爵はアルプカを所有していた。だが彼は、この自分の設営したリゾートに対して、レストランやオーケストラが入り込むのを禁じたため、観光地としての成長は緩慢であった。シュヴァーロフ伯爵が所有するミスホルは、まったく静かなところだったが、ひとりのコックもいなかったために、集客上の魅力の点では劣っていた。マリツォフ将軍は自領シメイスに小型の水晶宮を築いて人びとを引きつけようとし、賃貸のコテージの前に噴水も備えた。しかし、部屋のにおいはひどいものであった。そして先ほどの医者はようやくにして、「クリミア南岸唯一の快適な土地」を、イヴァン・スメーロフが所有するリマヌィに

36. ヤルタ初の最高級ホテル「ロシア」

見いだすのである。この実業家は自分のペンションをスイス風に作り立て、快適な部屋、上質な食事、グランドピアノを備えた社交用の舞踏室などを提供した。「利用者を幸福にしようとする」彼の狙いは大成功で、別棟も建設された。[102] 少なくとも二つの会社組織が、それぞれ一八九九年と一九〇一年に設立され、黒海沿岸のリゾート整備のため、個人投資を呼びかけたのだった。[103]

数十年も経たぬうちに、この急激な発展によるマイナスの影響がヤルタを襲った。港湾施設が拡張されたことで、海岸線がゴミで埋まり始めたのである。浜辺の浸食も深刻で、かつては粋で知られたロシア・ホテルの玄関間近にまで、船が泊められる始末であった。市の人口がはっきりつかめないという状況も、都市の成長が制御を超えていたことを物語っている。[104] しかし、衛生監督官にとっては悩みの種だった諸現象は、観光産業のプロモーターからすれば、むしろ喜ばしいものだった。南部ロシアの生まれで、世の中の変化を描くことに長けていたチェーホフは、短編『犬を連れた奥さん』（一八九九年）の舞台をヤルタの保養地とした。こういう設定は、結核治療のためにここに滞在した経験のあるチェーホフにとって、お手のものであった。彼はヤルタについて、「ニースの光景を思い起こさせるヨーロッパ的要素と、安価なまがい物との融合物」と描写したことがある。[105] そこでは、一二軒のホテルと無数のペンションが、一年中お客を待ち構えている。訪問者のなかには、クリミア戦争の古戦場めぐりを望むヨーロッパ人も含まれている[106]。つまりはこの戦争を媒介として、健康と歴史というツーリストにとってもっとも重要な二つの要素が印象的な形で結びついたのである[107]。一九一二年にヤルタを訪れたアメリカ人ツーリストのひとりは、次のように書いた。ヤルタとは、「ロシアのなかで唯一無比の、もっとも華やかで、もっとも豪勢なリゾート、まさにクリミア社会の中心」なのだと[108]。この都市が経済規模を拡大するのと並行して、娯楽の町としての性質も強まったのである。

クリミアを対象としたツーリズムは、安定的に成長し続けた。一九〇一年にアレクサンドル・オリデンブルク公は、黒海東岸にある一族の大領地ガグルィの大部分を高級リゾートに変えた。そこには、健康的な外観を身につけたいと思いながらも、金銭的な余裕に乏しい者のための宿泊施設も用意されていた。ガグルィで提供されたものを挙げてみると、家族用の貸し切り動物園、子どもが乗るためのロバ、もっとも安い部屋にも電話を置いた二軒のホテル（ちなみに部屋代は、一～一三ルーブルと幅があった）、「両首都の第一級のものに勝る」と称賛されたレストラン、宿泊客が使えるグランドピアノ、オーケストラ、さらにはアマチュアの夏季小劇団用の劇場などである。週末には、ノヴォロシースクから列車で訪れたピクニック客に敷地が開放されている。ビーチは他の公共のものと同様に、男女別に分けられていた[109]。また海の反対側にはハンター用の獲物が豊富に生息していたため、ガグルィは一年を通じて客を呼び寄せることができた。この土地が大いに人気を集めたので、ロシア汽船貿易会社が現地に代理店を置くほどであった[110]。

輸送網は、観光産業に関わるすべての分野と同様に、「日単位どころか時間単位で」改善された[111]。このため、海辺の小さな砦が、ビーチの利用を目的に特別に建設された最初のリゾート、ソチへと発展することになった。ソチはライバルにフランスのリヴィエラを想定して、ロシア国内だけでなく外国の旅行者も引きつけられるように整備された。投資家たちが望んだ速度ではなかったにせよ、最終的にはこの目標も達成されたのである。新しい停泊施設の建設や道路の舗装は、この街へのアクセスを容易にした。そして公園、遊歩道、さまざまな予算に対応できるホテルとペンション、さらに一年を通じて温和な気候のおかげで、ソチはソヴィエト期には最大のリゾート地となった。出版業で財をなしたペテルブルク出身の二人の富豪、A・C・スヴォーリンとC・H・フヂエコフもソチにヴィラを建てた。さらには、ソチよりも小規模で、費用も手頃なリゾートもいくつか現われ始めた。黒海観光はあまりにも大きな人気を呼んだため、一九一二年までに、クリミアのリゾートを専門に扱うガイドブックが刊行されるほどだった。このガイドは、発行人が広告を拒絶した点で、アメリカの消費者保護運動を代表する『コンシューマー・レポート』誌の先駆と見ることもできる。[112][訳注6] 一九一三年になると、両首都から黒海特急に乗って迅速に出かけることが可能となり、乗車区間それぞれについて個別に切符を買う手間が省ける周遊パスも販売された。このパスのおかげで、黒海周辺をめぐるツアーが自然発生的に増加したのである。[113]

バルト海沿岸——ウスチ・ナルヴァとドルスケニキ

バルト海沿岸でもツーリズムが急速に発達したが、その様相はかなり異なっていた。ペテルブルクの近くに位置するというその事実が、この地の人気の源だったからである。どの季節でもよいが、ペテルブルクをちょっと訪れさえすれば、そのじめじめとした気候がいかに身体にこたえるか、すぐさま理解できるだろう。加えて都市化の圧力の下で、一八九〇年以降、都市人口は年におよそ五万人ずつ増えていた。[114] バルト海沿岸まで一日で移動が可能になり、首都の経済発展のおかげで数万の住民が自由に使える収入を得るようになると、市の郊外の別荘(ダーチャ)に行くより、海岸地帯に部屋を借りる方を好む者が現われ始めたのである。

この場合にも、ツーリズムの展開はおなじみの過程を辿った。まず、皇族が先頭に立った。彼らが一八六〇年代から水浴を楽しみ始めると、続いて鉄道が敷設された。[115] 沿岸地域を扱った一八九二年刊のガイドブックからは、西欧への敷居とも言うべきこの土地でロシアが帝国としての存在感を強めるという、皮肉めいたショーヴィニズムを読むことができる。[116] 国外で休暇を取るのは不要なことだと説きおこすことから、ガイドブックは始まっており、外国人、なかでもドイツ人がロシアにやって来ることに、著者は満足げである。また彼は、リガを「ロシアで最良の都市のひとつ」と言い[117]、この地域の言語問題にも何かと口を出そうとする。最初のうち、彼は読者に、土地の人びとがロシア語を翻訳する能力に乏しいことを、面白おかしくあげつらってみせる。だがそのうちに、著者はだんだん苛立ってきて、ドイツ語その他の土地の言葉の特徴を非難し始める段になると、その苛立ちは表面化する。そして、ロシア人ツーリストがこれら外国人の不快な習慣に染まり、「急速にドイツ化している」と、苦々しく記すのである[118]。著者の試算では、ペテルブルク近郊に比べて安価なリガ湾で夏季の海水浴を楽しむ者は、六万人に及んだと言う[119]。

バルト海沿岸に築かれた二つの主要なリゾート、ウスチ・ナルヴァとドルスケニキは、今もなお現役のリゾート地である。現在はエストニア領に位置するウスチ・ナルヴァは、「一九世紀末には地域の真珠」になったと言われる[120]。一八七〇年代に地元の企業家A・Φ・ガンは、この河口の小港に発展の可能性を見いだした。彼は他の経営者たちを説き伏せて、この土地を夏の保養地へと再生するべく、資金集めに奔走した。ガンは市会にも支援を求め、別荘（ダーチャ）やホテル、ペンションに人びとを運ぶのに不可欠な道路の建設費用を引き出したのである。船と鉄道の両方で外部と結ばれたウスチ・ナルヴァは、一九一四年の時点で、夏季に一万四〇〇〇人のツーリストを集めるに至った。さらに、この土地は帝国の首都に住む芸術エリートの間でも人気だった。それはパーム・スプリングスが、ロサンゼルスの喧騒から逃れようというハリウッドの住人によって成長した事実とよく似ている。ここを利用した有名人には、ステージで活躍したマリヤ・サヴィナとコンスタンチン・ヴァルラモフ、作家のニコライ・レスコフ、フョードル・ソログープ、コンスタンチン・バリモント、そしてフョードル・ドストエフスキーの娘リュボーフィがいる[121]。それで一般の行楽客も、同じリゾートを利用することで有名人と接することを期待しただろう。そしてことによると、遊歩道で出くわすこともなくはなかったのだ。

このようにウスチ・ナルヴァは、企業家の具体的なビジョンが生んだリゾートであった。これに対してドルス

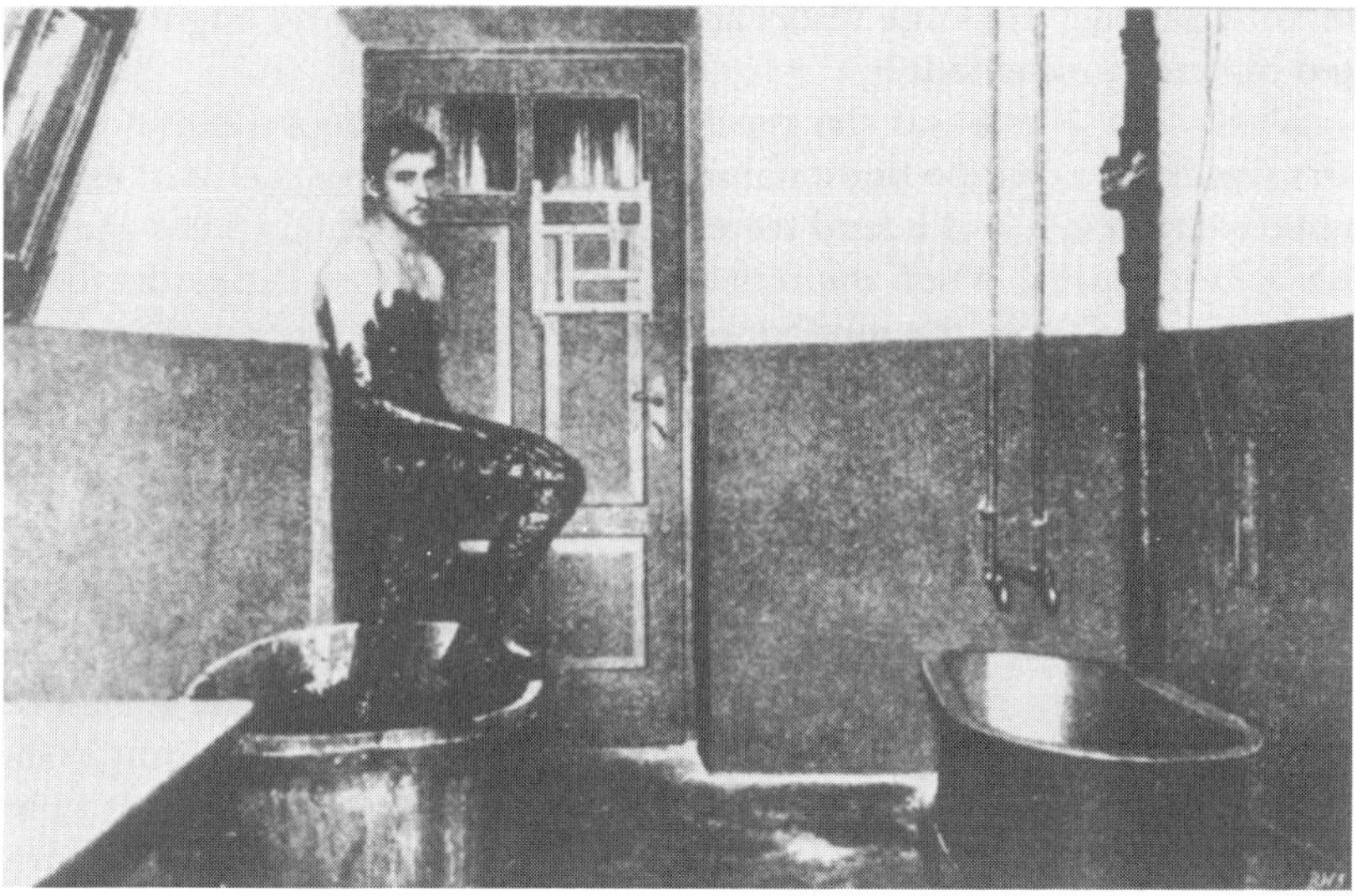

37. ドルスケニキで泥浴を堪能する利用者の写真

ケニキは、この地方でもっとも優れた鉱泉を売りにしていた。バルト海からずっと奥に位置するドルスケニキは、現在はリトアニア領で、ロシア支配下のポーランド人に愛された土地である。このリゾートはようやく一九〇八年に鉄道幹線に接合され、これ以降、鉱水を求める人びとが殺到して、その数はすぐに八〇〇〇名から一万六〇〇〇名へと倍増した。[122] 一九〇九年、現地開発に従事した会社の利益は、ほぼ二万ルーブルに達している。[123]

一九一二年夏にドルスケニキを旅行したエヴゲニヤ・ロヴィツカヤは、自分のエクスカーションについて回想録を出した。[124] 独身女性の一人旅だが、彼女は一人で動くことに何の不安もない。ペテルブルクの外に出たいと思ったロヴィツカヤだが、それほど遠くに離れることは望まなかった。それで、もっと洗練されたドイツのスパを勧める医師や友人たちの反対を振り切って、ドルスケニキを滞在地に選んだのである。彼女は、周囲の人びとの懸念はこの地域に対する無知の現われだと考えていた。何せ自然の美と、それにともなう静穏とが調和した土地である。彼女を初めとする利用客に快適な宿を提供するため、どれほどこの土地に手が加えられたことだろう。

彼女は回想録のあちらこちらで、このことを満足げに書いている。ロヴィツカヤにとって、帝国主義は恵みの多い愉快な経験だったのである。

ロヴィツカヤは、より安価な宿舎を見つけるまでは、ホテルに泊まるつもりだった。ひと夏すべてをここで過ごそうとした他の訪問者も、多くが同じように目論んでいた。事前に予約を入れることを考えていなかった彼女は、到着早々に宿の問題に見舞われたが、最後には快適な部屋に落ち着いた。こうして街をぶらつきながら、ロヴィツカヤはここでは何事につけチケットを買う必要があるのに気がつく。浴場だけではない。オーケストラを聴こうと思えば、公園に入るにもチケットが必要となる。他のガイドブックも記載しているところだが、このチケット購入システムは、ツーリストからカネを搾り取るのが狙いではない。それはむしろ、街の秩序を維持する手段なのである。他人を喰い物にする可能性がある人物を、このシステムを用いることで、ツーリストから切り離そうとしたのだった。鉄道駅でロヴィツカヤが出会った若者は、こういった一連の新しい規則が導入される以前のドルスケニキは、ずっと楽しい町であったと不平をこぼした。ロヴィツカヤも、すべてがあまりに整然と動かされているようで、チケット制度に違和感を覚えている。昔であれば、浴場でもぐずぐずしていられた。だが今や、チケットを手に待つ者があれば、一時間もすると場所を譲らねばならない。それでも彼女はここに九月の行楽シーズンが終わるまで滞在し、出立にさいして次のように考えた。すなわち、ヨーロッパの有名リゾート地と比べることはできないだろうが、ここでは「すべての平穏、心地よさ、セラピーをまさに手頃な価格で」手に入れられる、と。[125]

その他の地域

観光産業の発達を示す他の指標を拾ってみると、バケーションという観念がいかに浸透を見せていたのか、よく分かる。たとえば、ロシアの河川ネットワークは、もはや旅の目的地をつなぐための単なるルートにとどまら

38. 当時最新の流行だったローラースケートを楽しむ観光客たち．リゾートでの人気の娯楽の一つとなっていた．

なかった。[126] 一八九四年刊行のガイドブックは、それまでクリミアに向いていた関心を、ロシアの他の景勝地に――この本の場合はヴォルガ河である――向けさせようと試みていた。[127] 一九〇〇年、サラトフのある出版社は『ヴォルガとその支流に関するガイド』を出し始めた。この本は年刊物で、遊覧船、ホテル、そして河沿いのレストランの広告がてんこ盛りである。またシベリア横断鉄道の建設の結果、ロシアの極東諸州の住民は移動が容易になったうえ、ハバロフスク地方のスパ、アンニンスキエ・ミネラリヌエ・ヴォディが一九〇〇年以降、鉄道のおかげでリゾートに変わった。〔訳注7〕 さらにハルビン発のフェリーは、鉄道よりも安く旅客を運んだ。[128] 実際、大都市圏から離れた地域に生まれたリゾートには、値段の安さを宣伝する傾向があり、黒海周辺のリゾートと異なり、こういうところでは主な顧客は近隣の住民たちだった。かつてカフカース山脈の山並みは、アルプスの代用品であった。[129] それが今ではシベリア鉄道の完成によって、ロシアは自前のスイスをシベリアに見いだしたのである。[130] さらに言うなら、一九一一年に売り出された全一五冊のシリーズもの『国外のロシア人』は、発音も含めた語学学習のメソッドについて、ベルリッツ語学学校を先取りしているとも、真似しているとも言えるかも知れない。何とそこでは、「可能な限り短時間で、事前の訓練や教師もいらない」と、うたわれていたのである。[131]〔訳注8〕

ツーリストの視線

紀行文学、ガイドブック、あるいは定期刊行物によって、さまざまな形態の旅行が盛んになり、これらの文献はツーリスト的なものの見方――または「ツーリストの視線」と呼んでもよい――を作り出す出発点となった。文献から影響を受けた読者は、未知の環境のなかに自分を置いて自己を眺めることを覚えたからである。ブザードが強調したところでは、ツーリズムには、「複数の文化的表象に根底から関わり、これらをテストする」手段としての機能がある[132]。紀行文学が焦点を絞ったおかげで、見ている主体と見られる客体の間にある差異は当然のものとして自明視されるようになった。その結果、ツーリストが現に見ているものは政府による統制や偶発的事件の産物ではなく、ごくごく自然な物事の成り行きなのだ、と意識されるようになる[133]。ブルデューの説得力ある指摘によれば、ツーリストは社会の現実を誤って理解するのであるが、それと言うのも、こんな風に「対象を自明なものだと認識することで、自己の優位を保つ」ためである[134]。こういう故意の誤解の働き(メコネッサンス)、あるいは自分から進んで行なう誤認を通して、ツーリストは異質な環境のなかにあっても、自分のよく知るお馴染みのものを思い起こすことで順応が可能になる。これに対してミシェル・ド・セルトーは、「よその土地は、旅行者が属する文化が自己のディスクールから排除してしまったものを、もう一度訪れる者に返してくれる」と言う。彼の示唆によれば、ツーリストもまた、自分の故郷では否定されてしまった何かを求めて旅に出るのである[135]。この解釈に従えば、なぜ人間が新世界を「発見する」ため邁進するのか、理解しやすくなるだろう。もっとも、ツーリストにしてみれば、自分に安心を与えてくれる程度に「お馴染みのもの」を思い起こすことができれば十分なわけで、ド・セルトーの議論ではここのところが抜け落ちてしまう。たとえば一八九〇年に刊行された、パレスチナ関連のロシア語ガイドブックを取ってみよう。そこには、聖地周辺のツアーについて詳細な情報が挙がっている。だがこのガイドブックは、何とかしてこの土地の記述から、カトリック的要素やユダヤ教的要素を取り除こうと腐心している[136]。この例を見ると、商業主義的なツーリズムで何が重視されていたのか、はっきりするだろう。すなわち、旅する観察者の視線では、やはり政治が重要な位置を占めていたのだ。

ツーリストたちは旅先の辺境地帯に住む人びとを利用して帝国主義の片棒をかつぎ、帝国主義の政治的使命を手助けした。帝国主義的政策は、ロシア民族が単に相手を征服するためやって来るのではなく、帝国に編入された他民族の生活を引き上げるためにやって来ることを求めていた。プラットの主張によれば、「資本主義的『改善』を目標とする先発隊の任務とは、自分が出会う人びとを『未開人』——ただし改善が可能な——として記号化することである」[137]。紀行文学は、ロシアによる文明化の足跡を辿っている。それは統合に光を当てるが、この統合とは征服の対極にあるものと理解されている。一八七三年には、タタール人風の生活を送ることは、馬小屋のなかのような、居心地の悪い床のうえで寝ることを意味した。「低開発の」クリミアを訪れた医師のひとりは、こういう土地では病人が健康になるより、むしろ健康な者が病気になってしまうと心配した。彼の見立てでは、「シャシリクを口に入れることはできても、それを消化するにはタタール人の胃袋が必要なのだった」[138][訳注9]。しかし、それから一〇年も経たない一八八一年に出たガイドブックは、まったく逆の評価をしている。タタール人は何事も火で焼き払って清めるので空気が汚される恐れがあるけれども、彼らの家で部屋を借りることは基本的には可能だ、とこの本は述べる。それだけではない。タタール人には料理に優れた者も多いから、民宿はホテルより望ましい場合もあるとも書いている[139]。そして文化的帝国主義の色彩は、一九〇〇年以降、帝国のあちらこちらに現われた無数のレストランのなかに、もっとも明瞭に見ることができる。それは、帝国全土から集めたエスニック料理を提供しているとうたっていたのだった。

ロシア人は、旅先の慣習に無関心だった。ガイドブックはその様子を、本当にお気軽な調子で記録している。たとえば一九一三年刊行のガイドは、ボルジョムでは優れた女性使用人を見つけるのが難しいとコメントする。しかしこのガイドブックは、おそらくはそこにボルジョムにおけるジェンダーのあり方が反映されていることに、気がついていない。ただロシア人ツーリストにとっては幸運なことに、ここでは男性使用人は十分に有能であった。またボルジョム近郊の村レビャチシキについては、こう記されている。——ここは、「グルジアの貧しい村としては、かなり清潔な方である。と言うのも、グルジアの村人の住まいは、それこそ百姓小屋にも似て、内部はみすぼらしく不快だからである」[140]。近代化の進展は、紀行文学に見られるように、帝国内のエスニック・マイノリティを「内部化する」、つまり了解しようとする試みからも辿ることができる。初期の紀行文学ではプーシキンがチェルケス人の好色ぶりを強調し、続くベロフはタタール人の衛生観念の不足を書き記していた。それが一九世紀末のガイドでは、バシキール人について、「総じて肉体労働を好まず、とりわけ義務的な作業を嫌うがゆえに」、道路建設の能力を極端に欠く、といった紹介に変わっている。[141] こうして旅行ガイドは、民族間の差異と序列を決める価値基準を作り出すのに一役買ったのだった。

西欧のツーリストが見たロシア人

西欧人の眼に――キュスティーヌとケナン

ロシア人ツーリストは、旅行を通じてそのアイデンティティを築いた。そのおかげで、彼らは変化する世界のなかで、一定の役割を果たすことができるようになったのである。しかしそのロシア人も、彼らが思い描く自画像とは異なる立場からロシア人のことを眺める「ツーリストの視線」の対象となっていた。ブザードがツーリズムに着目するのは、それが「複数の文化的表象に根底から関わり、これらをテストする」手段だからである。彼の観察によれば、大国間の国際協調が進むなかでロシアをどのように位置づけるのか、西欧のツーリストは問題を提起したのだった。ツーリズムは、それまで馴染みのなかった対象を自分の内側に取り込み、文化横断的な対等の交流を歪めるような形で、現実世界を作り出すと言う。しかし、ロシア人がいかなる視線にさらされていたかを一瞥すると、この議論には別の見方もあることが分かる。

ロシアを西欧と分かつ最大のポイントとされたのは、専制というロシアの政治体制であった。この点を除けば、西欧人もロシアに対して肉体的な満足や国内で享受できるようなエンターテイメントを求めた点で変わりはない。保養のためスパに出かけるロシア人と同じで、西欧人も、自分たちが文化的接触を楽しむ場所に異国情緒が保たれているのを期待していた。ラリー・ウルフがきわめて微細に描き出したところでは、啓蒙の時代、西欧人旅行者は東欧を「包摂と排除の双方が並存する逆説的世界」として「創造した」。「ヨーロッパでありながら、ヨーロッパではない……半分はオリエントの知的要素に満ちた場所」というわけである。[142] エドワード・サイードによれば、いわゆる「オリエンタリズム」とは、東洋社会を調べる西欧人の行動の背後に潜んでいる、相手を貶めようという隠された政治的意図のことである。このサイードによる先駆的な分析に依拠して、ウルフは説得力豊かに、次のように主張している。――西欧は東洋のなかに見いだした相違点を、自分の哲学的イメージを作り上げるために利用した。この西欧の自己イメージが前提とした西欧と東洋との相違は、東洋よりも西欧を上位に置くような序列を生み出すようなものであった、と。

著書『オリエンタリズム』においてサイードは、テクストこそが知を創出する、こうして生まれた知はテクストの発信者によって権力の一形態として利用される、というフーコー的立場に賛同している。紀行文学やガイドブックというテクストが作り出す知とまなざしは、西欧を東洋の上位に据えるこういった序列意識を強化している。たとえばキュスティーヌ侯爵は、一八三九年にロシアに滞在したとき体験した珍しい出来事を素材にして、旅行記を残した。この旅行記が公刊されると、ロシアを専制と野蛮の国だとするもっとも不快なある種のステレオタイプが、改めて力を得ることになった。[143] キュスティーヌに続いて、西欧人のロシア観に広く影響を与えた紀行文学は、アメリカ人ジョージ・ケナンの手になるそれである。彼は露米電信会社による探検隊の一員として、ロシアを一八六五年に訪れている。未開のロシア東部地域を調査した後に、帰国したケナンは『シベリアのテント生活』を出版した。この旅行記でケナンは、当時アメリカが進めていた広大な西部の開拓事業とロシアの東漸の間にある、無数の共通点を指摘してみせる。だが、シベリアの政治流刑囚の調査のため、彼が再度ロシアを訪れた一八八五年を境として、ケナンの見解はより批判的な色彩を帯びる。ケナンによる一連の衝撃的な報告は、まずは幅広い読者に人気の『センチュリー』誌に発表され、政治が旅程すら決めている事実を鮮やかに伝えた。

さらに彼はさまざまな機会をとらえて講演を行ない、ロシアの革命運動に対する——もっともケナンの専制批判は、社会主義者というよりもリベラルの立場からなされている——支援を呼びかけた[144]。米国の大衆向け報道には、ツァーリ政府に抵抗するロシア人を共感を込めて描く態度が現われたが、大まかに言って、この傾向はケナンにまで遡るのである[145]。

オオカミと革命家のテーマパーク——ヒースとチャムプニー

ケナンのシベリア紀行からほどなくして、個人的な体験にもとづき西欧人のロシア像を綴った二つの作品が刊行された。両者は対照的な視点からロシアを論じているが、その核心部分では重なるところがある。同時期に刊行が始まったマレー版の旅行ガイドが、無機質で淡々とした叙述を特徴としていたのとは対照的に、二つの作品が描くロシアは人びとを興奮させる博覧会場、オオカミとド派手な革命家のいるテーマパークである。この二人、すなわちペリー・ヒースとエリザベス・チャムプニーは、にわか仕立てで東欧問題の権威を気取り、西欧人の列に加わろうとしていた典型的なアメリカ人だった[146]。両者とも、紀行文学シリーズの一部として、ロシアを舞台に虚実ない混ぜになった旅行記を発表した。ローボーン社から出されたヒースの『ロシアを旅したインディアナ生まれの田舎者』（一八八八年）は、アメリカ人作家による紀行シリーズの一冊だった。また、チャムプニー著『ロシアとトルコを訪れた三人のヴァッサー娘』（一八八九年）は、彼女の創作したヒロインたちが繰り広げてきた逃避行ものの一編に当たる。ヴァッサーとはカンザス州にある町で、チャムプニーは、このヒロインたちの姿を通じて、女性もまた冒険旅行に夢中になるのだということを力説している。

ホテルの部屋でもプロテスタント的勤労観を手放せなかったヒースは、ロシアではこういう観念さえも盗まれ失われてしまうのではないかと心配していた。その彼が提示するロシア像は、「大改革」以前のロシアを非難したキュスティーヌとほとんど変わらない。ヒースが読者に約束したのは、宮殿に関する退屈な描写などではなく、真実の物語を提供することだった。政府のスパイが、ホテルも含めて各所にあふれ、夜な夜な恐怖を運んでくる。スパイよりも数が多いのは泥棒だけだ。さらにヒースは、ロシアの古いことわざ、「手を釘づけにされていなければ、我が主イエスもまた盗みを犯すだろうに」を引用し、宗教的信仰心の欠落ゆえに、こういう空気が蔓延していると言う。[147] ロシアでは基本的に遵法意識が欠けているためニヒリストへの共感が生まれるとヒースはにおわし、また同じ理由で下層階級は上流階級が自分たちに示す規範に反抗するのだと言う。ワイルドなロシアというイメージは、依然として一定の魅力があった。それゆえヒースの誇張気味の表現——たとえば、鉄で覆われた橇が、五〇〇〇匹ものオオカミの群れに襲われた——は、読者の食いつきがもっともよかったのである。[148]

これに対して、チャムプニーの描くヴァッサー出身の女学生が戦うのは、野生動物というよりもトルコ人である。このうら若きレディーたちは、すでに一八七一年の普仏戦争をパリで体験していたという設定で、一八七六年の露土戦争のさなかにあって、ロシアというヨーロッパでもっとも不安定な政治体制について思索を深めていた。キリスト教信仰、革命運動、そしてオリエンタリズムが、ストーリー全体を副次的に彩る話題として流れている。娘のひとりは薬学を学びにペテルブルクに向かうのだが、いざ到着してみると、彼女の友人のロシア人女性は収監されていた。警察の邪悪な密偵が、この女性に不利な証拠を捏造したからである。作品のもうひとりの登場人物はヒロインたちが船上で出会った東洋学者で、この人物の役どころは、ロシアには多くの民族が存在すること、そしてヨーロッパ南東部には招かれざる客とも言うべきトルコ人が住んでいるという事実を説明することである。物語の末尾で、娘たちは赤十字への参加を志願し、露土戦争で負傷したロシア人を助けようとする。しかし、この戦争で勝利したロシアが続いて報復の機会を求めたことで、キリスト教の信仰に基づくヨーロッパという紐帯——地続きのヨーロッパ大陸で単に空間を共有しているという事実以上に、キリスト教は自然な同盟関係を作り出すのに貢献した——が犠牲になった。ここでもロシアの政治体制と同様に、ロシア正教会は西欧の体現する文明の枠組みから逸脱した存在とみなされている。[149]

旅行ガイドのなかのロシア

マレー版のガイドブックは、帝国をいくつかの区域に分け、ポーランド、フィンランド、クリミア、そしてアジア地域を独立の章で扱っていた。こういう構成のおかげで、改めて読者は、ロシアの国土がきわめて多様であることを知る。すべてのガイドにはロシアの栄光の歴史を宣伝する説明文が付されていて、これにより編集者のはっきりとした解説がなくとも、読者はツァーリ国家の膨張の過程を知ることができる。ただしそれぞれの地域について、ガイドブックは、独自の文化を維持しているといった書き方をしている。歴史に関する記述では、とくにクリミア戦争の戦場に関する情報が手厚い。これは明らかに、ターゲットとなっている読者の関心に応えるためだろう。マレーは、主として富裕なロンドン市民の購読を想定していた。だからマレーは、「紹介状を持つ旅行者は、ペテルブルクのサロンはパリに劣らず優雅であることに気がつくだろう。ただ残念なことに、サロンの数はそれほど多くない[150]」と書くわけである。またモスクワについては、いくつかの「男性のみが御利用可」の店舗情報を載せている。このことは、ツーリストの行動予定のなかに、極論すれば「ロマンス」とも呼べるような行為が残っていたことを示している。旅行者のお目当てとして、ガイドで最大のスペースを占めていたのは、ペテルブルクのエルミタージュ美術館、そしてあらゆる鳥獣を対象としたスポーツ・ハンティングに関する記述である。もっともマレーの場合、オオカミはヒースの作品に比べてずっとおとなしい動物である。信頼できる旅行ガイドの名にふさわしく、マレーのガイドは宗教と政治の話題を避けており、代わって叙述は快適な旅を約束してくれる場所の話に割かれている。

世紀末に観光産業全体がブームとなるにともない、ロシア観光も盛んになった。ヨーロッパでもっとも人気の目的地は、スイスである[151]。ベルギーに本拠を置く国際ツーリスト連盟が一九〇四年に創設一〇周年を祝ったとき、会員数は一万八〇〇〇名を超えていた[152]。一九〇六年だけでベルリンのホテルには百万人が宿泊したが、バーデン＝バーデンその他のドイツの温泉地に滞在した者はさらに多かった[153]。そしてヨーロッパ人もまた、武力衝突がツーリストを引きつけることに気づいていたが、それは古戦場にとどまらない。一八七一年には、軍とコミューン支持者の戦闘を目撃するため、イギリスのグループがパリを訪れている[154]。日露戦争さなかの一九〇四年には、ヨーロッパ・ロシアに西欧から記録的な数のツーリストが押しかけた。こういうツーリストの方が、ロシア人より好戦的なようであった。なぜなら、押し並べてロシアの人びとはツァーリによる戦争に愛想を尽かしていたからである。ペテルブルクにあった豪華ホテルの支配人がこぼしたところでは、宿泊客たちは、ロシア人が戦争に対して無気力・無関心に見える、と不満そうだったと言う[155]。

ロシア人ツーリストに劣らず、ロシアを訪れるツーリストもまた、自国とロシアの文化の相違を、自分の期待に合わせて作った枠組みのなかに訪問先を位置づけることで説明しようとした。ルース・ケジー・ウッドは、チャムプニーの描くヴァッサー娘のアドベンチャー精神を持った、実在のアメリカ人である。彼女は一九一一年にロシアでハネムーンを過ごした。ウッドは先人たちと同様に、専制に反対する市民たち、とりわけ教員や大学生たちと交流している。体制の違いにもかかわらず、彼女は土地の人びとに深い愛情を抱いたが、ウッドの見るところ、ロシアの人びとは、両首都に住む者でさえ、西欧的というよりは東洋的なのであった。処女作に次ぐ第二作『ツーリストの見たロシア』（一九一二年）のなかで、彼女は公式の旅行ガイドには載らないような、個人的経験に基づく情報を盛り込もうとした。ウッドは「ロシアの気質」を「ヨーロッパ的というよりもオリエント的」と特徴づけ、これはその後も繰り返し登場する彼女の分析のモチーフとなった[156]。彼女が観たものは、ベデカーのガイドブック――一九一四年に刊行され、国際的にもっとも権威あるロシア案内とされた――で描かれたロシア像とよく似ている。

ウッドと同様に、カール・ベデカーもロシアを東洋文明のひとつと定義し、テヘランや北京と同列に扱っている[157]。彼は読者に、ロシアの主要都市では、多言語を操るスタッフを備えた「西欧にほとんど劣らない」宿泊施設を見つけることができる、と請け合ってみせる。だが地方の都市のホテルでは、「概して本当にささやかな要求にしか応えてくれない」[158]。ツーリストの希望のなかではハンティングが依然上位を占めていたので、こんな「満足のいかない」条件であっても、きっと適応できたであろう。ベデカーのガイドの強みは、旅行の特徴をきわめて細かい部分まで正確に描写することで、科学的にも正しいものと感じさせるオーラをまとっていた点にあった。ウッドもまた、自分が執筆した情感豊かな美術館ガイドより、「赤色の簡潔なベデカー・ガイド」の方を気に入っていた[159]。ただしベデカー本人としてみれば、フィジカルな特徴だけを記して事足れりとしたわけではない。彼は土地の住民のメンタリティに深く入り込んでいるが、叙述は正確な旅行データと並置されていて、たしかに科学的との印象を与える。たとえば彼のガイドでは、「ロシアを訪れた西欧人旅行者を驚かせる時間の浪費、組織性の欠如、混乱」は、次のように解説されている。

（ロシア人は）容易に規律に服し、優れた兵士となる。だが独立した思考力や自発性にはきわめて乏しい……。教育を受けたロシア人でさえ、日常生活で現実に必要となる事柄に対して、まったくと言ってよいほど反応が見られない。こういう教養人も多かれ少なかれ、思いつきや一時的な気分にとらわれやすい。それゆえ無気力による怠慢に陥ったり、感情を爆発させたりすることがある[160]。

ロシア人は子どもと同じで、節度や責任、結果のことを考えずに、目先の必要を満たそうとする。ウッドもまた、「ロシア人の子どもじみた特徴」についてコメントしている。彼女の観察によれば、「ロシア人に気に入られるタイプとは、寛大な子どもが気に入るのと同じタイプなのだ[161]」。

オリエントとしてのロシア

ここで、テクストの潜在的影響力を言うサイードの指摘に立ち戻ろう。ベデカーらのガイドブックは、政治的な議論に関与していなかったため、政治とは無関係だと考えられている。だがそれにもかかわらず、これらのガイドは、ある一定の傾向はあるが大いに活用が可能な、ある種のイメージを作っている[162]。プラットの主張によれば、こういう批評は、「政治的実践の一端としての社会の探究に不可分である」[163]。サイードの研究で扱われたエジプトを初めとする聖書の舞台とは異なり、ロシアは西欧によって植民地とされることはなかった。だが西欧はロシアに対して、エジプトの場合とよく似た上下関係を想定して、このなかで自らが支配的地位に立つことを要求した。理由は、オリエントを相手にした場合と本質的には同じである。すなわち、そういった要求を押し通すことが実際に可能であったからだ。

西欧の紀行作家たちは、ツァーリ支配下のロシアが西欧諸国との協調のなかで待望してきた立場を、ロシアに認めなかった。それに代わって、西欧人が自分の必要に合うような形で作り上げてきたオリエント世界の一部として、ロシアを位置づけたのである。西欧人は自由主義こそは自分たちのブランドだと考え、これを抑圧する政治体制には、生来、批判的であった。それゆえ西欧人の眼には、ロシア人は、自分の行動がもたらす周囲の反響に無関心な、身勝手な存在としか映らなかった[164]。西欧人が、ロシアで反体制的な立場にあるロシア人の知己に共感を抱いたとしても、おそらく社会主義を支持するまでには至らなかったろう。ましてマルクス主義については、なおさらであった。ツァーリ支配下の帝国をツーリストに紹介していた西欧人は、ロシアのことを、自由主義が抑圧された社会と定義したり、ひいては幼児的な社会として特徴づけたりした。その結果、ツーリストは旅先で「大まかな生き方をする」ことを、つまり結果を考えず刹那的に振舞うことをけしかけられたのだった。ロシア人自身がそんな生き方をしているのだから、と言うのである[165]。国際的なジゴロとして有名なジャコモ・カサノヴァは、かつてロシアを旅行中に、一三歳の農奴の少女を好き放題に扱ったと言う。西欧人ツーリストは、この父祖の振舞いを踏襲するかのごとく、ロシアでは自分を解き放って、自国で行なわれていた社会規範をまったく無視して、思うがまま行動することができたのだった[166]。

ロシア人は防衛に努めた。だが彼らには、権威ある自前のガイドブックがなかった。ロシア人のひとりは、ヨーロッパ人のロシアでのマナーの悪さを嘆いている。彼の指摘によれば、ツーリストはウスチ・ナルヴァで女性を気ままに侮辱したり、「ロシアにいるのだから」と言って、ベランダからタバコの吸いさしを捨てたりする。[167]これに対し、一九〇五年以降にヨーロッパを訪れたロシア人旅行者が書き残した体験記は、かつて西欧人がロシア人に向け抱いていたのと同じような、ネガティヴでステレオタイプな像を逆にヨーロッパに押しつけようとしている。やはりこの時期以降に刊行された、ロシアのあるヨーロッパ・ガイドは、列車旅行中の「ベルギー人は、礼儀正しい人たちではない」と書いた。[168]『美しき彼方』誌に投稿したツーリストは、多岐にわたってフランスの問題点を指摘してみせる。曰く、フランスはくつろぐには余りに騒々しく、清潔なシーツを頼んでも、「あなた様はすでに十分きれいなシーツを手にしております」と、慇懃無礼な回答しか返ってこない、と。[169]一九一二年に往時のグランドツアーを再現したあるロシア人は、かつて外国人がロシアを相手に行なったのとまったく同じネガティヴな、西欧諸国見聞録を残している。たとえば、ドイツの国境地帯で受けた身の毛もよだつ乱暴な応接、といった具合である。またロシア人の旅行記を読むと、かつてカフカースを訪れた経験のあるツーリストで、アルプスに完全な満足を覚えた者はいないように見える。彼らにしてみれば、カフカースと比べてアルプスは「それほど高くもなく、またカフカース山脈の西側斜面を覆うような、生き生きとした森林も見られない」からだ。[170]この種のナショナリズムのおかげで、国内の観光産業が活性化する可能性もあったろう。だがベデカーに匹敵するガイドブックはロシアにはなく、ロシア人は西欧から受けた印象を単にお互いに交換する程度にとどまっていた。

ロシアを「オリエント世界と見る」という西欧の意識は、今も昔も、ロシアを矛盾に満ちた存在として理解するところから生じる。その矛盾とは、政治が人びとのイニシアティヴを抑えつけていながら、社会生活では行き当たりばったりの放縦な態度がまかり通っていることである。だがこれは、実体験に根差した正しい理解なのだろうか？　先にも触れたように、ド・セルトーは、「よその土地は、旅行者が属する文化が自己のディスクールから排除してしまったものを、もう一度訪れる者に返してくれる」と主張した。矛盾に満ちた土地というロシア観は、セルトーの説の最良の例証となったかも知れない。だが忘れてならないのは、帰国したツーリストは必ずしも、かつて自国で排除されたディスクールを再構築するとは限らないということである。西欧では、ロシアに対して、「衛生意識と責任感をかなぐり捨てるような土地」といったイメージがあった。そういったイメージゆえに、この子どもっぽくて非理性的なファンタジーに満ちた国を、近代化を志向する諸事業のパートナーとして理性的に受け入れる動きは、うまく進まなかったのである。

第一次大戦中の観光産業

このような態度があったために、ロシアと西欧との関係は次第に複雑となった。ただ、ナショナリスティックな動機だけでなく経済的な理由からも、ロシア人ツーリストを帝国内にとどめようという動きには拍車が掛かった。たとえば、一八八〇年代までに観光産業の推進者たちは、次のような疑問を感じ始めていた。なぜロシア人が国境を越えて、カールスバードやバーデン゠バーデンといった最先端のリゾートに代表される「外国」――この場合「ヨーロッパ」と同義である――のスパを訪れるのだろう、と。もっとも納得のいく答えは、宿舎や娯楽だけでなく医療の点も含めて、外国施設の方が質がよいから、というものだろう。[171]しかし、ある医師の指摘によれば、国内の施設が整っていないため、多くのロシア人が西方のスパに出かけるのであり、本来彼らは文化や言語の面で気楽な自国で滞在する方を望んでいるのだと言う。この観察者はさらに、西欧に対するロシア人の劣等感についても触れている。ただ彼自身はまったく気がついていないようだが、ロシアの第一級の観光地は、皮肉なことに通常のスラヴ人ツーリストからすれば、言語と文化の面できわめて異質な空間となっていたのである。[172]レイキン作品に登場するツーリストのような者であれば、一八九六年にボルジョム産とヴィシー産の水の化学的組成が比較され、ボルジョム産の方が優れている事実が判明したことに、おそらくは自負を覚えたかも知れない。分析した科学者は、やや先走って結論づける。「われわれが外国産の水を飲む時代は、もはや終わったのだ」[173]と。

ロシア人ツーリストに国内でカネを落としてもらおうという動きは、第一次世界大戦の勃発で大いに強められた。帝国主義により資本主義は新たな段階に至る、とのレーニンの理論には失礼ながら、ビジネスの国際化は国境の壁を低くすると意識させたように見える。だが戦争は、一部の分野で経済を促進しただけでなく、ナショナリズムにも貢献した。こういう幸運な連関のおかげで、地方の観光産業は多くの利益を得た。バーデン＝バーデンへのルートが閉鎖されていなければ、ロシア人は依然西方を目指したかも知れない。しかしこのルートが閉ざされてしまったため、彼らは別の方向に目を転じねばならなかった。

一九一五年にオデッサでは、「国内の療養所をいかに改善すべきか」をテーマに会議が開催された。この会議は戦争負傷者の治療を直接の目的としていたが、ツーリスト用のスパをめぐって議論するうえでも恰好の場であった[174]。クリミア南岸のリゾートを所有していたオリガ・ソロヴィヨヴァは、熱の込もった演説のなかで、観光産業の需要とその可能性について整理している。彼女はリゾートの視察のために国外旅行した後、一九〇三年に自前のリゾートを開業した女性である。その後、一〇年間にわたる彼女の努力は、数々の全国的な賞に結実し、ついにはニコライ二世による行幸の栄誉にも浴すことになった。ソロヴィヨヴァの自慢は、新しいカジノも含めて、必要な娯楽施設すべてを備えたことであった。おそらく大戦は、彼女の成功をもっぱら加速させる方向で働いたかも知れない。休暇客がさらに流入するようになったからである。実際、所有する宿泊施設の三〇〇室は常に客で埋まっていたため、彼女は二〇〇室を追加しようとしていた。これは、戦時中に他の分野にも見られた経済ブームの一例である[175]。

爆発的な成長のせいで、過去に生じていた問題点がさらに顕著になるという状況も見られた。もっとも重要な問題としては、輸送能力の向上のために、クリミアが政府からの支援を必要としていたことがある。財政支援の根拠を挙げてソロヴィヨヴァは、ロシア人は自分の国を知ることさえせずに、毎年二億ルーブルを西欧に吐き出してきたと主張した。さらに彼女がこぼしたところでは、今では自分のようなリゾートのオーナーまで、本来であればヨーロッパ旅行の方を好むような消費者を満足させる必要に駆られている、と言う。彼女の考えによれば、ヨーロッパが初めからリゾート地として優れているわけではなく、開発が進み、よく組織されている点こそが、まさに問題なのであった。(176)

ソロヴィヨヴァの意見に同調する者は、他にもいた。この人びとは、インフラの不備がロシア人の国外脱出の原因になっていると非難する。そして政府に対して、投資を増やし、個人のイニシアティヴを支援する必要を強調した。それでこそ、ロシアの「リヴィエラ」を、本当にフランスやイタリア並みにできるというわけである。(177)「ツーリズムと祖国研究のためのロシア協会」は個人が運営する組織であったが、一九一六年に広く門戸を開放した。大戦の勃発で、ロシア人ツーリストがもはや西方には出にくい状況を活かして、彼らのカネを手中に引き寄せようとしたのである。会の創設者たちはこう主張している。「われわれの広大な国土には、自然の美、その歴史的・文化的な意義、そして経済的な意義において、西欧に劣らない場所がたくさん存在する。それどころか、ときには西欧を凌駕するものも少なくない(178)」と。

バーデン゠バーデンその他のドイツの健康リゾートにカネが流出したのは、山地の希薄な空気に対する人気に理由があったと思われる。その金額は急増したようだが、報告書に公式に記録されているわけではないため、あくまで推測にとどまっている。ただし、内務省はロシア人が国外で消費する金額に関心を抱き、一九〇〇年にある調査を行なった。(179)その金額が、実際にソロヴィヨヴァの言う二億ルーブルに達するものであったかどうかは分からない。にもかかわらず、このような誇張された数字が噂されたことで、政府の投資を求める主張は力を得ることになっただろう。黒海対岸の、それほど離れていない地域に敵のトルコ軍が位置していたからといって、企業家の情熱が冷めることはなかった。彼らは、ロシア側の海岸線の開発に意欲を燃やし続けたのである。(180)

オデッサには観光産業の中心地として爆発的に発展する条件が整っていたが、一九一七年の時点では宙に浮いたままであった。ツーリズムを再建するうえで、この港湾都市はきわめて好適な立場にあった。市が進める戦争負傷者の受け入れを支援しようと、政府が多額の補助を出していたからである。兵士のために改修された施設を、後にツーリスト向けに転用することもできただろう。さらに、ユダヤ人定住区域で最大の都市だったオデッサには、ロシア人がいくリゾート地から閉め出されていた、主だったエスニック・グループが集まっていた。それでソロヴィヨヴァは、次のような実に厄介な問題を指摘している。クリミアの大部分のリゾートからユダヤ人を排除したことで、ユダヤ人のカネが他の場所に流れてしまったのではなかろうか、と。戦争が勃発したときに国外にいたユダヤ人の数を見れば、彼女のこの指摘が正しいものであったことが分かるだろう。[181] 彼女の言うとおり、観光産業の未発達は、当時の鉄道網の状況に劣らず、時代遅れの制度にも原因があったのである。[182]

結論

帝政の最晩年、ロシアのツーリストは、この国の進歩、モダニティ、そして多文化的なナショナリズムを象徴する存在となった。伝統的な偏見ではもはや制止できない、資本主義というエンジンがこれらを推し進めたのである。毎年何万ものツーリストが、旅が与えるさまざまの対照的な機会を通して視野を拡げ、コスモポリタンで冒険精神に富んだ独自のアイデンティティを身につけようとしていた。[183] 二つのジェンダーを隔てるバリアーもまた、揺らぎつつあった。典型例は、ハイキングや遠乗りに参加する女性に対し、「男性的な気性に見合った服装をするよう」、一九一三年には助言されていることである。[184] ツーリズムを通して文化資本を蓄積することは、過去の社会に存在した断絶を解消するのを可能にした。しかし同時に、それはナショナリズムと帝国主義から派生する、新たな自己意識を生み出す可能性も孕んでいた。いずれにしても、一九一四年の夏、ナップザックにガイドブックとコダック社のカメラを入れ、勢いよく飛び出したロシアのツーリストたちは、まだ自身の前途が洋々であるかのように感じていたのである。

第六章　世紀末ロシアの夜に繰り出す

ナイトライフの登場

「時はカネなり」とは資本家たちの決まり文句で、これを聞く者は真っ先に勤労の文化を思い出す。だがこのありふれた文句は、実は遊びについても当てはまる。「遊びもカネなり」なのである。このような経済システムは働く者にカネを運んでくるのだし、労働時間を標準化するから、遊びの時間に、今度は遊びとは反対の意味を与えるのだ。ロシアのミドルクラスは自分の仕事でカネを稼いで、ブルジョワ化しつつあった。これにより、この人びとはレジャーの時間も貯めていった。こうなると、この人たちがカネと時間の双方を消費する場が必要となる。「処分可能な」所得という実にややこしい概念は、商業社会ではレジャーという概念と深いところで結びついている。なぜと言って、家計の維持という観点からすればとくに必要がない収入は、それ自体が処分可能な財となるから。――つまり、レジャータイムに娯楽と交換可能な財となるからである。「自由な」時間の意味が、こうして正反対の意味に変わる。

仕事が遊びとなるように、エンターテイメントの世界では夜が昼に変わる。ミシェル・ド・セルトーによれば、空間とは「それに方向や位置を与え、時間的に区切り、……ここをひとつの実践の場とするような種々の操作を通じて生み出される効果」のことである。[1]したがって、夜とは時間だけなく、空間もコーディネートすることである。ピーター・フリッチェは、夜の時間をひとつの「興味ある場」だと考えた。「なぜなら、夜は工業都市が持つコントラストを再配置し、一列に並べ、そしてこのコントラストを際立たせるからだ」。[2]ナイトライフを金銭面で支えているのは、自由に使える収入である。夜それ自身がエキサイティングで常にその姿を変えるように、このナイトライフも、エキサイティングで絶えず変化するひとつの文化的産物である。夜とは、ミシェル・フーコーが言うところの「ヘテロトピア／混在郷」、つまり「現実空間のなかにあるもうひとつの別の世界（ユートピア）」である。そこでは「ある文化の内部にあるすべての現実空間が、表象されると同時に異議を申し立てられ、逆転させられる」。[3]

ナイトライフが商業化する以前は、「公的な」領域／「私的」な領域という観念に立って、夜の時間が区別されていた。夜になると大半の使用人は仕事から解放されて、家庭のもとに返される。けれども使用人がどこか家庭以外にも出かけていく場を持つようになると、多くの人が黙って帰るのを拒絶するようになった。消費文化に足を深く踏み入れるにつれ、服装を変えるのと同じほど容易に自分たちも素性を変えることができるのだと、人は理解するようになる。商業化したナイトライフは、以前はまったく私的な事柄と考えられていたものを公的な場に引っ張り出し、ちょっとした革命を引き起こすわけである。こうやって、商業化されたナイトライフは、私的な領域と公的な領域の双方を変える。夜になると、社会やジェンダー、あるいはエスニシティのあり方に関わる諸関係が、昼と異なるルールにのっとり動いていく。消費を強調することで、つまり儚い欲望を刺激することで、新しいナイトライフは世界を「モダン」に変えたものの多くに実体を与える。

性差にもとづく分離は、当初、夜の世界にも昼の世界と同じような、ジェンダーにもとづく差異を持ち込んだ。夜になると、女性のうちのある者は、あるいは私的な仕事を果たし、あるいは官製劇場――そこでは確立された礼節のルールが人の評判を規律している――といった、公共の場に姿を見せた。このルールを破った女性には、

「公的な女」という烙印が押される。これは売春の同義語で、こういう表現はジェンダーによる区別が夜という領域にも持ち込まれたことを雄弁に語っている。実際、二〇世紀の末になると、「夜を取り戻せ（テイク・バック・ザ・ナイト）！」というスローガンを掲げて、レイプに抗議する運動が起こった。〔訳注1〕女性が夜の世界に登場するのは二〇世紀の初めだったが、このスローガンは、そのとき以降、夜がどれほど議論を呼ぶ場になっていたかを示している。伝統的に、ナイトスポットは男たちの世界であった。ここに最初に踏み込んだ女たちは、多くの場合、女性解放という物語のヒロインとなるにはほど遠い人たちであった。彼女たちにとって平等とは参政権のことというより、ダンスに加わることだった。男性の眼を惹きつけるべく、彼女たちはコルセットに自分の身体を押し込めていた。こうやって、彼女たちはまったく文字どおりに、自分をファッションの犠牲者としてしまったのである。しかし女性がレストランやナイトクラブを渡り歩くとき、彼女たちは破壊を推し進める。[7] ジェンダーの違いを前提にして作られた、あるべき振る舞い方という観念から、自分の性を解き放ったからである。

娯楽産業

別の決まり文句は、また次のように伝えている。逆のことが、つまり「娯楽がビジネス」といったことが頻繁に起こると、ビジネスもまた娯楽になりうる、と。ロシアのレストランとナイトクラブは、まったく異なる二つの娯楽事業から成長した。「会員制クラブ」と「祭り」（市（いち））である。どちらも「お楽しみ」の空間である。そして同時に、ここはそれぞれの身分に割り当てられていた厳格性が、いくぶんか弛緩される場でもある。これらの娯楽に営利原則を持ち込むことは、新しい個人的な人間関係、すなわち経営者、客、サービスに携わる従業員という三角関係を生み出した。一八世紀末以降、ナイトライフはかなりの程度に個人化された。大都市のさまざまな利益集団、たとえばイギリス人同胞、ドイツ人同胞、あるいは裕福な貴族や商人といった人びとは、会員制クラブを設立した。ここで自分の家族や客、あるいは単に自分自身が、食事や各種のエンターテイメントを楽しむためである。民間劇場の禁止令は、依然として効力を有していた。けれども、非営利的で会員のみが利用できると主張したものを舞台に掛けて、これらのクラブは規制の網を潜り抜けた。芝居を上演した——出演者のなかには、テーブルの下でこっそりカネを受け取る帝室劇場の俳優も少なからず含まれていた——だけではない。歌手やコメディアンたちは、こういうクラブでその芸を披露したのである。[4]

娯楽のもう一方の極には公的なお祭り、あるいは前近代における都市の見せ物の集約である「縁日（ナロードノエ・グリャーニエ）」がある。一七四〇年にアンナ女帝は、壮大なスケールの「氷上の祝日」を開催して、都市のすべての住民をひとつの共通の場に引きずり込んだ。ナイトライフを開拓した二人の主要人物、ミハイル・レントフスキーとアレクセイ・アレクセーエフ＝ヤコヴレフも、このグリャーニエの振付師だった。これらの祭りは、もともとは宗教上の祭日、とくに復活祭の前の謝肉祭（マースレニッツァ）と結びついている。縁日は公的世界のエリートにより推進されたが、民衆の文化のなかに深く根を下ろしていたのである。音楽と手品、そしてお笑い。——これらの祭りが提供したのは、およそこういった出し物で、いずれも世紀末までに、それらは屋内のナイトクラブに取り入れられていく。[5]急速な都市化にともなう過密状態のため、政府は一八九六年に、市の中心部で祭りを開くことを禁止した。これは、農村に対する都市の優位を示す事件となった。[6]

一九一八年、自分が見聞きしてきた物事すべてが革命で破壊されるのを目の当たりにしながら、かつての劇場検閲官H・B・ドリゼン男爵は、子ども時代の公的な娯楽のことを懐旧している。休日の大きな祭りから、クレストフスキー島のナイトスポットへと至る、滔々たる娯楽の流れを辿った彼は、自分は特権を失ったと嘆いている。このときドリゼンは、特権の喪失を社会がイノセンスを失ったことと同一視していた。[7]ドリゼンも他の者も「民衆」を理想化して、市場の力は「民衆」特有の自発性をパフォーマンスから奪い取った、と非難する。[8]だがこれは、誇張というものだろう。新しい文化産業を興した企業家たちは、屋内という単に雨風を凌ぐ場をクライアントに提供したにとどまらなかった。演目それ自体には流行による浮沈があっても、この人びとは娯楽のための恒常的な場を作り出したのであり、これによって季節に左右されない継続的な上演を可能にしたのである。

レストランの文化

文化現象としてのレストラン

食物と快楽との結びつきは、香辛料の歴史とともに古い。だが、食事が社会によってさまざまに異なるあるひとつの文化的実践へと進化したとき、食事は政治的意味を帯びることになった。食事という行為に、もろもろの社会関係が反映されるからである。ヨーロッパで絶対王政が議会政へと発展したとき、「文明化の過程」の中心には宮廷での会食スタイルの変化があった、とノルベルト・エリアスは述べた。[9] 分かりにくい比喩だが、他の社会層が宮廷作法を身につけ始めたときに、人間は中世から脱け出し近代へと向かった、と言うのである。エリアスは、前近代の食卓における人の排泄行為を色鮮やかに描いてみせた。そこで彼が示したように、新しいエチケットは、自分と自分の隣に座った人が互いに敬意を払うことを求めていた。こういう相互の尊敬こそが、啓蒙時代を特徴づける個人主義化の根底にあった。そしてロシアのツァーリもまた、西欧の君主と同じように、「文化的営みの表現としての会食」に優れた才を見せた。[10] ロシアには、一九一七年まで宮廷があった。政治に参加したいと願う社会層の挑戦も、外で会食するといった「文化的営み」を通して表現されたのである。

フランス語の「レストラン」は――ロシア語の「レストラン」も同じ意味で用いる――、一八世紀フランスの医学用語に起源を持つ。それは、弱った身体を「回復させる(レストアー)」ために作られた食事を意味していた。それ以前には、公共の食卓とは家畜に餌を与えることと同じだと思われていた。同じテーブルで決められた時間に、そしてしばしば同じ皿から、さらには同じ食器を用いることすらあったからである。ダイエットとか衛生といった観念が他の社会的言説のなかに登場するようになると、今度は時間や食卓といった観念もこれに続き、あげく、それらの選択やサービスの多様性が許容されるようになる。[11] 食事はこうして、彼や彼女の好みに合わせて個人化された。皮肉なことだが、フランス人――美食志向の文化ともっとも密接に結び付いている人びと――は、順々に各自がそれぞれの取り分を給仕されるという食事のスタイルを、ロシア人から受容した。こうしてすべての食物が同時に提供されるという「フランス風食卓」から、「ロシア風食卓」が分かれたのである。[12] さらに皮肉なことに、レストランは大量消費が持つひとつのパラドックスに依拠していた。一方では、価格や分量を固定化し合理性を基盤として、レストランは活動する。他方では、利潤を得るために非合理的な欲求を刺激することで、レストランは成り立っている。

客が自分のテーブルと隣のテーブルとの間に想像上の境界線を引き、他人の会話が難なく聞き取れるような場合であっても、その人のプライバシーを尊重するようになると、公共の場での食卓は次第に私的な性格を取るようになる。[13] 規則というよりお互いの了解によって成り立っている、ある一定の距離を客が相互に保つことで、レストランでは人びとの幅広い交際が可能となった。レベッカ・スパングが指摘したように、「われわれはレストランを単に『食事の場』としてだけでなく、社会的な空間、文化的な制度として考察する必要がある」。[14] 一八九〇年代までに、ロシアの都市ではレストランもジェンダーによる差別を改め、女性も他人の敬意を失うことなくそこで食事ができるようになった。[15] 一九一一年、モスクワのある裁判官は、レストランへの入店を拒絶できるのは、客が明らかに酩酊状態にある時に限ると判示した。こうして、この裁判官は、身分にもとづく特権の体系が持っていた権威を掘り崩したのである。[16]

客が、自分たちは公共の場で、しかし私的にもてなされているのだと想像できるようになったことは、都市化にともなうもっとも重要な心理的変化のひとつである。余所者は都市空間を共有することを学ばねばならず、そのことは、人に対して立ち居振る舞いを改めるように要請する。マナーは、この新しい公共空間で人とどう伍していったらよいのかを、この新しい私的な個人に教えこむ。人と人とが互いに付き合っていくうえで、交際の仕方が重要となったからである。とは言っても、多くの人は、公と私の間に境界線を引くことに対して、いまだ困難を感じていた。モスクワの商人身分について、見事なまでの自画像を残したパーヴェル・ブルイシュキンは、次のように語っている。「惜しみない気前のよさ」という伝統で育てられた旧世代の多くは、レストランでくつろぐことは、自宅でくつろぐよりも野卑な振る舞いだと考えていた。と言うのも、レストランでくつろぐなど、およそ習慣に反するからで、習慣はビジネスと社交の間にとくに区別を置かなかったのである、と。(17)

レストランとカバキ

自宅での食事に魅力があるとすれば、お上の目をはばかることなく酒を飲むことができる点にあるだろう。ロシアのレストラン文化は、酒類を提供する会員制クラブと並んで、アルコールの販売で儲けた居酒屋から発展した。これはロシアでは「カバキ」の名で知られ、モンゴルによる征服の後に入ってきた。このカバキの歴史は、文化だけでなく政治についても、多くのことを語ってくれる。(18)たしかに、健康の回復のためのスープから、医療目的で製造された酒までの距離は、決して遠いわけではない。だがアルコール消費量を変えたのは、こういう薬用酒よりアルコール度数の高い飲料の方であった。官憲の間には、公共で供されるアルコールにはどういう種類のものがよいか、さまざまな議論があった。この議論は、国家の立場も一筋縄ではいかなかったことを示している。アルコールは国に必須の歳入源だが、それがもたらす否定的な影響は、別の分野では国にとってのコストとなるから。また、カバキはある程度までレストランを先取りしていた、と言うこともできる。麦酒や蜂蜜酒のジョッキを手にして入り混じるあらゆる身分、そして男や女の交流が、カバキの特徴だからである。(19)一六五二年にツァーリ政府がカバキを非合法化したが、このときカバキは教会の信心の犠牲となって閉鎖されたようなものであった。しかしそれから一一年後、人びとの不満とカラの国庫が、政府にカバキの再開を余儀なくさせた。(20)

「大改革」のひとつとして、一八六三年の国の酒類専売制度の廃止があるけれども、「大改革」前夜にロシアには一万を越えるカバキがあったという。[21] 下って一九一〇年になっても、国会はどのレストランがアルコールを供するべきか、何時までそれは開店してよいかを決めようとして、過去一世紀以上も繰り広げられてきた議論を依然として続けていた。ちなみに、当時、政府はアルコール販売の終了を午前五時とし、この時刻をもって商業的な夜の世界は終わりであると定めていた。

酒は、人と人との交際を促す中心的存在だったと考えられる。しかし、国内経済で飲食業の土台となり、文化の変化の要となったのは食事の方であった。余所者に食事を提供する行為は、もともとは旅と直接に関わっていた。旅籠（あるいはトラクティール）[訳注2] 以外に、旅人はしばしば寝泊まりの場となったところで、つまり普通の家庭や村の小屋で、食を求めた。食の提供という行為に積極的な快楽を求めるという発想は、ツーリズムが興る以前の時代の旅行者には、驚きだったろう。しかしひとたび宿泊の状態が改善されるや、次には食事の改善が、そして無論のこと、酒のレベルの向上が続くのである。一八九七年、スタニスラフスキーとネミロヴィチ＝ダンチェンコが、モスクワ芸術座を立ち上げる歴史的交渉を行なった場所は、モスクワのファッショナブルなレストラン、スラヴャンスキー・バザールであった。このとき二人は、芸術座の発足が文化史に残る事件であると確信していた。だが、なにゆえこの二人がこのような場で会ったのか、と考える文化史家には、このレストラン自体も注目に値するのである。

食卓の作法

世紀末には、この場所から歴史が生まれるとみなされるほどに、レストラン文化は定着したように見える。しかし、レストランが社会に受け入れられるまでには、どれほどの努力が必要だったことか。――ロシアのエチケット教則本は、この点を明らかにしてくれる。教則本は、社交のルールがどう変化したかを知るための貴重な情報源であり、読む者に多くの有益なアドバイスを与えている。都会生活で必要な、人としての振る舞い方を身につけるためのアドバイスで、人前で食事をするには新しいルールをマスターするのが必要だ、というわけである。この種の本が示すことだが、ビジネスからダンスに至るまで、一九世紀半ばまでは、社交の大部分は私的な場所で行なわれていた。こういう教科書が主題とするのは、新しい知己にポジティブな印象をどう与えるか、ということである。慎みと品位とを知る公共性を弁えた人間というイメージを創ることは、近代のアイデンティティの核心であった。なぜと言って、教則本が警告するように、「もっとも知的な人間ですら、第一印象にもとづいて、ルーティンに反応してしまう」から。[22] 教則本は人に敬意を払うということ、しかし尊敬と追従とは違うということを説いてみせる。「礼儀正しい人間は誰に対してもそれにふさわしい敬意を示すが、決して自尊心を失うことはない」。[23] 新しい振る舞い方のルールをものにすることで、人は都会で生きていくために必要なスキルを学んでいく。

一九世紀後半になると、教則本はレストランでの作法について、独立の項目を割くようになった。[24] 他の場面で与えられた助言がそこでは繰り返されるが、これは細かなマナーにうるさい人間のことを念頭に置いての発言である。レストランでのエチケットに関する一節は、こう戒めている。「高貴な人間は、……レストランでも上流社会の間でも、どこでも同じように行動する」。[25] 詳細なアドバイスからは、人は家では外よりも地をさらけ出す傾向がある、ということが分かる。また、騒々しい会話や壁紙でマッチを擦ることにも、注意が喚起された。場を混同しないように、ということだ。サービスをしてくれる者への自由をはき違えないように、という警告もある。これは、営業の現場で起こった混乱の反映である。ウェイターは従業員であって、召使ではないのである。食事にカネを払うからと言って、粗野な振る舞いが許されるものではないことを、客は理解しなくてはならない。高貴な人間は、「カネを出しているのは自分だ」といった当世流行(はや)りの、そして非難に値する行動は避けるものである。[26]

ユーモア作家のИ・И・ミャスニツキーは、帝政末期の社会の変化を鋭く観察していたひとりである。彼は自分の作品の不幸な主人公を、レストランやナイトクラブに登場させることが少なくない。日常レベルでの人間の社会化を見るうえで、こういうシーンがどれほど適切な場面であるかを、彼は知っていたからである。たとえば短編『モスクワのなかの田舎』はその典型で、これは田舎の商人とその甥の大都市での冒険譚である。自分がどれほど洗練されているかを見せようとして、この甥はおじをレストランへと連れていく。ここでおじは、エチケット教則本に書かれたあらゆるルールを破ってしまう。おじは何かと騒がしく、なぜ外套を預けなくてはならないのかと不審に思い、値段に苛立ち、メニューのフランス語に卒倒する。予想されるように、このおじは実際に帰郷するそのときまで、田舎を思って恋い焦がれる。[27] この手のミャスニツキーの主人公がお決まりのように陥る災難と、この人たちが窮地を脱する才能は、教則本の記述を補足していた。

ストレリナとヤール

自分の振る舞いを改め、食事より活字にもっと多くのカネを注ぎ込もうという人にとって、レストラン文化は裨益するところ大であった。これは、ミャスニツキーの作品に登場した商人たちが学んだとおりである。だが、抑制的な態度だけが唯一レストランで受け入れられたマナーだった、と考えるのは誤りだろう。事態はまったく逆で、ダラ・ゴルドスタインが描くように、ロシア商人がレストランに頻繁に出入りするようになると、この人びとのディナーの場は、ツァーリの食卓に特徴的だった、あの極端さを誇ることになった。その豪勢な食卓は、商人たちが富を蓄え、社会的地位を向上させていったことの物差しである。もう一人のユーモア作家で、俗物根性を諷刺して人気を博したニコライ・レスコフは、『悪魔祓い』で同じような話を描いている。[28] ゴルドスタインが論じるように、一九世紀になると、「食事時に羽目を外した行動をとるのは、客に代わってホストの方だった。なぜならホストは、……食卓という比喩上の舞台に、他人にこう見られたいというイメージを映し出そうとするからだ[29]」。

こういう「舞台」の初期の事例が、モスクワのレストラン、「ストレリナ」で、И・Ф・ナトルスキンの手で、一八五九年にオープンした。この店はモスクワの有名な商人一族の御曹司、Н・С・バフルーシンがカネを出し、店名はピョートル大帝が建てた小さな宮殿から取られている。オープンして最初の数年は、レストランのドアを開けると大食堂が広がり、小規模で内々に食事を楽しむための個室（カビネット）が、そこに二つあるだけだった[30]。ところが「ロシアのゾラ」ことП・Д・ボボルィキンが一八八二年に発表した小説『キタイ・ゴロド』――これはモスクワの商人身分に題材を取っている――では、このストレリナは人びとの社交の場として登場している。だからボボルィキンは、この小説が出る頃にはこのレストランがひとつの文化的名所へと変わったことを書きとどめたのである。開店一五年後には、このレストランは夏用・冬用の庭園を持ち、熱帯の椰子の木がひときわ目立つ、豪華な装飾をウリにしていた。それは、優に五〇〇人の客を迎えることができた。劇評誌『観客（ズリーチェリ）』に掲載された一八八一年の詩は、椰子とバナナの木で飾られたこの「歓喜の庭園」を讃えている[31]。以上に、フロアーショーが加わるわけである。こういったものに飽きてしまうと、ショーを見るためここに出かけた客たちは、黙って座って食事が出るのを待つばかりである[32]。

右肩上がりで成長途上のレストラン文化は、ロシア帝国をインターナショナルな現象のなかに組み込んでいった。ニューヨークのデルモナコに始まる、世界のレストラン文化の東の端が、ストレリナとなったのである〔訳注3〕。これらのレストランは、単に洗練された味覚を提供しただけではない。経営者たちは、楽しくまた人から評価される社会的体験としての食を創り出そうと、懸命になった[33]。レストランのメニューそれ自体が革命的な文書であり、飲食物を散文的な記述から解放する「魅惑の物語図」だった。メニューが掲げるエキゾティックな料理のリストや品目、そして価格を理解するには、新たなリテラシーが必要になる[34]。大きなレストランは、食べ物、飲み物の提供からさらに進んで、フロアーショーやオーケストラ、ダンス、その他もろもろのエンターテイメントを用意し、活動の場を拡げた。こうして鳴り物入りのエンターテイメントが、料理と同じほど有名になったわけである。また一九世紀半ばからロシアを「ジプシー熱」が席捲したが、フロアーショーではファンを大いに沸かせたジプシー・コーラスが始まった。これは、一九一〇年以降、人びとの「タンゴ熱」を掻き立てたダンサーの場合と同じである。最高級のレストランに行くことができない客層には、テクノロジーの発達が手助けした。蓄音機や自動ピアノは、ライブ・ミュージックの安価な代用品である。その発明は、客たちに楽しい曲の調べとともに食事を取ることを可能とさせた。[35] 一九〇八年には、ペテルブルクの小さなカバキやレストランから流れ出る蓄音機の音が余りに大きいというので、市当局はこれに介入しなければならないほどであった。[36]

コーラスにしろ、オーケストラにしろ、あるいは食事のときに音楽を奏でるソロのミュージシャンにせよ、いずれも食事をするのはひとつのイベントだという意識を人びとの間で育てたのである。多くのレストランは食事の他にアトラクションを加え、メニューを見直し、客が家から外に出てここにやって来る気になるような、その店独自の個性を開発した。元はカバキで一八世紀のグリャーニエ用パビリオンから命名された「ヤール」が再興すると、まもなくストレリナはこれとの全面戦争に突入した。ヤールは、「商人身分の間で不信心の砦となった」場所である。[37] 一八八七年頃、伝説の実業家、A・A・スダコフが、元のオーナーであるA・アクショーノフの相続人からヤールを買って、これをリノベーションしたのである。その際に、スダコフは壁に鏡を嵌め込んだダイニング・ルームを付け加えて、これがヤールの名物となった。この有名な鏡の壁は、客に自分の姿を見るのを可能とさせ、以前であれば想像もできなかった、隣の人たちと一緒にいる自分を映し出した。[38] そうこうするうちに、人に見られたい、目立ちたいと思っている人間は、逆に自分が人から見られているのを知ることになる。

こんな演劇的感覚によって、スダコフは、ストレリナから客を奪い取るのに成功したのだった。ある放蕩者の回想録によると、「ローマに出かけて法王の姿を目にしないことより、モスクワに出てヤールで食事をしない方がもっと罪深いだろう」[39]。帝政末期にもっとも流行った歌のひとつは馭者をせかせてヤールに乗りつけるという

39．ストレリナの夜．客でごった返している．

ストーリーで、そこではロマンチックな冒険が待ち受けている。〔訳注4〕また別の歌は、ヤールの「狂った夜、眠らない夜」を歌っている。(40) 第一次世界大戦の真っ最中、一九一六年に、市当局はその一部を接収して臨時の病院に充てた。だがこのときも、屋内配管設備を欠いていたにもかかわらず、「依然としてヤールは他より清潔で、より良く、より魅力的であった」(41)。モスクワの典型的な夜と言えば、ストレリナとヤールという両方のレストランを訪れることだった。それが二つのレストランを、革命前のモスクワの、夜の風物詩としたのである。ある雑誌は、一九一二年に次のように報じている。「ヤールやストレリナが博している称賛と成功は、他の人びとが眠りに就くことを許さない。その結果、『アポロ』だの『黄金の錨』だのと、新しい、そして素晴らしいレストランが次つぎとオープンすることになる」(42)。シベリア生まれの神秘の人、グリゴリー・ラスプーチンは、モスクワ滞在中はヤールに足繁く出入りしていた。ヤールはラスプーチンの悪名だかい行状からも、多大の利益を挙げたのである。

レストランの個室

他のセレブと同様、この「怪僧」も「カビネット」と呼ばれるプライベートな小部屋でパーティーを楽しんだであろう。喧騒のなかにありながらも、他から切り離された場所を提供したので、カビネットは食堂としての利点も持っていた。客たちは口の堅いウェイターにチップを弾み、名だたるエンターテイナーと交渉して、自分のためにパフォーマンスをしてくれるよう、お願いしたりもしたのである。スパングが見て取ったように、「カビネットに通じる扉は二つの異なる世界をつなぐ回路であり、同時に、二つの世界の境界を示す(44)」。予想されるように、カビネットは、どこのレストランでもホットな場所である。と言うのも、ここは夫婦が結婚記念日を祝ったり、ビジネスのため極秘にミーティングを開く場所である。またそれ以上に、カビネットは人目を忍ぶ逢瀬の場である(45)。さらに、こういう内輪のプライベートな空間のなかで、ホモ・セクシャルな関係が結ばれることもあった(46)。こんな次第で、巷間言われるラスプーチンのどんちゃん騒ぎ（オルギー）から、通俗的な出版物で頻繁に報道される自殺事件まで、カビネットは感情にまかせた極端な行動を実地に移す、本当に数少ない場となったのである。勘定を済ませる前に銃の引金を引かれては元も子もないという理由もあって、計算高いレストランのオーナーたちは、自殺はビジネスのマイナスになると憂慮していた。だがプライベートな部屋は、レストランが持っている新奇性を凝縮された形で表わしていた(47)。潜在的には危険な場として、しかし、より広く、また保護された雰囲気のなかでくつろげる場として、カビネットは都市伝説の仲間入りをした。

レストランと帝国

新聞広告が伝えるのは、街中至るところでレストランが拡がっている事実である。あらかじめ値段が示されて

40．ヤールの前で客待ちをする辻馬車の馭者．これはポピュラー・ソングにもなった．

41．ヤールの輝く鏡の壁

いるから、豪華な場所には出かける余裕がない者でも、レストランでナイトライフを楽しむことができる。二つの専門的な全国誌『レストラン生活（レストランナヤ・ジーズニ）』と『レストラン事業（レストランノエ・デェーロ）』は、一九〇五年の革命後に生まれた。これは、外食が急速に人気を集めていることの証言である。その客と同じく、レストラン自身も他との差異化を図るために、目に見える個性を打ち出さなくてはならなかった。このためのもっとも有効な方法は、料理を工夫することである。多くの場合、レストランの店名は、西欧とロシアの非対称的な関係性、そしてロシアの帝国的な使命を反映していた。「サマルカンド」は、一八七〇年代のペテルブルクのレストランである。中央アジアを食という観点から帝国に統合しようとしたレストランは数多いが、この店はその最初期のものであった。さらに世紀の変わり目となると、征服のロマンに便乗する形でカフカースなり中央アジアなりの地名を冠した料理店を、ロシアの主だった都市なら少なくともひとつは見ることができた。もっとも、ロストフ・ナ・ドヌーにあるカフカース料理店は、ドン川流域におけるグルジアの出窓というより、むしろカフカースから来る人びとの就労の場として機能した。地方のアーティストや興行師たちは、人を雇ったり、あるいは人に雇われたりすることを期待しながら、定期的に特定のレストランに足を運んだ[48]。モスクワの「フィリッポフ・カフェ」は、ここに集まる人びとのために朝早くからから店を開き、それで「バビロン」という評判を取っている[49]。

店の名前が出される料理と、必ずしも一致していたわけではない。だがそのような場合でも、ある種の雰囲気は伝えてくれるものである。モスクワの「レストラン・プラハ」は、ロシアにあるこの手の名前の飲食店のひとつで、スケールアップした形で汎スラヴ主義を広めている。実際、「プラハ」は二日酔いに効くメニューを揃えて、「ジプシー・マニア」たちの避難場所となった[50]。ペテルブルクの「ベオグラード」は、一九一五年にその名を「シュクタリ」（現シュコダル）と改めたが、これはバルカン戦争の再発を告げる新聞の見出しが飛び込んできたようなものである。地方都市には、ロシアの両首都の名を冠したレストランが、判を押したように存在していた。首都の名前を借りることで、経営者たちはある種のオーラを漂わせることができるわけである。一方、首都の方はと言うと、街の本当に小さな一角に、「トヴェーリ県人」「新ヤロスラヴリ県人」といった店が現われて、お返しをする。お国自慢へのサービスである。西欧風の、とりわけフランス風の名前は、想像上のことであれ、あるいは他の何であれ、ある種のエレガンスな印象を醸し出した。ペテルブルクのレストラン、「ウィーン（ヴェーナ）」は、オーストリアの首都からワルツが流れ出ているわけではないにせよ、スマートなネーミングだと言うほかない。ここは、本物の文人が集まってくる場であった。夜ともなると「ウィーン」では、あるテーブルではデカダン派の、別の一角ではリアリズムの、文人たちを見ることができた。言うなれば、これは後の時代の「ドゥマゴ」である。観光客はこのパリのカフェで、フランスの実存主義者たちを見ることができた。〔訳注5〕アレクサンドル・ブロークやレオニード・アンドレーエフが、本当に「ウィーン」で会話を交わしたかどうかは分からない。しかしこの人びとと同じメニュー、同じ雰囲気を享有しているという現実感は、『ウィーンの夜』なる本を世に広めた。「ペテルブルクの文士連の生活を描いている」と、評判になったのである。(51)ロシャンナ・シルヴェストルは、二〇世紀初頭のオデッサについて、同様の現象が見られたことを挙げている。そこでは「カフェ・ロビーナ」が、一番人気のスポットだった。(52)

二〇世紀の観察者は料理をグローバリゼーションの指標だと考えていて、ロンドンではどこにでも見られるインド料理店を、一種の逆の植民地化を象徴しているという。(53)だがレストラン文化は長いことナショナリズムを喚起してきたし、ナショナリズムと密接に関わる帝国主義的衝動も引き起こした。それは、たとえばロシアの優越性の証拠ともなりえた。国際的に評価の高いフランス料理が、フランスという国を洗練さという輝きでくるんでいるようなものである。たとえば「ソーセージ喰い」などと言って、いつもバッサリとドイツ人を切り捨てているロシア人だが、料理の比較のやり方は、多くをアモリ伯から学んだのである。アモリ伯とは、同名の作品から取られたイッポリート・ラップゴフのペンネームで、この作家は大衆文学のどんなジャンルにも巧みに自分の居場所を見つけるような人物だった。ドイツ人の食生活に対するアモリの批判は、第一次世界大戦へと向かう時代に特徴的な、あの自己満足のトーンで書かれている。そこには、ある興味深い文化の断面が描かれている。アモリは、皿の上に「何か緑のもの」が載っていると驚いてみせる。ロシアに滞在したことがある者なら、ここに言うアモリの驚きが分かるだろうし、肉は食べるが付け合わせは残すというロシア人客を、実に容易に見つけることができるだろう。ベルリンではレストランがいかに大きなビッグビジネスへと姿を変えたか、資金を調達するために株式会社化しているか、とアモリは書く。そして肉とアルコールがほんのわずかしか出ないことに、彼は嘆息する他ない。「ロシア流に食事を取ろうとなると、ベルリンでは本当に高くつく」、と。[54]

各国料理という、いわばその国の代用品は、ロシアを世界の他の地域へと紹介する役を果たした。一九〇一年にグラスゴーで開かれた国際博覧会のロシア館では、レストランが大人気だった。[訳注6] それで商工省は、同様の展示館を他のヨーロッパ諸国にも建設するよう奨励した。これは、ヨーロッパの人びとがロシアの味覚に馴染んでくれるための輸出品といった趣があった。商工省は、コサックの衣装を着たウェイターにサモワールでのサービスという、キッチュな民族的イメージに訴えた。[55] まったく皮肉なことではあるが、一九一七年にボリシェヴィキ革命を逃れた亡命者が国外で開いたロシア料理店が、ちょうどこんな感じだった。[56] 想像上のロシアに対するノスタルジーを掻き立てることで、あるいはまた、何の心配も何の責任も負うことなく、ひたすらにウォッカとキャビアを喰らって贅を尽くすロシア貴族へのノスタルジーを掻き立てることで、「ロシア」料理店は客に散財を強いたのである。[57] 冷戦期には、ソ連という国はスタイルやテイストといった美意識とは、およそ正反対な存在であると考えられた。この時代に、ニューヨークのレストラン、「ロシアン・ティー・ルーム」[訳注7] は忘れられた歴史を髣髴とさせるようなメニューに訴え、巧みに革命前の古い時代を装うことに成功したのだった。無論、レストラン側はこういう雰囲気を作り出すため、多額の経費をかけなくてはならなかった。

業界の雄たち

レストラン業界のトップに躍り出たのは、野心家のスダコフとナトルスキンだった。古い伝統のなかには何も賭けるべき物がなかったから、レストランの盛衰は新しい伝統を創ることに情熱を傾けた人間の想像力にかかっていた。これは、他の商業文化の場合と同じである。この業界で成功者が歩んだ典型的なキャリアは、地方で事業を始め、食品業界のマイナー部門で仕事をし、都会へ出て行くというものである。B・Γ・エピファーニはペテルブルクで「クリミア」「トランスヴァール」「黄金の白樺」といったいくつかの店舗を経営していた人物だが、最初、パン屋として出発した。一八九三年、三三歳のとき、彼は小さなホテルを買うために金を借りて、このホテルをレストランに拡張するのである。[58] M・B・レベヂェフは居酒屋で働くために村を出たが、四〇歳の誕生日を迎える頃には「トヴェーリ」から「チャイナ」まで、それこそ地球規模の貪欲さで店舗を増やして、小さなホテルとレストランからなるミニ帝国を創り上げた。[59] この業界でもっとも著名な実業家のΠ・B・トゥムパコフは、最初はペテルブルクの複合的なアミューズメント施設、「動物園」のサマー・ガーデンでウェイターとして働いていた。彼はその後、ナイトクラブでその天才的頭脳を開花させる。

レストランと政治——アルコール規制、女性の就労、労使関係

一九〇五年革命を経て、レストランのオーナーと彼らのレストランは、ユニークな政治的役割を演じるに至った。全国津々浦々で、多くのレストランが、いわゆる「バンケット・キャンペーン」の場を提供したからである。公然たる政治集会をカモフラージュするため、リベラル諸派はレストランが持つ開放性を利用して祝賀会を開催し、これが革命に先鞭を付けた。一九〇五年以降は、ツァーリ政府は次第に私的な団体の結成に寛容となり、レストランのオーナーたちは、一九〇八年に自分たちの業界団体を正式に発足させた。この団体はドゥーマ、つまり全国レベルの議会に対して、萌芽的ではあるけれども事実上のロビー団体となって活動した。実際、オーナー

の利害は、当時喫緊の社会的・政治的イッシューに触れるものだったのである。労働時間、アルコール問題、公的空間の女性への開放、――そこにはこういった問題が含まれている。

政府はレストランの格付けにあたって、公式には、アルコール・サービスと営業時間に関する規則に従っていた。メニューに載った価格を格付けの基準に据えるやり方は、社会がレストランを規制するという考えに立っている。つまり価格が安いところほど、営業時間やアルコールのサービスは制限される。ところが業界団体が組織される頃には、食の世界は大きく変化してしまって、客を簡単にタイプ分けすることができなくなった。どこでもアルコール類はアルコール含有率で等級付けられることになり、度数の高い酒がもっとも問題を孕んだ飲物となった。女性は、この種の酒を販売する施設で働くことを禁じられた。これが公式の方針で、それは「公的な女」に対するすでに時代遅れとなった前提に依拠して女性の就労を禁じる政策であった。第三等級のレストランでは、いかなる酒類も販売を禁じられ、第二等級の店では酒を提供してよい時間に制限が置かれた。公式に許された特権的な待遇を享受したのは、ヤールとかストレリナといった第一等級の店だった。富と洗練された振る舞いとの間には関連があるという、これまた時代遅れの前提が、こういう選別の背後で働いていた。

レストランの客層は、階級によって分かれていると想定された。同じように客の政治的立場もさまざまだったが、こういう客の立場に沿ってレストランのオーナーたちも分裂するということはなかった。彼らは賢明で、分裂するより、まとまったひとつの政治言語で語る方が重要であることを知っていたのである。たとえば、第二等級のレストランが休日の前夜にアルコールを販売するのを、国会が禁止しようと試みたことがある。国会は社会的な関心事を何の躊躇もなく立法化しようとしているというので、レストラン業界全体が色めきだった。一九一二年、業界団体は、「ワインやビールを製造し、販売する人びとの要望について議論するため」、第一回の全国大会を召集した。一九一四年、第一次大戦が勃発すると、政府は禁酒立法を画策したが、これは社会生活を混乱させただけの虚しい統制の試みに終わった。

業界団体のメンバーは、国会の議員たちが社会的な関心事だとみなしたものを、自分たちの特殊な経済的利害が関わっている問題であると捉えたのである。労使問題も、このアルコール問題と同じように、こういう観点から扱われている。業界人の相当数が叩き上げの人びとだったこととおそらくは関係するのだろうが、彼らはどこか現在のあり方を理想視するところがあった。一生懸命働けば、それにふさわしい見返りがあるというのである。あるいは古い貴族のように、権威ある地位を獲得して、彼らは家父長的になったのかも知れない。いずれにせよ、業界人はオーナーと使用人との関係に国会が介入するのを好まなかった。一九一三年に、国会は労働時間を一五時間から一二時間に制限する法案を採択しようとしたが、法案の成立を阻止するため、業界団体がいかに全力を挙げたことか。これを伝える記事は、この業界が持つ古い体質と、ロビー活動という新しい戦略との、実に奇妙な結びつきを物語ってくれる。法案を葬り去ろうと努めたメンバーたちは、「およそ想像できないほど精力的に動いたこと、多大の努力を払ったこと、そして大成功を収めたこと」で、絶賛された[60]。彼らの論理によれば、ウェイターを工場労働者と混同してはならない。なぜなら、食事と食事の間の長くゆっくりと流れる時間が、ウェイターたちに勤務時間中であっても休憩のときを与えているからである。

「雇用主vs従業員」といった単純な構図では、この業界の仕事の本質が蔽い隠されてしまう。――たしかに、業界団体がこのように主張することには、十分な根拠があった。こういった主としてチップを報酬として成り立つサービスのことを、労働者と生産手段の関係を用いて定義することはできない[61]。一九一一年、ナロードニキ作家のイヴァン・シメリョフは、左翼系とされる雑誌『知識（ズナーニエ）』に、「レストランのボーイ」という短編を発表した。このなかで彼は、ウェイターの日常生活を描いている[62]。人気を博したこの作品には、少なくとも四つの映画バージョンがある。〔訳注8〕主人公の造形は一面的だし、その行動は予測がつく。だが、『レストラン事業』に載ったウェイターをめぐる一連の論考を傍らに置いてこの作品を読んでみると、作家がレストラン業界を細部に至るまで正確に描いていることが分かる。

表題にあるスコラホードフ（「手早く動く」という意味がある）という姓のウェイターは、レストランに集まる客と同じように自分も洗練されていると思っており、自分の身嗜みやサービスに自信を持っている。信心深く、政治的にはきわめて保守的なこの人物は、その家父長的な物腰という点では、経営陣と共通するところがある。それと言うのも、人から敬意を持たれるような振る舞いには報酬が払われるという価値観を、共有しているからである。客の醜悪な振る舞いを描いた扉絵は、『知識』の読者の軽蔑を掻き立てることを意図していたが、どちらかと言えば、この絵は実際に見られる客の振る舞いよりも穏やかであった。実生活では、この短編が醸し出すペーソスとは正反対の、実にギスギスとした関係があった。たとえば、以前勘定を踏み倒されたことがあるとの理由でサービスを拒絶したウェイターを、公爵は脅しつけるわけである。[63] スコラホードフには息子がおり、当時の左翼的な物語ではよくあるように、このひとり息子は革命家となった。彼は、人の機嫌を取ることに汲々としている父親のことを軽蔑している。この息子絡みで新聞にレストランの名が載ったとき、経営者はこの父親を解雇した。おそらくスコラホードフは、C・H・アターヴァ——ペテルブルクのレストランの間では常連客であった——の助言を容れて、引退して回想録でも書くべきだったのだろう。アターヴァはスコラホードフが数多くのスキャンダルを握っていることを知っており、アターヴァは彼のお気に入りのウェイターに、「君が金持ちになるよい機会だよ」と、助言したのである。[64]

一九一七年八月、モスクワのウェイターたちは、サービス業もまたひとつの産業であることを人びとに思い知らせた。彼らは他の労働者たちと合流し、右派の集会に乱入してこれを中断させたのだった。かくてモスクワの外からやって来た、モスクワ国家会議の代議員たちは、食べ物を求めて市中を徘徊する羽目になった。[65] 一方、ペトログラードのレストラン「ツーリスト」では、別の食事のスタイルがちょうど紹介されたところだった。これがいわゆる「フィンランド風食卓」、すなわちスウェーデンから入ってきたスメーゴスボード（ビュッフェないしバイキング）である。[66] このスタイルは、その実用性を強調する点がモダンだった。食事をひとつのエンターテイメントに変えた、サービスと文化的出し物の双方を、スメーゴスボードは省略したからである。

幻想の夜を飛び回ること

ナイトクラブ

レストランのような場所で食事することは、夜の世界におけるまた別の欲望を刺激した。ナイトクラブである。それは、伝統的な階層秩序へのさらなる挑戦となった。二〇世紀を迎える頃には、ナイトクラブは街のリズムとなり、ここに集まる客たちを、街中を走る車のような早い速度で規律していった。それは、車が通行人の動きを規律するのとよく似ている。レストランと同じく、このナイトクラブも人びとの社会的融合を促進した。融合と言っても慎ましやかで、極貧層はチケットの価格に手が届かず、ここから締め出されている。より洗練された輸送手段やエンターテイメントを享受することができたのは、きわめて富裕な層だけである。だがこの中間の層は、このようなサービスの恩恵に与ることができたし、社会経済的に見れば両端に位置する人びともメイン・ストリームに登場することがあった。都市の内部の境界線は、一部の都会の住民が望んだような固定的なものでは決してなかった。ナイトクラブは、これを象徴していたのである。街売り(ブルヴァール)の新聞と同じで、テーブル代として支払い可能な手頃なカネの使い道という感覚で、住民はここで「時間(いま)」を楽しんだのである。(67)

ナイトクラブの発展史

ナイトクラブには、多くの歴史上の先達がある。第一に、パントマイムや道化芝居をともなった近世イタリアの即興演劇、すなわちコンメディア・デッラルテ。次がブルラ。つまりコンメディア・デッラルテから派生した、悪ふざけの幕間劇。第三がスコモローヒ。これは中世の放浪芸人兼道化師のロシア版である。第四がボードビルで、ロシアでは、官製演劇で幕間になされるショート・パフォーマンスのことを指す。第五は日曜日のグリャーニエで、公園では音楽が演奏されるが、宮殿がある場に開設された公園も少なくない。そして第六に、世俗音楽の成長。第七は、社会的な規範の弛緩。その結果、ついには舞踏会で男女の抱擁が許されるようになるわけである。最後に、一九世紀にはロシア全国に拡がった、フランス風ファッションの影響。――このように、その起源が多岐にわたることは、ナイトクラブの正確な定義を困難にしている。その多くはレストランと劇場の中間に位置する存在であり、夏の暑い夜など公園まで進出することもある。経済が比較的好調で都市の成長が促された「大改革」期を経て、ロシア人は夜に外出し、娯楽にカネを使うだけのさらに多くの理由や動機を持つようになった。

商業ベースで運営されるアミューズメント・パーク（ウヴェシーテェリヌィエ・サードゥイ）は、コペンハーゲンのチボリやベルリンの王立庭園をおよそのモデルとしながら、一八七〇年代までに各地に拡がっていった。ペテルブルクの場合、チボリや王立庭園に匹敵する最初に重要なアミューズメント・パークは、「デミードフ庭園（デミードフ・サード）」である。ロシアのアミューズメント・パークは、大半がこのデミードフ庭園と同じような歴史を辿った。それらは市内に位置していて、かつては身分の高い貴族の所領の一部だったが、一九世紀初頭に入り、一般の人びとに開かれたコンサートを催すようになった。一八六〇年代に入ると、興行王B・H・エガレフが一帯を借り受け、これを複合的なエンターテイメントの場に変えた。エガレフはここを「ファミリー・ガーデン（セメーイヌィ・サード）」と命名したが、普通は「デミドロン」の名で知られている。世相の観察者B・O・ミフネヴィチは、ここデミドロンは「この街でもっともスタイリッシュで、もっともきらびやかな遊興地だ」という。最初にフレンチ・カンカンが披露されたのは、このデミドロンである(68)。こういったナイトクラブの大半は、新しい流行の訪れとともに、一〇年ごと、あるいは二〇年ごとに、その所有者や名称を変えた。

たとえば一八八〇年代になると、帝政時代の数少ない女性企業家のひとりであったB・A・リンスカヤ＝ネメッティが、デミドロンを引き継いでいる。

エガレフが持ち込んだ主な新機軸は、「エストラーダ」、つまり軽いエンターテイメントのための小舞台を造ることにあった(69)。エストラーダは、ナイトクラブの創作物のなかで中心的な存在であり、パフォーマーと観客の距離は近い。限られた空間が、両者の緊密な関係を作り出すわけである。この小舞台は、官製劇場と区別するため「オープン・ステージ」とも呼ばれた。エストラーダを置いたことで、規模の大きなレストランのメインホールは、単に食事を取る場所以上のものとなった。エストラーダの形容詞形「エストラードヌィ」はロシア語ではナイトクラブの舞台を指すことが多く、レストランでは、個室と同じく、この一画が特別扱いになっている。

ナイトスポットに当てられたのは、市の中心部の商業地区、公園、そして市の外れに位置したエリアだった。ペテルブルクを例に取ると、帝国の首都に点在する島々、とりわけクレストフスキー島、アプチェカルスキー島、そしてエラーギン島が、アミューズメント・パークのための広い空間を提供した。これらが、市中心部のネフスキー通りがあるメインの歓楽街と競合していた。デミードフ庭園と同様、他の貴族所領も、庭園部分は商業的娯楽のために貸し出された。ストロガーノフ家の「鉱山水」は、一八五〇年代から公園用地に供されており、一八六〇年代になると人気のナイトスポットとなった。ここにエガレフは、エキゾティックで似非ムーア風デザインのナイトクラブ、「アルハンブラ」を一八七三年にオープンした(70)。ロシアで最初のスケートリンクは、ユスーポフ公園に、一八六五年に開設された。一八七〇年代には、商人Э・ロストが「動物園」を開いたが、ここは動物を見せる場というより、むしろエンターテイメントのショーケースに近かった。市の住民が夏にダーチャ〔休暇用コテージ〕を借りることが増えるにつれて、ダーチャの利用者自身が公園でのアミューズメントを欲するようになり、これに合わせてエンターテイメントも拡大した。一八九〇年代に入ると、近隣の労働者地区が拡大したので、新たな可処分所得を吸い上げようと、この地域にもナイトクラブが現われ始めた(71)。たとえば、ペテルブルクのレスナヤ地区はさまざまな住民層が混在するところで、多くのナイトクラブがある。[72] ナイトクラブの記録で名高い文筆家H・B・ニキーチンは、一九〇三年に、「ブーフ」や「アクヴァリウム」を含めたペテルブルクで超人気のナイトクラブは夏季には一晩で一〇〇〇ルーブル以上も稼ぐ、と見積もっている。彼はまた、昼に公園を訪れる人は数千人に上るとも推測する。[73] 国際的な影響は、「ルナ・パーク」とともにやって来た。これは、ニューヨークのコニー・アイランドにある人気の本家から名を取った、完璧なアミューズメント・パークである。[訳注9] 場所は、かつてエガレフのデミドロンがあったところだった。運営したのは、有名な商人K・C・エリセーエフである。ここには乗り物に加えて、レストランやオープン・ステージがある。[74]

モスクワではペトロフスキー公園とその近くのソコーリニキが、アミューズメント・パークがある中心的なエリアだった。ソコーリニキはサーカスその他の運動場としても、十分な広さがある。それらの娯楽施設の沿革は、大半が地味なものである。たとえば「サックス・ガーデン」は一八六七年に開設されたが、当初は日曜祝日に演奏する軍楽隊がいるだけだった。演劇界の興行王П・M・メドヴェージェフはサヴィナと契約して彼女を地方の自分の一座に立たせたわけだが、モスクワでは自分の「ファミリー・ガーデン」を拠点にしていた。後にはチボリ風施設が、ソコーリニキに芽を出すのである。地方の主要な都市や小さな街も、規模は小さくとも、これらと同じパターンを辿った。どの公園も最初のうちは、昼の方がさまざまな催しを提供していて、散策用の庭園、背後に流れるオーケストラ・ミュージック、そして歴史的事件を演劇風に再現した池を備えていた。ロシア語にいう「バラガーン」、つまり縁日を彩る小さな見せ物小屋では、このようなムーア風のあるいは中国風の建造物が醸し出すエキゾチズムに太刀打ちできない。フランスのダンスの場合と同じで、こういうエキゾティックな建物が伝統的なものをコスモポリタンなものに変え、多くの人びとを歓ばせたのだった。[75] 一九〇八年にオープンした、モスクワの「オリンピア」が、そんな複合的娯楽施設の典型である。それは「夏の劇場、レストラン、そしてオーケストラ・ピットがある大庭園」であった。[76]

42.「もしもし，オペレーター？こちらアクヴァリウムに架けようとしたんだけど，未婚の母親の家につながっちゃったわ．あんまり機転が利かないわね．それに，ちょっと早すぎだわ」*Strekoza*, no. 29, (1906), p. 4.

フレンチ・カンカンに象徴されるフランス第二帝政期の喧騒は、一八六〇年代のロシアでも感じられるようになった。六〇年代と言えば、パリでカンカンが登場した直後である。「カフェ・コンセール」はナイトクラブの原型で、季節に合わせて屋内または屋外に移動し、通常、客は座ったままでテーブル・サービスを受ける。これが、ロシアの都市でもお目見えとなった。(77)「カフェ・コンス」はカフェ・コンセールの略称で、フランスでは「カフェ・シャンタン」の豪華版をこのように呼んだ。カフェ・シャンタンは、より親密な雰囲気に包まれた小規模なナイトクラブの一種である。ロシア語ではカフェ・コンセールとカフェ・シャンタンは通常は区別されず、どちらも「シャンタン」として一括された。こういったものがその数や種類を増やすにつれ、ロシア人は「寄席(ヴァリエテ)」という言葉も使うようになった。一九一二年になされた調査は「寄席」と「レストラン」を区別しようと努めているが、このことは、両者がかなりの程度に重なり合っていたことを示している。(78)フランスの影響は、ロシアのシャンタンに付けられた名前を見ても明らかである。曰く、「モンプレジール」「オルフェウム」「シャトー・デ・フレール」、そしてもちろん「ペテルブルクのフォリー・ベルジェール」。このような場所で「会話や唄を含んだ出し物、入場料を取り広告を打って宣伝する出し物(79)」を提供するのは、公式には禁止されていた。だが官憲のこういう貧しい発想に対して、創意に富んだ興行師たちは、シャンタンが持つフランスとの結びつきを巧みに利用した。興行師側はこの禁止令が持つ政治的狙いを逆手に取り、体制破壊的な内容であっても唄が外国語で歌われたならば誰も分からないだろう、と論じたのである。

興行の王たち

ナイトクラブの常連客はロシアでも指折りの消費者であり、レジャーという場にある種の新しい社会関係を広めていくような立場にあった。クラブを設立した興行師も、その野心的な企てを通して、これを実践してみせた。もっとも成功した者は自分自身が変わっていっただけでなく、社会も作り変えたのである。Φ・Φ・トーマスは成功を収めた興行師で、幅広く人びとの尊敬を集めたが、イギリス出身の黒人である。彼は「アルカディア」とスケートリンク、そしてモスクワのレストラン、「マクシム」のオーナーだった。[80] 次にM・B・レントフスキーとП・B・トゥムパコフは、革命前のエンタメ業では代表的な人物だが、今ではほとんど知られておらず、ソ連社会が商業文化から公式文化へ移っていくなかで、忘れ去られてしまった。二人の生涯は、彼らのクライアントと密接に結びついている。レントフスキーの名は、彼の残したメインの業績から見るならば、およそ二次的な領域で言及される程度にすぎない。そして彼の評伝も、この二次的な角度から書かれた。[81] 一方、その興行師としての押しの強さで「ロシアのバーナム」という評価が実に似合うにもかかわらず、トゥムパコフの名は、一九一七年以降は跡形もなく消えてしまった。両人ともに一九一七年を迎える以前に物故したが、二人の残した王国もまた、彼らの事績に無関心な歴史学の犠牲となって同じ運命を辿った。だからこの二人は、エストラーダの歴史のなかに戻ってくる必要がある。

レントフスキーとエルミタージュ

レントフスキーの名は辛うじて一九一七年以降も生き延びたが、それは彼が演劇人として生きたなかで出会った人びとに負うところが大きい。一八四三年、サラトフで困窮した農奴音楽家の息子として生まれたレントフスキーは、偉大な農奴俳優ミハイル・シチェプキンの気紛れからモスクワに連れて来られた。彼はその後は脇役として、英国系アフリカ人の偉大な俳優イーラ・アルドリッジと共に各地を廻り、メドヴェージェフとのツアーを通じて興行師としてのスキルを積んだ。〔訳注10〕 モスクワに戻ったレントフスキーは、オペレッタの性格俳優としてマールイ劇場に加わり、さらにオストロフスキーの「芸術家サークル」にも名を連ねた。ここは、民間劇場を禁止したお上の方針を覆そうと熱心だったところである。俳優というよりスカウトとしての才に恵まれていたレントフスキーは、早くから将来のスターを舞台に上げた。そこにはマリヤ・サヴィナ、歌手のヴェーラ・ゾーリナとアレクサンドル・ダヴィドフ、それに若き日のフョードル・シャリャーピンも含まれる。建築技師で後にボリショイ劇場の舞台装置を担当したカルル・ヴァルツ、さらに、帝政末期のモスクワ再開発で活躍したフランツ・シェフテリも、レントフスキーのために仕事をした。

レントフスキーの名が歴史研究の片隅に残っているのは、「公共の」娯楽とは何であるかという論争のなかで、彼の考えが登場するからである。文化におけるヘゲモニーはインテリゲンツィヤが握っていたが、レントフスキーが歩んだキャリアには、インテリゲンツィヤを前にしたミドルクラスの葛藤が現われていた。しかもそこには、単に反撥だけでなく、インテリゲンツィヤが提示した課題に参画したいとする、ミドルクラスのアンビバレントな欲求も含まれている。一八九七年、彼とスタニスラフスキーがモスクワ市の幹部に、「ナロード」のための劇場を開くというプランを示したことがある。問題は、文化的にはどこまでがロシア語の「ナロード」に入るのか、という点にあった。ナロードは「人民」とも「国民」とも訳されるけれども、農奴解放を経たこの時代には、それは「農民」も意味していた。「農民」にはこれを代弁してくれる者もなく、良い意味でも悪い意味でも、他からの影響を受け易いファジーな「他者」といった扱いを受けて、エリートの想像のなかを漂っていた。[82] この二人の記念碑的作品、つまりモスクワにおけるもっとも権威ある劇場（モスクワ芸術座）ともっとも有名なナイトクラブ（エルミタージュ）は、公共の文化の定義をめぐって、当時、両極端の立場があったことを示している。

このときレントフスキーは、「ナロード」という政治的なボキャブラリーの、本質を衝いていたのだろう。「ナロード」のためのという野心的企画を明らかにしたとき、彼は「劇場をレパートリーの上だけでなく、価格面からも平均的な観客の手に届くものにする」ことが、自分の目的だ、と発言した。[83] 彼はターゲットとする観客を、官僚、商人、学生、勤労者と規定している。[84] たしかにかつての「縁日」ないし「民衆の祝祭」、すなわち「ナロードノエ・グリャーニエ」は、文化の言葉で置き換えると、「ナロードの娯楽」という意味である。だがここで注意すべきは、レジャーの商業化が、入場の手段としてのカネという要素を新しいエンターテイメントに持ち込んだことであろう。かくて、娯楽が民衆向けのものかどうかはチケットの価格が決定するということになり、これで当局は論争に決着をつけた。何が舞台で上演できるのか、政治的決断を下したのである。[85]

幕間のボードビルに出るコメディアンであれ、他ならぬデンマークの王子ハムレットであれ、レントフスキーは常に演じることを楽しんでいた。けれども彼の本領は、緞帳の後ろに引っ込んでショーを運営し、あるいはその時々の日常的な出来事を台本にするときに発揮された。一八七八年、レントフスキーは彼の名声を高めることになる、ある企画に着手した。モスクワの「エルミタージュ」で劇場と庭園をデザインし直し、再生させたのである。[86]今では荒れ果ててしまったが、ここは、かつてプーシキンやリムスキー＝コルサコフといった錚々たる人物が所有していた土地だった。小劇場であるエストラーダを、再建しただけではない。レントフスキーは池をきれいにし、庭の樹木を植え替えて、娯楽の庭園を建設したのだった。この場所は、ツァリーズムの崩壊後も生き残った。一九五〇年代のポスト・スターリン期の雪解け時代に、マガダンの収容所から解放されたビック・バンドのリーダー、エディ・ロズネルがここでスウィングしたからである。[87][訳注11]一八八二年、レントフスキーはこれら一連の施設に、さらに「ファンタスティック・シアター（ファンタスティーチェスキー・テアトル）」を付け加えた。新奇性、ファンタジー、そして人びとを熱狂させること。——そこには、彼の得意とするものすべてがある。この年、レントフスキーはまた、アレクサンドル三世の戴冠を寿ぐ、「民衆の祝祭」のディレクターに任じられた。これは、グリャーニエとナイトクラブとの関連性を、身をもって示す事件であった。

レントフスキーは、彼の王国を首都ペテルブルクにまで拡げていった。ペテルブルクの第一号店は「アルカディア」で一八八一年にオープンし、「プレスニャのパティ」と呼ばれた人気歌手ヴェーラ・ゾーリナが人びとの熱狂を引き起こした。[訳注12]しかし一年と経たないうちに、店は全焼してしまった。[88]再建後、アルカディアはエルミタージュの規模ほどではないが、屋内の劇場とオープンシアターの双方を持つ壮大なアミューズメント・パークとなった。レントフスキーはまた、クリミアのリゾート地からその名が取られたかつての「リヴァディヤ」を、最初は「キン・グルスチ」、後には「ペテルブルク・エルミタージュ」と改名して、活性化させた。しかしこちらは、人の集まるホットスポットとなるまでには発展しなかった。[89] 一八九〇年代には、彼は「シカゴ」と命名されたガーデン・シアターに改めて取り組んだが、権利関係をめぐるイザコザから早くに閉鎖を余儀なくされた。[90]

民間劇場の解禁は、エンターテイメントに可能性を開くものであった。これに背中を押されて、レントフスキーは急速に事業を拡大した。余りにも急な拡大であった。彼はタイプの異なる、合わせて一一の事業を運営したのである。モスクワにある自分の王国に、レントフスキーは官製劇場「スコモローフ（放浪芸人）」を加え、さらにその他のナイトクラブを付設した、ここには、毎年のニジニ＝ノヴゴロドの定期市で、期間中開かれていたナイトクラブも含まれる。彼の目玉商品だったエルミタージュは、他の事業から得た収益を注ぎ込むことで成り立っていたが、文化的には大成功だった。ヤールと同様、エルミタージュはモスクワのナイトライフの中心となったからである。エルミタージュは、B・A・ギリャロフスキー、И・И・ミャスニツキー、そしてアントン・チェーホフといった、当時のもっとも傑出した観察者が残した新聞記事やライトノベルを通して広く知れ渡った。彼の興行伝説は、レントフスキーの死後、一九〇九年になって、ジャーナリスティックな、ある諷刺的ジャンルのなかに生き続けることになる。すなわちエルミタージュで上演予定のショーについて、あらゆるニュースを盛り込んだ新聞である。[91]

レントフスキーは持てるカネすべてを使って、娯楽一式を提供する複合施設を建設した。そこではどこに入り、どこに座るかで値段が決まってくる。この複合施設は「オペラ・ブーフ」やいくつかの庭園、そしてギリシアの遺跡に似せて旧ファンタスタティック・シアターを改築した「アンテウム」まで含んでいる。オペレッタはブーフで、花火や曲芸はガーデン・エリアで催されることになっていた。サヴィナはここでお気に入りのシーンを演じ、エルモロヴァはレントフスキーのニジニ＝ノヴゴロドの施設のために時々働いた。ゾーリナとダヴィドフはここで名を挙げ、ポピュラーコンサート部門でこの二人の後継者となるアナスターシャ・ヴァリツェヴァとミハイル・ヴァヴィチが、後にはエルミタージュでトップに立つことになる。自分の出し物が最新のトレンドと一致しているか確かめるべく、レントフスキーは定期的にヨーロッパを廻った。

レントフスキーの人生が持った歴史上の意義は、さまざまな社会層を商業化された夜の世界に引き入れたことである。批評家がシリアスな文化と呼んだものは、スコモローフとアンテウムという彼が当局から許可を得た二つの劇場で提供することができた。彼はこれに高い価格を付けた。スコモローフで彼が成功を収めた最初の出し物は、ジュール・ヴェルヌの『月世界旅行』で、地震や火山の爆発シーンもあり、ジャック・オッフェンバックの音楽が流れ、アッと驚く電気仕掛けの月まで登場する。[92] 国民的英雄スコーベレフ将軍を扱った劇、『白い将軍』では、豪華なセットとコスチュームがてんこ盛りの舞台でトルコ人を征服するさまが再現された。これはエルミタージュのガーデン・エリアで演じられた歴史劇の、若干スケールの小さなバージョンといえる。

絶頂期のスコモローフのプログラムはセンセーショナルな内容だったが、そこに固有の社会的・政治的な価値が欠けていたと考えるのは賢明でないし、正当でもないだろう。[93]『商人オシーポフの娘の殺人事件』は、そのタイトルからして観客の興味を掻き立てる。この作品は、公共の場に現われた女性がよりいっそう弱い立場に置かれていることを踏まえた芝居で、タイトルは、そこで扱われたセンセーショナルな事件が身分制のあり方と関係していることを示唆していた。またロシアの歴史は、『ステンカ・ラージン』『ユーリー・ミロスラフスキー』『エルマーク・チモフェーエヴィチ』といった舞台で登場した。人気のもう一人の将軍、スヴォーロフの方は、『村のスヴォーロフ』が取り上げている。『子どもの窃盗』『壊れた夢』、そして『母の祝福』といった作品が扱っているのは、メロドラマである。一八八四年に検閲官は、『緑林のチュルキン』を演目から取り除いた。これは、このローカルな匪賊が人びとに英雄視されるのを妨げようとする、一連の措置のひとつである。[94] 以上に古典とみなされる作品群、とりわけゴーゴリの『検察官』とオストロフスキーの諸作品が加わった。[95] ただ一八八〇年代には、いわゆる古典とロシア国外では無名の作品とを区別しなかったから、ゴーゴリやオストロフスキーの作品も、ごく普通のレントフスキーの観客が考えたような、ドタバタ喜劇やメロドラマとして選ばれたと理解した方がよいだろう。アメリカの作曲家ジョン・フィリップ・スーザ——この人も世紀転換期の興行師で、ミドルブローをターゲットにした——と同じように〔訳注13〕、レントフスキーも少数の人より多くの人の受けを取ろうと努めていた(96)。

大衆を楽しませるというレントフスキーの考えには、「理想の普遍的文化を創造するうえで果たすべき、インテリゲンツィヤの使命とは何か」といった議論に典型的に見られる、「上から目線」的要素がない。レントフスキーはナロードをめぐる議論に敏感で、予算枠を目一杯使って人びとにそれにふさわしい娯楽を与えようと考えていた人だった。彼はエンターテイメントによって、電気、伝書鳩、シベリア征服のパノラマ、自転車レース、運命の女神の予言といった趣向を通じて、人びとを教育したのである(97)。レントフスキーは、多様な価値観がもたらす可能性を深く信じていた。彼の庶民感覚はこの可能性を——その内容についてであれ、あるいは想定される客層に関してであれ——、ペーソスの入り混じった称賛へと矮小化することを許さなかった(98)。たしかにレントフスキーの「民衆的な」エンターテイメントという考えには、常に反対が絶えなかった。それは、彼がエルミタージュを運営していた当時、彼自身が払拭しようと努めていたある懸念に由来している。その懸念とは、レントフスキーはオペラを犠牲にしてオペレッタを提供し、教養を犠牲にして気晴らしを与えているのではないか、という疑問である。けれども、オープンで、比較的廉価で、そしてファンの好みに敏感なレントフスキーの事業は、実は文化の領域における根底からの民主政を提供したのである。

人が何を楽しんでいるかということについては、企業家としての鋭い嗅覚を持っていたレントフスキーだったが、明らかにビジネスマンとしての才は貧相であった。これは疑う余地のないことだが、スペクタクルを重視するレントフスキーのおかげで、舞台のセットを手掛けたヴァルツやシェフテリといった人たちは、彼らが名声とカネを手にする以前から羽振りが良かった。常に目立っていたいと考えるレントフスキーは、予算をケチっていないということを観客に理解してもらうためなら、費用を惜しまなかった。一八八四年、「破産している」と報道されたという理由で、彼はある地方紙を名誉毀損で訴えることまでした。これは、彼の債権者たちを言いくるめるためのペテンだった。レントフスキーは敗訴した。だがこのことは、彼が次から次へと事業を起こしていくことを妨げるものではなかった。[99] エルミタージュはオープン当初は約六万ルーブルの赤字を出しており、施設は一八九四年頃には彼よりもビジネス感覚のあるЯ・B・シチューキンに買い取られた。[100] 事業が上げ潮のときは、支払いがよいというので評判が高かったレントフスキーだったが、事業が傾き、一九〇六年に極貧のなかで死んだときには、彼の周囲には誰もいなかった。[101] 才能ある夢想家だったレントフスキーは立ち止まることをしない人で、もしそうしたならば、少なくとも彼はその人生をプラマイ・ゼロで終えたかも知れない。[102]

そのシチューキンは、革命前の夜の世界から現われたもう一人の興行師であった。彼はレントフスキーが始めたことを、改めて活性化させた。もっともシチューキンの場合には、レントフスキーのように、常に「ナロード」に目を向けるという発想はなかった。カネで動く「新タイプのブルジョワ企業家」という、その「従僕的」出自を嗤われながらも、シチューキンはかつてのエルミタージュを拡大し、これを「新」エルミタージュと呼んだ。[103] ここをシチューキンは、超大人気の「サブーロフ笑劇団」[訳注14]――『あんたは何処にも行けやしない、あんたは裸なのだから』といったお馴染みの演目で有名である――を常に押さえておくことで、採算を合わせていた。[104] 一八九六年、シチューキンは最新の驚異のテクノロジー、つまりリュミエール兄弟のシネマトグラフを観客に披露している。シャルル・オーモンがペテルブルクのナイトクラブ、アルカディアで行なったのと同じことを、シチューキンもしたのである。トゥムパコフと同様、シチューキンも農民の出で、ホテルに職を見つけ、ウェイターをしながらのし上がっていった。[105]

トゥムパコフとブーフ

レントフスキーとはまったく対照的に、トゥムパコフは巨額の富を蓄えたまま死に、その豪勢な葬儀は国葬級だった。ヴァルラモフなど、何人かの大物舞台関係者がそこに出席した。トゥムパコフが事業に費やしたカネはレントフスキーより少なかったが、ビジネスマンとしてはトゥムパコフの方が上であった。彼もまた新奇で目新しいものを珍重する人だったけれども、それと言うのも新奇なものはカネになる、と踏んでいたからである。「奇貨居くべし」というのが、彼の信条だった。[106] トゥムパコフも農民の出で、ヤロスラヴリ県にある故郷の村は、彼の心を離れたことはなかった。だがナロードの方は、そうではなかった。トゥムパコフも独学の人で、給仕を皮切りに、次にはペテルブルクのノーベル社で会計監査の仕事を補佐するようになり、ここでビジネスのやり方を身につけた。昇進して上司と替わったトゥムパコフだったが、独立しようと決心した。最初のレストラン「白鳥」をオープンするために彼は会社を辞めたものの、これは失敗に終わり、彼のビジネス人生で唯一の挫折経験となった。こうして一時的にノーベル社に戻ることを余儀なくされたトゥムパコフは、次の企画で彼を金銭的に支援してくれるパートナーを見つけ出した。この企画が、「ヴァリエテ」と命名されたナイトクラブである。厨房を与えるもう一人のパートナーとともに、トゥムパコフは小さなアミューズメント・パークも開いたが、しかし間もなく、この娯楽施設「イズマイロフスキー庭園」の単独経営者となった。後に彼は、「アルカザール」も繁栄する自分の王国に付け加えた。だがトゥムパコフのトレードマークとなったのは「ブーフ」で、通年オープンしてており、世の中を良くするためにといった口上に訴えることなく、目の肥えたファンを相手に活動していた。

ブーフは帝国の首都ペテルブルクの心臓部、ネフスキー通りにあり、一八六〇年代から続く人気の老舗カフェ・シャンタンのひとつだった。ブーフが「ありとあらゆる著名人たち、サクセス・ストーリーに包まれたブルジョワ時代の英雄たちにとって、もっともファッショナブルな場となった」ときは、パリのオペレッタからアンナ・ジュディックを初めとするスターがここに興行にやって来て、ペテルブルクの住人たちを熱狂させた。[107] 一八七三年には、ブーフで人気を博した曲を収録した歌曲集が刊行された。この本は、たしかにスケールは小さいけれども、ペテルブルクでもっとも熱い場所であったブーフの雰囲気を再現している。[108] またブーフは、詩人でありインテリゲンツィヤのニコライ・ネクラーソフが嘲り、オストロフスキーの『狼と羊』に登場する強欲なグラフィーラが憧れた場所でもある[109]。野心的企業家トゥムパコフにとって理想の場であったブーフは、帝国の首都でオペレッタとレスリングという二つの主要な娯楽を楽しむことができる、最高の場所になった。

小劇場

キャバレーと小劇場

これら多くのナイトクラブやアミューズメント・パークが、どこも同じように、変化の渦中にあった人びとの嗜好をフォローできたわけではない。とくに一九〇五年革命の結果、さまざまな分野でもっと自由に表現したいという渇望が掻き立てられると、こういう混沌とした状況は著しくなった。モスクワ芸術座に象徴される高尚芸術の領域では、モダニティは小さな革命を引き起こした。これに対して、ナイトクラブの世界ではモダニティはキャバレーの簇生をもたらした。キャバレーは、「世間の価値や文化的遺産を、絶望的なまでにブルジョワ的で偽善的だと言って、馬鹿にし、嘲笑するアーティストたちの、インフォーマルな集いの場所として始まった[110]」。カフェ・コンスと同じくキャバレーはフランス語からの借用で、ロシア語には、そこでの出し物を通して入ってきた。このキャバレーの文化が持ったエリート主義については、ここでは扱わないことにしよう。目を止めたいのは、ミドルブロー向けのキャバレー類似物、「小劇場（テアトル・ミニアチュール）」の方である。小劇場でもキャバレーとよく似た演劇的な表現法が用いられるが、こちらは都会生活の諷刺というより、都市の探検が狙いである。リュドミラ・チフヴィンスカヤの推測では、一九一二年、つまり両者が爆発的に増える第一次大戦前の時点で、すでに両首都にはキャバレーと小劇場が合わせて一二五あったという[111]。両者は地方にも広まっていき、この一九一二年頃には、

「全国至るところで、小劇場やキャバレーのことが報道されている」[112]。一九一六年頃には、それらはすっかり普及したので、モスクワの高級レストラン「マクシム」のオーナーはダイニング・ルームの横に小劇場を開き、そこに人目に付くように、普通の小劇場よりも大きな星をあしらった[113]。

ある実業家が「ミニ笑劇、ミニ・ブーフ、ミニ・ドラマ」と形容したように、小劇場とはギッシリと内容が詰まった、そして中身を詰め替えては廉価で売りに出すような、どこにでもあるエンターテイメントだった。トゥムパコフやサブーロフ、そしてC・A・パリムなど、こういった小劇場の経営者のなかには、ナイトクラブの笑劇からそのままこちらに移った人もいる。ハイブローであるキャバレーの世界からは少なくとも二人、つまりニコライ・エヴレイノフとフセヴォロド・メイエルホリドの二人が、短期間ではあるが、高尚文化の境界を越えて小劇場に乗り出している〔訳注15〕。小劇場とナイトクラブの主たる違いは、次の点にある。小劇場の場合には、官製演劇から借用したものが中心だった。つまり、通常のエストラーダにおける出し物よりも、より明快でストーリー性に富んだ芝居が多かったのである。とはいえ、歌やダンスやコメディは、小劇場でも提供された。「小劇場風」の演目が持つ回転の速さや簡潔さは、都市化のペースとマッチしていた。それはちょうど「毒を仰いだマルーシャ」――恋人に捨てられた若い女性労働者のお涙頂戴ソングである――が、都市生活のビターな側面を捉えていたのと同じである[114]。

小劇場リテイヌィ

最終的には失敗に終わったが、ロシアで最初の重要な小劇場は、フランスの「グラン・ギニョール」、つまりホラー劇場を直接コピーしたものであった。「リテイヌィ」は、この小劇場があったペテルブルクの通りから命名されたもので、B・A・カザンスキーによって一九〇八年にオープンした。カザンスキーは地方の俳優から転じて興行師となった人で、以前はスケートリンクだったものを小劇場に変えたのである[115]。三幕からなるここでの最初の出し物は、スプラッター趣味で溢れている。催眠術を掛けた患者をレイプする精神科医、しがないバーで商売敵を殺害する売春婦、精神病院での治療の模様をルポするさなかに、臓器をバラバラにされるジャーナリスト……。[116] リテイヌィはたちまち大評判となり、ある批評家は「死に装束がファッショナブルなドレスに変わり、死体が旬のスターになった」と慨嘆した。[117] 最初の二ヶ月はとにかく大変なセンセーションで、しかしホラーが新鮮味を失うと、同じ批評家は一九〇九年には次のように書くことになる。「今や死体も墓場に還ることができるようだ」。[118] だが劇場はその後も続いた。

それ以降、リテイヌィは何度か名を変え、小ぢんまりとしたその規模から「親密」を名乗ったり、演目のバラエティーが売りの「モザイク」を称したりしたが、小劇場という基本の体裁は変わらず、ときには音楽を挟みながら、話題のテーマを盛り込んだ一幕喜劇の上演を続けた。当時、もっともよく知られた諷刺作家のA・A・アヴェルチェンコとH・A・テフィ（ブチンスカヤ）が劇場台本を書いている。そこではまた、実験的な劇場で上演されていたシンボリストやデカダンたちの、賛否分かれる作品が掛かったりした。観客もまた、ここで最新のトレンドやダンスのステップを知ることができ、男性が女性に、女性が男性に扮するという、ジェンダーをクロスさせた「異装芸人（トランスフォルマトル）」のパフォーマンスに親しむことができた。[119] こういった劇場に定期的に出演したのは、オペレッタや笑劇、シャンタンの世界を離れた役者たちだった。一九一三年頃には、小劇場は独自の施設として正式に認められることとなり、これにもとづき経営者たちはアーティスト側と契約を交わした。[120] マルチ・タレントなパフォーマー、E・A・モソーロヴァは、ここでスターとなった人である。[121] その他のセレブ、たとえば歌手のアレクサンドル・ヴェルチンスキーやユーリー・モルフェシ、そしてダンサーのエリザ・クリューゲルもここに出演した。ちょうど偽ジプシーがヤールと組んで、パフォーマンスを行なったように。[122]

小劇場の客たち

小劇場は常に混み合っていた。この事実は、ここに人が集まった理由のひとつが、都市のモダニティに馴染むためだったということを示している。「化粧したコケット、仕事中の乳母、料理人と一緒の兵士、現役または退役の将軍、モデル同伴のあるいは友人と一緒の学生たち、店主に熟練労働者、ネッカチーフを巻いたプチブル婦人、高価な毛皮に身を包んだ金持ち女性」の集合体。――その客はこんな風に描かれているが、客層は都市の住民すべてに及んだのである。[123] 明らかに、映画館に集まる常連たちが、これと同じ層だったろう。小劇場は、新しいタイプの都市型エンターテイメントとして、映画館に匹敵したわけである。[124] 両者の共通点は、実に多い。この二つが同じ建物に入居していることも多く、ときには上映の合間に「小劇場風」レパートリーが掛かることもあった。両者はまた、人の面でも重なっている。と言うのも、夜の小劇場でのパフォーマーの多くは、昼間は街の反対側にある映画スタジオで仕事に就いていたのである。[125] 第一次大戦が勃発すると、両者はともに爆発的に拡大した。市内に出回る新たなカネや、都会への大量移住といった諸要因が、組み合わさった結果だった。破局が訪れるという予兆のなかで、刺激を求める心理的欲求がこれらの要因を合成したのである。

結論

公共の娯楽をめぐる文化論争を考えるうえで、トゥムパコフが歴史から急速に姿を消したという事実は、レントフスキーが歴史に残ったという事実と同じく、多くの示唆を与えるものである。かつてスーザは、「私の観客には、決して長髪の男も短髪の女も見掛けることはないだろう。私もこういう連中は願い下げだ」と発言した。[126] 長髪の男／短髪の女に象徴される、お高くとまったハイカルチャーの要求に、彼は我慢がならなかったのである。

トゥムパコフもまた、スーザと同じ主張の持ち主であった。商業主義に毒されているという理由で、政治はミドルクラスの貢献を過少に評価しようとする。トゥムパコフの逆方向のスノビズムは、こんな政治に利用されることに対する彼の拒絶の表現であった。たしかに、トゥムパコフが相手にしたチケットの購入者が、ある種の性差別的な、あるいは人種差別的な態度を取ることはあり得たし、また実際にもあっただろう。このような態度はその集団をより大きい公共的な文化から閉め出すことにつながるし、人びとがこういう潜在的に有害な影響に触れることをエリートは規制しようと考える。しかもトゥムパコフは、バーナムと同じように、大衆を瞞着するのを厭わない人物であった。人に自分のレスリング興行は官憲の許可を得ることができなかったと信じ込ませようとして、大衆の反政府的気分を利用するなどは、その例である。したがって、チケットの購入者である大衆も、決して無制限の情報や選択の機会を持ったのではない。

だが、大衆に選択の余地がなかったわけではない。検閲体制、ヨーロッパからの輸入品、文化を主導したいというインテリゲンツィヤの衝動、素晴らしくもあれば貧相でもあるパフォーマンス、恐るべき才能、そして燃えたぎる野心。こんな混沌としたなかから、人びとの選択を通して、商業的な夜の世界は姿を現わしたのである。ハンガリー出身のバンドリーダーたち、女性だけのオーケストラ、「混血（ムラート）の射撃の名手、ミス・パール・ホブスン」〔訳注16〕、そして際限もなく多様に見える新しい演劇、低音で感傷的に歌い上げる流行歌手、小間使い役女優（スブレット）にコメディアン。夜の世界の出し物は、こういう実にさまざまなもので埋まっていた。現代アメリカのコメディアン、アダム・サンドラーが映画のなかでこの役を演じる一世紀も前に、ロシア人はウェディング・シンガーを大衆娯楽のチープな模造品だと言って茶化していたのである。[127]〔訳注17〕政治は文化のなかに、ショーの中身やパフォーマーの個性という形を取って現われる。そしてこれらがひとたびレストランやナイトクラブ、アミューズメント・パークに根を下ろしてしまうと、作家やプロデューサー、パフォーマーは、観客のニーズや関心に応えるような社会的価値を作り出し、広めていこうとする。本章で論じた食べ物、あるいは飲み物は一方で生存を維持するためのものであり、他方では娯楽のための手段であった。しかし次章で扱うフロアーショーは、また別の性格を持っている。

第七章 「ワルツの嵐」――夜の世界の演目

ナイトクラブとアミューズメント・パークは、さまざまな観客を一ヶ所に集めてヘテロトピアな場（コンテクスト）を提供した。テクストの方を提供したのは、そこで演じられる定番の歌や喜劇である。これは、観る者にとっては同時代の社会を知るための情報源であった。検閲当局はこの作品の出版はよいが上演はダメだといったことを決めるが、これで当局はパフォーマーが持った潜在的な影響力、すなわちテクストと観客をつなぐことから生まれる影響力を削いでしまった。ヴェイト・アールマンは、次のように言う。――あるテクストを上演するとは、歌やジョークが持っている意味を「常に表に引き出し、相互に関連づけることで」、テクストをその場（コンテクスト）のなかに統合することだ、と。[1] 言い換えると、演じるという行為はエンターテイメントとしてのその本来の機能を越えて、ある社会的なアイデンティティを築くことを促すのである。つまり、プロのショーマン、E・F・オールビー二世のシンプルな言い方を使えば、「大衆はボードビルにより教育されねばならない」[2][訳注1]。たしかに、この時代の歌や定番のコメディのうちで、録音されて後世に残っているのはごく一部に過ぎない。しかしそれらの活字版は、このような歌やコメディが変化する社会をいかに伝えたかを、雄弁に物語ってくれる。それだけではない。誰が人気を呼んでいたのか知ることは、なぜあるモチーフが観客の心を捉えたのかを説明するためのヒントとなる。

ナイトクラブで演じることと、官製劇場やオペラで台本に書かれたことを演じることとは、本質的に異なっている。エンターテイナーのなかには、官製の舞台とエストラーダ、すなわちナイトクラブに置かれた「小さな舞台」の双方でキャリアを積んだ者もいる。官製演劇が持つ権威と、エストラーダが有した解放的なポテンシャルとを——エストラーダの場合、他人が創造した人物に自分の個性を盛り込むことが可能である——、結びつけることができた者には、こういうことが可能だった。さまざまな作品のなかからお気に入りのシーンを切り貼りして、俳優たちがナイトクラブの出し物を発展させた場合も少なくないだろう。このやり方には、追加の舞台セットや俳優を必要としないというメリットがある。興行を打つ側に言わせれば、作品の一部を切り取って上演することは、ジックリと人びとの鑑賞眼を育てながらハイカルチャーを広めていく、経済的にも賢明な方法であった。たとえばサラ・ベルナールは、各国のナイトクラブを巡業することで、より簡単に、そしてより利益の上がる仕方で、自分の第二のキャリアを築いた。これによって、彼女は何百万もの人びとに、長大で魅力に乏しい舞台を我慢せずとも、自分を「観る」機会を与えたのだった(3)。

作品としての枠組を無視して個別のシーンを切り取ることに、批評家は批判的である。ひとつのまとまった作品が持つ統一性が、これでは台無しになる、と非難するのである。さらに、こういう「好いとこ取り」は消費者の顔色を最優先しているという、資本主義の核心に迫る批判もある。晩年の、事故で義足をつけたサラ・ベルナールが演じるところのハムレットも含めて、ここではすべてがセールスの一点に収斂されてしまう、と言うのである。たしかに、レントフスキーのボードビルでは、ありとあらゆる社会的権威がネタにされ、ベルナールのロシア・ツアーのチケットを手に入れようという努力すら、そんなネタのひとつとなった。こういう彼のボードビルに、ファンたちは悪びれることなく群がっていた(4)。だが普通のナイトクラブにとって、この手の議論は取り立てて奇異なものではない。地方のクラブで、シチェプキンは寸劇を演じた。自分の声にふさわしい重厚なロシア・オペラに出演するより、コンサートを開いて効率的に各地を回ったシャリャーピンと同じように。

レストランやクラブに出入りする女性が増えるにつれて、ナイトクラブではジェンダーも重要な論点となった。そして、ジェンダーが問題になるところでは、エスニシティも問題になったと考えられる。なぜなら権力のヒエラルヒーを築く上でジェンダーとエスニシティとは相互補完的な関係にあり、したがって両者にまつわる言説には関連性があるからである。ただし、女性も民族的なマイノリティも、ともに従属的な地位に置かれてはいるが、両者の間の開きは大きい。自己の地位の向上という共通の目標があるときですら、女性とマイノリティでは、この目標を達成する手段も、また権力が彼らにとって意味するところも、ともに対極にあると言ってよいほど異なっていた。夜という異世界、ヘテロトピアに女性が足を踏み入れたとき、彼女たちが見たものは、舞台の上に多くのエスニック集団がいるという事実だった。このエスニック集団は、改めて自分をアピールする場所としてナイトクラブというユニークな場を利用していた。それと同時に、この人びとは、ロシア帝国というさらに大きな枠組のなかに「他者」である自分の居場所を見つけようと努めていた。こういったことを、彼女たちは見たのである。ナイトクラブのパフォーマーは、二つの極の狭間にあって葛藤を抱える自分の姿を意識していた。一方には、自分に従属を強いる構造に抵抗したいという願望がある。他方には、この構造に同化していくより安全な道がある。ナイトクラブには、客とパフォーマーとを仕切るプロセニアム・アーチも、また彼らを律する厳格なマナーもなかったから、客とパフォーマーとは夜を通して交流を深め、自分を知り、そして相手のことを知ったのである。[5] 人びとの前に立つことで、パフォーマーは抵抗と抑圧――これこそが近代ナショナリズムの題目だった――の間に介在する、ある種の緊張した関係を炙り出す役を引き受けた。人は「外に繰り出し」て、街の景観が大きくゆたかに変わっているのを目撃する。この変化をキャッチできる者は、その背後に広がる宵闇のファンタジーを貪り喰うことができるだろう。この人びとは「残酷なロマンス」に耳を傾け、夜という別世界が持つバイオレンスにロマンの香りを振り付けた踊り、つまりタンゴやアパッチ・ダンスを踊るのである。

「偉大なるサラ」を一目見るのが目的だった大衆は、自分に固有の社会的ルールや儀礼を築いて、大文字で書かれた普遍的文化を、小文字で書かれた自分の文化に変えてしまう。この小文字の文化では、ナイトクラブの小舞台が客とパフォーマーとの交流の結節点となる。その底流にある商業化は、相互交流に付きもののパーソナルな要素を強める方向で働くから、パフォーマーの価値を貶めるどころか、これを高めることになる。ナイトクラブが大衆を普遍的なものから遠ざけるほどに、ナイトクラブは日常的なものを語ることができるようになるのである。

私はショーに出られるかしら

外国人パフォーマーたち

ロシアのナイトクラブを巡業して最初のスターとなったのは、「金の種」と名乗るフランス人パフォーマーであった。一八六〇年代には、フランス語に十分通ぜずとも、人びとはこの人物のコスチュームや技巧を理解できた。フランス領アフリカ出身の、メゾソプラノの混血児「カドゥジャ」もエキゾチズムを振りまいた。アンナ・ジュディックは帝政期にもっとも人気を博したパフォーマーで、パリのカフェ・コンセール「エルドラド」で一世を風靡した後、定期的にペテルブルクにやって来た。(6)〔訳注2〕ロシアでは、ジュディックは他の誰にもまして夜の雰囲気を作り出すのに貢献した。彼女は人気のオペレッタからヒット曲を歌い、カンカンを踊り、官能的なクプレを諳んじてみせた。(7)ある批評家は書いている。「ジュディックは台詞と台詞の合間でも歌っている」(8)。

ナイトクラブの出演者たちのインターナショナルな顔ぶれは、そこにコスモポリタンな外観を与えた。一八七〇年代には、ミラノのダンサー、エンリコ・チェケッティが最新のステップを披露した。〔訳注3〕ドイツのマジシャン、ルドルフ・ベッカーは、自分の芸は一言も言葉を発しないまま進められるから「官製劇場以外の場所での演劇の禁止」には違反しないと申し立てて、うまく受け入れられた。観客にチョコレートを配ろうとして彼が放ったハトの羽に、舞台下の灯りから火が燃え移ったとき、ベッカーの芸を非難したのは抑圧的な専制政府ではなく、ロシア動物愛護協会、つまり社会の側であった。[9] けれども、すべての「外国人」が国外から来たわけではない。一九世紀の初頭、農奴上がりのイヴァン・ルーピンはジョヴァンニ・ルッピーニと名乗って、イタリア人テノールの恰好をしてカネを稼いだのである。[10]

ナイトクラブの音楽

ナイトクラブにヨーロッパからの舶来品が多いことは、世にいうロシアの文化的コンプレックスの証である、などと後知恵的に考えてはならない。検閲がフランスの歌曲を唄うよう促したのは事実であるが、ナイトクラブが人びとの音楽の好みに影響を及ぼすようになると、大衆音楽を扱うロシア人作曲家も世に現われた。ロシアの交響楽とオペラは、ミハイル・グリンカの作品とともに一八三〇年代に入って独り立ちし、いわゆる「五人組」の作品を通して、その「黄金時代」を迎える。グリンカに続くこの五人(ミハイル・バラキーレフ、アレクサンドル・ボロジン、ツェーザリ・キュイ、モデスト・ムソルグスキー、そしてニコライ・リムスキー＝コルサコフ)は、ロシアの伝統を用いて、国際的にも評価の高い芸術音楽を創り出した。訓練されていない耳では完全には理解できないような、複雑な構造物を生み出したのである。[11]

だが、ロシアにおける商業音楽の発展については、あまり研究が進んでいない。[12] アメリカの音楽学者チャールズ・ハムが提唱する「ポピュラー」ミュージックのメルクマールは、いずれも商業主義と関係があって、それゆえに、この時代のロシアを論ずる場合も適用が可能である。曰く、第一に、その音楽が単独で、あるいは少人数のグループで演奏されることを前提にして書かれていること。第二に、脱宗教的・世俗的な場で人気を集め、続いて家庭のなかで消費されたこと。第三に、営利を目的として作曲され、流通したこと。第四に、音楽的な訓練をさほど積んでいない者が演奏し、楽しむのを想定していること。最後に、その音楽が一枚刷りの楽譜に始まり後には蓄音機へと至るような、物という形を取って生産され、普及していること。[13] ここで音楽の「産業化」という表現を用いるのは、先走りというものだろう。しかし、音楽の愛好家たちの演奏能力やこれを普及させるテクノロジーにその人気が掛かっているような歌が流通の可能性が高めたことは、すでに進行していた余暇全体の再編に大きく寄与することになった。[14]

五人組のひとり、キュイ自身が認めるように、「もしもこの世に交響曲とオペラしかなかったならば、音楽の愛好家は困ったことになっていただろう」。[15] ハムの定義がほぼそのまま該当するようなロシアの歌曲は、「ロマンス曲」として色分けされている。その大半は男女の出会いを歌った作品だが、残りはと言えば、愛国心、それも戦時の愛国心を題材にしている。とくに人気が高いのはこの二つの主題を組み合わせた作品で、ヒーローは一九世紀ロシアの宿敵トルコに対する戦闘に赴き、恋する二人は離ればなれになるといった話が展開する。[16] クラシックの作曲家は、時々こんな単純な主題で曲を書いた。実際、キュイは何年にもわたってヴィクトル・クルィロフと部屋をシェアして暮らしていた。軽量級の劇作家というこのクルィロフの評判こそ、彼をしてキュイのロマンチックな曲にふさわしい詞が書ける、恰好のパートナーとさせたのだった。キュイからは、「テクニックは洗練を欠き、あまりにディレッタントだ」[17] と嗤われていたA・A・アリャーベフ、そして名優の父、A・E・ヴァルラモフといった音楽家も、[18] 初期のロマン派的な流れを作った。[19] アリャーベフの『うぐいす』、ヴァルラモフの『赤いサラファン』は、今日でもお馴染みの曲である。[20]

クラシックの作曲家と商業音楽の作曲家とを分かつ主要なポイントは、作曲家が曲をどのようにつくるかという点にある。ポピュラー音楽は音楽の素養があまりない人にも受け入れ可能なものでなくてはならないから、作曲家には曲をシンプルにすることが求められる。キュイが、同業者が書いた楽曲のほとんどを「陳腐なもの」、「ありふれた」メロディーで構成されたもの、「大陸風のスタイル」で影響されたもの、つまりは記憶に残るメロ

43.『オリジナル・サロン・ダンス，ケイクウォーク』

ディーを貶めてしまうようなカフェ・シャンタンの記号と見たのは、このためだった。一九世紀のクラシックの作曲家の多くは、より大きな文化的・政治的関心を持っていた。しかるに、ロマンス曲はより身近な社会的価値のうえに成り立っていたのである。ロシア人は、歌を通してその時々のもっとも差し迫った問いと向き合った。そこには変わりつつある性関係、都市化、そして帝国主義といった問題が含まれていた。ヴァルラモフのような作曲家は、こういった社会の鼓動に身を任せ、常套のメロディーを借用して（この点で彼らは批判を受けているわけである）、いともあっさりと曲を書いた。

ポケットサイズの歌曲集はすでに一九世紀初頭に販売されていたが、これは歌詞だけを載せたもので、出版のコストがかかる楽譜の方は付いていない。曲がすでによく知られているためか、あるいはこちらの方があり得ることだと思われるが、比較的単純なリズムが楽譜不要のお馴染みのメロディーに乗りやすかったためであろう。一九世紀のロシア歌曲が扱ってきた主題を分析すると、そこに欧米のポピュラー音楽との強い類似性があることが分かる。どこでも宗教的な主題は世俗的主題に取って替わられ、「民衆」が音楽の真正性を主張している。その変化の速さたるや、大衆が都会のファッションを変えていくスピードにも匹敵する。ロシアの音楽が扱っているのは、次のような主題である。――牧歌的で無垢な生活へのノスタルジア。アルコールがもたらす騒々しいまでの狂熱。部分的ながらもすでに文化的な同質化が進行している状況下で、マイノリティが奏でるさまざまな民族音楽。そしてもっとも多いのが、ボーイ・ミーツ・ガール、ボーイ・ロスト・ガールという主題で、そこで用いられているテンポは、恋人たちがよりを戻す可能性を暗示している。[21] こういった歌を、人前の舞台から個人の家庭へ、あるいは逆に個人の家庭から人前の舞台へと広めながら、ロシア人は人びとがよく知る一連の修辞を、またこれと密着した曲を発展させていった。これらの曲はさまざまな感情を掻き立てるが、解釈の統一は必要としない。たとえば、詩人にしてインテリゲンツィヤのニコライ・ネクラーソフが書いた『行商人』（一八六二年）は、二〇世紀になりヴァラ・パーニナの歌で有名になった。この歌の、本能の赴くままに草原でするセックスという情景の背後には、作者のナロードニキ的な心情が秘められている。「本物の」村の音楽が堕落してしまったというナロードニキ流の嘆きのなかには、ロシア音楽の商業化の確たる証拠を読むことができる。[22]

社会の流動化が高まったために伝統的なメロディーは乱れてしまったが、これを音楽的に表現した曲もある。『二つのギター』と『長い道』は、遠く離れてしまった故郷のことを歌っている。都市化にともなう苦悩は、『毒を仰いだマルーシャ』で唄われている。黒人ミュージシャンにより火がついた西側の流行もよく知られていて、これについては、『かわいいクレオールの娘』や滑稽な曲『サラはニグロが欲しい』で聴くことができる。国境を越えて愛された『タララ・ブーム・デイ』には、ロシア語バージョン『タララ・ブーンビヤ』があった。[23][訳注4] 愛はヒットチャートのトップを占め、時代のテンポや歌詞に合わせて、恋人たちは欲望から肉体的な接触へと進んでいく。センチメンタルなワルツ『白いアカシヤ』は、ロシア人にはアメリカ人にとっての『舞踏会のあとで』のようなもので、世紀末の象徴である。[24][訳注5] ダンス狂たち、なかでもフォックストロットとタンゴの熱狂的ファンは、性風俗にも影響を与え、その存在は最初にナイトクラブで知られたのだった。[25]

オペレッタ――オッフェンバック、シュトラウス二世、ヴァレンチーノフ

こういう覚え易いメロディーは、カフェ・コンスを超える第二の伝達手段をオペレッタのなかに見いだした。それがオペレッタで、これは工業化が約束した繁栄の産物とも言うべき演劇的ジャンルである。西欧の人びとと同じように、ロシア人も早くから、そしてハッピーな気分で、これに目を向けたのである。歴史風の題材を選んでいるような場合であっても、オペレッタはストーリーを現代生活のなかから採り、レストランやナイトクラブで鳴り響く音楽にのせて歌っている。すべてはハッピーに終わるといった力強さで、ロマンチックなワルツや軽快な曲にのせて歌うのである。ロシア人は、このジャンルを西欧から熱心に移植した。オペレッタはその先駆をオペラ・ブッファに、つまりオペラの幕間にかかるコミカルな劇に求めることができるけれども、ジャック・

オッフェンバックの画期的な作品群はまったく新しいエンターテイメントで、ロシアではこれがとくに大人気だった。

フランス紙『フィガロ』の伝えるところでは、オペレッタ誕生の日は一八五五年七月五日、つまりオッフェンバックが彼の劇場ブッフ・パリジャンを立ち上げた日である。[26] 当初、ブッフ・パリジャンには、「非公式の劇場で上演が許されるのは一幕物で登場人物四人まで」、というナポレオン三世の勅令による制約があった。しかし、才能豊かなオッフェンバックは、パリのナイトライフを書き換えてしまった。それは、ユダヤ人チェリスト、ヤーコプ・エーベルストが改宗してフランス人カトリック、ジャック・オッフェンバックを名乗り、一九世紀でもっとも影響力のある作曲家のひとりになったという、彼自身の人生と重なっている。[27] 一八五八年に右の禁止令が解かれたときには、オッフェンバックは軽快で輸出が容易な音楽劇という自分のスタイルをすでに確立していた。彼の最初のオペレッタ『地獄のオルフェ』（一八五八年）は神話の改作で、好色なオルフェウスが主人公である。オルフェウスは妻を追いかけ地獄まで行くのを面倒がって、喜んで妻を地獄に残してしまう。またオッフェンバックのもっとも成功した作品『美しきエレーヌ』（一八六四年）は、トロイのヘレナとトロイ戦争の起源の話を茶化した作品で、短いユーモアに富んだ諷刺を駆使して、ストーリーをどんな政治状況にも対応できるように改作してある。

オッフェンバックの作品を翻訳し舞台に上げることは、他の国々では自国産オペレッタを発展させる契機となったが、ロシア人は、その後何十年にもわたって、翻訳を通じた借用と改良で満足していた。上演史を辿ると、ロシアの場合、フランスの興行一座がミハイロフスキー劇場で行なったのがオッフェンバックの事始めで、公演は外国語だった。ここで、どこにでも顔を出すクルィロフがふたたび登場して、その影響力を行使し、商業化された夜の世界にも乗り出した。彼はサルドゥ作品に加えて、『地獄のオルフェ』（一八五九年）と『美しきエレーヌ』（一八六八年）の翻訳を進めた。この翻訳版でネフスキー通りに進出して、クルィロフはアレクサンドリン

44.「タンゴ熱」に取り憑かれた人びと．1912年頃

カで大喝采を浴びたのである。[28] ソ連時代のある批評家は、クルィロフ版は「単調で凡庸」な点だけが取り柄だと言う。だが作品を正しく評価できたのは、これに沸いた大衆の方だった。この事実を理解できない者が抱いた、クルィロフ版は退屈だという感想を、この批評家も繰り返しているのだろう。[29] しかし、事態はまったくこれと異なり、『美しきエレーヌ』は流行現象となって、クルィロフは一八七二年に『美しきエレーヌを求めて』と題した自作の笑劇を書くほどだった。こちらは、オペレッタ上演のため躍起になってスターを探し回る、一人のロシア人田舎興行師の無鉄砲な目論見を描いた作品である。[30]

オッフェンバックは彼の最初のミューズ、オルタンス・シュネデールを大スターにし、彼のオペレッタは彼女に続く多くのスターを生み落とした。[訳注6] ロシアで最初にエレーヌを演じたのはヴェーラ・リャードヴァで、バレエでキャリアを積んでからオペレッタに移った人である。彼女は「エロチックな」シュネデール——シュネデールは一八七一年にロシア公演を行なっている——よりはるかに洗練されているというので、ロシアの観客の心を鷲掴みにした。[31] クルィロフ版は、オルフェウスをめぐるギリシア神話をスラヴ起源と考えていた。リャードヴァが勝利したのは、疑いもなくそのためだった。[32] 一八六九〜七〇年のシーズンに、アレクサンドリンカでかかった演目の二〇パーセント以上が、オッフェンバック作品だったという。[33] オペレッタからキャリアをスタートさせたロシア人スターのリストには、サヴィナ、コッミサルジェフスカヤ、ヴァルラモフ、そしてスタニスラフスキーがいる。

オペレッタの首都は、パリに続いてウィーンへと移った。ヨハン・シュトラウス二世はすでに「ワルツの王」として有名だったが、『こうもり』（一八七四年）でさらにダンスの場面を増やし、その後は『ジプシー男爵』（一八八五年）でまた新しい人気を得た。ゲルマンとスラヴの歴史的な敵対関係は両国の同盟によってこの時期は和らいでいたので、シュトラウスは一八五六年以降、定期的にロシア巡業を行ない、人気を博した。一八八六年の最後のロシア・ツアーでは、シュトラウスはミハイロフスキー劇場で『ジプシー男爵』を指揮し、またペテルブルク周辺で多くのコンサートを開いた。[34] オッフェンバックを初めとする偉大な作曲家の場合と同じで——とりわけフランツ・フォン・ズッペ、イムレ・カールマン、そして比類なきハンガリー人、フランツ・レハールといった人びとである——、ロシア人の間でシュトラウスは、演奏家で西欧のオペレッタの紹介者であると受け止められたのである。

クルィロフに続く傑出したオペレッタ翻訳者となったのが、Л・Л・パリムスキーとИ・Г・ヤーロンであった。興行師パリムスキーは自分の一座を率いて各地を廻り、オペレッタというジャンルを地方にも広めた。またロシアのオペレッタ史を繙くと、次のヤーロンという姓に色々なところでお目にかかるが、それと言うのも兄のマルクが台本を書き、また甥のグリゴリーがソ連時代のオペレッタで大御所のひとりとなったからである。[35] だがこういったオペレッタ人気にもかかわらず、ロシア人聴衆のために国産オペレッタを作曲したロシア人となると、重要人物は一人しかいない。В・П・ヴァレンチーノフである。

ヴァレンチーノフは、コメディアンとして出発した。彼がオペレッタの作曲に取り掛かったのは、一九〇五年革命を描いた『自由の日々』が舞台で大成功を収めた後で、まだバリケードの撤去も済んでいない頃であった。彼の最初のオペレッタ『愛の一夜』が初演されるのは、この翌年である。この作品がロングランに及んだのは、その曲が人気を得たというより、ロシアを舞台に馴染みのテーマを選んだためであろう。だがこの作品は二年にわたってほぼ毎日のように上演され、ソ連時代にもレパートリーのひとつとされて生命を保った。[36] そこでは一九世紀の末を舞台に、プーシキン時代を思わせるようなストーリーが、世紀末特有の性的表現をともないながら展開する。[37] ヴァレンチーノフを「重要ではないが才能ある人物」と呼んだある批評家は、他人の作品を利用し断片を集めてこれらをひとつにつなぎ合わせるところに彼の力があるのだ、と言う。[38]

次の四年間でヴァレンチーノフは、さらに三つのオペレッタを書いた。『モスクワの夜』（一九〇七年）、『ハーレムの秘密』（一九〇九年）、そして『ダイヤモンドの女王』（一九一一年）である。さまざまな作品から手当た

45. В・П・ヴァレンチーノフ『ダイヤモンドの女王』の出演者たち

46.『メリー・ウィドウ』で，ファンのハートを鷲づかみ．ミハイル・ヴァヴィチ

り次第に借用してくるため、彼が書いたものをひとつのまとまりのある作品と呼ぶことは難しい。しかしそれらが、フランスやオーストリアの同業者とはまた別の、オリジナルな要素を十分に備えていることも否定できない。なかでも『モスクワの夜』は、ローカル色豊かで動きに富んでいて、出色である。そこでは彫像が動き出し、ゴーゴリが当世風の曲を書き、さらに現代の政治家までが登場する。(39) 次の『ハーレムの秘密』は、滅びつつあるオスマン帝国の風俗に光を当てるが、そのサブストーリーとして、三角関係やら革命家やら、はたまたハーレムを管理する宦官やらが登場する。しかもこの宦官たるや、実のところは去勢されていない。(40) さらにこの作品は、ドタバタ喜劇を引き起こすようなだましの要素も盛り込んでいて、標準的なオペレッタの筋立ても踏襲している。ある批評家は本作を指して、「ロシア風」オペレッタの成立を告げるものだ、と称賛した。(41)

ヴァレンチーノフの作品のなかで、『ダイヤモンドの女王』は音楽的にはおそらくもっとも成功した作品である。そこでは三角関係を描いたストーリーに、ロシア的味付けが施されている。タチヤーナはタイトルロールの女王で、コンサートのソプラノ歌手である。西欧のヒロインとは異なり、彼女はイタリア人の恋人を棄て、人生に倦んだ老資産家のもとへと奔り、真の愛を棄てて人工的な快楽のなかに身を沈める。作品中のヒット曲、『ワルツの嵐』は、娯楽に興じる第一次世界大戦前のロシア人の姿を描いている。(42) しかし当時の舞台ではさらに多くの人気を集めた『メリー・ウィドウ』とは対照的に、この『ダイヤモンドの女王』は決して幸せな人生を送ることはない。〔訳注7〕

オペレッタのスターたち

オペレッタはどこでも大盛況だったが、その理由のひとつは、作品とは切り離して個々の歌を歌うことができたからである。その結果、オペレッタはレストランやナイトクラブにも浸透した。「ロシアのジュディック」こと、セラフィーマ・ベリスカヤはここを振り出しにしてキャリアを積み、ジュディックと同じようにエストラーダへと進んだ。同じくサブーロフ笑劇団もオペレッタをプロデュースし、ここからはE・M・グラノフスカヤが世に出ることとなった。ヴェーラ・シュヴァーロヴァはペテルブルク音楽院で学んだ人だが、名声を得たのはオペレッタで、これはクラシック音楽の教育を受けた女優のなかに映画で人気が出た人がいるのとよく似ている。またA・E・ブリュメンタリ゠タマーリンはハリコフで、妻のマリヤを主演に据えたオペレッタの一座を立ち上げ、彼女の名は全国に知れ渡った。さらに時代を下ると、蓄音機が歌手たちに聴衆との幅広い出会いの場を提供している。ミハイル・ヴァヴィチは革命前のもっとも人気ある男性ボーカルのひとりで、一九〇六年初演の『メリー・ウィドウ』ロシア語版で、名を挙げた。[43] この当時、ヴァヴィチに次ぐ偉大なテノール歌手であったユーリー・モルフェシはオペレッタからエストラーダに進出し、またオペレッタに戻った人だった。彼はレコードの他に、ライブの合間に楽譜のバラ売りをしている。

帝政期のナイトクラブで最大のスターは、完璧なまでの「美しきエレーヌ」、アナスターシャ・ヴャリツェヴァである。一八七一年に貧農の家に生まれた彼女は、魅惑的な女優に生まれ変わり、彼女を真似るファンの間で絶賛された。ヴャリツェヴァは、元小間使いで裕福なオデッサの人間の愛人という役どころで、モスクワの「アクヴァリウム」で歌っていたところを見いだされた。この経歴は後に彼女が近衛連隊の大佐と結婚することの妨げにはならず、上流社会の客となることに何の差し障りもなかった。今日残されているレコードを聴くと、彼女がいくぶんか甲高い声の持ち主だったことが分かる。グランド・オペラ志望であったにもかかわらず、彼女がこれより規模の小さなオペレッタに居場所を見つけることになったのは、このせいである。その個性ゆえに、ヴャリツェヴァには一人のソプラノ歌手という以上の、時代を象徴する意味があった。新聞のコラムニストだったヴラス・ドロシェヴィチはこう書いている。「もとより真面目な批評家であれば、彼女は偉大な芸術家だ、とは書けまい。しかし彼女自身が何かある種の芸術なのだ。チャーミングだし、それ自体がひとつの事件というものだ」と。[44] ヴャリツェヴァはツアーで多くの街を廻り、また数多くのレコーディングを残すことで、国民的な人

47. アナスターシャ・ヴャリツェヴァ．ロシアの完璧なまでの「美しきエレーヌ」

48. オペレッタのスター，ヴェーラ・シュヴァーロヴァ

気を得た。一九一三年に血液の病気で彼女が早すぎる死を迎えたとき、ロシア全土が悲しみの渦に包まれたが、それはセレブとしての彼女の地位にふさわしい光景となった。一五万人以上の人が彼女の葬儀に参列し、六頭の白馬が曳く彼女の柩に付き随って、ペテルブルクの街を進んだのである。[45]

ジプシー音楽

オペレッタは、基本的には外国起源のものと言えるが、ロシアには誇ってよい独自のジャンルがある。それが「ジプシー音楽」で、たしかに人気の点では、これだけが他に抜きん出ていたわけではない。だがそうは言っても、ジプシー音楽はやはり傑出した文化現象であった。根無し草の民というロマへの多分に理念的な思い入れは、一九世紀初頭のカバキで演奏していたロマ出身の歌手やギター弾きにまで遡ることができる。ロマン主義の作家たち、つまりアレクサンドル・プーシキンやミハイル・レールモントフといった人たちは、このジプシーのイメージを詩的に組み換え、高貴なる野蛮人というジプシー像を作り上げた。こうしてひとたび、汗水たらして働くことから解放されたファンタスティックな生活を送る人びとというイメージが――そこでは不実な恋人に対する復讐だけが課せられた唯一の義務であるかに見える――宮仕えする者の心を捉えてしまうと、ジプシーソングは狂おしくも情熱的な、現実逃避の手段となる。[46]「黒い瞳と色白の胸」を歌うジプシーソングは、聴く者を「したたかに酔わせ、人生は素晴らしいという気にさせる」。[47] 作家アレクサンドル・クプリーンは、「ジプシー音楽」がどれほど「他に例のない秘められた魅力に富み、人を捉えて離さない野蛮な魅惑に溢れているか」を、ノスタルジックに書き残している。[48]

帝政時代のロシアのロマンス曲のなかで、ジプシーソングを代表する『黒い瞳』は、他を圧倒する存在である。一度聴いたら忘れられないそのメロディーが醸し出す長い人気と、さまざまな国の言葉で歌われているポピュラー音楽という二点で、この歌は傑出している。聴く者にミステリアスな「ロシアの魂」を喚起させようとして、

『黒い瞳』は今でもBGMで使われたりする。そしてまた、この歌はありとあらゆるポピュラー音楽のなかで口ずさまれ、一九一六年の映画版にも霊感を与えた。一八四三年に、ウクライナ人エヴゲニー・グレビョンカ（イェウヘン・フレビンカ）によって書かれたこの歌は、ハムのいう音楽の「ポピュラー」性の基準をすべて充たしている。グレビョンカの詞は、黒い瞳と秘めた野望を持った人間の魅力をこう伝える。「おお、汝、黒い瞳よ。情熱的なその瞳よ。われを焼き焦がすその瞳よ。神がわれらに与えし人生は、なんと素晴らしきものか。われ、汝の燃える瞳の生贄とならん」(49)。

アレーナ・レモンが見事に論じていることだが、ロシアのジプシー・カルチャーが表わしているのは、エスニック集団としてのジプシーが抱く願望というより、ジプシーに事寄せたロシア人自身の願望である。ロシア人は、ジプシーの人生を自分の文化的必要に合うように書き換え、消費しているのだ。ロシア人がイメージするジプシーとは黒い瞳を持った情熱的な放浪の民で、ヴォーリャ、すなわち「本源的な自由への意思」を体現する者である。このヴォーリャは、スヴァボーダ、つまり「制度のなかへと組み入れられた、制度の枠のなかでの自由」とは対極にある(50)。こんなふうに下位の文化を勝手に自己流に吸収したロシアの「ジプシー音楽」は、白人が顔を黒く塗って黒人の歌や踊りを演じるという、同時代のアメリカで流行ったミンストレル・ショーを思わせるものがある。どちらの場合も、借用ないしは盗用した文化をステージに乗せて、実際にはない幻像を演じ、この幻像がある社会的な結果をともなう。たしかに、ジプシー音楽とミンストレルでは決定的な相違があって、それがこの二つを互いに隔てているのであるが——ジプシーという「他者」を手っ取り早く真似できるからと、ドーランを塗り、肌を黒く見せるようなことをロシア人はしなかった——、それでもジプシーをナイトクラブに上げたことで、ロシア人はジプシーに対する誤ったイメージを振りまいたのであった。コーラスを担当したメンバーのひとりは、後にこう回想している。監督は、ルーマニアのジプシーらしい「本物の」身なりに見えるように、自分たちの服装を改めさせた、と(51)。

エリック・ロットはそのミンストレル研究のなかで、このような出し物が持っている両義性を強調した。[訳注8] 彼の議論は、ミンストレル以外の異文化間パフォーマンスを見るうえでも、示唆するところがある。この両義性を示すために、ロットは自分の研究に『愛と盗用』というタイトルをつけ、ここで次のように述べた。顔を黒く塗るというお決まりの行為は、「これ以外の点では厳格に縛られ監視されている白人と黒人という二つの文化が、お互いの持つエネルギーを交換することを促す」。さらに彼は、こうも述べる。「白人観客がミンストレル・ショーに熱狂するのは、ミンストレルが白人の絶対的な権力や統制の表現というより、白人の狼狽、不安、恐怖、そして快楽の現われだからである」。[52] ここで議論しているジプシーもまた、アフリカ系アメリカ人の場合と同じく、生身の一人ひとりの人間としてのジプシーではなく、シンボルとしてのジプシーである。ようやく一八八六年になって、ある劇評家が、アルカディアのショーでジプシー男性がロシア人女性の恰好をするのを批判した。[53] ジプシー音楽では最初の公認のスターであったヴェーラ・ゾーリナとアレクサンドル・ダヴィドフは、エスニシティの観点からはいずれもジプシーではない。しかし色黒のアルメニア人、ダヴィドフはジプシーで通ったのである。赤毛で高いソプラノのヴァリツェヴァも、ジプシーのロマンス曲を歌っていた。この人びとのレパートリーに入らなかったものはなく、民族的な出自がどこにあるかは、ここでは問題とならなかった。

スターの地位を得た本物のジプシーは、ヴァラ・パーニナだけである。真正のジプシー歌手が切望されたなかにあって、彼女がジプシーソングを歌う他のシンガーと異なるところは、この本物度であった。彼女はヤールでのコーラス組からスタートし、ソロ・シンガーとして頭角を現わし、やがては看板歌手となったが、何と言ってもその才能が花開いたのは、レストランの個室という親密度の高い場においてだった。[54]「ジプシーがそうするように」、彼女は至極あっさりと、ファーストネームを短くした形で呼ばれた。名前と父称を用いる、ロシア語の丁寧な呼びかけを受けなかったのである。それだけではない。その声、その身のこなし、その衣装、すべての点で彼女は男扱いされていた。しかし彼女の持ち歌には、沿革的にはジプシーソングに含まれないナンバーも多

49. 伝説のジプシー歌手，ヴァラ・パーニナ．I. Rom-Lebedev, *Ot tsyganskogo khora k teatru* “Romen” (Moscow, 1990), p. 57.

かったから、ヤールのコーラス組から抜け出すことができたし、金銭にも恵まれて、ダイヤモンドに目がないという自分の情熱を存分に満たすこともできた。ジプシーと認められていたので、大流行したオペレッタの快活なメロディーを、彼女が歌うことはなかったようである。しかし当時流行った音楽上の第三のジャンル、すなわち「狂乱ロマンス」では、彼女は際立った存在であった。(55)

プレヴィツカヤとヴェルチンスキー

旧体制の最後に登場し、やはり絶大な人気を誇った歌手のなかではさらに二人、ナジェジュダ・プレヴィツカヤとアレクサンドル・ヴェルチンスキーの名を挙げねばならない。亡命した両者が国外に伝えたものという点でも、また二人がある時代の終わりを代表しているという点でも、この二人は際立った存在である。プレヴィツカヤも、オペレッタやジプシー・ナンバーを歌っている。だが彼女がメジャーになったのは、ナショナリストに転身して、独自の民族音楽のスタイルを確立して以後のことである。一九一〇年、彼女は前代未聞の五万ルーブルという大金で契約書にサインした。通常の興行師では、この額では本物に出演してもらうことはできないから、ショーには「プレヴィツカヤそっくりさん」を上げていた。(56)プレヴィツカヤはロシアが帝国を名乗る以前のイメージを持ち出し、大貴族(ボヤーリナ)の女性の衣装を身につけて、ロシア固有のものに対する人びとのノスタルジアに強く訴えた。固有のロシアとは、とくに第一次世界大戦中に世を席捲したテーマである。自分の気質に忠実なプレヴィツカヤは、パリのエミグレたちと交わって、帝政復活という見込みのない陰謀に身を捧げた。(57)

キャリアの初期には『コカインの女』といった際どい出し物で歌っていたヴェルチンスキーは、プレヴィツカヤとは反対の方向を歩んだ。過去よりも、よりメランコリックな未来の方に目を向けたのである。彼の名声がドラマチックに上がったのは第一次大戦期のことで、顔を白く塗り、道化のような恰好をし、演じる登場人物そっくりの沈鬱な面持ちで歌を歌ってからである。大変に人気の高かった彼は、いくつかの映画に出演までした。革命後、国を出たヴェルチンスキーは、次第に先細っていく亡命者の間で活動していたが、後にソ連に戻って第二のキャリアを開始した。旧い時代を体現する人物として、彼は人びとのノスタルジーを利用したのである。(58)

今宵、コメディを

スタンダップ・コメディ発達史

スタンダップ・コメディの発展に、ナイトクラブは拍車を掛けることになった。「時間(いま)」を愉しむことは、旬のホットな話題を重視することにつながるからである。そこでは、言葉は演技とともに絶えず変化し、言葉の意味が固定化されることはない。だからパフォーマーと観客は、お互いが共有する象徴的な言語を介して――ここにはスラングやジェスチャーも含まれる――、コミュニケートすることを求められる。沿革を辿ると、スタンダップ・コメディは道化芝居のなかから、あるいは詰まらぬドジから家庭内のイザコザまで、どこにでもある人間喜劇を扱った定番の出し物のなかから生まれた。だがその内容が個人的であると同時に政治的なものとなったときに、この分野は初めて固有の性格を持った独自のジャンルとして確立したのである。ここで「個人的」といったのは、パフォーマーが観客に対して身近なレベルで語りかけるという意味であり、また「政治的」と表現したのは、パフォーマーによる語りかけが、何らかの程度、社会に対する諷刺を含んでいるという意味である。ヘンリー・ジェンキンスが、この時代のアメリカのボードビルについて、次のように言っていたのを思い起こそう。「ジョークは、社会との間に不和ないし亀裂があるところで花開く傾向がある。ジョークは、別の文脈に置いてみると脅威に映るような考え方を、コミカルに表現するのを可能にする」。(59) パフォーマーの扮した人物にせよ、ジョークにせよ、そこに直接性／同時代性があるからこそ、人にそれと知れるのである。ある批評家が言うように、ナイトクラブで用いるジョークはその日の朝刊から取ってこなくてはならないのだ。[60]

歌や踊りの場合と同じく、ナイトクラブで演じられるコメディは、既存の伝統が生み落とした個人芸として発達した。ロシア語で「ラヨーシュニキ」と呼ぶ、市でショーをするコメディアンは、検閲を気にせず自由に表現することが可能だったが、ラヨーシュニキの主たる目的は行き交う人びとをブースにつなぎとどめることにあった。[61]同様にスタンダップ・コメディアンも芝居の幕間の埋め草として登場し、場の雰囲気を軽やかに保ち、観客が出て行ったりしないように、オペラ・ブッファの――後にはオペレッタの――、脇役として活動したのである。その後、ナイトクラブのカルチャーが成長すると、スタンダップ・コメディアンには今度はナイトクラブの舞台という新しい活動の場が開けた。こうして、演者と観客が互いに交流を深めていくような雰囲気が作られていったのである。

客層が急激に多様化したことは、笑いに対する必要性をさらに高めた。笑いが、さまざまな社会層の間を取り持つからである。不安を論じさせては当代でもっとも著名な人物だったジグムント・フロイトは、笑いのなかに意識と潜在意識とをつなぐ回路を見ている。[62]個々の人間のノイローゼを解明するのに笑いを利用するというフロイトの考えは、ナイトクラブのコメディを分析するのにも役に立つ。とくにこの考えは、ナイトクラブのコメディがどこまで社会不安を軸にして作られているのかを分析するうえで有効である。このウィーンの精神分析家とスタンダップ・コメディアンとは、「アイデンティティ」の一点において、ともに相通じるものがあった。この「アイデンティティ」なる観念は、自我に対するまったく新しい見方であり、この自我をさらに大きな社会のなかに統合するまったく新しいやり方である。そしてエスニシティ、社会的身分、セクシャリティが、このアイデンティティの核にあった。一九世紀初頭と異なり、世紀末ともなると、このそれぞれは大きく流動化していて、コメディはこうした流動化の帰結である人びとの不安を霧散させたり、不安が向かう方向を切り替えたりした。[63]

帝政ロシアに限らず、初期のナイトクラブのコメディアンは、パフォーマンスの自由というものを持たなかった。政府の検閲で禁止されたネタもあり、客の評判という社会からの検閲を受けて禁止となったネタもあった。たとえばニューヨークで活躍した興行師、トニー・パストールは、アメリカのボードビルを真の大衆文化に変えた人物として評価されている。〔訳注9〕一八八〇年代に、よりカネ払いのよい顧客のために、彼はボードビルから猥雑なジョークを一掃したからである。(64)ロシアの検閲制度もまた、ここから向こうは専制が決めた立入禁止区域であると宣言したことで、笑いのための豊かな土壌を奪ってしまった。このことは、疑いない。コメディアンは、笑いのネタを他に求めるよりなかったのである。結果として、芸人たちがコメディを用いて個人的な生活のなかの政治性を強調するのを、ツァーリの役人は助長したのだった。

諷刺詩クプレの展開

ナイトクラブのコメディで中心となったのは、クプレ芸人の演じる諷刺詩、クプレであった。(65)クプレはロシアの詩の伝統から発達したもので、言葉の持つ音楽性と、政治を語る隠語として活用するという、すでに確立していた詩の利用法の双方を踏まえていた。クプレの出現は早く、すでに草創期のボードビリアンの間で登場している。このジャンルの歴史は官製演劇の歴史と重なっており、同じ名前をクプレの作者とこれを演じる芸人の双方に見ることができる。ここではまた、外国の影響も認められる。フランスで人気を博していたピエール＝ジャン・ド・ベランジェの諷刺ソングが、一八四〇年代になって翻訳され、クプレへと変えられたことなど、その例である。〔訳注10〕詞が歌われることも多かったが、後には、曲に載せて歌うよりも単に朗誦する方が主流になった。またクプレは、農村の伝統的諷刺詩であったチャストゥーシカの都会版とみなされることも多い。ただ都市化の進展にともなって、この二つの差異は次第に不明確となった。(66)

通常、クプレでは、聴く者が簡単にフォローできるよう、節と節の間にリフレインを置く。一八三〇年代以来、モスクワではB・И・ジヴォキーニがクプレの中心的存在で、ペテルブルクで彼に匹敵するのがH・O・デュールだった。デュールは自ら作詩もし、また色々なところからこのための素材を集めていて、三巻に及ぶ作品集がある。[67]影響力ある一部のインテリも、このジャンルが持つ制約の緩さを利用して、クプレを政治評論に活用した。そこには、文芸評論家ベリンスキー、詩人ネクラーソフといった人もいる。女優エルモロヴァすら、ナイトクラブの舞台でクプレを朗誦することがあった。[68]

ナイトクラブのお笑いにとって、次に重要な素材となったのは、一八五〇年代に始まる諷刺雑誌であった。まだアレクサンドル二世が農奴解放令に署名する前だったが、国内のムードはすでに和らぎ始めていた。レーニンたちが刊行したそれではなく、オリジナルの『イスクラ（火花）』、つまり「大改革」以前から刊行されている諷刺誌のことだが、この雑誌は当時進行していた政治的・社会的な変化をコミカルに捉えている。諷刺雑誌を補完したのがナイトクラブのカルチャーで、芸人たちが雑誌に発表されたクプレを演じ始めると、諷刺雑誌とナイトクラブという二つのエンターテイメントは合わさってひとつの力となった。[69]この時期に君臨したクプレのスター、И・И・モナーホフはロシアで最初の舞台芸人と見ることができる。なぜと言って、スタンダップ・コメディが彼の唯一の職業的活動だったからである。モナーホフはアレクサンドリンカで名を挙げた人で、その大部分は『イスクラ』から取った諸作品、とくにコミカルな詩が得意だったB・C・クロチキンのアネクドートを、幕間に朗誦していた。[70]これに続いて、アネクドートを収めた安価な本や諷刺雑誌が普及し、友人同士を気が置けないパフォーマンスへと誘（いざな）った。これこそは、人気の芸とその題材の大衆出版がコマーシャル・ベースで結びつくという現象を、予兆するものであった。

エヴゲニー・クズネツォフはソ連の歴史家で、帝政期のナイトライフ研究の権威である。彼の主張では、モナーホフが採る題材は、一八七〇年代に入ると「さほど文学的なものではなくなった」。[71]クズネツォフは歴史学の伝統的な枠組に立って、アレクサンドル二世の暗殺未遂事件以降に展開した表現の自由に対する政治的弾圧、いわゆる「白色テロル」を非難している。[訳注11]右のモナーホフ評の証拠として彼が挙げるのは、モナーホフのレパートリーのうち、一八六〇年代のクプレと七〇年代のそれとの対比である。次のようなもので、いずれも商業がテーマである。[72]

一八六〇年代
取引所には横柄なマジシャンがおりまして、
恐ろしいゲームをやっとります。
株価を引き下げることにより、
この人たちは乞食の群れを増やしているのでございます。

一八七〇年代
私は栄えある質屋を尊敬します。
彼らはいつも私たちに好くしてくれます。
ですが大変不幸なことに、私は一向に知らないのです。
この近辺でどこに栄えある人びとがいるのかを。

クズネツォフは第一のクプレを資本主義システムに対する弾劾と解し、システムよりも個々の人間を笑いの対象にしているからと、第二のクプレに対しては批判的である。あまり説得力があるとは、言えないだろう。これに対して、クプレ芸人の活動の場が変わったことを指摘した個所では、彼はより満足のいく説明を与えている。この時期、クプレ芸人たちは、官製劇場からオペレッタへ、あるいはアミューズメント・パークへと、舞台を移していった。こういうナイトクラブでは、観客の多くは証券取引所より質屋の方に親しみを感じていたのである。伝統的な歴史学では、反動的なアレクサンドル三世が帝位に就いたということで、一八八〇年代はとくに陰鬱な時代とされる。この八〇年代までのクプレの発展史を辿ったクズネツォフは、「主に日常の小さな出来事、……義理の母とか、家を出て行った夫とか、不誠実な政治家だとかに向けられた」笑いを、軽蔑の眼で眺めている。[73] しかしソ連の歴史家が毛嫌いしたものは、カルチュラル・スタディーズの観点からは議論の宝庫というべきである。それと言うのも、笑いは人生の困難をやり過ごそうという試みであり、この笑いというレンズを通して、日常の経験を再生することが可能となるから。

その保守的な政治姿勢のために、アレクサンドル三世は後代の批判に晒されている。だがこの見解は、必ずしも十分にバランスが取れた議論ではない。彼が治めた一八八一〜九四年という時代が財政的に安定した時代であったことに、しかるべき注意が払われていないからである。個別の政治改革を積み重ねるというインテリゲンツィヤの戦略に着目して、この時代は「小事主義」の一〇年などとも呼ばれる。けれども、この時期に公共生活でエストラーダの役割が拡大したことを考えるなら、この時代を「小ステージ」の時代と呼んだ方がより適切というものだろう。[74] ツァーリの政治姿勢を嫌う者は、「紳士諸君、ポケットに要注意」とか、「ユダヤ人は消え去ることなし」といった定番の「トラララ」音楽に身を委ねて、そこに慰めを感じるようなことはなかっただろう。[75] だが、即座に反響を呼んだのは、こちらの方だったのである。

「溝にはまって脱線した急行列車」は、クプレが好んで取り上げた題材となった。これは、鉄道ブームの時代における賠償責任という主題を表わしている。専制政府の批判は許されなくても、地方自治体はそうではなかったのである。芸のスタイルも変わってきて、観客を舞台に上げて参加させる者も現われた。クプレもまた、歌うより朗誦する方が一般的となった。ただ依然としてバラライカが、単調なリズムに伴奏を与えていた。クプレ芸人も独自のステージ・アイデンティティを練り上げて行ったが、それの嚆矢がラポトニク、すなわち木の皮で編んだ草鞋履きの農民という出で立ちであった。[76]

移民と農民——笑いのネタ

同じクプレ芸人で、第二のモナーホフも登場した。Н・Ф・モナーホフである（И・И・モナーホフとの関係は不明である）。彼は優れたラポトニクで、エストラーダの寵児となった。一八九四年にペテルブルクのナイトクラブ「動物園」でデビューしたモナーホフは、後にパートナーと組んだが、この人がП・Ф・ジューコフである。二人は都会に出てくる農民という、今や日常化した現象を利用して芸を磨いた。モナーホフが初心な村人、ジューコフがすれっからしの年配者という役柄だった。(77) 農民をからかうのは簡単なうえ、彼らは世間でもよく見かけるので、都市化のペースやその過程をコミカルに問うには恰好の素材だったのである。この当時、西欧のボードビルでは、大都市に流入する移民と農民を笑いのネタにすることが流行っていた。移民も農民も、社会に溶け込んでいく過程で、人びとの似たような関心を引き起こしていた。アメリカの場合、たとえば「ヴェーバーとフィールズ」という伝説的なコミック・デュオは、アクセントのきわめて強い、新天地の生活を学習中のドイツ移民という触れ込みで、何年も観客を沸かせていた。〔訳注12〕マルクス兄弟のキャリアも、コミカルでステレオタイプ化されたエスニック・マイノリティという形から始まっている。イタリア人のチコ、アイリッシュのハーポ、そしてドイツ人のグルーチョというトリオである。アメリカに上陸したばかりの移民と同じで、新生活に易々と馴染めるほどの賢さを、この三人が持っているとは見えなかった。それでマルクス兄弟は、わざと悪い事例を挙げて人をからかっているときも、滑稽なのは自分ではなく自分が演じる移民の方だと言わんばかりに、自分に向けられた笑いの矛先をいとも簡単に他の人びとに逸らせてしまうことができた。(78)

ロシアの舞台を席捲したコメディアンたちは、農民役から出発した。ここに、思わせぶりに観客にウィンクして自分が場違いな存在であることを知らせるような、茶目っ気たっぷりの性格を付け加えたのである。放浪者のことをロシア語では、ボロをまとったその姿に着目して「ルヴァーヌィ」、つまり「ボロ男」と呼ぶ。ルヴァーヌィは、自ら進んで世間との縁を断ち切った、古典的アウトサイダーである。チャーリー・チャップリンが映画を通じて放浪者のコミカルなイメージを広める何十年も前に、ロシアのクプレ芸人はこのタイプに磨きをかけていた。すなわち、誰もが知っていると同時に匿名性があって、そしてまた専制に服従していないという意味では羨ましいまでに自立的な存在……。――放浪者はこういう文脈で、理想のキャラとされたのだった。間もなくオペレッタでその名を高めることになるヴァレンチーノフだったが、彼もまた、世紀転換期のエストラーダにこのような造型を持ち込んだ。ステージでルヴァーヌィを演じることからコメディを他人のために書く方へと、ヴァレンチーノフは転身した。これが、『誤解による結婚』（一九〇二年）から政治劇『自由の日々』へと至る、彼の軌跡である。(79)『自由の日々』は、一九〇五年に、トゥムパコフのナイトクラブ「冬のファルス」でプロデュースされた。

ヴァレンチーノフが飛ばした最初の大ヒットは『自由の日々』から採ったクプレで、劇本体とは別に印刷され、売りに出された。人気のピエロ二人組、「ビムとボム」すら、サーカスでこれを演じていた。(80)(訳注13) 当時、流行った歌のひとつは、外国とロシアの生活を比較したうえで、「ここではまったく正反対だ」というリフレインを入れる。たとえばある詞は、――外国で肉屋が屠殺するのは学生ではなく家畜だけれども、「ここではまったく正反対だ」。また別の詞で、ヴァレンチーノフは、フランス語とロシア語の「同義語」について韻を踏んでいる。

フランス語では、「議員の候補（カンディダート）」
ロシア語の場合は、「裏切り者（イズメンニク）」
フランス語では、「お役人（ビューロクラート）」
ロシア語の場合は、「イカサマ師（モシェンニク）」(82)

ヴァレンチーノフはまた、エストラーダの世界ではスタンダードな、料理女と消防士というコミカルなカップルを取り上げた。いずれも熱と関係する仕事だが、熱には表と裏の二重の意味があるために、この二人でロマンチックな理想のペアを代表できるわけである。ヴァレンチーノフは二人を一九〇五年革命のただなかに置き、両者の口論を借りて、当時登場した新しいボキャブラリーを皮肉ることができた。たとえば、相手のことを「民主派」とか「ブルジョワ」と呼ばせるのである。彼が十八番にしていたあるクプレでは、料理女は自分の横柄な恋人に、「これからはあんたを避けてバリケードに身を隠す必要はなくなった」と通告する。言うまでもなくこの一節は、蜂起の最中に急進派が街頭にバリケードを築いたことを踏まえている。(83)

御大サルマートフ

オペレッタにはコメディ・タッチの軽快な韻文が含まれていたことを考えれば、ヴァレンチーノフが活動の場をこちらに移したのは自然なことであった。(84) 二人のモナーホフもまた、オペレッタでスターとなった。自分のナイトクラブの出演者リストにクプレ芸人も加えていたレントフスキーと同じように、最後にはヴァレンチーノフも、ナイトクラブの舞台では活躍の場が狭すぎると悟ったのである。ヴァレンチーノフがオペレッタに去った後、彼の放浪者役を受け継いだのが、スタニスラフ・サルマートフだった。サルマートフは、やがて喜劇の世界に君臨することになる。

サルマートフはウクライナ生まれで、最初は役者となることを夢見ていた。何年も地方の舞台に立っていたが、その移り気な性格と、またそれ以上に不安定な収入のため、結局、この夢を断念した。サルマートフにとり幸運だったのは、南部ロシアがロシア帝国のコメディの中心地であったこと、本来の「ボルシチ・ベルト」だったことである。〔訳注14〕オデッサは、「クプレ芸人の工場」であった。ハリコフもクプレ芸人が競い合う場として、喜劇界ではオデッサと並ぶ評判を得ていた。サルマートフは一財産をこしらえると、ハリコフに戻って自分自身のクラブを開いた。彼は一九〇〇年頃までに、コメディで自分のキャリアを確立し、自作のクプレを二五コペイカで売りに出した。そこには、作者の同意を得ることなしに公衆の面前で自分の作品を演じないこと、とのただし書きが付いている。[85]こういった警告が守られる可能性は低かったが、大衆の間に広く流布したので、サルマートフのスタイルは彼の名前と同じように世に知られるに至った。一九一〇年を迎える頃には、彼はロシアでもトップクラスの売れっ子となり、月におよそ一〇〇〇ルーブルを稼いでいた。[86]他のセレブと同様に、彼もいくつか映画を制作したが、いずれも蓄音機を使って音を流す「トーキー」映画である。[87]

『自由の日々』は人気だったが、ほとんどの作品で、国政の動向はごくごくマイナーな主題でしかない。国会についてては検閲官すらノータッチで、自由に物を言わせていたけれども、中央の議会は代表制と呼ぶには程遠いというので、国会の動きは人びとからはあらかた無視されていた。クプレ芸人ユーラ・ユロフスキーは、モスクワ選出の国会議員で保守的な商人の出身だったアレクサンドル・グチコフをネタに、ジョークを飛ばしている。反グチコフ派の政党が、ペテルブルクのアルカディアで結成された、というものである。しかし国会をこき下ろすことは、あまり受けなかった。[88]政治的笑いは、政策の手続やプロセスを軽く見る傾向がある。それは、手続やプロセスを真剣に受け止め、そこに価値を見いだすロシア人がいかに少なかったかを反映している。「閣下、こうはお考えになりませんか」と言われたときに、「自分はあくまで務めているだけです。物を考えたりはしないのです」と答えるようなものである。[89]

サルマートフが名を高めたのは、都会の夜の象徴となったトピックを選んだからであった。すなわちセックス、青春の浪費、そして帝国のエスニック・マイノリティ。彼が演じる放浪者役は、彼のクプレに登場する、背が高く黒髪でハンサムな女性キラーの色男、つまり「われらのカーチャ、ソーニャ、マーシュカが、シュミーズも含めた一切合財を差し出してしまう」ような男とは、およそ対照的なキャラだった。[90]ナイトクラブでは、性風俗の堕落を耳にすることが多いだろう。ここではクプレのなかの初心な少女も、急速に経験を積んでいく。そして多分、こういう人は客にも少なくなかったはずである。

50. クプレ芸人，С・Ф・サルマートフ．トレードマークの放浪者姿である．

サルマートフが持つ魅力は、世の諸々の関係をひっくり返しゴチャ混ぜにして、縦横無尽に世間を批判していく奔放さにあった。この魅力は、放浪者としての彼の仕草によく現われている。彼は見事なまでに、ハイブローとローブローとの文化的距離を利用してみせる。

私は滅多に芝居に行きません、
オペラは我慢できません、
オペレッタだけ
私が心そこ愛するものは。
そこでだけ、私は退屈することもなく、
日頃の憂さを忘れるのです――
座って黙って身を任せます
ステージが若いスペイン娘のことを唄い出すとき、
彼女の情熱的な踊りのなかで、私はとろけてしまうのです。(91)

この時代の生活が抱えていた何重もの矛盾は、サルマートフの詞のなかに、繰り返し、繰り返し登場する。彼は最新の流行を笑い飛ばす。たとえば、「ケーク・ウォーク」の熱狂的なファンに対して。あるいはまた、ドレスというより見世物と呼んだ方がピッタリとくる、ご婦人方のファッションに対して。けれども、作法／不作法の境界線は決して明瞭とは言えないので、人がこうした挙措に及んでも、マナーどおりに振る舞っていたとか、礼儀正しいとか言われるだろう。あるクプレでは、サルマートフはエチケット教則本をからかって、「鼻をかむときは貴方のベストを使いましょう」とか、「食卓でヘマをやったら、誰か他人を責めることに致しましょう」

とか、紳士を気取ったアドバイスをしている。(92)また別のクプレは――衣装からセックスまで、およそあらゆる事柄について行き過ぎをからかった内容だ――、「ここにいるお客様は別ですけれども」と繰り返しては、観客にウィンクを送る。(93)こんな感じでジョークを自由に、内側からも外側からも扱う力が、サルマートフの持ち味だった。この才能は、観客が絶えず動いている社会関係を越えたところで、自分が拠って立つ位置を見極めるのを可能にしてくれる。

自己確認の場としてのクプレ――ジェンダーとエスニシティの場合

このような立ち位置の再確認に寄与したことで、サルマートフと彼が抱えた多くの物真似芸人たちは、なくてはならないある文化的な役割を果たした。ナイトクラブは芸人たちに活動の場を提供し、ここで芸人たちは世の中の変化の象徴とも言うべきさまざまな異議申し立てを演じることができた。しかし同時に、そこにジョークという枠をはめて、芸人たちはこのような異議の申し立てをコントロールする。このコントロールというのが重要なところで、これによって、芸人たちは大衆の消費に委ねられたイメージを自在に操ることが可能になる。階級やジェンダーといった人のアイデンティティに関わる諸問題は決して固定的なものではなく、言うなれば、前に後ろにと跳ね回っている。アイデンティティは、こんな周囲との交感／交渉のなかから生まれるのである。

男と女が繰り広げる永遠の闘いは、コメディにとっては汲めども尽きせぬ素材であった。ある女性のクプレ芸人は、三人の夫からこれまでどんな仕打ちを受けてきたかを、リズムに乗せて皮肉たっぷりに語ってみせ、配偶者による虐待という問題に切り込んでいる。(94)〔訳注15〕

最初の旦那は、若いハンサムな兵隊さん。
絶えず叫んでいるのです。

メシ、メシ、メシと二六時中。
……
次の旦那は、測量技師さん。
定規を取り出し叩かずには、私を見ることができません。
すぐに仕事にかかれるように、
私の身体の向こうには、常に定規が置いてあります。
そして三番目は、お医者さん。
無慈悲な肉屋。
あらゆる薬の効能を、試してみようとするのです。
私の身体を実験台に。

このお定まりのクプレは、『法廷にて』(一九〇六年)と題されたアネクドートが描いている、ありふれた光景を補足している。――「妻を殴ったという理由で、貴方は訴えられている」。「判事さん、お願いですから、私の一五年間の結婚生活が与えてくれたたったひとつの喜びを、どうか奪わないでくださいまし」(95)。重要なことだが、世間では、この手のジョークは下層社会の価値観を下敷きにしていると思われていた。それでミドルクラスにしてみれば、自分と無縁の下々の話であるということで、そこに笑いと優越感を覚えるだけの距離感が生まれる。けれどもここで問題となっているのは、実は階級だけではない。ジェンダーのあり方も争点である。公の場で、男女が互いに交流を深めることは多くなった。しかし、男も女も、変わりつつある互いの社会的役割を認めて相手とのくつろいだ関係を築くには、もっと多くの時間が必要だった。
ジェンダーと並んで、観客が向き合わなくてはならない、もうひとつのアイデンティティがあった。自分たちのエスニシティという問題である。これは「国民」とは対立する概念で、このエスニシティが、帝政時代に「ロシア人」であることの意味を決定した。どこまで、ロシア人以外の「他者」がジョークのネタとなったのだろう。また自分のイメージを改める機会は、「他者」にどこまで許されていたのだろう。その性格上、エスニシティをめぐる笑いからは、こういった問いにどの程度まで考慮が払われていたのかを知ることができる。[96] とは言っても、笑いとは本質的にはつかみどころのないものであり、意味が固定化されるのを絶えず避けようとするものだから、笑いには、自分が創り出した価値の序列を自ら壊していくことも可能である。エスニシティをめぐるロシアの笑いにもっとも頻繁に登場するのが、ホホールとユダヤ人だった。ユダヤ人はアネクドートの世界でも、人びとの偏見に登場するユダヤ人の場合と同じように、常に強欲な存在として現われている。また「ホホール」とはウクライナ人の蔑称だが、ホホールは無知で、言葉を解さないのでコミュニケートする力がなく、「小ロシア人」と呼ばれることに甘んじている、といって嗤われる。なお、この言葉は後にアメリカの子役スター、アルファファによってカリカチャアされ、真っ直ぐに伸びた一房の髪のことを指す、あからさまな言い方ともなった。[訳注16] ちなみに、ボードビリアンには多くのユダヤ人がいたが、ユダヤ・ジョークを飛ばすときなど、ユダヤ人でない者も含めて自ら進んで「ユダヤ芸人」と名乗って、ユダヤ人の「内側に」身を置いた。積極的にユダヤ人を売りにすることで、他人の文化的な不安感の的にされるのを避けたのである。[97] 三大クプレ芸人――サルマートフ、Ю・В・ウベイコ、С・А・ソコリスキー――はいずれもユダヤ人定住区域の出身だったが、誰一人としてユダヤ人ではない。[訳注17] 似たような関係は、ユダヤ人コメディアンが大衆文化の発展に大きな影響を与えている、アメリカの場合にも言えるだろう。

ホホールとユダヤ人が登場する定番の笑いでは、両者の差異がネタになっている。「三人のホホールが、街で一番恰好いいのは誰かいな、と訊かれました。それで一人は、呑み屋の親父のハイム（明らかにユダヤ人だと分かる名である）じゃないか、と申します。するともう一人が言うことには、『いいや、あいつは冴えない奴だ。

街一番の大バカ者とは、あいつのことだ。どんな酒でも持っているくせに、飲みもしないで売ろうというのだから』。それで三人は、ハイムが一番の愚か者だということで、納得したのでございます」[98]。観客は、この小話が下敷きにしている価値序列を自由に組み換えることができる。誰が一番下なのだろうか。人を出し抜こうとは考えない、ホホールの側か。それとも、酒と経済とを支配するユダヤ人か。いずれにせよ、ロシア人はこういうアネクドートの外側の、安全圏のなかにいる。

ウクライナ人、ユダヤ人以外のエスニック集団も笑いのネタになった。そのなかでは、アルメニア人がわりと好意的な扱いを受けている。アルメニア人ネタは、美しいロシア語が話せないアルメニア商人の話が中心だが、嘲りや侮蔑を内容とするものとは言えない[99]。またクプレのなかのジプシーも、歌曲のなかのジプシーと同じで、情熱とバイオレンスの象徴であるし、その生きる掟は観客を沈黙させずにはいない。『ジプシーの愛人の歌』というクプレは、「ジプシーに勝る民族はなし」と高唱している。ジプシーは観客に溶け込み同化するよりも、進んでジプシーであることを演じるように努めている。こういう現実を圧倒してしまうような感傷が、このクプレには漲っている[100]。

プライベートなたまり場

サルマートフの持ち歌が大衆の間に広まったことは、一九〇五年革命以降の諷刺雑誌の普及と合わせて、人が集まるさまざまな場を、金欠の者の、あるいは多くの人が行き交う商業空間に出入りしたいとは思わない者の、ミニ・ナイトクラブに変えた。人びとが集まる場と言っても、権威あるイギリス・クラブから労働者が組織した集会場に至るまで、多様である。こういったよりプライベートなたまり場は、ナイトクラブの興行を補完するものであった。それらは、人が都会の新しいエンターテイメントに参加する機会を増やしたのである。蓄音機はヴァリツェヴァやモルフェシの声を伝え、各地の才人はサルマートフその他のクプレをその土地の感覚に見合う形で改作していた。解釈の統一など、必要なかったのである。

結論

一九一四年七月、ロシア人が戦場で現実の敵と向き合うなかで自分が何者であるかを突き詰めねばならなくなったとき、アイデンティティをめぐるさまざまな問いは大きく揺れることになった。敵味方を分かつラインが政治的には不明瞭になったことで、社会的なアイデンティティはよりいっそう混沌とした。裏切り者は前線ではなく、銃後においても危険であるように思われた。他の民族に代わってドイツ人が笑いの対象となったが、戦死者の数が増えるにつれて、笑い自体が急速に面白みを失っていった。[101] 一九一六年、大人気だったソコリスキーは、「クプレは脇に置こう。こういう恐るべき時代には、ジョークが入り込む余地はあり得ない」と発言して、よりシリアスな出し物を演じ始めた。[102] だが人のアイデンティティを問ううえで、クプレに切れ味を与えていたのは、両義性を帯びたあの曖昧さである。笑いを犠牲にすることで、ソコリスキーはこれを放棄してしまった。たとえば労働者がストをしているという事実に目を塞いで、彼は次第に大きくなってくる階級という問題を、いともアッサリと消し去るという選択をした。ソコリスキーが黙って女性を聖女の位置に戻したとき、彼は女性が自由に振る舞うことのできる場を彼女たちから奪ってしまった。[103]

この嵐のような日々に、多くの商業文化が隆盛を迎えたことは事実である。だが笑いは、戦争によってあまりにも深く、いわば政治的に幽閉されてしまっていた。ナイトクラブのお笑いは朝刊の記事から拾ってこなくてはならないとする考えに、囚われてしまったのである。新聞の見出しが戦場での敗北や戦死者の数を伝えているとき、コメディアンたちにできることは、必ずしも面白いとは言えない仕方で再度笑いを創り出そうと試みることだけであった。ソーセージを貪る丸々と太ったドイツ人という見下したイメージは、戦場で勝ち誇るフン族という、およそユーモアを欠いた現実に屈した。〔訳注18〕退位後のニコライ二世を扱ったアネクドートも、さほど浮き立つような内容ではない。――獄舎の庭を散歩していたニコライ二世が叫びました。「定住区域でユダヤ人がどんな気持ちで暮らしていたのか、ようやくこれで分かったぞ」。(104)

第八章　帝政ロシアの夢工房

銀幕に揺らめく映画のイメージは、それ以前からあった幻灯機ショーや、実体のないところに形あるものを出現させる魔法のような表現法に、リアルで生き生きとした要素を吹き込むことになった。実写を可能にしたことで、トーマス・エジソンとリュミエール兄弟は、あらゆるレベルの娯楽産業に革命を起こしたのである。映画は安価なうえに簡単に広めることができ、観客の自己意識と世界観に影響を与えるような、想像を絶する潜在力を備えている。商業文化が社会を創り出す可能性についてはそれまでもいろいろな議論があったが、映画はこれを書き替えてしまった。カメラの近さに脅かされた舞台俳優から新しいパフォーマンスの場を見いだしたレスラーに至るまで、本書で論じてきた余暇におけるおよそすべての活動は、映画というこの新しい産業のなかに居場所を見つけようと奮闘した。映画とは、近代が生み出した産業技術と個人的経験との完璧な融合物である。映画によって「空間は動的なものに、それに応じて、時間は空間的なものに」変わることが可能になる、とアーウィン・パノフスキーは言う(1)。このため、映画が文化産業のなかで突出した存在となると、分析を要する新しい問題群が研究課題に加わることになった。どのようにして文化は自分を生み出した社会を映し出し、同時にその社会を作り変えていくのだろう。――こういった問いに、新たな課題が加わったのである。なかでももっとも重要なのが、映画というメディアが観客の自己意識にどう影響するのか、という問題だった。

映画は、他の国の場合と同じように、初めはナイトクラブの新奇の演目という形で、ロシアの場合は一八九六年に登場した。(2) これは当初から間テクスト的な媒体、つまりテクストとテクストの間を自由に往還して元のテクストが持った意味を改変していくような性格をもち、形成期の最初の十年は、他のエンターテイメントからさまざまな借用を行ないながら、その独自性を発見していく時代にあたった。(3) ロシアには一九〇八年まで自国の映画産業がなかったので、劇場主は輸入に頼る他なく、とくにパテ兄弟とシャルル・ゴーモンが経営するフランスの会社が取引相手だった。ゴーモンは、ロシアにいくつかエンターテイメントのベンチャー企業を所有しており、最初の映画が上映されたのは彼のナイトクラブだと言われている。(4)〔訳注1〕リール一本だった最初の映画はトム・ガニングが「アトラクションの映画」と呼んだもので、ボードビルの出し物であるトリック写真の目玉企画だった。(5) このような映画の典型が『幻灯機』(一九〇三年)である。これは映画の前身である幻灯機への喜劇的なオマージュだった。つまり、幻灯機が観客に向けて映し出していたものを現実にする、言い換えると、幻灯機から実際に人が飛び出してくるという内容である。

一九〇八年にペテルブルグのルネッサンス映画館で上映された映画はすべて輸入品で、内容は、ボードビル以来お馴染みのエキゾチシズムとエロチシズムの混合物である。作品のタイトルは、『女サムソン』、『ヴェニスとときの場所』、『芸術家とそのモデル』(「とても面白い!」と銘打たれていた)、『このコルセット、締めるの手伝って!』など。(6) こうして映画が文化の一部として定着してくると、サブーロフ笑劇団は、それまでは演目のひとつにすぎなかった映画の役割を逆転させた。蓄音機のサウンドトラックがついた完全な形で、自分たちの出し物を映画に撮って記録したのである。そのなかには、性的な想像を駆り立てる『いつ夜は訪れる』(一九一二年)や『ハーレムの姑』(一九一五年)などがあった。しかしサブーロフ笑劇団は、映画が潜在的に持った独創性を見落としていた。彼らは舞台用のお決まりのプログラムを撮ったにすぎず、語りにおける斬新で革新的な発展に気づかなかった。この革新性こそが、映画をナイトクラブ向け出し物から解放して、オリジナルな媒体として物語を表現していくのを可能にさせたのである。

映画という新奇な発明品を物語（ナラティヴ）に適した媒体へと変えるには、何年もの年月、数多くの発見、そして何人かの実験的な監督やカメラマンらのまったく非凡な才能を必要とした。ロシア人がこの特別な場に登場したのは少し後のことだったが、このとき彼らは他とは違う作品を携えており、しかもそれは、一九二〇年代に最初のソヴィエト世代が映画理論を革命的に変える以前のことだった。[7] やがて語りの戦略が発展するにともなって、映画は以前に考えられていたような現実逃避の道具をはるかに超えるものへと進化した。映画は、イデオロギー的志向性をもった語り——観客自身が、ある社会的文脈のなかで、個々の映像をつなぎ合わせて作っていくストーリー——を生み出すための媒体となったのである。こういう物語（ナラティヴ）映画は、その根底から資本主義的なイデオロギーの鋳型のなかで形作られるものでもあった。そのことは、映画の内容だけではなく、配給パターンを見ても明らかである。

最新文化産業の発展

「アトラクションの映画」の新奇性は、一九〇八年頃には薄れていた。そこでプロデューサーたちは、実質的に異なる媒体を作り上げ、はるかに規模が大きく、はるかに雑多な人びとからなる観客を惹きつけることで、この衰退産業をよみがえらせた。ガニングは物語（ナラティヴ）映画の歴史を論じたその著作で、この年を変容の年と位置づけている。テクノロジー、社会的言説、そしてビジネスという多様な糸が絡み合って、ストーリーは長くなり、作品にはより複雑な心理をもったキャラクターが登場した。映画産業がこういう方向に力強く動き出す節目の年になった、と言う。[8]一九〇八年以降、世界的な規模で、監督はカメラで実験をし、プロデューサーは利益を求めて一本の映画で観客を増やしていくスタイルを追求した。さらに評論家は、ここに頻繁に足を運ぶ下層階級の文化レベルを引き上げるような映画を求めて、働きかけた。

一九〇八年にフランスで芸術映画（フィルム・ダール）シリーズが始まったことは、文化における映画の地位の向上という大きな社会的努力のあらわれだった。その結果、より多くのミドルクラスが映画に惹きつけられて客層が拡がり、それによって利益も増大した。フランスの映画制作者は、名作や歴史的事件、高尚な戯曲などをもとに映画を作り始めた。[9]聖書はどこでも原作としてよく使われたが、そうした映画のほとんどは、それと分かるナショナリズムも含んでいた。スタイルからみると、初期の芸術映画は、動かないカメラの前で奥行きのないシーンを演出するといったように、絵画的な表現からの借用が多い。[10]

一九〇八年は、ロシアで国内の映画制作者が自らの歩みを始めた年でもあった。しかし、国産映画の制作を公言したものの、ロシアの映画会社が需要に見合う供給を生み出すまでには、もう数年かかった。ロシアの制作者は、もっとも深い交流があったフランス人から最初の手がかりを得た。当初彼らは、フィルム・ダール社が暗黙のうちに前提としていた現地文化の保護という課題に触発され、はっきりロシア的だと分かるような筋書きや人物が登場する映画を量産した。一九一二年までに、およそ六つの主要な国内スタジオがオリジナリティーに富んだ物語の制作を始めており、このとき作品テーマの八〇パーセントを歴史と文学が占めていた。[11]

ロシアのスタジオは、制作を始めた一九〇八年から一九一三年までの五年間で、四〇〇本に迫る映画を生み落とした。[12]一九一四年三月には国会が輸入品に高関税を課す保護主義政策を検討したが、数ヵ月後に第一次世界大戦が勃発したため、その必要はなくなった。[13]戦前は、フィルム自体も、映画スターも、制作のための物品も、簡単に国境を越えた。この国境が今や閉ざされてしまったことで、国内の会社は自立を迫られることになった。[14]戦時中に一〇〇〇以上の映画が作られたように、制作本数が増えただけではない。プロデューサーと監督が進んで特色ある手法を実験するに及んで、質もまた上がったのである。[15]

これら最初の映画を指して、「ネームィ」というロシア語の形容詞が用いられた。つまり「無声の／唖の」である。この言葉は、英語の「無音（サイレント）」よりも、このタイプの映画の特徴をよく表わしている。エジソンは初めからフィルムに音を録音することができる技術を生み出したが、「幻想をもたらす」映画の能力を損なうことを恐れたため、その実用化には消極的だった。[16] しかし銀幕の登場人物が一言も発しないとしても、映画が音楽を連想させ、また音楽をともなうものである以上は、どんな映画であれ音は決定的に重要である。映画が人気を博するにつれて、楽曲の重要性は増加した。劇場によっては、どんな映画を上映しているかだけでなく、演奏しているオーケストラを声高に宣伝することもあった。歌手や音楽家も、業界誌で「しゃべり歌う映画」のために自分が披露する専門の芸を宣伝した。地方の小劇場ですら、映画に添えるものとして、少なくともピアニストか蓄音機を必要とした。こうして音響効果が重要になると、さらなる働き手が必要となったが、映画館はピアニストや映画技師に対して、平均すれば大都市で月三〇から五〇ルーブル支払う程度の利益は上げていたのである。[17] 仕事の時間は、聴衆が追加の上映を求めるに従って長くなった。一九一〇年、あるペテルブルグのピアニストは、一二時間労働の日が続いたため、仕事の最中に亡くなったと言う。[18]

スクリーンと歌の間には共生的な関係がある。そのため、想像力を膨らませて歌詞を解釈することで、数多くの映画が作られることになった。『黒い瞳』は非常によく知られていたので、そのテーマが性的なものだったことを差し引いても、映画になるのは自然なことだった。このグレビョンカの歌は、一九一六年に映画化された。この映画のなかで、絶望する主人公は「インテリゲンツィヤのなかの商人」という二重の社会的アイデンティティに苦しんでいる。彼には自分がジプシー女に寄せる気持ちを引き戻してくれる娘がいたが、結局、主人公はジプシー女の燃え盛る瞳にすべてを犠牲にしてしまう。またネクラーソフの歌を映画化した一九一〇年の作品『行商人（コロベイニキ）』では、原作の詩がもっていた政治的要素よりも、大衆音楽のドラマ的要素が強くなった。

音楽に加えて、役者が映画の会場に現われ、スクリーン上で動いた口に合わせて台詞を復唱するという、吹き替えをやってみせることもあった。たとえば有名な戯曲から映画化されたシーンなど、台詞をその場で読んで盛り上がったわけである。[19] 毎年スタジオでは、語りの役をする生身の演者が必要な、「トーキー」映画（キノガヴァリヤーシエ）が制作された。これは地方の役者に演技の機会を与え、「映画リサイタル」（キノデクラマートル）のための新しい仕事を創出した。[20] トーキーには、ボードビルでお馴染みの演目や、有名戯曲からの抜粋のシーン、さらには独白すら含まれた。エジソン社のロシア・オフィスは、少なくとも三七の音声（ズブコヴィーエ）フィルム、つまり蓄音機で伴奏するために特別な録音を必要とする映画を制作しており、そのうちの二本でサルマートフは自分のクプレを朗誦している。[21]

言葉による会話がないことは、「無声」映画が国際的な規模で普及するうえで、欠かせない条件であった。エジソンが最初に技術の使用を許可して以来、国境を越えて事業を営む企業家たちは映画を作り続けてきたが、劇場経営者たちはリール一巻だけの短い映画を頼りにしており、とくにそこではパテ兄弟が制作したものが重宝された。時間や根気を要する取り組みに代わって、映画は手軽な気晴らしを提供するものとなり、それで量がもっとも重要となって、パテのシンボルである赤い雄鶏が大陸を横断し映画小屋を席巻したのである。[22] スカンジナヴィア・ノルディスク社は、胚胎期にあったイタリアやドイツの映画会社に混じって国際的に配給される映画の制作を始め、続いて第一次世界大戦後は、ハリウッドが全世界的な優位を確立していった。映画では大幅な入超が続くロシアだったが、ツァーリの帝国もまた自国の映画文化を、スウェーデンから日本まで、洋の東西で売り込むことがあった。[23] 一方、劇場のオーナーたちは音楽の伴奏を思いのままに演出したので、観客の映画体験はオーナー連の一存に左右された。たとえば、アフリカ系アメリカ人は、ハーレムにいる白人俳優の演技をジャズ・バンドの旋律にのせて鑑賞した。同様にロシア人は、バラライカをバックグラウンド・ミュージックに、デンマーク人スターが演技するのを楽しんだのである。[24]

物語(ナラティヴ)を構築する

映画の技法

他の文化メディアに比べて、映画にはより深く観客に影響を与える潜在力があるが、この力は映画が物語のなかに観客を位置づける方法に起因している。デヴィッド・ボードウェルは、物語(ナラティヴ)映画の理論に関するその研究で、語るという行為が表象、構造、過程という三つの原則をどう結びつけているのかを説明した。[25] 観客は、「ストーリーの構築に向けて神経を集中させ、話の文脈とそれ以前の経験から導き出されるスキームをそこに適用しようと試み」[26]、こうやって右の三原則すべてに関与する。監督は映像を作り、それを並べることによって映像を根底から新しい言語に変え、このようにして観る者をストーリーのなかに位置づける。ここにいう新しい言語は、「単に視覚的認識を提示するだけでなく、同時にこの新しい視覚様式を教えるものでもある」[27]。この新しい言語は、観客が何を見るかだけではなく、どう見るかにも影響を与える。[28] 監督はカメラを調節し、クロースアップを使って親密な感覚を作りあげたり、正反対の効果を狙ってディープ・フォーカス・ショットを使用し、同時的なアクションを伝えたりすることもできる。溶暗やスローモーションを使えば、監督は時間や空間の既成概念を打ち砕くことも可能である。

ふたつの対照的な演出法が技術と芸術とを統合し、この時代の物語(ナラティヴ)映画の発展に重要な飛躍をもたらした。第一はミザン・セーヌで、字義どおりには「シーンに置かれた」ものを意味する。これはストーリーを進めるにあたって、ショット内の構成に工夫を凝らす演出である。〔訳注2〕 このスタイルを好む監督は、視覚を通して何かを主張するために、物や登場人物をフレームのなかで対比的に配置した。二つ目の支配的なスタイルは、モンタージュ・シークエンスである。こちらはシーンを相互に接続するもので、あるショットを別のショットと関係づけることにより、語りを進めるやり方である。ミザン・セーヌは心理ドラマで、モンタージュはアクション傾向の強い映画で、もっとも効果的に機能するという特徴がある。前者は、ロシア映画も含めたヨーロッパの映画と密接に結びつき、二番目のスタイルは、D・W・グリフィスが草分けとなったアメリカ映画と密接に結びついている。

同じサイレント映画のロシア版とアメリカ版を対照させてみると、演出のスタイルが、それぞれの国民文化の相違を反映していることを説明できるだろう。グリフィスの『淋しい別荘』（一九〇九年）は、ヤコフ・プロタザーノフによって『電話をめぐるドラマ』（一九一四年）としてリメイクされた。これは田舎の大邸宅に自分の家族を残して街に行った男のストーリーである。彼が出かけた後、泥棒が押し入る。そこで妻は夫に電話をかけ、彼が帰ってきて家族を助けるのを待つわけである。オリジナル作品でグリフィスは、モンタージュを使ってサスペンスを生み出すという、新しいスタンダードを作りあげた。ドアを破壊する悪党と、救出に戻るために必死で車を運転する夫のシーンを、素早く切り返したのである。それに対してプロタザーノフのリメイクは、緊張感を生み出すミザン・セーヌだった。この特殊な状況で、夫と妻をつなげる電話という先端技術が役に立たないことに、皮肉な目を向けたのである。[29] グリフィスの場合、夫はぎりぎりに間に合って到着するが、プロタザーノフの描くゆっくりとしたテンポの映画では、夫が家に着くのは遅すぎることになる。こうしてどちらの監督も、特殊な映画的技術を用いて語りを進め、結末を決定し、深い文化の相違を照らし出したのである。

エヴゲニー・バウエル

革命前のロシアには、非常に優れた影響力のある映画監督がいた。なかでもエヴゲニー・バウエルは、演出（ミザン・セーヌ）に革新をもたらしたという点で際立っている。彼の批判者は「形式主義」としてバウエルの仕事を軽視したが、それは、バウエルが物語をつくるのにショットのなかで形式をどう用いたかを、理解していないからである。[30] 映画の仕事につく前は、彼はナイトクラブのセットをデザインしたり、人物写真家として働いていた。バウエルは、

51. 監督エヴゲニー・バウエルは，不義を犯す妻（ヴェーラ・ハロードナヤ）と彼女のブルジョワの夫（イヴァン・ペレスチアニ）の距離を強調する演出（ミザン・セーヌ）をした．『人生には人生を』（1916年）

そこから多くのものを引き出した。そして一九一三年に、ロマノフ朝三〇〇年を祝う映画で監督業を始めた。その後は『せむしの恐ろしい復讐』（一九一三年）や『異装芸人』（一九一四年）を含む、八〇以上の映画で技術を発展させたのである。たしかにキャリアの最晩年には、多額の予算がかかった壮麗なメロドラマを制作して、散々な不評を買ったけれども。

バウエルは奥行きを生むために柱や階段を使い、場の雰囲気を強調するために空間照明を用いることで名高い。インタータイトルという、行動や会話を説明するためにシーンとシーンの間に入れる文字による短いコメントを、彼はあまり必要とはしなかったように見える。彼のセットは常に贅沢な品々であふれかえっていたが、そうした物品が肉体的な快楽を充足させる雰囲気を醸し出すというので、道徳的な立場から疑問が出されることもあった。こういうバウエルに対する批判を見ると、批判者よりもバウエルの方がはるかに新しいメディアを理解していたことが分かる。明らかにスタニスラフスキーの舞台から影響を受けて、ある批評家は、バウエルが雰囲気を重視して歴史上の正確さを犠牲にしたと文句をつけた。バウエルが自分の見方は集団的な見方に優ると主張するのを、この批評家は嫌ったのである。それはあたかも監督の優位という作家主義の到来を見越して、これを断罪しているかである(31)。もちろん、バウエルの最高傑作として広く認められている『人生には人生を』（一九一六年）に、「この映画では外面が内面に一致していることを、神に感謝する！」と称賛する批評家はいた(32)。映画批評を専門にしていた帝政時代の評論家、ヴァレンチン・ツルキンも、この作品には好意的だった。だがそのツルキンもバウエルを評して、「もっとも独創性の高い監督ですら、ミザン・セーヌの必要性を否定できないのは、恥ずかしいことだ」と述べたのだった(33)。こういったツルキンの苦言にもかかわらず、バウエルの理念は業界全体に響き渡ったのである。無論、他の偉大な監督たちが——ロシアで初の職業的な映画監督ピョートル・チャルドゥイニン、ヴラジーミル・ガルディン、そしてプロタザーノフといった人びとである——、自分独自のスタイルを発展させていることとは、論を俟たない。しかし彼らがセットや心理描写を強調したのは、バウエルの先駆的な仕事の影響を受けているとも言えるのである(34)。

観客の眼

物語映画（ナラティヴ）は、ストーリーを語る者に革新を要求しただけではなかった。映画を観る者もまた、今までとは根本的に違う鑑賞の態度を身につける必要があった。観客の視点が変化することは、これまた新しい映画にとって決定的な意味をもった。ミリアム・ハンセンが指摘したように、物語映画（ナラティヴ）は「表現された出来事との関連のなかに」観客を置いたが、この方法は「まさに暗黙の参照軸としての観客という考え方を前提にしている(35)」。映画は観る者に想像力を求めると同時に、観る者の想像力を奪うという新しい空間のなかに観客を置く。初期の単リールのときには、鍵穴から覗くような撮り方が、観客の視点をいわば扉の反対側に固定していた。しかし、このような視点は変化した。技術的な改善によって、ひとつの映画で複数のリールを使うことができるようになったため、より複雑な物語が発展した。そのことで今度は、観る側の役割も拡大した。観客は全能の観察者となり、ただじっと画面の動きを観るだけでなく、その動機を心理的に考えるための視覚情報も受け取るようになったのである。映画鑑賞がもつこの中心的なパラドックスは、観客が全能性と親密さを同時に手にすることにある。このため映画は、観客に影響を与える力強いメディアになった。スクリーン上の画面の動きに、観客が自分を一体化させる能力を伸ばしたからである[36]。観客が世界のなかでの自分の位置を知るうえで、映画が与える影響は大きい。ロシアでは解釈がきわめて困難な二つの革命の中間期、つまり一九〇五年〜一九一七年という時期に映画が発展を始めたから、観客の自己認識に影響を与えるこの映画という存在は、文化変容の分析にあたって決定的な資料となる。

セリフのない著作

文学作品の映画化

物語（ナラティヴ）映画がストーリーを紡ぐ大きな可能性をもつことが分かると、映画監督は、分かりやすいストーリーの素材として、刊行された小説に目を向けた。ヴェニアミン・ヴィシュネフスキーは、革命前のロシアで制作された映画について、きわめて価値の高い概説を書いたが、そこに文学作品からつくられた映画の一覧表を付している[37]。彼のリストの素晴らしいところは、高尚（ハイブロー）なものと大衆的（ローブロー）なものとを分けなかった点である。文学作品とそれをもとにした映画との間には常に質的な不整合があるから、映画をハイブローとローブローで分けたりしたら、誤解を招いていただろう。文学と映画を結ぼうという、こうした最初の取り組みでは、文学は視覚に訴える映画よりも特権的に扱われたので、視覚を重視する映画には不利な先行きが予想された。映画と文学は絡み合った関係にあって、当初、制作側は観客のレベルの向上のため文学の古典から映画をつくろうと考えていた。だがやがて映画監督のなかに、自分たちがしているのはストーリーを根本的に異なる言語へと翻訳することだ、と理解する者が登場する。

アレクサンドル・プーシキンの『スペードの女王』には二つの映画バージョンがあるが、どちらもシリアスな芸術作品を目指すものであった〔訳注3〕。この二作品は、映画の技術と様式が進歩することで、プーシキン文学が新しい視覚的言語にどう的確に翻訳できるのかを示している。プーシキンにはロシアの文章語の父という文化的名声があったから、当然彼は映画の原作候補にあがっていた。しかし、映画になれば彼の言葉が消えてしまうので、その天才的な力が台無しにされないかという懸念があった。一九一〇年に制作された最初のバージョンは、当時の技術的限界を示している。ストーリーは静止したカメラで撮影され、舞台の演技を記録したことを示唆するような絵画的描写が特徴的である。しかし、一ヶ所だけ明らかに映画的な瞬間があった。主人公が、カードの上に富ではなく悲運をもたらす老女の顔を見たと想像するときである。「アトラクションの映画」時代からあるトリック写真の技法によって、この場面は効果的なものとなっている。これに対して、六年後のリメイク版は、その間に映画撮影術がどれほど進歩したのかを示している。たとえば、二輪車の上にカメラを載せることで、登場人物が自由にセットの間を動けるようになった。照明のテクニック、とりわけ雰囲気を伝えるための影の使用によって、主人公の精神的病が明確に表現された(38)。ひとつの表情を正しく照らし出すだけのことで、一連の詩と同じくらい効果的な表現が可能となったのである。

一九一〇年に亡くなったレフ・トルストイを最後に、金の時代の偉大な作家たちは表舞台から去ってしまった。彼らの作品の映像化は、ピンからキリまで、さまざまな能力をもったスタジオのスタッフに委ねられた。もっとも頻繁に映画化されたのはプーシキンとトルストイで、政治に強い関心を示すハイブロー の文化にあっても、この二人は支配的な作家だった。潜在的な一般の観客にとって、映画には本に比べていくつかの明らかな利点がある。比較的安価に楽しむことができるうえに、かける時間も少なくて済み、さらに識字の能力を必要としない。結果として映画は、プーシキン作品におけるカード遊びといったような、国民レベルの文化的シンボルに触れる機会を拡げたのである。しかも制作者たちはこれらの文学作品をもとに自由に制作を行なったため、観客は思いのままに作品を再解釈することができた。トルストイの名作の続編としてつくられた驚きの映画、『アンナ・カレーニナの娘』（一九一六年）など、その恰好の例である。

脚本家群像

映画に使われた文学作品の多くは、映画と同じ都市空間、とりわけ市街地(ブールヴァール)を舞台に繰り広げられるフィクションである。[39]書き手のなかには、ロシア語で「リブレット」と呼ばれた、センセーショナルな脚本を量産する三文文士もいた。A・M・パズヒンは新聞記者だが、第二のキャリアとして脚本を書いた一人だった。[40]彼は「悲劇とは二つ以上の殺人をもたらすものだ」といった脚本をしばしば書いたため、ある批評家に「悲劇作家」と嗤われていたが、それでも彼はブールヴァールに家を構えて、メディアを自由に渡り歩いた。[41]タブロイドから銀幕へと移動した者を別に誰かあげるとすれば、これもどこにでも名前が現われるアモリ伯爵だろう。イッポリート・ラップゴフのペンネームで、彼はスキャンダルのただなかを生きた、自称モラリストであった。[42]

マクシム・ゴーリキー、レオニード・アンドレーエフ、アレクサンドル・クプリーン、ミハイル・アルツィバーシェフといった、自分を社会的良心のある芸術家だと考えている著述家は、ブールヴァールの地位を高めようと試みた。彼らはブールヴァールのために書くというより、ブールヴァールについて書いた。彼らのなかには、自分の作品を映画に翻案して、都会の街並みに正当な評価を与えようとする者もいた。そのために、すでに世に出た自分の物語を脚色するか、オリジナルの脚本を書いたのである。この人たちは何よりも作家であったから、言葉と映像の間に横たわる深い相違をいつも簡単に理解したわけではない(43)。たとえばクプリーンは、自作の『臆病者』の映画版を自分とは関係がないと否定したが〔訳注4〕、その映画の監督が指摘したように、脚本を書いたのは著者自身だった(44)。よりセンセーショナルな傾向のあるアルツィバーシェフは、注目を集めようと躍起になり、自作の『嫉妬』の映画版に自分自身が出演した短い宣伝用フィルムを付して、この映画の足を引っ張った(45)。中程度(ミドルブロー)のインテリであるアレクサンドル・アムフィテアトロフですら、大衆映画の地位を高めた。あるスタジオのために自分の著作を映画化する独占契約に署名して、世間を騒がす大ニュースとなったのである(46)。新しい題材を求める声があまりにも強くなったので、このスタジオの主任であったアレクサンドル・ハンジョンコフは、一九一五〇〇ルーブルもの金額を提示し、一九一六年まで映画専用の物語のコンクールを開催している(47)。

女流脚本家

映画と文学は、女流作家の出現にもっとも深い影響を与えた。映画館という公共空間は、女性を一人であってもグループであっても歓迎したため、映画館での女性の存在感は大きかった。この事実は、女流作家の出現に映画と文学がいかに関わっているかを説き明かすうえで欠くことができない。世紀末を代表する二人の作家、エヴドキア・ナグロツカヤとアナスタシア・ヴェルビツカヤは、活動の場を出版からスクリーンに移したときに悪い評判が流れたが、それと言うのも、二人の作品はあまりに映画向きだったからである(48)。大衆の世話役を深く自認するインテリゲンツィヤのひとり、コルネイ・チュコフスキーは、一九〇八年、人びとはトルストイよりもヴェルビツカヤを好んでいるかに見えると述べて、懸念を表明した。とりわけ彼はヴェルビツカヤの作風に厳しかったが、その理由こそ、彼女の作品を映画向きのものにしている特性に他ならなかった。すなわち登場人物の感情の豊かさであり、これは映画のなかでは、常に恍惚とし、魅惑的に燃え上がる瞳によって表現されている(49)。

ナグロツカヤの名前は文学史よりも映画史のなかでより頻繁に現われるが、どちらの場合にも蔑みがともなった。一八九〇年代には、ナグロツカヤは、大衆向け出版物で犯罪冒険物語をいくつか連載していた。一方、脚本の方は、後に制作することになるシリアスなフィクションにもとづいていた。ナグロツカヤのヒロインは、ヴェルビツカヤの書くものより地味で内省的だが、ヴェルビツィカヤの描く女性と同じように、社会が作りだした不平等なジェンダーの網目から自分を解き放とうともがいている。典型は、一九一四年封切りの『ディオニッソスの怒り』のヒロインである、芸術家タタである。[50] 映画のために執筆した女性は他にもおり、公爵夫人オリガ・ベブトヴァは、パズヒンと同じく、大衆向けの連続小説を書いて名声を確立した。さらに少なくとも三人の映画女優も、脚本を書いた。そのうち二人はアンナ・マルとゾーヤ・バランツェヴィチで、彼女たちは、映画の世界では俳優としてより作家としての評判の方がいくぶん高かった。またヴェーラ・カラリは、バレリーナから女優に転じた人で大変な人気だったが、自分が出演する映画の脚本を書くのは自分がもっともふさわしいと考えていた(しかし、それは間違っていた)。

女流脚本家の重要性は数にあるのではない。数から言えば、彼女たちは全体のなかのごく一部であったにすぎない。むしろ重要なことは、映画が女性との間に築いた独自の文化的関係にある。女性は映画の客層の中心であり、二〇世紀初頭の一〇年を彩る社会的な混沌のなかで、映画からもっとも多くを学んだのである。この現象は、この時期、登場を始めた各国の国産映画すべてに共通する特徴であった。

観客

アレクサンドル・コリャンスキーは、早くも一九〇七年に、「まちがいなく、あらゆる人が映画に行った」と書き記した。その四年後、シンボリストで、彼自身も大衆文化の熱狂的なファンであったアンドレイ・ベールイは、観客のことを次のように描写した。――「貴族と民主派、兵士、学生、労働者、女学生、詩人、売春婦」[51]。これら種々雑多な人間集団は新しいエチケットを学ぶ必要があったために、映画館は人びとを社会化するうえで重要な場所となった。当初、この人たちは映画館に食べ物と飲み物を持参し、「まるで自分の家にいるかのように」振る舞っていて、そこにはレストランでのかつての商人身分を思わせるものがあった。しかし一九一五年頃には、平均的な観客は「映画が上映される公共の場での新しい行動のコードを学び」、静かで礼儀正しくするようになった[52]。

男女のどちらも映画に出かけた。けれども映画は女性の間で人気であったし、またそれが女性とって重要なものであったことは、映画史と映画理論がともに認めるところである[53]。映画は女性が一人で出かけ、暗闇のなかに隠れることが可能な、公共のエンターテイメントだった。エリザヴェータ・リャブシンスカヤのような、モスクワの非常に裕福で影響力ある商人の妻さえ、モスクワ芸術座だけでなく映画にも出かけた[54]。女性と大衆消費の間に見られる関係性は、映画の商業化にとって重要な意味をもっていた。ミリアム・ハンセンが初期のアメリカ映画について主張したように、「映画業界は、伝統的役割に従順な女性よりも、消費者としての経済的な潜在力の方に関心があった」[55]。一九一七年にはロシアの評論家も、女性と消費をめぐる同じような関係性を認めて、「映画の配役の大半が女性に割り当てられることは、ごく普通のことになった」と述べた。この場合、評論家の一番の懸念は、女性の主たる関心がスクリーンで女優が着るファッションのように思われることであった[56]。大戦期には何百万という男性が前線に向かったため、女性は仕事に出るようになり、この時代の映画ブームは、女性の観客と映画の間の文化的関係を強化した[57]。あらゆる交戦国で、映画産業を支配していたのは、愛国心ではなくメロドラマだった。映画は独特なコミュニケーション手段として発展したが、そこで女性の観客は中心的な役割を果たした。技術と配給という点から言えば、映画はまさに近代そのものである。そうした映画が消費の対象として流通したことで、大衆消費が本格的に促された。エリザベス・ユエンは、アメリカにおける移民女性の観客を研究したさい、次のように論じている。映画は、「自己認識の源としての消費市場に人びとの関心を向けさせる手段」となって繁栄した、と。[58] 映画は、世紀の転換以降、「商品文化の中核に」あった。そして、「ジェンダーが持つアイデンティティの不安定さを女性が文字どおり演じきって、自分を女性として造り上げる」ことを促したのである。[59] 女性が大衆消費のモデルとしてターゲットになったことは、ロシア以外の他の社会の歴史を見ても十分に証明済みである。しかしロシアの場合には、消費それ自体があまり研究されていないため、女性が消費にどれほどのインパクトを与えたのかはそれほど明確ではない。[60] それゆえに、女性の観客を当てこんだ特定のスタイルの物語映画がどう発展したのかを辿るならば、次のような問いに対して光を当てる便となるだろう。スクリーンの内や外で、近代というさらに大きな構図のなかに、女性はどういうふうに組み込まれたのか、と。否定的な面をあげれば、たとえば、映画が劣った文化形態にとどまったことに、女性の映画ファンは責任がある。これは大衆文化が女性化したことの一側面で、映画評論家が、それ自体が劣化の一形態だと考えるようなプロセスであった。[61] スヴェトラーナ・ボイムはロシアについて、「世紀転換期では、悪趣味はしばしば女性の趣味と同義であった」と書いている。[62]

ムーヴィー・パレス

映画館の隆盛

映画が到来するだいぶ前から、野心ある興行師たちは、技術革新で生まれたエンターテイメントを人に見せるための特別な場を求めていた。モスクワ総督は、一八〇四年にはフランスの気球乗りに「幻影シアター」を開設する許可を、一八二三年には「イギリス市民」と記されている人物に「動く写真」を上映する許可を、一八五七年には「外国人」に「機械シアター」の許可を与えた。[63] 映画がナイトクラブで上映されるようになると、「電気シアター」が主要都市の街並みに現われ始めた。そして企業家は、村での上映のために地方をまわって映画を広めた。

映画は比較的安価で広まりやすかったので、上映の可能な場所からは映画館開設を求める申請が大量に出された。一九〇七年以降、モスクワの当局は私邸での映画上映を許可するのに手一杯となったが、この状況は間違いなく帝国各地の行政の中心地で見られたであろう。[64] 当局は検閲よりも火事の方を気にかけており、許可はビルの配線テストの結果次第だった。しかし急ごしらえの映画館がひとつ燃えてしまうと、今度はそこに二つの映画館ができた。一九一七年に、モスクワには七八の映画館があった。[65] そして一九一〇年までに、小さな映写室は、近代的な照明と一〇〇〇以上の座席がある新しい豪華な劇場のために、廃業を迫られた。映画館のなかには特別な地区に位置したものもあったが、ほとんどは大衆文化の発信地、ブールヴァールに集中していた。料金は映画館や座席の場所により異なっていたので、リャブシンスキー一族が常に使用人と席を同じくしていたというのは誇張だろう。[66] 新しい映画館は陸続としてつくられ、こうした映画館には、すでに確立された規律を損なうことなく、より規模が大きく、よりミドルブローの観客を惹きつけることで、公的な空間を変化させることが託されていた。[67]

ペテルブルクの「コスモス」は、最初の大型映画館のひとつである。この映画館は、一九〇八年に「ベルリンやパリのような」最高の技術設備と、「電子オルガンと高級ピアノを備えた洗練された観客席」があるとうたっていた。[68] そして、「奥方とご子息とご一緒に！」と宣伝したのである。同じ一九〇八年には「パリにいるように」と命名された映画館が登場して、この名によって映画館の質の高さを保証していた。劇場は昼間には子ども向け映画を、夜には演目を変え大人向けに『ケーク・ウォーク』や『アムールとプシュケー』を上映することにし、こうやって家族で楽しめる映画館という課題を処理している。さらにモスクワのアルバート地区の「パリ大電影

52. 即席の映画会場で大事故．1909年

劇場」は、エジプトをモチーフにして、劇場をライオン、砂漠、ピラミッドで飾り上げた[69]。

映画館につけられた煌びやかな名前は、そのオーナーのビジョンか、あるいは少なくともその主張を示している。これらの名前は繰り返し使われ、両首都から帝国全土へと広まっていった。そこでは外国語、とりわけフランス語のボキャブラリーが支配的だった。ルネッサンス、ソレイユ（太陽）、オデオン（劇場）、コロシアムなどである。映画館「カスケード」は、隣にカフェをオープンしたと宣伝したが、逆に「カフェ・ブリストル」のように、カフェが映画館を増設する場合もあった。華やかな名前は、映画自体が大部分は輸入ものだったことに起因するだろう。しかし、たとえば「モダン」や「プログレス」といったように、そこに進歩というオーラを反映させた名称もあった。業界誌である『シネマトグラファー・ヘラルド（ヴェストニク・キネマトグラフォフ）』は、映画だけではなく演劇も論評した。ペテルブルグ・スポーツ・パレスやモスクワの由緒あるソロドヴニコフ劇場といったような、もともとは他のエンターテイメントのために造られた建物も、いったん閉館され、そして映画館として再開した。さらに、映画が市民生活のなかでどの程度まで社会的に認められていたのかを示す指標として、一九一五年にモスクワの市当局が映画関係の職員の地位を正式に認めたという事実も挙げておこう。これで彼らは社会から認知された恰好となり、自分たちの利害を代表して行動するために必要となる、法的な地位を得たのである。(70)

映画の爆発的成長は、次に示す数字から明らかである。一九〇七年にペテルブルクでは、およそ一〇〇軒の劇場があった。しかし、そのうちのほとんどが七五席以下で、火災時の避難が困難な建物であった。(71)三年後には、一億八〇〇〇万枚のチケットが、帝国内の一二〇〇の映画館で売られ、それぞれ平均で一日当たり二五〇人の観客が入った。(72)まず大きな劇場が新作映画を封切りし、それからそれを安い値段で小劇場に貸し出した。(73)一九一三年には、国内の映画館は一五〇〇にまで急増した。二年後にその数は、さらに一〇〇〇増加した。一九一六年にロシアには四〇〇〇の映画館があり、それらの映画館が五〇〇〇の新作映画を一億八〇〇〇万人以上の観客に見せた。(74)以前、劇場では一日に二度か三度上映していたが、一九一六年にはその上映回数が倍になった。一九一六年には、都市人口は国民の総人口の二〇パーセントだった。この都市人口のおよそ一〇パーセントが、毎日映画を観たのである。(75)

映画ジャーナリズム

映画産業は、ここから派生したビジネスをジャーナリズムのなかに生み出した。とはいえ、劇場のオーナーは、大量の発行部数をもつ日刊紙には宣伝を出さなかった。こういう日刊紙の編集者は、なかなか映画を受け付けなかったのである。映画やそのスターにまつわる事件としては、たとえばロシアで最初の、本当の意味でのメガヒットとなった、『幸福への鍵』（一九一三年）を取り巻く大騒動があげられるが、こうした事件もニュースにはならず、新聞は映画に対しては演劇を批評するようには目を向けなかった。この情報の隙間に参入したのは、予約購読の専門誌である。『シネ・フォーノ』は、一九〇七年に出版を始めた隔月誌で、価格は年間六ルーブル。これが最初に成功した雑誌であり、またもっとも成功した雑誌だった。『シネ・フォーノ』は、ロシア映画の中心だったモスクワにおいて出版され、業界誌であると同時に映画ファンの雑誌でもあった。そして、読者が業界の技術的、法的、社会的発展に遅れをとらないよう、情報を提供したのである。この雑誌は映画とともに発展し、数年後には国産、外国産の別を問わず、新作映画の粗筋を活字にした。雑誌の出版社はスタジオから宣伝費を受けとりながら、一九一三年には五万ルーブルの利益を生み出した。[76]

『シネ・フォーノ』は有力誌であり続けたが、競争は業界全体を巻き込んで拡大した。抜け目ない企業家であるロベルト・ペルスキーは、一九一〇年に『シネマ・ジャーナル（キネ・ジュルナール）』を始め、そこで働くスタッフには、短期間ではあったけれどもアヴァンギャルド詩人のヴラジーミル・マヤコフスキーやダヴィッド・ブルリュークも含まれていた。[77] この雑誌は、最終的にはもっとも広まった業界誌となった。ペルスキーは一〇万ルーブルの利益をあげ、その資金で自分のスタジオを開いた。さらに、プロデューサーが出版者になるというペルスキーとは逆のケースもあった。スタジオの所長であったアレクサンドル・ハンジョンコフは、一九一〇年に『シネマトグラフィー・ヘラルド（ヴェストニク・キネマトグラフィ）』を始めた。この雑誌は主に自分のスタジオの作品を宣伝したが、業界の問題点を議論する場も設けていた。エルモリエフ・スタジオも、似たような方針の『活気あるスクリーン（ジヴォイ・エクラン）』を出版した。一九一五年になると、両スタジオとも、長い批評や技術的・芸術的な諸問題の議論を含む、より知的な洗練された月刊誌を出し、そうすることで映画ジャーナリズムの質を高めようとした。ハンジョンコフは、自分のスタジオのトレードマークからとった『ペガサス（ペガス）』という雑誌を、エルモリエフは、『プロジェクター（プロエクトル）』という雑誌を出版したのである。これらの雑誌は、自分のスタジオが作った作品を優先的に扱ってはいたが、単なる会社の宣伝誌だったのではない。

全体を通観すると、革命前のロシアでは、帝国全土で少なくとも二五の専門誌、そして四一の映画に多くの紙面を割いた新聞が刊行された。そのなかには、部数数万を数えるものもある。[78] 大規模で高級な映画館は、現在上映中の作品と近日公開の作品ニュースを記した小さな新聞を流通させることがよくあった。定期刊行物のなかには、映画を他のエンターテイメントと結びつけたものもあり、たとえば『映画館・スケートリンク・劇場評論（オボズレーニエ・キネマトグラフォフ・スケチングリンゴフ・イ・テアトロフ）』がこれに当たる。こういった雑誌から、ファンはお気に入りのスターに関するニュースやゴシップを知り、業界のビジネスマンは技術、新しい映画館の開館、スタッフの雇用などの実質的なニュースを知ったのである。

映画界の成功者たち

ドランコフとハンジョンコフ

映画には、流通や消費が「大規模」だという属性があったが、この属性は近代が抱えたもうひとつの決定的な側面に依拠していた。大量生産である。ペテルブルクの写真家、アレクサンドル・ドランコフが一九〇八年にロシアで最初の映画スタジオを開設したときに始めたのは、この大量生産であった。彼は大変に野心的な企業家であり、フォトジャーナリズムの先駆者となり、ロシア通信員として『ロンドン・タイムス』やパリの『リリュストラシオン』のために働いた。[79] ドランコフは、相当なエネルギーを傾注して、技術や資本投資で後れをとっている国で国産の映画産業を創設するという、困難なプロジェクトを始めた。彼はノルディスク・カンパニー・フィルムのロシアでの配給元だったから、観客の求めるものを感じ取る鋭いアンテナを持っていた。芸術性という点では、ドランコフ作品の評判はそれほど高くないけれども、彼には真に先見の明があった。映画というメディアをあらゆる面で専門化しようと考えたドランコフは、映画の伴奏をする音楽家を養成する芸術学校を開校しようと試み、さらには視覚の強度に関する医学的効果の研究を推進しようとした。[80] ドランコフ・スタジオは、まずロシアに特化したニュース映画を大量に生産した後、一九〇八年一〇月に帝政ロシアで初の国産フィクション映画を発表した。歴史上のアウトローにセンセーショナルな解釈を施した、『ステンカ・ラージン』である。ドランコフは野外で撮影し、一七世紀にラージンが展開した反専制の政治闘争を潤色して、映画をアウトロー特有の破滅的な性的欲求の物語に仕立てた。ロシアの観客は、映画のために特注された楽譜と合わせて、この作品を愛した。ある批評家など、この映画の撮影術を称賛し、作品が短すぎ主題の良さが十分伝わらないという点に、苦言を呈しただけだった。[81]

『ステンカ・ラージン』は単純な物語である。タイトルになっている人物が酔っぱらっているとき、彼の狡猾な仲間が、ラージンの愛人であるペルシア王女が不貞を働いていると告げ口する。ラージンは彼らを信じ、王女を川に投げ込むのである。この作品はロシアの映画ファンを、フランスのカメラと商業的関心の目的物から、スクリーンの上で自分たちの歴史、自分たちの人生を観るために時間とカネを使おうという、ナショナリストに変貌させた。きわめて素朴な映画であるが、こういう変化を象徴する触媒になったという点で、この作品は貴重である。また、同じ一九〇八年にドランコフ・スタジオがリリースした別の二つの映画は、このナショナリズムと、映画という新しいメディアの間テクスト性が呼び起こした混乱の反映であった。まず『クレチンスキーの結婚』は「シネ・トーキー」の試みで、ここでドランコフは、B・H・ダヴィドフを主演にアレクサンドリンカで上演された、一九世紀の人気戯曲のワンシーンを映画にした。そして俳優を観客から隠すためにスクリーンの後ろに行かせ、口の動きに合わせてセリフを言わせたのである。[82] 対して次の封切り作、『勤勉な当番兵』は、視覚的ギャグとずっこけという、ボードビルからそのまま取ったような作品であった。そこでは主演の喜劇俳優が、意識的にカメラに向かって演技をした。

ドランコフは適切な素材をそろえていたが、定式と呼べるものがまだなかった。彼にはまた、同じモスクワのライバルであるアレクサンドル・ハンジョンコフがいた。ハンジョンコフは退役軍人で、一九〇六年にモスクワで映画配給会社を設立し、とくにパテ兄弟の代理人を務めていた。第一号の国産ロシア映画を公開するという彼の企画は、すんでのところでドランコフに先を越された。ハンジョンコフの最初の映画は、野外ロケを行なってロシア版「ジプシー・マニア」をフィルムに収めた、『モスクワ近郊のジプシー・キャンプの物語』である。『ステンカ・ラージン』と同じように、ここでも文化的な正確さより性的要素が優先された。二人はプロデューサーとして成功を収めると、どちらも会社を設立した。これは、自分たちの作品を確実に商業ベースに乗せるうえで、財政上必要な措置だった。これによって、映画の社会的役割をめぐる議論もまた、複雑なものになったのである。

スタジオ・システム

ドランコフとハンジョンコフは、帝政ロシアにおけるスタジオ・システムの基盤を築いた。それは映画の制作および配給に合理的なビジネスのための基盤を与え、映画の商品化を促していく過程であった。フランスの会社で、ロシアの映画産業を牛耳ってきたパテとゴーモンは、こうした動きに対応してモスクワにプロダクション・スタジオを開設し、輸出の可能性も考慮に入れつつ、ロシア市場を念頭に置いた映画を制作した。しかし彼らのエージェントは、多くがドランコフやハンジョンコフの後を追った。モスクワでゴーモンの代理人を務めていたパーヴェル・チマンは、一九〇九年にモスクワの実業界の財政的な支援を得て、「チマン・レインガルト・オシポフ」社を設立した。チマンは、裕福なバルト・ドイツ人の生まれである。この会社はロシアで映画を制作しながら、海外、主にイタリアからの輸入品を配給した。[83] 三年後、チマンのスタジオはパテのオフィスを吸収合併した。そして一九一三年には、ヴェルビツカヤのカネ目当ての作品をもとに『幸福への鍵』を制作し、大いに成功を収めた。ここから得た収益で彼は自分の撮影所を改装し、これでより品質の高い映画をつくることが可能になった。[84] またＡ・Г・タルドゥイキンは、もとは服飾会社を経営する傍らドランコフに資金を提供していた人だが、その後、スタジオを開設して制作サイドへと移行した。[85] Г・И・リブケンは最初の地方出身のプロデューサーで、劇場チェーンを設立して、ロシア中央部での配給者としてはトップの地位に登りつめた。後に彼は、最初はヤロスラヴリとモスクワで、制作に携わるようになる。もうひとりの野心家、ドミトリー・ハリトノフは、初めて劇場チェーンを組織し、ここに金儲けの鉱脈を見つけた。ハリトノフ・スタジオは徐々に作品の質を高めていったが、それは一九一六年により高い給与を提示して、ハンジョンコフの権威あるスタジオからスタッフを横取りしたためであった。[86] さらにヨシフ・エルモリエフは、保守的なモスクワの商人身分に生まれだったが、真の企業家へと転身した。当初、彼はパテ兄弟の代理人として働き、そこから自分の会社を始めるために手を広げたのである。間もなく一九一七年を迎えようというとき、エルモリエフは自分が財政的にも批評の分野でも成功したことに気を良くして、「シネマ・シティ」の建設を始めた。これは、ユニバーサル映画の創設者カール・レムリがロサンゼルス郊外につくった撮影所、ユニバーサル・シティと似たものである。〔訳注5〕また、ロベルト・ペルスキーはこの分野には遅れて参入した人物であったが、前述のように映画ジャーナリズムでキャリアを積んだあと、特筆すべきスタジオを開設した。

野心に燃えた人は他にも少なからずいたが、以上の人物はそのなかで成功した人びとである。スタジオの数は、第一次世界大戦期に映画産業が離陸するにつれて跳ね上がった。登録されたスタジオは、戦争の直前は一八だったが、一九一六年には四七となった。戦時中、ツァーリ政府は自前のプロダクションの設立に踏み切っており、この会社は愛国心とプロパガンダを所管するスコーベレフ委員会のもとに正式に置かれた。〔訳注6〕初期のアニメーションの古典、Ｂ・スタレヴィチの『ベルギーのユリ』は、スコーベレフ委員会という、およそ独創性とは無縁と思われるところから生まれたのである。[87] これらのスタジオの多くは、彼らが使用していた硝酸エステルのフィルムと同じぐらい簡単に、消えてなくなってしまっている。しかし成功した者は、一九〇八年から一七年と短い活動期間だったが、多大な文化的インパクトを与えた。

成長する広告業界に倣って、成功を収めた人びとは自分たちの作品を識別できるような商標を採用し始めた。ドランコフはパテ兄弟の雄鶏のマークを格上げしてクジャクを使い、ハンジョンコフは翼のある馬ペガサスを用いた。遅れて登場したエルモリエフは、鼻で映画のフィルムを抱えた象のマークを採用し、他を圧倒した。タルドゥイキンはクマをシンボルにして、ナショナリストのイメージを駆り立てた(88)。こうして効果的な宣伝を打って、ある作品が必ずある特定の商標と結びつくことが課題になると、それと分かる作品をつくるために、スタジオは明確な自分たちの得意分野を確立する必要に迫られた。

業界の二巨頭

標準的な歴史叙述では、ロシアのスタジオを両極に分け、そのもっともローブローな位置にドランコフを、もっともハイブローな位置にハンジョンコフを置く。そして、ドランコフが先駆者として多くの秀でた人びとをこの産業に引き入れたことに同意しつつも、こういう高い能力を持った者はよりまともな事業へと流出していった、と主張している(89)。このような二項対立的見解の問題点は、ドランコフの影響力を過小評価しているところにある。この二つの有力なスタジオのボスが、映画に対して非常に異なった考えを持っていたのは事実である。芸術的な成果という点でハンジョンコフが賞賛に値することは明らかで、彼はサイレント時代の映画のなかでは、どの国のそれと比較してももっともオリジナル性に富む、いくつかの映画を制作した。だがドランコフも、同じぐらい重要な社会的貢献を行なった。彼は映画ファンのすそ野を拡げ、映画をより明確に都市生活と結びつけたのである。

ハンジョンコフは『人生には人生を』を制作したが、この映画は外国の最良の映画に匹敵するとして、批評家たちから歓迎された。ここには監督、俳優、セット、撮影技術など、彼のスタジオのベストなものすべてが投入

53. マチネー・アイドル，ヴィトリド・ポランスキー

された。この作品はフランスの人気小説をもとにしたメロドラマで、売出し中の美人女優だったヴェーラ・ハロードナヤとリディヤ・コレネヴァ、ベテランの性格俳優オリガ・ラフマノヴァとイヴァン・ペレスチアニ、そしてメロドラマの二枚目俳優だったヴィトリド・ポロンスキーが起用された。内容は家族の裏切りに始まって最後は殺人に終わるという、観客受けするストーリーである。しかし、『人生には人生を』をその筋書き以上に際立たせているのは、監督のバウエルが採用した語りの戦略にある。バウエルはドランコフが初期に発掘した人材だったが、創作上の自由を求めてハンジョンコフのもとに移った。ハンジョンコフには、より大きな予算と、明確に芸術的な映画のスタイルを創出したいという野望があり、それがバウエルにとって創作上の自由を可能にしたのである。

ドランコフは細部にこだわったり、映画美術やビッグスターのギャラに大金を投じたりすることはなかった。制作のスピードとセンセーショナリズムの強調が彼の得意とするところで、「屋外で撮影した、通俗的な主題を扱う安い映画」が十八番だった[90]。そのプロダクションの代名詞的作品は、「日暮れのあとのモスクワ」シリーズのような、彼が制作したセンセーショナルなシリーズものであり、なかでも『黄色い悪魔の爪のなかで』（一九一六年）はその代表作である。このシリーズでは、ドストエフスキーの『賭博者』も改変のうえで映画化された（一九一五年）。ただこの映画版には、ドストエフスキーが題材とした市井の人びとにこの偉大な小説家を届けるという、文化的な功績があった。これに対して、ドランコフ・スタジオが制作したフィルムのなかでもっとも評判の悪い作品と言えば、『手先の器用なソンカ』（一九一四年）シリーズであろう。このシリーズは、実在の女スリで、最後はサハリン島に流刑となって生涯を終えた人物の物語である。もっとも、ドランコフを一連のセンセーショナルな作品群と結びつけている人びとは、その次の年にバウエルがハンジョンコフのために監督した映画のことを見落としている。この映画は、『シュペーエルとその仲間「ハートのジャック」の冒険』というもので、まさにこのソンカと匹敵するような才覚をもつ、有名な詐欺師を描いたものだった。

ロシア映画に対してドランコフが行なった後世に残る貢献は、ハンジョンコフやエルモリエフ、そして野心的な創作で自己の個性を打ち立てていたスタジオと異なる、彼の独自の映画制作の方法にあった。他のスタジオの脚本を盗み、急拵えで粗悪版を作品にして観客をだますという評判が、ドランコフには付いて回る[91]。ドランコフの売りはスピードであり、素早く制作に取り掛かり素早く終えた。この腕前は批評家を憤激させたが、ファンや回転が早いことを当てにする劇場のオーナーには人気であった。彼はニュース映画の出身だったから、作家が書くフィクションと同じぐらい、作家自身も映画に値すると考えた。そこで、レフ・トルストイとマクシム・ゴーリキーも撮影しようとしたのである。ゴーリキー自身は映画ファンではなかったから、彼は怒って抗議したが、ドランコフには馬耳東風だった[92]。短時間に奇襲をかけ、急いで制作し、悪評の集中砲火のなかで支払いを済ませる。これぞ、ドランコフの本領である。この映画のおかげで、彼はヤースナヤ・ポリャーナのトルストイの所領へ招待された。ところが、人びとの崇拝を集めた作家は、自分のさまざまな姿が銀幕に映される間、客人を座らせ待たせていた[93]。

ロマノフ朝がついに崩壊したとき、ドランコフとハンジョンコフは先を競って、ロシアの革命運動という、制作者には長く禁忌のトピックを映画化すべく取り掛かった。この二人の対照的な性格が、両スタジオのスタイルの差を際立たせている。ハンジョンコフの『革命家』はシベリア流刑で年老いた男の感傷的な物語で、後にこの男は孫とともに自由なロシアの曙を祝うために戻ってくる。ドランコフの『ロシア革命の祖母』は、エスエル党の泣く子も黙る革命家、エカテリーナ・ブレシコ＝ブレシコフスカヤの生涯をきわめてラフな形で下敷きにした作品である。(この革命家の息子のニコライが、ドランコフのために特別に脚本を書いた)。内容は、映画のタイトルになっている主人公が、ソンカと同じぐらい活発に、刑務所の壁の向こうとこちらを往還するという話で、ここには何らの感傷もない。ある長いシーンでは、彼女は突如としてわけもなく森のなかを疾走するが、追手が誰なのかは分からない。最初のハンジョンコフの作品は、政治的メッセージをもった心を打つストーリーを語り、第二のドランコフの作品は荒っぽいアクション・シーンをつないでいる。どちらの制作者も彼らなりのやり方で、映画に対する観客の期待に応えたのである。

他のプロデューサーたち——チマン、レインガルト、エルモリエフ

文学作品をもとにしたチマンとレインガルトの「黄金シリーズ」は、エリートの文化的野心が映画を売るためのさまざまな要請によって浸食されていく、別の事例である。黄金シリーズはトルストイとヴェルビツカヤを区別しなかったために、チュコフスキーに危機感を抱かせた。チマンは『幸福への鍵』に続いて、『アンナ・カレーニナ』と『戦争と平和』を撮ったが、さらにヴェルビツカヤの別の小説、『ヴァヴォチカ』も映画化したのである。このシリーズもまた、プロタザーノフが監督した二本の映画、『タンゴ』（一九一四年）や『ヴァンパイヤー・ダンス』（一九一四年）と同じように、当時の社会的な流行を表わすものであった。(94) プロタザーノフは『幸福への鍵』に取り組んだ後、黄金シリーズのなかでもっとも知的で野心的な企画に着手した。アヴァンギャルドの舞台監督、フセヴォロド・メイエルホリドの監督で、『ドリアン・グレイの肖像』（一九一五年）の映画版を制作したのである。

プロタザーノフは、一九一四年にハンジョンコフのスタジオからエルモリエフのスタジオに移ったため、普通はエルモリエフと結びつけて議論される。エルモリエフはフィルム・ノアールに先駆けて、暗い心理ドラマを制作した。そこには、リメイク版の『スペードの女王』（一九一六年）や『セルギー神父』（一九一八年）が含まれる。セット・デザイナーのヴラジーミル・エゴーロフとカメラマンのアレクサンドル・レヴィツキーは、バウエルと同じように、ミザン・セーヌを頻繁に用いた。こうしたサスペンス・ドラマは、エルモリエフのスタジオにとって象徴的なスタイルとなった。しかし最初のドル箱になったのは、犯罪シリーズ『神学生サーシカ』（一九一五年）である。このシリーズの成功のおかげで、将来の芸術的企画に必要な資金がもたらされた。

ロシア映画の二つの特徴

質の向上などという言い方では漠然としているが、これらのスタジオは実際に質の向上に全力を傾け、明確にロシア的だといえる映画の様式を作り上げた。その技術は、ひとつは形式、もうひとつは内容という、相互に対応する二つのレベルで発展している。ロシアの映画監督は、西欧の映画に比べて、動作のペースをゆっくりとしただけではない。映画全体を意識的に、遅いスピードで撮影した。物語をつくるにあたっては、アクション志向の強いモンタージュとは対照的なミザン・セーヌを多用し、それによっても物語のペースが減速することになった。さらにロシアの監督は、登場人物の心理的展開を重視したので、カメラを乱暴に前に押して突然クロースアップにするよりも、カメラを長回しすることを好んだ。とくにバウエル、プロタザーノフ、そしてガルディンは、ある一定のシーンでは、スローモーションのダンスステップ、なかでもタンゴに合わせて、動きを振り付けている。[95]「ストーリーを撮るのであって、ドラマを撮るのではない」というモットーのもと、彼らは西欧の流派からは距離をとった。[96]

ロシアのドラマが持つテンポとトーンは、さまざまな問題が最後のリールで解決される、西欧映画に特徴的な「ハッピーエンド」スタイルとはまったく異なるストーリーラインを生み出した。あるモスクワの批評家は、ロシア人は「終わり良ければすべて良し、を受け入れることを頑なに拒否する。われわれには悲劇的な結末が必要なのだ」、と言う。[97] 国外に売り出すときに、ロシア映画は二つのエンディングを用意することがよくあった。[98] 国内の観客向けには不幸な結末を、外国向けにはハッピーエンドを。こういう態度を、ロシア的精神という決まり文句で片づけてしまってよいだろうか。むしろ重要なことは、映画が西欧のミドルクラスとは明らかに異なるロシアのミドルクラスの感性を捉えたのだ、と解することだろう。ロシア映画のスタイルは、ロシア社会が現実に対して抱く曖昧な態度の反映であった。特徴的なことだが、こういう態度は映画の終わりでもそのままである。結局のところ、ハッピーエンドでは終わらなかったのである。

映画を取り締まる

映画検閲

ツァーリ政府、それに批評家の多くは、社会統制を目的として映画制作に干渉しようとした。ところが揺らめく映像は、その追求を巧みに逃れたのである。ロシアの検閲官は自己の職務が何であるのか理解するのに苦労しており、明確な検閲のパターンが発展しなかった。法律の定めでは、検閲官は正教、専制、そして愛国的感情を侮辱から守り、公序良俗を乱すものを阻むとされる。すべての映画について、個々の劇場主は地方当局から事前に許可を得ることを求められたが、こういう制度のために、かえって逆に中央集権的な管理は不可能となった。(99) 検閲官が監視すべき道徳的な境界線は曖昧で、根拠に乏しかった。それでも一八八一年には、検閲当局は発行部数の多い新聞の出版人に、連続小説の主人公である義賊を死なせるよう、圧力をかけることができた。しかし一九〇五年の革命後は、検閲官の権限ははるかに不明瞭なものになった。悪名高い緑林のチュルキンは、出版物のなかでは哀れな最期を遂げ、一八八〇年代には舞台での生命も終えた。しかしその後、チュルキンはパズヒンによって命を吹き込まれ、映画のなかで蘇ったのである。〔訳注7〕検閲官はスクリーン上でセックスとバイオレンスが行き過ぎるのを抑えようとしたものの、根絶することはできなかった。たとえば『頭皮をはがれた死体』(一九一五年)では、当局は「短剣での攻撃」のシーンをカットしたが、このタイトルを見ると、そこに検閲官がやり残したことはないだろうかと思えてくる。別の例を挙げると、『語るに足りぬ女性』(一九一六年)は、母親に対する少年の近親相姦的な愛についてのストーリーで、これを検閲官は禁止した。だがその前には、ドランコフの『父の許されざる情熱』(一九一三年)が許可されている。互いに惹かれ合う父と娘が、秘めた思いを成就するというストーリーだ。第一次世界大戦期、スコーベレフ委員会は、雑誌の生命線とも言うべき広告を募る権利を剥奪するると言って、映画中心の定期刊行物に脅しをかけたが、このような方法が実施されることは滅多になかった。[100]さらに一九一六年に教育省は、政府に映画に対する独占権を与えることを検討している。しかし、こういう極端な方法が実現するには、次の政治体制を待たねばならない。[101]

「有害映画」批判

映画は下層階級が好んだものだが、比較的自由に観に行くことができたために特別な問題が生じた。アン・フリードバーグが指摘するように、検閲当局は映画に対し、観客が「登場人物や俳優、スターが行なうような有害にして非合法、あるいは不道徳な行動を真似するのではないか」という懸念を抱いていた。[102]人気の登場人物を模倣することは、映画に特有のことではない。しかし、写実的な迫真性と物語に没入するような鑑賞の仕方が組み合わさることで、映画には特別な力があるのではないかと、長く考えられてきた。初期のロシア映画をめぐっては、次のような社会的な議論が起こり、この議論は至るところで政策当局者を悩ませ続けた。すなわち、映画のストーリーラインはセックスとバイオレンスで占められている、だから映画を観ることで犯罪的な世代が生まれることはないだろうか、というのである。

センセーショナルな犯罪は、ひとたび街の路上で起こると、拳銃が冷える間もほとんどないまま、スクリーンに持ち込まれた。警察の記録を繙くと、実生活が芸術を真似ているのか、それともその逆が真実であるのかという疑問が生じる。このとき、社会の審判者たる批評家は、映画は実生活での模倣を引き起こすという理由で、有罪だと判断した。帝政ロシアは、スキャンダルには事欠かなかった。たとえば、社交界の有名人であったジナイーダ・プラソロヴァは、疎遠になっていた夫の手で、モスクワのレストラン、ストレリナで殺された。そのとき夫の家族は、これ以上、地方のスクリーンでは上映しないよう請願し、それに成功した。[103]ウォッカ王ピョートル・スミルノフは、彼の家族のスキャンダルを映画にした作品で登場人物の名前を変えさせようとし、それでカ

ネを強請(ゆす)られた。このときスミルノフは、映画の制作者に一万八〇〇〇ルーブル支払ったのである。(104)

一九一二年に封切られたロシア映画の内容をみると、一〇〇本の映画のうち七六本までが私欲や復讐に発する話である。およそ三分の一の映画で泥棒や犯罪集団が登場し、半分以上が不義の性的関係を描いている。ロシア映画のうち、愛を「高貴な感情と自己犠牲を喚起しうる高尚なもの」として表現したのは、わずか一〇パーセントであった。(105)パズヒンのキャリアがハッキリと示すように、新聞の売り上げを伸ばすようなセンセーショナルな連載は、簡単に映画になった。賢い犯罪者のファントマと、それと同じくらいに頭の切れる敵役の刑事ジューヴの知恵比べというシリーズが一九一三年にフランスで誕生したが、類似のシリーズは映画の世界では定番となった。ファントマ的なものはロシアでもよく演じられ、こういう形式に触発されて、犯罪者が社会や警察に個人で戦いを挑むという、この分野におけるロシア版がつくられた。〔訳注8〕このジャンルのアメリカ版シリーズのヒロインであるパール・ホワイトは、パテが制作した『ポーリンの冒険』では自己を主張して決して譲らず、それによって性差の犠牲者というステレオタイプな像を克服している。(106)〔訳注9〕これに対して、ロシア版シリーズの女王は、実在の人物であるソフィア・ブリュフシュテインをモデルにしていた。パール・ホワイトとは異なり、彼女はスリの売春婦で殺人の疑いもある人物であり、「手先の器用なソンカ」というニックネームの方が有名だった。ソンカに匹敵する男性の主役は「神学生サーシカ」で、ロシア人は彼の一挙手一投足に目を向けずにはいられなかった。そのタイトルとは裏腹に、サーシカのキャリアは、未来の独裁者であるヨシフ・スターリンのそれとよく似ていた。この冷血漢の悪党は、犯罪の世界で身を立てるべく、正教会での自分の未来を捨て去ったのである。

これらのシリーズは断片が残っているだけである。その量は、「サーシカ」よりは「ソンカ」の方が多い。切れ端をつないでまとまりのあるストーリーラインを再現するには十分ではないが、残されたリールのエピソードからは、盗み、武装した強盗、そして火を噴くピストルが過剰なほど多く見てとれる。ソンカは放火魔でもあった。このスリを演じたニーナ・ゴフマンは、役作りのために地元の泥棒に訓練を受けたと証言している。彼女は、あるエピソードのなかで、弁護士役の俳優の懐中時計をまんまと盗んで見せた、と主張した。[107] ゴフマンは、ライバル会社に移ってもう二話を制作したと三〇年後に回想しているが、その物語では、ソンカは貧しい、みじめな老人として死を迎える。[108] まだ見ることができる最後の断片は「探偵ソンカ」である。このなかで彼女はこれまでと立場を変えて、別の犯罪者を逮捕するため警察のために潜入捜査を行なっている。他方、サーシカの運命は不明である。

ソンカとサーシカは、やはり批評家の間に憤激を引き起こした。一九一六年リリースの笑劇に『手先の器用なソンカになりたい』というものがある。実在のソンカが投獄されてから三〇年後に制作されたこの笑劇で、ソンカというスリは大衆文化の中心に立ったと言えるだろう。ソンカとサーシカは、映画自体の文化的水準を下げただけでなく、模倣犯を生み出したと責め立てられる結果になった。一九一五年に二人の男が、売春婦でない普通の女性を夕刻にナンパし、残酷なやり方で殺害するという事件があった。このとき男たちは頭のよい「サーシカ」を弁護して、映画が自分たちの行動を煽り立てたのだと言い張った。[109] こういう主張に陪審員が屈したわけではない。だが業界の関係者は、検閲官から暗黙の脅しがあったために、彼らが制作した作品のなかでもっとも不名誉なものと言うべき、この犯罪シリーズを弁護しなければならないと感じたのだった。[110]

スターたちの肖像

新しいセレブ

映画の制作とその消費がもっとも効率的に結びつくのが、映画のスターである。映画スターとは、スクリーンの上の空想の世界とスクリーンに再現されたと思われている実世界の間の、不分明な領域に住む人間に他ならない。映画俳優の社会的機能を分析したリチャード・ダイヤーは、この人びとは大規模な流通と社会的流動性の上に成り立つ経済のなかから生まれたと考えた。スターは、誰もが同じ条件で平等にアクセスできる存在でなくてはならないからである。(111) 俳優と女優は、観客の抱く主要な社会的・政治的な関心事をスクリーン上で体現できるからこそ、「スター」たりうる。だからこそ、俳優／女優は自らの演じる人物と、スクリーンでの出来事を眺めて想像力を働かせている観客との間に、ある結びつきを作り出す。(112) スターがスタジオ・ビジネスにうまくフィットするのは、スターには「市場に出すことができ」、また売り出すために定型化可能な「明白な特徴」が備わっているからである。(113) 映画スターとは、俳優自身とスタジオ、そして観客の三者の努力が組み合わさってできた製品である。

映画スターが、ロシアで初のセレブリティだったわけではない。しかしそれでも、官製演劇、スポーツ、ナイトクラブでもっとも人気があったパフォーマーと映画スターの間には、規模の相違以上の違いがあった。(114) 映画以外のパフォーマーがたとえば全国ツアーを行なったとしても、映画がもたらす露出度には到底及ばない。しかし、それ以上に重要なことは、空間的な関係を再編する映画のカメラと、プロセニアム・アーチや競技場といった、観客とパフォーマーとの間に距離をつくる他の表現形態との相違である。たしかに本人が直接パフォーマンスする場合、観客は長く拍手をするとか、拍手を拒絶するとかして、演者の行為に加わることはできる。ところが映画の場合には、観客は自分が目にする対象に対して、より個人的な形で同化することが可能である。直接型のパフォーマンスのときよりも、映画の方が距離があるにもかかわらず、である。映画が洗練され、観客の視点をより自由に操作していくようになると、スターはメインの登場人物と観客とのダイナミックな一体化を実現できるようになった。この結果、映画の文化的影響力はさらに強まったのである。(115)

最初期の外国人スター——ランデとニールセン

帝政ロシアにおける最初の真の映画スターは、いずれも外国人で、フランス人の喜劇役者マックス・ランデとデンマークのドラマ女優アスタ・ニールセンであった。この人たちが得た並々ならぬ名声は、西欧で流行ったものをロシア人も好んだ一例として単純に解釈されるべきではない。ランデもニールセンも全ヨーロッパのマーケットで、スーパースターの地位を確立していたからである。ランデは一九一三年にまるで凱旋ツアーのようにロシアの両首都にやってきたが、ニールセンはロシアを訪れファンに接したことはなかった。二人の魅力は、各自が演じた持ち役の味と、新しい技術にふさわしい演技のスタイルをマスターした両者の個人的な技倆に帰せられるだろう。

ランデは、もとはうだつがあがらない舞台俳優で、映画では一九〇五年に端役を演じた。だがその後、一九一〇年頃までに、彼は個性的な人物像を発展させたのである。たとえば、ダンディーだが怠け者のブルジョワで、街区をまたいで都会に大邸宅を構えていたのが零落してしまい、見栄張りの性格でひどい目に合う、といったキャラクターである。同じく重要なことは、この頃には、ランデが新しいメディアのなかで自分の持ち味をいかに表現し演出するかに習熟したことである。彼はショットに工夫を凝らすことで、自分の喜劇役者としての天賦の才を文字どおり構築していった[116]。別の言い方をすると、彼は二つのレベルで一体化を果たしたのである。ひとつは登場人物と一体化すること。この人物の役どころは、観る者の笑いを呼び起こすために、ファンの大多数が住む世界の不安意識を表に引き出すことにある。そしてもうひとつは、観客自身と一体化すること。ここでは、観客を引き込むためのビジュアルの使い方が見どころである[117]。ロシアのA・П・コズロフは、ランデの知名度を利用し、短編映画のシリーズで自分は「マックスの代役」だったと吹聴したが、彼はオリジナルの魅力に遠く及ぶところではない。そして海の向こうでは、多くの批評家がチャーリー・チャップリンのスタイルにランデが影響を与えたことを指摘している。ロシアでこのキャラクターの典型と言えるのは、喜劇『アントーシャ』シリーズのなかのA・フェルトネルである。見た目しっかりした市民だが、自分のごまかしのためにいつもトラブルに見舞われている男、というのがフェルトネルの役どころだった。

アスタ・ニールセンのキャリアもまた、一九一〇年に始まった。彼女もランデと同じくトップスターに登りつめたが、彼女が向かったのはランデとは正反対の文化的方向であった。ランデは変化する社会の明るい側面を再現した。ランデが演じたのは、たとえば、自分の召使に催眠術をかけられて、一時とはいえ自分の生活スタイルを彼に乗っ取られるような、おバカな人物である。これに対してニールセンは、暗い側面を描き出した。一九一一年の『白人奴隷貿易』に見るように、抑圧的な社会のなかで自分の野望の犠牲となる女性を表現したのである。(118) ランデが演じる人物とニールセンが演じる人物の間のこういった印象的な差異は、近代の底流にある性差の緊張を表わしていた。この緊張は女性が公の場に現われる機会が多くなり、男性と平等に公共圏にアクセスする権利をしばしば声高に主張するに至ったことで、高まっていたものだった。ニールセンの小柄な体型と表情豊かな大きな目は、カメラが近づいてクロースアップの映像を撮るとき、彼女の利点となる。彼女は、「新しい女性」が暗示する両性具有性を体現していた。ニールセンは、「流動化する性とエモーショナルな情念の間を自由に行き来し、男性的アイデンティティと女性的アイデンティティという両極の位置関係を不安定にした」(119)。ニールセンがスクリーン上で男性のような服装をするとき、彼女の両性具有的性格は生身の形を取ることになった。彼女はベルナールと同じようにハムレットを演じ、オフィーリアとホレイショ双方を相手に同性愛的な三角関係に陥った。それまでは伝統的に男性のものとされてきた政治的な役割を、彼女の演じた人物が要求している作品もある。だがこのような場合であっても、画面には彼女の両性具有性がほのめかされた。たとえば、『婦人参政権論者』(一九一三年)を観るとよい。あるロシアの批評家は、雄弁に次のように語っている。「アスタの才能は民主的なのだ。控えめな料金で、普通の人びとが偉大な芸術を見ることができる。人びとは映画に向かって拍手をすることはないが、明かりがついたとき、それぞれの目に涙が浮かんでいるのが分かるだろう。それは、彼女の魂を共有した観客の率直な涙なのである」(120)。ニールセンほど活動の幅が広い人物は、映画女優の第一世代としては稀である。彼女がとびぬけて成功した理由は、これで説明できるだろう。ただし残された史料からは、ロシア人観客が彼女のどの役にもっとも強く惹かれたのかは分からない。

国産スターの登場

祖国にスタジオがつくられるにともない、ロシアのプロデューサーは自国のタレントを探す必要に迫られた。当初、名のある舞台俳優は映画を軽蔑していて、映画という新しいメディアには別の演技の様式が必要だという考えを持った者は稀であった。マールイ劇場の有力者であったスムバトフ＝ユジンは、その典型である。彼はオペラ歌手のフョードル・シャリャーピンをスクリーンで観るまでは、映画を芸術として認めることを拒否していた。[121]またベルナールと異なり、サヴィナとエルモロヴァは映画に出演していない。自分役で、一度だけサヴィナがスクリーンに登場しただけである。スムースに転身できたスターはごくわずかだった。ヴァルラモフはマールイ劇場のトップの喜劇役者であるとともに、熱心な映画ファンで、元バレリーナの映画スター、E・A・スミルノヴァと共演して二つのメロドラマを成功させた。この作品を初演した劇場は、上映を伴奏するために雇われた一五人編成のオーケストラを大々的に宣伝した。[122]また、でっぷり太ったレスラーが、リングから移ってきたケースもある。リングで人気の「でぶっちょおじさん」は、『でぶっちょおじさん、田舎別荘のロマンス』（一九一三年）や『でぶっちょおじさん、ルナ・パークにて』（一九一六年）といった数本の話題の喜劇に出演した。さらにプレヴィツカヤとヴァヴィチは、オペレッタで名を馳せたコンサートのスターだったが、映画を通して客層を広げた。

しかし、大多数の映画俳優や映画女優は、舞台のための訓練は受けたが銀幕に運命の導きを感じた、一群のタレントのなかから登場した。オリガ・プレオブラジェンスカヤは、モスクワ芸術座で修業したあと、地方の舞台を去って、スクリーンでキャリアを積み始めた。ここでプレオブラジェンスカヤは、ヴェルビツカヤとナグロツ

54. 喜劇レスラーが喜劇俳優に．『でぶっちょおじさん，ルナ・パークにて』（1916年）

カヤのそれぞれもっとも重要な小説、『幸福への鍵』（一九一三年）および『ディオニッソスの怒り』（一九一四年）でヒロインを演じることになった。スクリーンで若い女性を演じたとき、彼女はすでに三〇歳であった。一九一七年以降は、彼女は第二のキャリアとして監督業に乗り出し、彼女は注目に値する最初の女流監督となった。またロシアでトップの二人の清純派女優、オリガ・グゾフスカヤとリディヤ・コレネヴァは、名高いモスクワ芸術座で学んだことを売りにしていた。こういうプロモーションの仕方は、多くの知識人が蔑視していた映画というメディアに彼女たちが移ることを正当化するための手段だったが、このメディアは二人に夢にも見なかった露出の機会を与える結果となった。[123] それだけではない。映画は多額の金銭ももたらした。グゾフスカヤは一九一五年に二〇〇〇ルーブルで三本の映画の契約にサインしたが、これはサヴィナが全盛期に意のままにした金額を凌いでいる。[124] バレリーナのヴェーラ・カラリも、しばしばダンサーを演じて、映画で素晴ら

55. バレリーナから映画スターとなったヴェーラ・カラリ．『燃え上がる翼』（1915年）

しい成功を収めた。

男性映画スターのなかでは、人びとのロマンチックな憧れを集めたヴラジーミル・マクシーモフが、他の多くの人気男優よりも輝かしい舞台歴を誇っている。彼は法曹界から演劇の世界に転じたため、転職をめぐって家族とひと悶着起こしたあと、マールイ劇場、次いでモスクワ芸術座で仕事をした。他の俳優がまだスクリーンの芸術的価値を疑っていたなか、彼は早くも一九一一年にチマンとレインガルトの間で契約を交わした[125]。ユーリー・ユリエフもマールイ劇場からの移籍組だったが、マクシーモフもユリエフも、ともに舞台の活動も続けた[126]。輝ける二人の大スター、ポロンスキーとアンドレイ・グロモフは、演劇界でかなり地味なキャリアを積んだ後に、映画の世界に入っている。

これらの人気俳優は若く魅力的で、人びとの共感や憧れを掻き立てるには十分であり、それゆえに、スターの世界に簡単に仲間入りできる典型的な人間だった。もとより、美しい容姿や新しいメディアに適応する能力がなかったなら、この人たちがスクリーンのアイドルになることはなかっただろう。だがこの人びとをスターにしたのは、何にもまして彼／彼女らが演じていた役柄であった。この人たちは、物語映画を生み落としたより大きな社会的・イデオロギー的な諸問題を体現していたのである。こういった問題群のなかで、最重要なもののひとつは、ジェンダーの問題、すなわちそれぞれの性に割り振られた異なる社会的役割という問題である。したがって、この時代にもっとも人気のあった二人のロシア人スター、イヴァン・モジューヒンとヴェーラ・ハロードナヤの対照的な姿を分析することで、男女それぞれに与えられたメッセージを明らかにすることができるだろう。

イヴァン・モジューヒン

モジューヒンはペンザの裕福な農民の息子だったが、かつてオストロフスキーがそうだったように、劇場でもっと興味の沸く人生を送ろうと、モスクワ大学を捨てて演劇に身を投じた人間であった。彼は舞台ではそれほど目立ったキャリアはなく、コルシュ劇場を皮切りに地方の劇場を渡り歩いて、映画の世界に入った。[127] 喜劇を演じることもできたが、モジューヒンの十八番は有名な「モジューヒンの涙」を流せるメロドラマである。代表作には、カラリとともに出演した一九一四年の二本のお涙頂戴もの、『菊　あるバレリーナの悲劇』や『覚えている?』がある。彼はハンジョンコフと仕事を始め、ロシア最初の長編映画、『セヴァストポリの防衛』(一九一一年)におけるナポレオン三世で初の大役を得た。モジューヒンは他の歴史ドラマにも出演したが、頻繁に役が回ってきたのは文学を脚色した映画で、それはトルストイの『ハス・ブラート』(一九一三年)からシメリョフの『レストランのボーイ』(一九一二年)まで、多岐にわたる。[訳注10] しかし一九一五年に、モジューヒンはハンジョンコフのもとを離れた。これは、巨額の契約でタレントを引き抜くという、エルモリエフの悪名を馳せた振る舞いのひとつだった。ただモジューヒンは、「役者のための監督」という定評があったプロタザーノフと仕事するため移籍したのだ、と主張している[128]。これについて、あるゴシップ記事の伝えるところでは、彼がハンジョンコフのもとを去ったのは、バウエルが『レディ・キラーのレオン・ドレイ』を撮るにあたって、モジューヒンに希望の役を与えなかったためだという。無力な男はモジューヒンの持ち役であった。だからこういう希望を容れていたなら、バウエルはモジューヒンが自家薬籠のものとしたのと真逆の役を、彼に割り振る羽目に陥っていたろう。バウエルは、これを諾うことができなかったのである。そうであってみれば、このゴシップは真実を衝いていたのかも知れない[129]。プロタザーノフは英雄的で人を引っ張る男の役を当てる代わりに、モジューヒンに精神に致命的欠陥を負った役を演じさせて、すでに十分に弱っていた彼の男らしさに追い打ちをかけた。モジューヒンのもっとも記憶に残る演技と言えば、『スペードの女王』での気が触れた無節操なギャンブラー、『リトル・エリー』（一九一八年）での自滅的な小児性愛の強姦魔、『悪魔の勝利』（一九一七年）における文字どおり取り憑かれた司祭、といったところである。

モジューヒンは、ポロンスキーやマクシーモフと同じスタイルのロマンチックなアイドルではなく、圧倒的に、男性客のためのヒーローであった。モジューヒンが演じる男性の主人公は、愛する者に悲劇が襲いかかったときも、事態を収めて原状を回復する能力がない。これが彼の役の特徴である。モジューヒンが演じる役に妻がいる場合は、『義理の娘の愛人』（一九一二年）のように、自分の父が彼女をレイプするのを認めたり、あるいは『死のなかの生』（一九一四年）のように、自分の妻を殺害して、その死体を愛でたりする。彼は映画の途中で女性を手に入れることもあるが、たいていの場合、ラストシーンまでにその女性を失ってしまう。こういう無力さにおいては、映画を観る側も、彼と似たようなものだった。政治的家父長制への自信はすでに失ったが、さりとてそれに替わるべき、もっと満足のいく何ものかを見いだすことができないといった、そんな社会の無気力を、映画の男性スターたちは体現していたのである。いつも不運な役柄だったランデと彼の後継者である喜劇役者は、

56．ユーリー・ユリエフ．舞台と銀幕の双方のキャリアをもつ数少ない役者

57．イヴァン・モジューヒン．涙で知られる繊細なスター

こういった去勢状態を強調するにはうってつけだった。しかし、こうした状況をシリアスな形で表現されたら、これはあまり笑えない。資本主義は、それが各地で成し遂げてきたと思われるような、リベラルな期待に応えなかった。映画のなかの無数の役に素材を提供してきたロシアの歴史と文化もまた、脚本家に満足のいくような期待を十分に提供するものではなかった。ドラマの最後でロシアの男性スターたちは、女性の被害者となって死んで横たわっていることが多かった。しかるに当の女性と言えば、現実が彼女を抑制することができないがために、自制心を失い、錯乱しているのである。

ヴェーラ・ハロードナヤ

そこで、女性の話に入ることとしよう。ヴェーラ・ハロードナヤは、デンマークのスター、ニールセンに独特の名声を与えた、あの両性具有的特徴こそなかったけれども、ニールセンからファンをもぎ取ってしまうような瞳とため息の持ち主であった。ハロードナヤ現象は、一九一九年にこの女優が二六歳でインフルエンザによって亡くなったため長続きしなかったが、それでも群を抜いて広範囲に文化的なインパクトを与えた。男性／女性の別を問わず、ハロードナヤはロシアのきら星の如きスターのなかでもっとも輝ける存在だったから、スクリーンで彼女が演じる極度に私的なキャラクターでさえ、それは公的な意味合いを帯びた。なぜと言って、彼女のファンが、彼女をとりまく状況に深く自分を投影したためである[130]。ハロードナヤは性差によって観客を分かち、男女のそれぞれに異なるタイプの自己破滅的なメッセージを送って、こうして二つのレベルでアイデンティティの拠りどころをつくり出した。

ハロードナヤを発見したのは、ハンジョンコフ・スタジオの筆頭ライターで、ロシアで最初の職業的な映画理論家でもあったニカンドル・ツルキンである。その前は、彼女はもっぱらアマチュアのプロダクションで演技をしていた[131]。ハロードナヤは弁護士の夫ともども社交界の名士の憧れであり、テニスや自動車レースに興じていた。

58. ヴェーラ・ハロードナヤ．ロシアの夢工房の比類なき産物

だがそれも、夫が第一次世界大戦で徴兵されるまでのことであった。夫がポーランドで重傷を負ったため、彼女は女性五人の家族の大黒柱となり、映画の世界に仕事を求めた。彼女の名前であるハロードナヤ（「冷たさ」を意味する）は、彼女の持ち役に通底する冷淡さを暗示している。この名前が宣伝のためにスタジオが付けた芸名ではなく、本名だったことは、彼女の人生における最大の驚きと言うべきだろう。

ハロードナヤは彼女のせいで多くの男性を死なせることになったが、この男たちはたいていの場合、自分で死を選んだのである。しかし彼女自身は無論のこと、他に誰一人として、男性が自殺へと追い込まれる、こういう状況を解決する力をもたなかった。男たちは、彼女に対して打つ手がなかった。それは、彼女が男を征服しようとしたからではない。逆に、彼女が自分自身をコントロールできないというので、普通は男たちが深入りして、彼女を支配しようとした。男は自分が弱いがゆえに死んだのであり、西欧の映画の堕落したヒロインのように、彼女が男を吸い尽くしたからではなかった。[132]『愛の勝利の歌』（一九一五年）や『深い愛の物語』（一九一五年）といった、ハロードナヤ作品の典型的なタイトルは、ハロードナヤの役柄がもったロマンチックな情熱を際立たせてはいるけれども、彼女を待ち受ける悲劇的結末を正しく伝えてはいない。ハロードナヤの二二本の映画のうち、バウエルが監督して撮ったものは六本にすぎない。しかし、彼女はバウエルともっとも関係が深い。バウエルが彼女を鍛え上げ、そして二人の共同の努力は、古典となった『人生には人生を』に結実したのである。[133]バウエルはセットをデザインし、照明を配置した。ハロードナヤを前景と後景の間で動かし、近距離では深い息をさせ、遠距離では静止させた。そして、彼女の身体を通して、姉の夫と絶とうとして絶てない情事を続ける女性の物語を映し出した。ハロードナヤはこの家の養女で、相手方を務めたのは、媚びへつらうように冷笑するポロンスキーであった。この少女の母親が自分の残された家族を救うためにできたことは、自殺を装ってポロンスキーを殺してしまうことだけだった。

広く配給された彼女の映画のなかには、『ミラージュ』（一九一六年）もある。この映画は、人気作家のリディヤ・チャルスカヤの小説を下敷きに、チャルドゥイニンが監督して、ハンジョンコフ・スタジオで作成された。この映画のなかでハロードナヤは自ら命を絶ち、ラストシーンでは死んで横たわっていた。グロモフとポロンスキーが演じる彼女の二人の恋人は、彼女の魂を二つに裂いて奪い合った。学生役のグロモフは知的な友好関係を保った結婚を望んだが、裕福なポロンスキーは彼女に物をたくさん与えてグロモフから引き離そうとした。ハロードナヤの「ミラージュ」とは白昼夢のことで、二人の恋人の間で揺れるヒロインが唯一逃れることができる幻想の世界だった。自分を救おうとする最後の絶望的な試みとして、彼女はラフマニノヴァ演じる母親に対して、『人生には人生を』のときと同じように、こう書いた。「早く来て。わたし、自分のすることに責任がもてない」。母親が到着したときにはすでに遅く、ハロードナヤは自分の白昼夢の犠牲者として横たわっていた。

鏡としての映画

モジューヒンもハロードナヤも、映画に対して本質的には同じメッセージを残したのだろう。だがそうだとしても、男性と女性で二人を見る眼は異なっていたと考えられる。[134] 多くの場合、観客は自分を同性のスターと重ね合わせるから、異性のスターを逆に客観視するだろう。そして、それぞれの観客は個人のレベルで映画を経験したのだろうが、作中の人物に共感を寄せ自分と一体化できる範囲は、各自の社会的な環境によって限られてこよう。スターたちが具現したさまざまなタイプは、人が認識することのできる社会的な諸関係を類型化して表現したものであった。今あるさまざまな関係性のために窮屈な思いをし、しかし同時に安らぎも感じている人びとにとって、映画は想像力の重要な源泉であった。[135] ショップガールは、基本的には、ハロードナヤのように自分を着飾りたいと思っていたのかも知れない。しかしより深いところでは、彼女たちはハロードナヤの行為について、実にさまざまな形で解釈のできるメッセージを受け取っていたのである。

映画のプロットは、その映画を生んだ社会の物の見方や諸側面を反映している。なればこそ、事態がスクリーンの上で処理される仕方は、起こり得る社会的変化の方向性を暗示していると言えるだろう。このためのひとつの方法は、銀幕の上のあるタイプの行動を称揚したり、逆に罰したりすることである。ロシアの監督がハッピーエンドを拒絶して、破壊的行動に見返りを与え、善を懲らしめたことは、社会の歩む方向に疑問を抱いているからである。ハロードナヤは女性たちに、奔放さは自己実現にとって危険であるだけではなく、それ自身が終末をもたらしかねないことを示した。彼女は男性客を打ちひしいで、家庭のなかに家父長制を布く自信を与えなかった。そしてモジューヒンもまた、彼が堕落しているのか、単に不能であるのかは別として、自分の男性ファンに対して、彼らが自分で運命を切り拓く十分なチャンスを持っていることを示さなかった。自分が大切にする女性を守れなかったモジューヒンは、これと合わせて、家父長制の先行き不安な将来も暗示したのである。

結論

ロシアの映画スタジオは、他の文化圏の観客ならば悪夢だと考えそうな夢を製造した。しかし、バウエルが作りあげた美学的映像から、ドランコフ・シリーズを狂ったように駆け抜ける犯罪者まで、すべてそれらが夢であることに違いはない。だがにもかかわらず、商業的企業としてのロシアのスタジオは、明確な目的をもった破壊的なヒロインを造型することで、商業に対する混乱したメッセージを送った。多くの要因があるが、こういう曖昧な態度は、それらの直接の結果である。たとえば、専制の政治的な脆弱性、文化の商業化に対してインテリゲンツィヤが抱いた良心の呵責、急速な工業化がその結果としてもたらした社会的不安定など。ロシアのサイレント映画は、モダニティに固有の規範を身につけていった女性が、その数を増やしているという事実を示している。ところが、これらの映画の多くが、女性が公的生活に入ることがどれほど複雑なことであるかを、明るみに出したのである。

映画は、それが大衆文化の典型的な産物として定着する以前、その最初期の一〇年間に、自己の正統性を打ち立てすべての人に売り出し、こうすることでその足場を固める必要があった。リャブシンスキーの豪邸にいようが、農民の村にいようが、映画のもたらした変化は大きかった。映画は人びとが知ることのできるものだけでなく、人びとがそれを知るやり方までも変化させた。映画が与えるメッセージが曖昧だったとしても、映画というメディアそれ自体は明解な存在であった。映画は近代技術の典型であり、すべての知的・社会的な相違を越えて、新しい公的空間を切り開いた。映画によって抱擁された近代世界と一緒にやっていけない者は、編集室で切られたフィルムのように、そこに捨てられ取り残されてしまうだろう。

エピローグ

ボリシェヴィキと余暇

一九一七年のボリシェヴィキの勝利で、マルクス主義者は権力を握った。ところが、この政府が目の敵にしたブルジョワジーは、実のところ、政治的な存在というより文化な存在と呼ぶのがよりふさわしいものであった。新しい体制はマルクス主義の理論に固執し、どんな社会であれ、文化は経済的土台から形成され経済的土台を表現するのだから、文化は自律的な領域ではあり得ないと唱えていた。しかし、労働者の名においてボリシェヴィキが権力を手にしたのは、まだブルジョワジーがその歴史的使命を終えてしまう以前だったので、新政権には自己の政治哲学に見合うような経済的土台を大急ぎで組み立てる必要があった。文化戦線でも、ボリシェヴィキは突貫工事の対応を余儀なくされたのである。彼らは国内でも国外でも孤立しており、史的唯物論の「自然な」論理に従って社会的基盤が発展するのを待ってはいられないと気がついた。それでしかるべき経済的土台が完全に整う前に、安普請だが新しいソヴィエト文化を作り上げることにしたのである。

こういうプロセスの一環として、体制は革命国家の政治的・経済的要請に合うように、商業的な余暇のあり方を改変した。本書で論じたさまざまな活動は、一九一七年以降、複雑な運命を辿っている。国家に対する消費者の帰属心を涵養するべく、国はそれぞれの活動を何らかの形で利用した。いったん政府が商業を国有化すると、政府の影響は余暇の構造や内容にも及んだ。しかもそれは、過去に消費者が与えた影響よりも、はるかに直接的な形をとったのである。こういう例をひとつ挙げよう。すべての定期刊行物の出版を国家が担うことになると、専門的で職業的な雑誌にとってきわめて重要であるオープンな対話を、国家は制限するようになった。商業主義は選択の自由に依拠していたが、こういう選択の自由にとっては、政府の介入は桁違いに高くついた。一九三〇年代になって、スターリンの政府は独自の大衆文化（マソヴァヤ・クリトゥーラ）を創出したと吹聴した。だが実際には、大量生産と大量流通の技術を採用しつつも、政府は自分たちの目的に役立つような内容のものを提供したのだった。国家が独占権をもつさまざまな産業のリストのなかに「文化産業」も加えられると、ソヴィエト「文化産業」は、政府のプロデューサーご推奨の価値観を市場に売り込むという重要な能力を鍛えたのである。

余暇の変容――演劇、スポーツ、ツーリズム、レストラン、ナイトライフ、映画

本書で論じたのは、余暇時間での活動のあり方が変わることで、余暇を過ごすロシア人の間に「自己」に関わる新しい感覚が形成されるようになった、ということである。この新しい感覚が、より状況に合うような形でロシア人のパーソナリティを変化させた。帝政ロシアの最後の数十年で、商業文化は政治組織よりも先に近代化しつつあった。このなかで、ツァーリの臣民の多くは、人格的自律と自己流の生き方をいっそう望むようになった。しかし、ボリシェヴィキ体制が実地に移したマルクス主義は、社会主義的な共同性を個人より高い位置に置くものだった。新政府は、誰もが均質な新しい個人、ホモ・ソヴィエティクス、つまり「ソヴィエト的人間」を産出しようとした。この新しい個人の基本的なアイデンティティは、各人の国家に対する関係性によって定められ、その関係性は社会階級に関する語彙で定義された。

ホモ・ソヴィエティクスは、仕事と遊びの双方の産物であるとされた。急速な近代化の必要性はいくつかのパ

ラドックスを生み落したが、そのひとつは、ソヴィエト体制の形成期に、政治的革命家と文化的なアヴァンギャルドの間で親和力が高まったことである。こういう現象が生じたのは、両者のいずれも、資本主義的な消費と結びついたリベラルな個人主義に対して、低い評価しか与えなかったためである。演劇は、政治的判断を基準にしてロシアの未来を文化の面から議論する場へと、ふたたび、そして決定的に変化した。カテリーナ・クラークが指摘したところでは、「インテリたちは、演劇革命を政治革命の助産婦とみなしていた[1]」。演劇は、大衆の参加を拡げていく途方もない可能性を秘めていた。だから自分の階級的なステータスを利用して地方の舞台で主役を得ようと躍起になった自称演劇人たちの活気によって、劇場のなかはむせ返った。[2] 演劇問題を担当するボリシェヴィキ知識人だった教育人民委員アナトーリー・ルナチャルスキーは、同胞たちが事を進めるスピードに震え上がった。しかし、漸進的なプロセスを好んだその彼も、一九二〇年代終わりの文化革命には黙って従う他に術はなかった。社会主義リアリズムのドクトリンが強制され、人をうんざりさせるような文化の政治化が進展したが、演劇の世界で、それを乗り越えて生き延びた者は少なかった。オストロフスキーは、こういう数少ないなかのひとりである。ドブロリューボフ、その他のインテリゲンツィヤたちが彼の戯曲に商人身分への批判を読み取り、オストロフスキーの作品を自分の主張に取り込んだことが、その大きな理由だろう。しかし、オストロフスキーをもう少し丁寧に読むならば、彼の人気が長続きしている別の理由が分かると思う。彼が舞台で提起した社会的・経済的な諸問題はいまだ解決を見ぬままであり、オストロフスキーの戯曲はソヴィエトの観客の琴線に触れたのである。

演劇が個人の表出を制限したのに対して、スポーツは個人の達成した成果を国家権力と直接結びつけて、個人の業績を誉め称えた。一九一七年一二月に起きた陸上トラックのスター、ヴィクトル・コトフの殺人事件は、アスリートの公的役割が今ではどれほど変化したのか示している。コトフが残忍に撲殺されたことに対し、ブルジョワ系の新聞は、ボリシェヴィキが実権を握ってからモスクワには非合理な暴力が氾濫していると仄めかした。

なぜ、そもそも政治家でもないアスリートが殺されたのか、と。[3] 走者の人生を特徴づける克己、節制、規律ある訓練といったものは、今や野蛮の前に敗北しようとしていた。何にもまして、組織だった競争のなかから育まれてきた礼節が、こうした野蛮によって脅かされた。

だが新体制には、組織された運動競技を近代化の原動力としてどう利用できるか、国家権力の体現者としてのスポーツ選手にどう敬意を表わしたらよいかについて、旧体制よりも鋭い嗅覚が備わっていた。内戦期を通じて、主要都市ではサッカー選手権の開催が続いている。一九二〇年に人民委員会議は最初の体育大学を設立し、それによって運動の「教授」たちの積年の主張、すなわち教育とは知育だけでなく体育をも含むという考えを公認した。[4] スポーツは、「文化の武器、教育の手段、大衆の文化的な余暇時間を組織する方法」として、公式に、そして大々的に宣伝された。[5]「アウトロー」なサッカー・スターであったチェスノコフや「ヴァーニャのオヤッさん」自身も含めた多くの選手が、ソヴィエト・ロシアでは高い公的な地位を獲得した。国家はスポーツを個人と社会をつなぐ紐帯とみて活用し、国家が個々の選手のステータスを利用する代わりに、その報酬としてスポーツ選手の社会的・経済的な地位に特権を与えた。こうやって、国家はアスリートを取り込んだのである。

生まれつつあったソヴィエトの観光産業でも、国家の野心と個人の目標との境界線がぼやけていた。公式の観光政策は、団体旅行という資本主義時代の観光戦略をナショナリズムや健康といった積極的言説と結びつけ、過去には休暇を楽しむだけの経済的余裕がなかった多くの者に旅行資金を与えた。かつて、誰がバカンスに出かけ、誰が家に残るかを決めていたのは、市場メカニズムであった。しかし新政府は市場に代わる存在となり、職場の苦役から一時的に逃避する手段を、プロレタリアートの特権として労働者に与えた。それだけではない。依然としてツーリズムは、帝国的征服のためのきわめて効果的な手段であった。ソ連の指導者たちは、後にポストモダンのツーリズム論が発見したものを容易に理解できた。つまり、ツーリズムは境界地域の文化を植民地化するうえで効果的な政治的武器になる、ということである。たとえば、一九二〇年代に創設された労働者観光協会、観光・農業協会、観光・国防協会といった団体からは、政府のある意図が透けて見える。このとき政府はツーリズムを、レクリエーションの手段から、国民を社会主義者として改めて作り直す手段へと変えようとしたのである。結果として、労働者ツーリストは、「新規なもの、文化的なものすべてをソ連邦の隅々にまで伝導していく媒体」となったのだった。(6)

新体制は、さらにもうひとつの新しい政治的課題を推し進めるため、二つの旅行代理店を設立した。ソ連に異なる世界観を持ち込みかねない旅行者から、ロシア人を隔離するという課題である。そこでツーリスト社が国内旅行を規制し、外国からのツーリストにはインツーリスト社が対応した。(7) 革命前にツーリズムを開発した人びとは、国境の内側、すなわち国内旅行においてツーリズムがもつ経済的・政治的価値を重視したが、ツーリスト社はこういう彼らの努力を受け継いだ。これに対してインツーリスト社は、外国人ツーリストのまなざしをコントロールしようと露骨に試み、そして挙句は、ブルデュー言うところの「誤認(メコネサンス)」を大量に積み上げることになった。その結果、外国人ツーリストが旅行を通して見たものと言えば、ソヴィエト国家の「正統性」なる政治的イメージを越えなかった。また、インツーリスト社のおかげで、外国人旅行者は革命前に自分たちの父祖が行なったことを容易に追体験することができた。一方では、旅行者を統制しようというガイドの努力のために抑圧的な世界というオリエンタリズムのステレオタイプが再生産され、他方では、政府が外貨を必要としたため、旅の恥は掻き捨てと言わんばかりのやりたい放題のサブカルチャーが生まれた。安いウォッカが流通していたせいで、西欧人は本国にいれば守ったであろう行動のルールに従うことを、一時棚上げしたのだった。

あらゆる商業的娯楽のなかで、レストランがボリシェヴィキの政策によってもっとも大きい打撃を受けた。それは、レストランがもつ矛盾した性格に起因している。外食産業に存在理由を与えていたのは、公共の場所で私的体験を求めるというパラドックスである。しかしこのパラドックスは、すべての空間が公共のものだと宣言されたとき存在しなくなり、この公式見解が食事を家庭の領域に押し戻すことになった。かつての労働環境は、シメリョフ作品に描かれた不運なウェイターに対する共感を呼んだ。こういう環境は、産業としてのサービスという理念を否定する政策によって、ひっくり返された。革命前にはシメリョフの物語をもとにして四本の月並みな映画がつくられたが〔訳注1〕、そのいずれもがウェイターの悲運の父に光を当てている。しかし、プロタザーノフが一九二七年にリメイク版を制作したとき、彼は話を、搾取された労働者が政治意識を持つに至るという、より挑発的な内容に変えた。

しかし皮肉なことに、今やウェイターは羨望の対象だった。仕事柄、この人びとはソヴィエト国家でもっとも乏しい商品のひとつである食糧と接しているためである。ここで食糧という場合、そこには生存を維持するための食糧もあれば、目で見、舌で味わう悦びとしての食糧もある。また消費には、前者に関わる文字どおりの消費と、基本的欲求を充たすというより欲望を充足させることを目的とした、後者の、比喩的意味の消費もある。レストランにはこの二つを結びつける潜在的な力があるが、ボリシェヴィキは食糧の原則とは愉悦ではなく生存維持だと喝破して、レストランがもったこの潜在力を大きく制限してしまった。レストランは政治的な意味を失うのではなく、新しいヒエラルヒーと公共空間の新しい利用法に従って、改めて政治化されたのである。一九一二年、アメリカ人ツーリストのルース・ケジー・ウッドは、「主要な都市には、非常に多くの大きなレストランがある。これを見ると、ロシア人は家で昼食や夕食をとることがあるのだろうかと考えてしまう」と書きとめた(8)。後年、多くの旅行客が、インツーリスト社の用意した物不足の施設で、まったく逆の疑問を感じたことだろう。いったい外食する者がいるのだろうか、と。ソヴィエト期には、公共の場で食事する文化は、無視できる程度にしか発展しなかった。しかも、この文化はレストランへ行くことができる個人的コネに掛かっていたのであり、本質的には食事を私的な領域に戻すような文化だったのである。

その他の夜の娯楽、とくにナイトクラブは、その典型的なブルジョワ的性格ゆえに当初は攻撃にさらされた(9)。しかし同時に、ソ連の民族政策のおかげで、民族芸術のパフォーマーには、ここで自分たちの文化遺産を保存する新しい機会が与えられた。例として、革命前にもっとも人気を博したジャンルであったジプシー・ロマンスを取ってみよう。イヴァン・ロム＝レベヂェフが書いたジプシー・パフォーマンスに関する自伝的歴史が、こういうコインの裏と表を示している。この本は、ソヴィエト国家に対する批判を公然と活字にできなかった時代に書かれた。ところが叙述の多くの部分は、経済的な不安定を取り除きモスクワ・ロメン劇場の安定した生活を保障してくれた、国の助成に対する心のこもった謝辞である。[10][訳注2] ソヴィエト権力は民族的なアイデンティティに革命前には見られなかった敬意を示したというロム＝レベヂェフの主張は、いささか誇張が過ぎると言えるだろう。しかしより重要なことは、彼の著作が、一九一七年以降に民族芸術のパフォーマーが果たしたきわめて新しい政治的役割を強調していることである。エスニックな諸集団は、今やソヴィエト・ロシアにおける輝かしい多文化主義の象徴であった。観客を前に、彼らは主に自分たちの伝統を演じた。こうすることで新たな大衆消費の対象となったその演目に、「本物」という政治的なお墨付きを与えたのである。しかし、アライナ・レモンがソ連解体後に行なったロメン劇場の研究のなかで論じたように、「この劇場の演目はある社会的関係を表現し生産しているが、そうした諸関係は本来意図されたのと異なった形で現われている」[11]。たしかに、「ソヴィエト民族」とカテゴリー分けされた人びとは、国家が彼らの「本物」度を判定するのに抵抗を続けた。けれども彼らは、現実を逃れて飛翔するような高揚感を、観客に提供することはできなかった。こういう感情こそが、革命前の彼らの先達と観客との間で醸し出された、あの親密な関係の基礎にあったのだが。

国の助成のおかげでナイトライフは安定を得たが、この助成も政治に代えて感傷的なノスタルジーを押し出すという惰性に依りかかっていた。[12] 両首都と他の主要都市では常設のオペレッタ劇場が維持され、オペレッタは帝国全土にわたって広く上演され続けた。オペレッタにはブルジョワの影響が強いという糾弾があったが、真剣には受け止められなかった。一九世紀のブルジョワジーをパロディの素材にすることが、あたかも重要な芸術の形式であるかのようにみなされ、オペレッタは本質的に諷刺的なジャンルなのだと大げさに主張されたのである。

興味深いことだが、ヴァレンチーノフの最後のキャリアはソヴィエト期にも及んでいる。一九二八年に、彼は映画スターのメアリー・ピックフォードを取り上げたオペレッタを書いた〔訳注3〕。一九二〇年代には、この女優はアメリカだけでなく、ソ連でも同じぐらいに人気だったのである。まさにソ連期ならではの話だが、ヴァレンチーノフが断言したところによれば、彼の『メアリー・ピックフォード』は、ロマンチックな不倫話など扱わず、むしろ、アメリカにおける禁酒法時代の偽善を暴いている。不義の関係の出てこないオペレッタなど、まったくの自己矛盾である。ヴァレンチーノフは、肉体的な密通のかわりに退屈な表現を前面に出して、観客を失った。

レストラン文化の衰退は、国が民族芸術の劇場やオペラ劇場のスポンサーになったことと相俟って、エストラーダにマイナスの効果を与えた。バラエティー・ショーはなくなったわけではないけれども、一九六〇年代に入ってテレビが普及を始め、それらが娯楽番組を占拠するようになるまで、限られた会場で演じられただけだった。国は無批判で伝統的な番組制作に固執し、そのことが、パフォーマーに批判的な切れ味を与えていたある種の諷刺的センスを抑制した。しかし検閲自体は新しいものではなく、頭の回転が速く能力ある者は、観客との間で両義的な言葉を共有しながら、パフォーマンスに励んだ。たとえばアルカーヂー・ライキンは、かつてのクプレ芸人の才気あふれる後継者だったが、とりわけ多面的な喜劇的表現で尊敬を集めた(13)。

このように、ライブ・パフォーマンスには、公式の指針の枠を越えるような自発性を生み出す可能性があった。対照的に、映画は行為を固定化した。映画は文化の近代化の縮図であり、観る者を理想のホモ・ソヴィエティクスへと変えていく、高い可能性を秘めた媒体だった。と言うのも、映画はまったく同一の演技を可能な限り広範な観客に見せるという、比類ない能力を持つからである。新政府はこの潜在力を利用することを強く望み、世界の最先端を行く映画産業のひとつを作りあげた。一九二〇年代に新政府は、プロタザーノフなどの革命前からの映画監督、そしてセルゲイ・エイゼンシュタインやレフ・クレショフを先頭とする映画界のアヴァンギャルドを、自分たちの同伴者と認めて、公式に寛容な態度を示した。これによって、新しいテーマだけでなく、観客を集団と一体化させるような革命的な映画の技術も成長した。個人ではなく群集が今や主人公を演じたのだが、なかでも、エイゼンシュテインのパイオニア的作品においてはそうであった。

しかし芸術的な映画は、輸入映画、とくにアメリカ映画に足しげく通うような大衆の好みには合わなかった。[14]一九二八年に、政府は「映画への純粋に文化的なアプローチは正しくないかも知れない」と宣言した。[15]政権はイデオロギーだけでなくチケットも売り込んでいけるような定番を求めており、インテリゲンツィヤがそこでは否定の対象となって、「文化的」という言葉はインテリゲンツィヤを意味する記号として引っ張り出された。文化に対する評価はひっくり返って、集団農場の乳搾り女という新しいタイプの主人公が最後にはハイレベルの満足を得る、といった物語がつくられた。革命前のお針子には、これは許されなかった幸せである。一九一七年以前には、「アンハッピー」なエンディングは、文化的にきわめて重要なものだと考えられていた。それが今では、ハリウッドの定番のストーリーに合わせる形で、別の筋書きへと書き換えられた。映画の表現法は異なっていても、ソ連の夢工房もまた、ブルジョワ・モデルに従ってファンタジーを制作したのである。こういうハッピーエンドの勝利は、ソ連社会のブルジョワ化を予兆させるものだった。

ソ連社会とミドルクラス――ダンハム・テーゼ再考

けれども、ソ連のミドルクラスを待ち受けていたのは、帝政時代のミドルクラスとほとんど変わらぬ運命であった。――消費の習慣があるとの理由で向けられる侮蔑のまなざし、これである。[16]皮肉なことだが、ソ連のミドルクラスには、大きな政治的影響があると目されてきた。ソ連におけるミドルブローの文化について切り込んだ研究者の数は多くはないが、その数少ない一人のヴェーラ・ダンハムは、スターリン主義の成功はこのミドルクラスという社会集団にあると見ている。スターリンが、「生まれて間もないロシアのブルジョワ」に相当する集団と、「持ちつ持たれつの同盟関係に入った」ときに、その権力は確立した、と言うのである。[17]ダンハムは、ミドルクラスとは、スターリンのいう「偉大な事業」に賛同するような人びとだと考えた。彼らは、「物質的な刺激によって裏打ちされたキャリアを欲し」、「イデオロギーやさらなる革命的激変」には興味を持たない[18]。ダンハムがこの本を出したのは一九七六年のことだったが、ここで彼女は、ミドルクラスに対するインテリゲンツィヤ特有の不寛容を図らずも露呈したかに見える。それと言うのも、この社会的カテゴリー、ここではソ連のミドルクラスは、「以前と同じように今日も、粗野で他人を真似たがり、強欲で偏見が溢れるというミドルクラス的メンタリティを示している」とされるから[19]。ダンハムは、消費文化はポスト・スターリン時代の社会を統合しており、それゆえに根本的に政治的だと考えた。ポスト・スターリン期には、「頂点に立つ人びとも底辺に置かれた人びとも、その目的は同一だった。欲望が支配していた[20]」。

一九三〇年代のスターリン時代を論じたシェイラ・フィッツパトリックは、この時期の文化と権力の関係を扱った研究のなかで、ダンハムのテーゼに支持を与えた。彼女は、この時期、ソ連に「ニュー・エリート」が勃興したという。ニュー・エリートとは、古いタイプのインテリゲンツィヤが好んだ学問ではなく、学校で技術教育を受けて育った人びとを指す。そしてフィッツパトリックは、文化における明らかにブルジョワ的な嗜好（テイスト）の発展は、こういうニュー・エリートの勃興と関係があるというのである（もっとも彼女は、ブルジョワという言葉そのものを使うことは拒絶している）。フィッツパトリックの説くところ、ホモ・ソヴィエティクスは、「人生を複雑で憂鬱なものにするよりは、より幸せでより美しいものにする芸術」を望んだのだ[21]。

しかし、このような、ソ連のミドルクラスが奉じる価値観と西欧のミドルクラスが抱く価値観とを一緒にしてしまう傾向は、重大な誤解を招く恐れがある。こういう考え方からは、大衆文化を支えるうえでソ連において国家が果たす役割と、自由主義社会で商業市場が果たす役割の間に、それほど大きな相違は認められない、という結論が引かれかねない。なるほど、話が「テイスト」だけであれば、ソヴィエト国家とブルジョワの市場は、それぞれが自己の利益を追求して陳腐な規格品を生み出すという意味で、比較可能な存在ではある。しかし、主題が単なる「テイスト」以上のものだとすれば、[22] 国家と市場を区別して論じる必要があろう。技術の発展、「大衆」概念の拡張、個々人に新しい表現の仕方を見いだすように求めて止まない状況の出現。――こういう幅広い変化に一人ひとりが適応していく機会を提供できるのは、国の助成ではなく市場の方である。革命前のロシアにおける商業的余暇は、ときに搾取的で反動的であったが、それはまた、帝国の市民が工業化によって引き起こされた社会の再編のあり方を学び、それに適応するための多くの機会を作りだした。たとえば、革命前のツーリストの帝国主義的な目的は、後のソヴィエト国家における「ツーリスト＝活動家」の目的と同じぐらい賞賛に値しないものかも知れないが、両者の使命は明らかに異なる。「帝政期の旅行者（ツァーリスト＝ツーリスト）」は自己の陶冶を目指していた。しかし、ソ連の旅行者は、社会を教化する使命を負わされていた。

余暇、市場、国家

アイデンティティとはもともと多面的で不確定なものであるが、帝政期の「消費者＝ツーリスト」は自分流の生き方を目ざして新しい一歩を踏み出すことで、アイデンティティが持つそのもうひとつの側面を発展させようとした。大衆志向の商業文化は、多元主義を促進する。この多元主義は、文化を享受する消費者が、そこに多様な価値観や期待を持ち込むときに発展する。そのことは、彼らの選択の幅が限られていた場合であっても変わらない。[23] だから、ロシアでは多元主義へのチャンスは、一九一七年より前の方が、その後よりもはるかに大きかった。工業国では、多元主義は近代化の鍵となる要素である。ソヴィエト政権が娯楽を包摂したことで、市民が主体的に経験のできる選択肢は限られてしまい、この多元化のプロセスは抑えられてしまった。つまるところ、帝政末期のロシア人は、後のソヴィエトの子孫よりもはるかに自発的に遊ぶことが可能だった。この事実は重要である。こういう自発性は、何かある特定の政治構造、または経済構造を前提とするものではない。しかし国家が押しつけた一定の枠は、別の文化発展のための可能性を閉ざしてしまう。

この可能性を排除したことがソ連の崩壊にどの程度影響を与えたのかは、まだ十分に研究されていない。しかし、自分探しの可能性に国家がいかなる制限を加えたのかは、どのような分析であれ、その中心に据えられねばならない。こうした研究は、さらに次のような問いを誘発するだろう。国家主導の大衆文化の消費者は、商業市場の消費者と同じく、どの程度まで公式の文化を自分のものとしたのだろうか、と。[24] ソヴィエト国家が啓蒙時代の近代的個人の最新版をどれほど生み出そうとしたところで、それと同時に、この国家は大衆消費の要求を満足させねばならなかった。そして結局のところ、個性の多様化に向けた選択肢を減少させる程度のことしかできなかった。

ポスト・ソヴィエト期の社会におけるコマーシャリズムの興隆は、より民主的な性格を持った政治的価値の勃興という観点から議論されてきた。しかし、民主主義とは市場の機能の一部なのだという西欧の規範的パラダイムは、いまだ実現されていない。私はこの二つを切り離し、それに代わって、ある自律した領域へと発展していく文化の可能性を考えたい。こういう自律した領域のなかでこそ、ロシア人は自国における、あるいは世界における、自らの立ち位置を見究めるための新たな方法を編み出していくことであろう。ポスト・ソヴィエト期の若者の娯楽で顕著な特徴のひとつとなっているのは、ナイトクラブの爆発的な増加である。たしかにエンターテイメントとしては、それはトゥムパコフの事業と比べて、慎ましやかなものである。だがナイトクラブは、ソヴィエト時代にテレビで放映されたエストラーダよりも、はるかにかつてのヘテロトピアなクラブに近く、人びとに開かれた交流と交感の場を提供している。[25] また商業主義は攻撃的な反西欧主義の文化も生み出しており、それは冷戦期に公式に表明されたものよりも、はるかに大きな規模で敵意をまき散らしている。すなわち、選択肢が多元化するほど、自己を表現し自己を実現するための機会も増えるのである。

余暇のあり方は、今後ともより大きな社会全体を象徴する要素であり続けるであろう。それは、余暇を過ごす人びとが依って立つ経済的・政治的基盤と密接に結びついているからである。しかも余暇での活動は、そういった基盤をはるかに越える場を提供する。そこでは、レクリエーションは文字どおり、自己を再生する（リ・クリエイト）可能性を意味するのだ。

訳者解説

開戦から一〇〇年に当たるというので、昨今の欧米のメディアには第一次世界大戦を取り上げる記事が少なくない。この戦争の勃発によってひとつの時代が終わったのだという認識が、改めて確認された恰好である。大戦で終止符を打たれた世紀転換期のヨーロッパが、人びとの感性や知の枠組を大きく変えた文化の変動期であったことは、当時のパリやウィーンを論じた多くの優れた研究がすでに示すとおりである。変化はヨーロッパ全土に及んでおり、これはさらに東のロシア世界にも達していた。新しい波に洗われる帝政末期のロシア文化を多方面から俯瞰してその歴史的意味を尋ねたのが、ここに訳出したルイーズ・マクレイノルズの著作、『〈遊ぶ〉ロシア　帝政末期の余暇と商業文化』（二〇〇三年）である。

帝政末のロシアといえば、一般には戦争と革命で代表される、「政治」の時代である。試みに古典的な概説書、あるいは体系書を眺めてみると、以上の二つとそれに先立つ一八九〇年代の工業化が、世紀転換期を論じる際のレパートリーをなすことが分かる。たとえば、工業化による都市の発展は本書の背景を形作るが、冒頭で著者が強調するとおり、勃興する都市の有産層の動向には、政治史という角度から光をあてるのが常套的な方法だった。

何ゆえロシアのブルジョアジーは、一九一七年の革命時に権力の掌握に失敗したのか、無力なままに終わったのか、と。

文化史という視角からマクレイノルズが見たロシアは、しかし、これとはかなり色調が異なる。彼女の見るところ、世紀転換期のロシアとは、高まる社会的流動性をバックとして、都市のミドルクラスがてんでに「自分探し」を始めた時代である。彼女は余暇に着目し、こういうミドルクラスの「自分探し」を、延いては当時の殷賑を極めた消費文化と都市生活を、さまざまな角度から描写して見せる。競技で名を馳せたアスリートがそこでは映画のスターとなり、給仕がレストランの支配人に、さらにはエンターテイナーの世界を仕切る帝王にまでのし上がる。健康ブームがスポーツ熱を煽り立て、ペテルブルクとモスクワ間の自転車レースが人気を呼んで、時々刻々とその展開が報道される。夜ともなればリングサイドの淑女たちはレスラーの裸身に嬌声をあげ、都人士はサラ・ベルナールの公演やシュトラウス二世の指揮棒を見に殺到する。舶来のフレンチ・カンカンは首都のカフェ・コンセールを席捲し、イエローペーパー伝えるところの痴情の果ての刃傷沙汰は直ちに銀幕に再現された。こうしてエロスとバイオレンスは全国のムービーパレスを奔り抜け、そこから飛び出た模倣犯にはインテリゲンツィヤも官憲も拱手傍観、眉を顰めるばかりである。都会は眠らず、そして休まず、映画のなかには最新鋭の自動車までもが登場する。こういう都市の喧騒が、夙に一九世紀に始まっていたロシアのリゾート開発も支えていた。カフカース各地の温泉郷、黒海沿岸あるいはクリミア半島の保養地など……。

繰り返すが、話の舞台はベル・エポックのパリでもなければ、世紀末のウィーンでも、ましてやギャッピー時代のニューヨークでもない。本書が扱う百貨輻輳するこの都会は、ディアギレフやラフマニノフが歩いたペテルブルクやモスクワである。

この既視感は、何処に由来するのだろうか。マクレイノルズは世紀転換期のロシアとヨーロッパに通有する共時性、人の移動、物の流れ、情報の伝達が飛躍的に拡大し体験が共有されたことに因る、人の横断的な同時代感覚に注目している。たしかに、ディアギレフの例を引くまでもなく、世紀末ヨーロッパの文化にはロシアの翳がちらついている。卑近な例をもう一つ挙げれば、調性を破壊したシェーンベルクの傍らには、モスクワから来たカンディンスキーが良き理解者として寄り添っていた。また逆に、ロシアが西欧を身近に捉えたケースとして、本書にはアンナ・ジュディックの定期的なロシア興行、オッフェンバックのオペレッタやアメリカ発のポピュラーソング「タララ・ブーム・デイ」の大流行、銀幕のスター、マックス・ランデやアニタ・ニールセンに群がるロシア人ファンといった興味深いエピソードが並んでいる。水平的で同時代的な相の下に転換期のロシアを眺める姿勢は本書の特徴の一つであり、カルチュラル・スタディーズの方法論をそのままロシアに適用して帝政末の文化変容の意味を尋ねる著者の手法も、ロシアとヨーロッパの間にある共時性ないしは共通性を分析の前提とするからに他ならない。

マクレイノルズが本書において取り上げる余暇は、観劇、スポーツ、ツーリズム、そしてナイトライフと映画である。ここには都市風俗のオムニバス的趣があるが、無論、単なる帝政末期の都市風物の再現を本書は目指したわけではない。イントロダクションが断るように、カルチュラル・スタディーズに学ぶ者として、「商品化や大規模な流通現象に内在する政治」は著者の中心的な関心事である。この問いが余暇の分析と結びつくのは、人が政治と主体的に関わっていこうとする意識は、自らを如何なる者と捉えるかという自己認識のあり方と深く関係するからである。そしてまた、余暇が自己を再生する試みである以上は、そのようなお仕着せでないアイデンティティを求める姿勢は、畢竟、自分の好みに合った各様の余暇の過ごし方、余暇の時間の組み立て方に投影されるだろう。そこでミドルクラスの政治的無力を言う前に、まずはこの人々の余暇のあり方を見る必要がある。

多様な余暇を確保する上で、決定的に重要なのは「市場」である。市場は人の需要に合わせて多彩な選択肢を提供し、これを通じて多元主義への途を開く。洵に、「大衆志向の商業文化は多元主義を促進する」。それゆえに、

「ロシアでは多元主義へのチャンスは一九一七年より前の方が、その後よりもはるかに大きかった」。なぜならば、「帝政末期のロシア人は、後のソヴィエトの子孫よりもはるかに自発的に遊ぶことが可能だった」から。国家が娯楽を包摂したことで、ソヴィエト時代は人々の手にするオプションが先細ってしまったのである。

マクレイノルズは以上のような見通しに立って、一九世紀後半を起点にミドルクラスの余暇の変遷を辿っている。語り始めは、国家独占の廃止によって、余暇の商業化に向けた最初の一歩がこの分野から踏み出された演劇である。参照軸にサルドゥを初めとする同時代の「ブルジョア演劇」を置くマクレイノルズは、まず「芸術をビジネスとして成立させた」オストロフスキーを再発掘し（第一章）、次いで国の公演独占体制が崩れた後の民間商業演劇の隆盛をトレースする（第二章）。これは、通説的な叙述とは一味違う、ユニークなロシア演劇史である。

続く第三章が扱うのは、二〇世紀初頭には「ロシア社会の各層で生活の一部となっていた」と言われるスポーツである。観戦型スポーツの代表格、競馬やレスリングが博した人気、民間のスポーツ・クラブ（ヴォランタリー・アソシエーション）の急成長、こうしたクラブを母体に発展したロシア・サッカーの事始めなど、種々のトピックが並んでいる。キーワードはここでも「興行」、すなわちスポーツの商業化で、著者は身分制度の弛緩にともなうスポーツの「国民化」もしくは「民主化」現象に注目している。

この問題に異なる視角から切り込んだのが、「女優とレスラー」と題された第四章である。芸能界とスポーツ界は人気と実力が物を言う世界で、この点は帝政時代のロシアといえども例外ではない。サヴィナとポドドゥブヌイというロシア社会の底辺から姿を見せた二人のスターに、マクレイノルズはこの時代のジェンダー観が体現されていると言う。

スターという人の垂直移動を議論したのが第四章であったとすれば、第五章ではツアーという人の水平移動が焦点となる。一九世紀後半はヨーロッパ・ロシアで鉄道建設が進むとともに、カフカースの平定と中央アジアの併合、そして清や日本との条約を経て、ロシア帝国の版図が最終的に固まった時期であった。商業化した旅、すなわち観光産業は、こういった与件に支えられて、まさにこの時期に確立した。観光旅行がロシアの帝国的膨張を日常の次元にまで押し拡げたという著者の指摘は、クリミア半島とロシアの関係を考えるとき示唆するものがある。

以上に続く三つの章では、舞台は再び都会に戻って、都市のナイトライフが扱われている。第六章は都会の夜の主役となったレストランとナイトクラブの発達史で、「公共の場での私的な食事」を特徴とするレストランがプライバシーの観念を育んだこと、「カネ」を基準に全ての物事が動くという、これまでにない価値観にナイトクラブが立っていたことが示される。第七章はそのナイトクラブの出し物の話で、ボードビルやクプレといった大衆芸能の分析を通じて、「笑い」の背後に潜んでいるジェンダー観やエスニシティ像が検討される。そして最後の第八章では、二〇世紀の初頭における新しい娯楽、すなわち映画産業のロシアにおける歩みについて、目配りの利いた叙述が行なわれている。マクレイノルズはここで再びスターの肖像に目を向けて、そこに「男らしさ」や「女らしさ」のアイデンティティの危機を読み取り、時代の不安を浮き彫りにした。

以上が本書の梗概であるが、巻末の文献解題からも分かるとおり、ここで拾われた一つ一つの余暇については、濃淡の差はあるけれども、過去にも議論があるものである。しかし、これらの先行研究を撚り合わせてひとつのタペストリーを織り上げたのは、やはりマクレイノルズの力量だろう。もとより、本書の読み方はさまざまでよい。タペストリーの全体と言わず、各章で描かれた細部に〈遊んで〉、そこに所引の文献から個々の論点のブラシュアップを図るのもひとつの手である。著者の枠組に理論的関心を持たれる向きには、果たして市場は本当に余暇に多様なオプションを与えるのかと、ホルクハイマー／アドルノ的な、あるいは本書の口吻をなぞるならばロシアのインテリゲンツィヤ風の、問いを立ててもよいだろう（第六章の末尾には、簡単ながらもこれに対するマクレイノルズの答えがある）。さらに「自分探し」と消費文化というテーマでは、ファッションあるいは広告といった、この著作では素通りされた新しいトピックを追加することも考えられよう（近年はこれらについても研究がある）。他にも本書が所与の前提としている舞台の書き割り、つまりは帝政末期の都市景観や都市の生活環境を形作った有形無形のインフラについて――住宅、道路、交通、衛生、建築、土地利用、都市計画、都市の行財政や都市型紛争の処理システムといった、都市基盤の整備に関わる諸々の主題が立ち上がるだろう――、立ち止まり考え直すのも必要かも知れない。いずれにしても、訳者としては、本書が読む者の種々の関心を誘発する問題提起の書であればよいと思っている。

　著者のルイーズ・マクレイノルズは一九五二年の生まれで、ダラスのメソジスト大学でジャーナリズムを学び、卒業後は専攻をロシア史に転じて、一九八四年にシカゴ大学から学位を得た。その後はハワイ大学、そして二〇〇六年からはノース・カロライナ大学で教鞭を取って、現在に至っている。市場（商業、流通）に対する関心は研究の当初から一貫していて、この点は処女作『ロシア旧体制下のニュース報道』(Louise McReynolds, *The News Under Russia's Old Regime: The Development of a Mass-Circulation Press.* New Jersey: Princeton University Press, 1991) でも確認することができる。これは本書と同じく「大改革」後のロシアを対象としたモノグラフで、一九世紀後半になって、不特定多数の読み手に向けて街頭で売られるハンディで廉価な新聞が、インテリ層の予約講読に立脚した総合的な論壇誌（いわゆる「厚い雑誌」）に取って代わって台頭する様を、多角的に跡づけている。この研究はロシアの出版研究を従来の検閲史から数歩も進めて、ジャーナリズム史を開拓した記念碑的な著作となった。

　これに続いてマクレイノルズは、本書の文献解題にあるように、ミドルブローの文化に対する関心を掘り下げ、立て続けに三つの仕事を世に問うた。翻訳『ディオニッソスの怒り』(Evdokia Nagrodskaia, *The Wrath of Dionysus: A Novel,* trans. Louise McReynolds. Bloomington: Indiana University Press, 1997)、ジェームズ・フォン・ジェルダーンと共編したアンソロジー『ツァーリ・ロシアのエンターテイメント』(James von Geldern and Louise McReynolds, eds., *Entertaining Tsarist Russia. Talks, Songs, Plays, Movies, Jokes, Ads and Images from Russian Urban Life*, 1779–1917. Bloomington: Indiana Uni. Press, 1998)、そしてジョアン・ノイバーガーとの共編になる論文集『人生の模倣——ロシア・メロドラマの二世紀』(Louise McReynolds and Joan Neuberger, eds., *Imitations of Life. Two Centuries of Melodrama in Russia.* Durham & London: Duke University Press, 2002)である。『ディオニッソスの怒り』は一九一〇年に刊行されたエヴドキア・ナグロツカヤのベストセラーで、本書第八章が述べるように、これは一九一四年に映画化された。次の浩瀚なアンソロジーは本書のいわば姉妹編で、『緑林のチュルキン』などここで論じた大衆小説の抜粋を収め、付録のCDが第七章で論及された歌手の肉声を収録している。またノイバーガーとの論文集は、特に本書の第二章や第七章、第八章と相互補完の関係に立ち、そこで取り上げられた論点については、昨年刊行されたマクレイノルズの最新作『よくあるロシアの殺し——帝政末期における本当の罪と罰』(Louise McReynolds, *Murder Most Russian. True Crime and Punishment in Late Imperial Russia.* Ithaca: Cornell Univ. Press, 2013)のなかで、さらに思索が掘り下げられている。

一読されれば分かるように、本書は学術書としてはかなり破格なスタイルである。オールドファンであるならば、ブレシュコ＝ブレシュコフスカヤという独特な響きを持った複合姓の革命家がここに現れていることに、ある種の感慨を覚えるであろう。こういう郷愁を呼ぶ名前が、ベルリッツ語学校やマイク・タイソン、あるいはアダム・サンドラーなど、現代のアメリカ文化を彩る諸タームとほとんど無造作に並存している。それだけではない。本書のなかには、サルトルやボーヴォワールが根城としていたカフェ・ドゥマゴまで登場する。明らかに、著者は書きながら〈遊んで〉おり、謝辞では欧米のロシア文化史研究の大御所だったリチャード・スタイツらの研究者仲間を「わが常連の容疑者たち（ユージュアル・サスペクツ）」と一括するなど、およそ謝辞らしからぬ書き方をしている。さらにアメリカの読者であれば思わず笑みが零れるような、ウィットに富んだ言い回しもまた少なくない。書く文章も、次々と脳裏に浮かぶイメージを消えないうちに書きとどめようと焦るかのような、独特な文体である。

正直なところ、こうして縦横に跳ね回る著者の感性についていくのは、訳者にとって大変に至難の業であった。原文が透けて見えるような翻訳調にはしないこと、このために敢えて砕けた表現も辞さないことは、翻訳にあたって訳者の間の了解事項であったものの、原文のポップな感覚をどこまで日本語に置き換えることができたかとなると心許ない。著者と一緒に〈遊ぶ〉積もりが、振り回されて弄ばれたというところだろうか。

感性豊かな書き手にとっては付き物であるが、本書に出てくる作品タイトル、出版年、あるいは人名表記に関して誤記が散見されたことも、弾けるような文体以上に厄介なことであった。当初はこれらを逐一訳注で指摘することを考えたが、煩瑣になるので最終的には断念し、全てを訳者の責任において本文中で正すことにした。しかし訳者の浅学ゆえに、慮外の誤りがなお残るであろう。読者の寛恕と、何よりも叱正を乞いたいと思う。

翻訳の企画が立ち上がったのは、二〇〇八年のことであったかと記憶している。当時、偶さか訳者の間で、近年出された研究の中で何か面白いものはないだろうかと話になり、本書を取り上げてみることになった。『ロシア旧体制下のニュース報道』は刺激的な著作であったし、故スタイツが先鞭を付けたアメリカのロシア文化史研究の蓄積が、知る人ぞ知るの存在に止まっていることも、残念なように思われた。しかし訳出に着手した最大の理由は、肩の力を抜いた低い目線から伸びやかに物事を捉えようとする、マクレイノルズの気取らぬ姿勢にあったように思う。翻訳の分担は、イントロダクションおよび第三章〜第五章が田中、第一章〜第二章および文献解題が巽、謝辞および第六章〜第七章が高橋、そして第八章とエピローグが青島である。また草稿の全体にわたって高橋が朱を入れ、表記や文体の統一に努めた他、訳注や索引を作成した。なお翻訳の途次で生じた疑義については、訳稿が確定した段階で著者に対して照会を行ない、その指示を仰いでいる。マクレイノルズ教授には、感謝の言葉もない。

六年越しの試みとなった本書が漸く刊行に漕ぎ着けたのは、この三月に法政大学出版局を退職された勝康裕、そして仕事を引き継がれた前田晃一両氏の常に変わらぬ慈愛に満ちた励ましがあったればこそである。仕事の完成を辛抱強く待ち続けた二人の編集者に、心からお礼申し上げたい。

二〇一四年五月

訳者の一人として　高橋一彦

訳者紹介

高橋一彦（たかはし・かずひこ．謝辞，第 6 章，第 7 章）
神戸市外国語大学外国語学部准教授．近代法史．『帝政ロシア司法制度史研究――司法改革とその時代』（名古屋大学出版会，2001 年）．

田中良英（たなか・よしひで．イントロダクション，第 3 章，第 4 章，第 5 章）
宮城教育大学准教授．ロシア近世史．『エカチェリーナ 2 世とその時代』（東洋書店，2009 年）．

巽由樹子（たつみ・ゆきこ．第 1 章，第 2 章，文献解題）
東京外国語大学大学院総合国際学研究院専任講師．近代ロシア出版史．「近代ロシア社会とツァーリ表象――絵入り雑誌王室記事の分析を中心に」『史学雑誌』118 巻 9 号，2009 年．

青島陽子（あおしま・ようこ．第 8 章，エピローグ）
神戸大学大学院国際文化学研究科講師．近現代ロシア史．「大改革とグラスノスチ」中嶋毅（編）『新史料で読むロシア史』（山川出版社，2013 年）．

著者紹介

ルイーズ・マクレイノルズ（Louise McReynolds）

1952年生まれ．ダラスのメソジスト大学でジャーナリズムを学び，卒業後はロシア史に転じて，1984年にシカゴ大学から学位を得た．その後はハワイ大学，そして2006年からはノース・カロライナ大学で教鞭を取って，現在に至っている．近代ロシアのジャーナリズム史，文化史を専攻．著書に『ロシア旧体制下のニュース報道』（Louise McReynolds, *The News Under Russia's Old Regime: The Development of a Mass-Circulation Press*. New Jersey: Princeton University Press, 1991），本書『〈遊ぶ〉ロシア――帝政末期の余暇と商業文化』（Louise McReynolds, *Russia at Play. Leisure Activities at the End of the Tsarist Era*. Ithaca and London: Cornell University Press, 2003），および『よくあるロシアの殺し――帝政末期における本当の罪と罰』（Louise McReynolds, *Murder Most Russian. True Crime and Punishment in Late Imperial Russia*. Ithaca: Cornell University. Press, 2013）がある．他に翻訳『ディオニッソスの怒り』（Evdokia Nagrodskaia, *The Wrath of Dionysus: A Novel*. trans. Louise McReynolds, Bloomington: Indiana University Press, 1997），ジェームズ・フォン・ジェルダーンと共編したアンソロジー『ツァーリ・ロシアのエンターテイメント』（James von Geldern and Louise McReynolds, eds., *Entertaining Tsarist Russia. Talks, Songs, Plays, Movies, Jokes, Ads and Images from Russian Urban Life, 1779–1917*. Bloomington: Indiana University Press, 1998），ジョアン・ノイバーガーとの共編になる論文集『人生の模倣――ロシア・メロドラマの2世紀』（Louise McReynolds and Joan Neuberger, eds., *Imitations of Life. Two Centuries of Melodrama in Russia*. Durham & London: Duke Univ. Press, 2002）がある．

〈遊ぶ〉ロシア
帝政末期の余暇と商業文化

2014年10月30日　初版第1刷発行

著　者　ルイーズ・マクレイノルズ
訳　者　高橋一彦・田中良英・巽由樹子・青島陽子
発行所　一般財団法人 法政大学出版局
〒102-0071 東京都千代田区富士見2-17-1
電話03（5214）5540／振替00160-6-95814
製版・印刷　三和印刷／製本　誠製本
装幀　奥定泰之

ISBN 978-4-588-37121-9　Printed in Japan

索引

・人名

（原書で人物名が通名，筆名，芸名で記載されている場合は，特に断りのない限りこちらの方で項目を挙げ，「⇒」の後に名，氏の順で本名を記した．）

ア行

アヴェルチェンコ，アルカーヂー・チモフェーヴィチ（1881–1925）——287
アトラス，チャールズ（1892–1972）——170, (50)
アヴヂェーエフ＝ブラツェリ，フセヴォロド・ニコラエヴィチ（?–1932）——182
アブラモヴァ，マリヤ・モリツェヴナ（1865–1892）——56
アベルク，アレクサンドル（1881–1920）——175
アムフィテアトロフ，アレクサンドル・ヴァレンチノヴィチ（1862–1938）——118, 346
アモリ伯⇒イッポリート・ペトロヴィチ・ラップゴフ（1860–1918）——265, 266, 345, (65), (79)
アリャーベフ，アレクサンドル・アレクサンドロヴィチ（1787–1851）——296
アルジャー，ホレイショ（1832–1899）——194, (52)
アルツィバーシェフ，ミハイル・ペトロヴィチ（1878–1927）——346, (80)
アルドリッジ，イーラ（1807–1867）——277, (69)
アルファルファ⇒カール・スウィツァー（1927–1959）——329
アレクサンドラ・フョードロヴナ（1798–1860）——21
アレクサンドル1世（1777–1825. 在位 1801–1825）——20, 21, 99
アレクサンドル2世（1818–1881. 在位 1855–1881）——22, 48, 99, 100, 105, 318, (42), (77)
アレクサンドル3世（1845–1894. 在位 1881–1894）——76, 77, 101, 121, 189, 279, 319, 320, (32)
アレクサンドロフ，ヴラジーミル・アレクサンドロヴィチ（1856–1918 以降）——80, 84
アレクセイ帝（1629–1676. 在位 1645–1676）——18, 19
アレクセーエフ，ニコライ・アレクサンドロヴィチ（1852–1893）——101, 102
アレクセーエフ＝ヤコヴレフ，アレクセイ・ヤコヴレヴィチ（1850–1939）——252
アンドレーエフ，レオニード・ニコラエヴィチ（1871–1919）——90, 159, 173, 265, 345
アンナ1世（1693–1740. 在位 1730–1740）——19, 99, 252
イヴァーノフ，レフ・リボヴィチ（1862–1927 以降）——86
イヴァン3世（1440–1505. 在位 1462–1505）——99
イプセン，ヘンリック（1828–1906）——68, 185
イリオドル⇒セルゲイ・ミハイロヴィチ・トルファノフ（1880–1952）——176, (51)
ヴァヴィチ，ミハイル・イヴァノヴィチ（1881–1930）——281, 305, 307, 371, (72), (73)
ヴァルツ，カルル・フョードロヴィチ（1846–1929）——278, 282
ヴァルラモフ，アレクサンドル・エゴーロヴィチ（1801–1848）——296, 298

ヴァルラモフ，コンスタンチン・アレクサンドロヴィチ（1848–1915）――60, 63, 228, 284, 302, 371, (30)
ヴァレンチーノフ，ヴァレンチン・ペトロヴィチ（1871–1929）――303, 304, 306, 322, 323, 392
ヴァンカ・カイン（1718–1756 以降）――181
ヴィシュネフスキー，ヴェニアミン・エヴゲニエヴィチ（1898–1952）――343, (78), (79), (85)
ウィッテ，セルゲイ・ユリエヴィチ（1849–1915）――88-90, (33)
ヴェーバーとフィールズ⇒ジョゼフ・ウェーバー（1867–1942）／リュー・フィールズ（1867–1941）――321, (77)
ヴェルシニン，アレクセイ・プラトノヴィチ（1871–1933）――81
ヴェルチンスキー，アレクサンドル・ニコラエヴィチ（1889–1957）――287, 314, 315
ヴェルヌ，ジュール（1828–1905）――281
ヴェルビツカヤ，アナスタシア・アレクセーエヴナ（1861–1928）――346, 347, 356, 362, 371, (80)
ヴォルコフ，フョードル・グリゴリエヴィチ（1729–1763）――26
ヴォルテール（1694–1778）――(25)
ヴォロンツォフ，ミハイル・セミョーノヴィチ（1782–1856）――224
ヴォロンツォフ＝ダシコフ，イラリオン・イヴァノヴィチ（1837–1916）――101, (29)
ウッド，ルース・ケジー（生没年不詳）――240, 241, 390, (54)
ウトチュキン，セルゲイ・イサエヴィチ（1876–1916）――124, 176
ウベイコ，ユーリー・ヴラジーミロヴィチ（1874–1920）――329, (77)
ヴャリツェヴァ，アナスターシャ・ドミトリエヴナ（1871–1913）――280, 307, 308, 312, 330
ヴラジーミル・アレクサンドロヴィチ大公（1847–1909）――173
エイゼンシュタイン，セルゲイ・ミハイロヴィチ（1898–1948）――392
エヴレイノフ，ニコライ・ニコラエヴィチ（1879–1953）――286, (70)
エカテリーナ 2 世（1729–1796. 在位 1762–1796）――19, 20, 99, 200, (24)
エガレフ，ヴァシーリー・ニキーチチ（1826–1897）――272-274
エゴーロフ，ヴラジーミル・エヴゲニエヴィチ（1878–1960）――362
エジソン，トーマス（1847–1931）――333, 338
エリザヴェータ 1 世（1709–1762. 在位 1741–1762）――19
エルモリエフ，ヨシフ・ニコラエヴィチ（1889–1962）――353, 357, 358, 361, 362, 374
エルモロヴァ，マリヤ・ニコラエヴナ（1853–1928）――60, 62, 64, 71, 80, 84, 152, 153, 158, 160, 280, 318, 371, (30), (43)
オークレイ，アニー（1860–1926）――136, (41)
オジェ，エミール（1820–1889）――35
オストロフスキー，アレクサンドル・ニコラエヴィチ（1823–1886）――13, 22, 33, 34, 36-48, 50-53, 63, 67, 68, 75, 80, 82, 83, 91, 151, 152, 162, 164, 277, 281, 285, 374, 387, (27), (28), (29), (91)

オッフェンバック，ジャック（1819–1890）——281, 300, 302, 303, (72), (75), (76)
オーモン，シャルル（生没年不詳）——283, (84)
オールビー2世，エドワード・フランクリン（1857–1930）——291, (75)
オリガ大公女（1882–1960）——20, 67
オリデンブルク，アレクサンドル・ペトロヴィチ（1844–1932）——226
オルロヴァ＝サヴィナ，プラスコヴィヤ・イヴァノヴナ（1815–1910）——(24)

カ行

カサノヴァ，ジャコモ（1725–1798）——242, (61)
ガッケンシュミット，ゲオルク（ハッケンシュミット，ジョージ）（1877–1968）——113, 175, (51)
カドミナ，エヴラリヤ・パヴロヴナ（1853–1881）——(45)
カラトゥイギン，ヴァシーリー・アンドレーエヴィチ（1802–1853）——27, 28, 58, 60, (26)
カラムジン，ニコライ・ミハイロヴィチ（1766–1826）——73, 203, 204, 206, 207, 221, (54), (91)
カラリ，ヴェーラ・アレクセーエヴナ（1889–1972）——347, 372-374
ガーリック，デヴィッド（1717–1779）——25, (25), (29)
ガリンスキー，アレクサンドル（生没年不詳）——193, 195
ガルディン，ヴラジーミル・ロスチスラヴォヴィチ（1877–1965）——342, 363
カルデロン，ペドロ（1600–1681）——18
ガルニチ＝ガルニツキー，エヴゲニー・フョードロヴィチ（1862–1936）——173
カルポフ，エヴチーヒー・パヴロヴィチ（1857–1926）——70
カールマン，イムレ（1882–1953）——303
カーレイ，ジャック（1876–1937）——177, (51)
ガン，アドルフ・フョードロヴィチ（1832–1914）——228
キスチェル，ミハイル・オットーノヴィチ（1867–?）——(46)
キュイ，ツェーザリ・アントーノヴィチ（1835–1918）——295, 296, (71)
キュスティーヌ，アストルフ・ド（1790–1857）——236, 237
ギリャロフスキー，ヴラジーミル・アレクセーエヴィチ（1853–1935）——280
クイーンズベリー侯爵（第9代．ダグラス，ジョン，1844–1900）——174
クーゲル，アレクサンドル・ラファイロヴィチ（1864–1928）——31
クーコリニク，ネストル・ヴァシーリエヴィチ（1809–1868）——24
クズネツォフ，エウゲニー・ミハイロヴィチ（1899–1958）——318-320, (74)
クセニヤ大公女（1875–1960）——121, 122
グゾフスカヤ，オリガ・ヴラジーミロヴナ（1883–1962）——372
グチコフ，アレクサンドル・イヴァノヴィチ（1862–1936）——324
クック，トーマス（1808–1892）——210-212, 217, (52), (55), (62)
グネーディチ，ピョートル・ペトロヴィチ（1855–1925）——70
クプリーン，アレクサンドル・イヴァノヴィチ（1870–1938）——176, 185, 186, 310, 345,

346, (47), (48), (51), (52), (84)
クーベルタン, ピエール・ド (1863–1937) ——137, 138
クラエフスキー, ヴラジスラフ・フランツェヴィチ (1841–1901) ——110, 112-114, 118, 174-176, (46)
クラニフフェリド, ヴラジーミル・パヴロヴィチ (1865–?) ——(86)
グラノフスカヤ, エレーナ・マヴリキエヴナ (1877–1968) ——307
クラフチェンコ, アレクセイ・イリイチ (1889–1940) ——181
グリフィス, デヴィッド・ウォーク (1875–1948) ——340, (87)
グリボエードフ, アレクサンドル・セルゲーヴィチ (1795–1829) ——24, 29, 31, 32, 55, (25)
グリンカ, ミハイル・イヴァノヴィチ (1804–1857) ——31, 295
クルィロフ, イヴァン・アンドレエーヴィチ (1769–1844) ——30
クルィロフ, ヴィクトル・アレクサンドロヴィチ (1838–1908) ——70, 74-76, 80, 159, 160, 296, 300, 302, 303, (32)
グレゴリー, イオアン (グレゴリー, ヨハン) (1631–1675) ——18
クレショフ, レフ・ヴラジーミロヴィチ (1899–1970) ——392
クレストヴニコヴァ, ユリヤ・チモフェーエヴナ (1858–1920) ——218
グレビョンカ, エヴゲニー・パヴロヴィチ (フレビンカ, イェウヘン・パヴロヴィチ) (1812–1848) ——311, 337
クロチキン, ヴァシーリー・ステパーノヴィチ (1831–1875) ——318
グロモフ, アンドレイ・アントーノヴィチ (1887–1922) ——373, 381
ゲオルギー大公 (1871–1899) ——222
ケナン, ジョージ (1845–1924) ——236, 237, (60)
ゲラコフ, ガヴリール・ヴァシリエヴィチ (1785–1838) ——207, (55)
ケレンスキー, アレクサンドル・フョードロヴィチ (1881–1970) ——(48)
ゴーゴリ, ニコライ・ヴァシリエヴィチ (1809–1852) ——32, 55, 281, 306, (27)
コシオール, スタニスラフ・ヴィケンティエヴィチ (1889–1939) ——(86)
コズロフスカヤ, ファニ・フョードロヴナ (1850–1878) ——(30)
コックス, ウィリアム (1747–1828) ——(60)
コナン・ドイル, アーサー (1859–1830) ——174
コーニ, アナトーリー・フョードロヴィチ (1844–1927) ——102
ゴフマン, ニーナ (生没年不詳) ——366, 367, (83)
コミッサルジェフスカヤ, ヴェーラ・フョードロヴナ (1864–1910) ——(30)
ゴーモン, レオン (1864–1946) ——356, (84)
ゴーリキー, マクシム (1836–1936) ——83, 177, 181, 345, 361, (82)
コルィシュコ, ヨシフ・ヨシフォヴィチ (1861–1938) ——87-90, (33)
コルシュ, フョードル・アダモヴィチ (1852–1923) ——67-69, 72-74, (31)
ゴレヴァ, エリザヴェータ・ニコラエヴナ (1859–1917) ——56
コレネヴァ, リディヤ・ミハイロヴナ (1885–1982) ——360, 372
ゴロヴィン, エヴゲニー・アレクサンドロヴィチ (1782–1858) ——222

コンシン，ニコライ・ニコラエヴィチ（1831–1918）——131, (39)

サ行

ザイキン，イヴァン・ミハイロヴィチ（1880–1948）——174, 176, 177, 185, (47), (91)
サヴィナ，マリヤ・ガヴリロヴナ（1854–1915）——60, 62, 71, 145-166, 168, 170, 184, 191-194, 228, 274, 277, 280, 302, 371, 372, (28), (30), (33), (43)-(45), (91)
サドフスキー，プロフ・ミハイロヴィチ（1818–1872）——43, 46, 47, 58, (28)
サブーロフ，シモン・フョードロヴィチ（1868–1929）——286, (67), (70)
サルトゥイコフ＝シチェドリン，ニコライ（1826–1889）——(26), (90)
サルドゥ，ヴィクトリアン（1831–1908）——35, 36, 41, 42, 47, 69, 74, 75, 159, 160, 300, (32)
サルマートフ⇒スタニスラフ・フランツェヴィチ・オッペンホフスキー（1874–1925）——323-327, 329, 330, 338, (74), (77)
サンドウ，オイゲン（1867–1925）——174
サンドラー，アダム（1966–）——289, (70)
ジヴォキーニ，ヴァシーリー・イグナエヴィチ（1805/1807–1874）——317
シェイクスピア，ウィリアム（1564–1616）——18, 28, 162, (29), (69)
シェフテリ，フランツ⇒フョードル・オシポヴィチ・シェフテリ（1859–1926）——278, 282, (69)
シェミャキン，イヴァン・ヴァシリエヴィチ（1877–1952/53）——113
シェレメーチェフ，ニコライ・ペトロヴィチ（1751–1809）——26
シェレメーチェフ，パーヴェル・セルゲーヴィチ（1871–1943）——119
シチェプキン，ミハイル・セミョーノヴィチ（1788–1863）——26, 27, 29, 30, 32, 46, 58, 277, 292, (25)-(28)
シチューキン，ヤコフ・ヴァシリエヴィチ（1856–1926）——283, (68)
シメリョフ，イヴァン・セルゲーヴィチ（1875–1950）——269, 374, 390, (66), (85)
ジャコモ⇒ジャコモ・チレーニ（芸名ジャコミーノ，1884–1956）——176, 185, (51), (52)
シャホフスコイ，アレクサンドル・アレクサンドロヴィチ（1777–1846）——30, 220
シャミーリ（1797–1871）——222
シャリャーピン，フョードル・イヴァノヴィチ（1873–1938）——177, 181, 278, 292, 371, (34), (56)
シュヴァルツェル，アリフォンス（生没年不詳）——181
シュヴァーロヴァ，ヴェーラ・ミハイロヴナ（1885–1918 以降）——307, 309, (72)
シュヴァーロフ，ピョートル・アンドレーヴィチ（1827–1889）——224
ジューコフ，ピョートル・フョードロヴィチ（1864–1929）——321
ジュディック，アンナ（1849–1911）——284, 294, 306, (71), (75), (76)
シュトラウス 2 世，ヨハン（1825–1899）——302, 303
シュネデール，オルタンス（1833–1920）——302, (75), (76)
ショー，ジョージ・バーナード（1856–1950）——35, 68
シラー，フリードリヒ・フォン（1759–1805）——62, 160, 162

スヴォーリン, アレクセイ・セルゲーヴィチ（1834–1912）——67, 70, 71, 72, 95, 157, 227, (31), (41), (44), (45)
スヴォーリン, ボリス・アレクセーエヴィチ（1879–1940）——95, 104, 118, 142
スヴォーロフ, アレクサンドル・ヴァシリエヴィチ（1729/1730–1800）——281
スクリーブ, ウジェーヌ（1791–1861）——35, 36
スコーベレフ, ミハイル・ドミトリエヴィチ（1843–1882）——281, (84)
スーザ, ジョン・フィリップ（1854–1932）——282, 288, 289, (70)
スタニスラフスキー⇒コンスタンチン・セルゲーヴィチ・アレクセーエフ（1863–1938）——57, 58, 82, 90, 91, 156, 157, 256, 278, 302, 342, (30), (50)
ズーダーマン, ヘルマン（1857–1928）——68
スターリン, ヨシフ・ヴィッサリオノヴィチ（1878–1953）——366, 386, 393, 394
スターン, ローレンス（1713–1768）——203, (62)
スタレヴィチ, ヴラジスラフ・アレクサンドロヴィチ（1882–1965）——357
ズッペ, フランツ・フォン（1819–1895）——303
ストイキン, アンドレイ・ヨサフォーヴィチ（1875–1913）——85
ストリンドベリ, ヨハン・アウグスト（1849–1912）——68
ストルイピン, ピョートル・アルカヂエヴィチ（1862–1911）——192
ズナメンスキー, アレクサンドル・ヴラジーミロヴィチ（1877–1928）——181
スマローコフ, アレクサンドル・ペトロヴィチ（1717–1777）——19, 23, 26
スマローコフ＝エリストン, ミハイル・ニコラエヴィチ（1893–1970）——141, (41), (42)
スミルノヴァ, エレーナ・アレクサンドロヴナ（1888–1935）——371
スミルノフ, ピョートル・アルセニエヴィチ（1838–1898）——365, 366
スムバトフ＝ユジン, アレクサンドル・イヴァノヴィチ（1857–1927）——58-60, 76-79, 81, 371, (34), (65)
スルツキー, モイシェ（生没年不詳）——181
スレズネフスキー, ヴャチェスラフ・イズマイロヴィチ（1849–1937）——140
セミョーノヴァ, エカテリーナ・セミョーノヴナ（1786–1849）——26
ソコリスキー, セルゲイ・アレクセーエヴィチ（1881–1918）——329, 331, (77)
ソープ, ジム（1888–1953）——138, 140, (42)
ゾーリナ, ヴェーラ・ヴァシリエヴナ（1853–1903）——277, 279, 280, 312, (70)
ソルダチョーンコフ, コジマ・テレンチエヴィチ（1818–1901）——72
ソロヴィヨヴァ, オリガ・ミハイロヴナ（生没年不詳）——245-247
ソログープ, フョードル・クジミチ（1863–1927）——228

タ行

タイソン, マイク（1966–）——182, (52)
ダヴィドフ, アレクサンドル・ダヴィドヴィチ（1849–1911）——278, 280, 312
ダヴィドフ, ヴラジーミル・ニコラエヴィチ（1849–1925）——60, 65, 68, 83, 355
タルドゥイキン, アレクセイ・グリゴリエヴィチ（生没年不詳）——357, 358

ダールハウス, カール (1928–1989) ——(71)
ダルマトフ, ヴァシーリー・パンテレイモノヴィチ (1852–1912) ——71
ダンカン, イザドラ (1877–1927) ——137, (41)
チェケッティ, エンリコ (1850–1928) ——294, (75)
チェスノコフ, ボリス・ミハイロヴィチ (1891–1979) ——132, 133, 140, 173, 388
チェーホフ, アントン・パヴロヴィチ (1860–1904) ——57, 66, 68, 70 ,90, 157, 185, 224, 225, 280
チェーホフ, ニコライ・パヴロヴィチ (1858–1889) ——62
チチャゴフ, ミハイル・ニコラエヴィチ (1837–1889) ——69
チマン, パーヴェル (ポール)・グスタポヴィチ (1881–?) ——356, 362, 373
チャップリン, チャーリー (1889–1977) ——321, 369
チャムプニー, エリザベス・ウィリアムス (1850–1922) ——237, 238, 240
チャルスカヤ, リディヤ・アレクセーエヴナ (1875–1937) ——381
チャルドゥイニン, ピョートル・イヴァノヴィチ (1873–1934) ——342, 381, (84)
チュコフスキー, コルネイ・イヴァノヴィチ (1882–1969) ——346, 362
ツルキン, ヴァレンチン・コンスタチノヴィチ (1887–1958) ——342
ツルキン, ニカンドル・ヴァシリエヴィチ (1863–1919) ——378
ツルゲーネフ, イヴァン・セルゲーヴィチ (1818–1883) ——30, 81, 104, 107, 108, 160
テイラー, トム (1817–1880) ——35, 36, 77
ティリー, ヴェスタ (1864–1952) ——193, (50), (52)
テフィ⇒ナジェージュダ・アレクサンドロヴナ・ブチンスカヤ (1872–1952) ——287, (78)
デュマ・フィス (小デュマ), アレクサンドル (1824–1895) ——35, 47, 163
デュール, ニコライ・オシポヴィチ (1807–1839) ——318
テリャコフスキー, ヴラジーミル・アルカヂエヴィチ (1860–1924) ——90, 93, (33)
トウェイン, マーク (1835–1910) ——177, 198
ドゥーゼ, エレオノーラ (1858–1924) ——150, 159, (50)
トゥムパコフ, ピョートル・ヴィオノロヴィチ (1859–1911) ——180, 267, 277, 283-286, 288, 289, 322, 396, (74)
ドストエフスカヤ, リュボーフィ・フョードロヴナ (1869–1926) ——228
ドストエフスキー, フョードル・ミハイロヴィチ (1821–1881) ——102, 360
ドブジンスキー, ムスチスラフ・ヴァレリアノーヴィチ (1875–1957) ——(63)
ドブロリューボフ, ニコライ・アレクサンドロヴィチ (1836–1861) ——37, 38, 387, (27)
トーマス, フョードル・フョードロヴィチ (生没年不詳) ——276
ドミトリー・パヴロヴィチ大公 (1891–1942) ——141
ドミトリエヴァ = スリマ, マリヤ・グリゴリエヴナ (?–1911) ——136
ドランコフ, アレクサンドル・オシポヴィチ (1886–1949) ——354-358, 360-362, 364, (81), (82)
ドリゼン, ニコライ・ヴァシリエヴィチ (1868–1935) ——252
トルストイ, アレクセイ・ニコラエヴィチ (1883–1945) ——119

トルストイ, ピョートル・アンドレーヴィチ（1645–1729）——203
トルストイ, レフ・ニコラエヴィチ（1828–1910）——69, 70, 98, 181, 216, 344-346, 361, 362, 374
トレチャコフ, パーヴェル・ミハイロヴィチ（1828–1910）——(39)
ドロシェヴィチ, ヴラス・ミハイロヴィチ（1865–1922）——307

ナ行

ナイジョノフ⇒セルゲイ・アレクサンドロヴィチ・アレクセーエフ（1868–1922）——82-84, (32), (33)
ナグロツカヤ, エヴドキア・アポロノヴァ（1866–1930）——346, 347, (80)
ナトルスキン, イヴァン・フョードロヴィチ（1837–?）——259, 267
ニクリナ＝コシツカヤ, リュボーフィ・パヴロヴナ（1827–1868）——259, 267
ニコライ1世（1796–1855. 在位 1825–1855）——21, 120
ニコライ2世（1868–1918. 在位 1894–1918）——67, 88, 116, 141, 191, 222, 245, 332, (51)
ニールセン, アスタ（1881–1972）——369, 370, 378
ヌージェント, トーマス（1700頃–1772）——203, (52), (62)
ネヴェジン, ピョートル・ミハイロヴィチ（1841–1919）——81
ネクラーソフ, ニコライ・アレクセーエヴィチ（1821–1877）——285, 298, 318, 337, (71)
ネミロヴィチ＝ダンチェンコ, ヴァシーリー・イヴァノヴィチ（1849–1936）——62
ネミロヴィチ＝ダンチェンコ, ヴラジーミル・イヴァノヴィチ（1858–1943）——57, 66, 77, 256
ノルヴェジュスキー⇒オスカル・モイセーエヴィチ・カルトジンスキー（1882–1933）——(65)

ハ行

バイロン, ジョージ・ゴードン（1788–1824）——205, (54), (62)
バウエル, エヴゲニー・フランツェヴィチ（1865–1917）——2, 340-342, 360, 362, 363, 375, 380, 382, (84), (91)
パストゥホフ, ニコライ・イヴァノヴィチ（1831–1911）——216, (34)
パストール, トニー（1837–1908）——317, (76)
パズヒン, アレクセイ・ミハイロヴィチ（1851–1919）——345, 347, 364, 366, (79)
パテ兄弟⇒ジャック（1858–1941），エミール（1860–1937），シャルル（1863–1957），テオフィル（1866–1923）——334, 338, 356-358, (85)
バーナム, フィニアス・テイラー（1810–1891）——180, 277, 289, (51), (75)
パーニナ, ヴァルヴァーラ（ヴァラ）・ヴァシーリエヴナ（1872–1911）——298, 312
パーニナ, ソフィヤ・ヴラジーミロヴナ（1871–1956）——218
パーニン, ニコライ・アレクサンドロヴィチ（1871–1956）——140
バフルーシン, アレクセイ・アレクサンドロヴィチ（1865–1929）——(29)
バラキーレフ, ミリイ・アレクセーエヴィチ（1837–1910）——295

バランツェヴィチ, ゾーヤ・フョードロヴナ (1896–1952) ——347
ハリトノフ, ドミトリー・イヴァノヴィチ (1886–1946) ——357
パリム, セルゲイ・アレクサンドロヴィチ (1849–1915) ——119, 286
パリムスキー⇒レオナルド・レオナルドヴィチ・バルバシェフスキー (1867–1942) ——303
バリモント, コンスタンチン・ドミトリエヴィチ (1867–1942) ——228, (80)
ハロードナヤ, ヴェーラ・ヴァシリエヴナ (1893–1919) ——1, 3, 341, 360, 374, 378-382, (83), (84)
ハンジョンコフ, アレクサンドル・アレクセーエヴィチ (1877–1945) ——346, 353, 354, 356, 357, 358, 360-362, 374, 375, (80), (82)
ピックフォード, メアリー (1892–1979) ——392, (87)
ヒース, ペリー・サンフォード (1857–1927) ——237-239
ピーセムスキー, アレクセイ・フェオフィラクトヴィチ (1820–1881) ——32, 33, (27)
ピネロ, アーサー・ウィング (1855–1934) ——35
ビムとボム⇒イヴァン・ラドゥンスキー (ビム役 1872–1955) ／ヴィターリー・ラザレンコ (ボム役 1890–1939) ——322, (77)
ピョートル1世 (1672–1725. 在位 1682–1725) ——18, 33, 99, 105, 175, 201, 202, 224, 259
ファルマン, アンリ (1874–1958) ——176, (51)
プィトリャシンスキー, ヴラジスラフ・アレクセーエヴィチ (1863–1933) ——113, 174, 176, 185, (51)
フヴォストフ, ドミトリー・イヴァノヴィチ (1757–1835) ——206, 207
フェドー, ジョルジュ (1862–1921) ——73, (34)
フェドトヴァ, グリケリヤ・ニコラエヴナ (1846–1925) ——(30)
フェルトネル, アントニー (1874–1959) ——369, 370
フォス, エミール (1858–1910) ——(47)
フォンヴィージン, デニス・イヴァノヴィチ (1745–1792) ——20, 24
プーシキン, アレクサンドル・セルゲーヴィチ (1799–1837) ——102, 203-206, 221, 279, 310, 344, 345, (54), (55), (79)
ブース, ジョン・ウィルクス (1838–1865) ——36
フセヴォロシュスキー, ニキータ・ニキーチチ (?–1896) ——164
フヂェコフ, セルゲイ・ニコラエヴィチ (1837–1927) ——227
プッチーニ, ジャコモ (1858–1924) ——35
ブトゥルリン, セルゲイ・アレクサンドロヴィチ (1878–1932) ——109
プラトン, イヴァン・ステパノヴィチ (1870–1935) ——(65)
フリト, ロマン・フョードロヴィチ (1873–1944) ——133
ブリュフシュテイン, ソフィア・イヴァノヴナ (1846–1902) ——366
ブリュメンタリ＝タマリナ, マリヤ・ミハイロヴナ (1859–1938) ——307
ブリュメンタリ＝タマリン, アレクサンドル・エドゥアルドヴィチ (?–1911) ——307
ブルイシュキン, パーヴェル・アファナシエヴィチ (1887–1955) ——255

ブルリューク，ダヴィッド・ダヴィドヴィチ（1882–1967）——177, 353
プレヴァコ，フョードル・ニキフォロヴィチ（1842–1908）——50, (34)
プレヴィツカヤ，ナジェジュダ・ヴァシリエヴナ（1879–1940）——314, 371, (73)
プレオブラジェンスカヤ，オリガ・イヴァノヴナ（1881/1884–1971）——371
プレシチェエフ，アレクサンドル・アレクセーエヴィチ（1858–1944）——91, 118
ブレシュコ＝ブレシュコフスカヤ，エカチェリーナ・コンスタンチノヴナ（1844–1934）——184
ブレシュコ＝ブレシュコフスキー，ニコライ・ニコラエヴィチ（1874–1943）——184-186, 188, (46), (48), (52), (83)
ブローク，アレクサンドル・アレクサンドロヴィチ（1880–1921）——186, 265, (81)
プロタザーノフ，ヤコフ・アレクサンドロヴィチ（1881–1945）——340, 342, 362, 363, 375, 390, 392, (79), (84)
ベストゥージェフ＝マルリンスキー，アレクサンドル・アレクサンドロヴィチ（1797–1837）——221
ベデカー，カール（1801–1859）——210, 212, 240, 241, 243, (60), (62)
ペトロフ，アレクサンドル・ペトロヴィチ（1876–1941）——140
ベブトヴァ，オリガ・ゲオルギエヴナ（1876/1879–1952）——347
ベランジェ，ピエール・ジャン・ド（1780–1857）——317, (76)
ベリスカヤ，セラフィーマ・アレクサンドロヴナ（1846–1933）——306
ベリンスキー，ヴィッサリオン・グリゴリエヴィチ（1811–1848）——28, 31, 32, 318, (26), (27), (50)
ベールイ，アンドレイ（1880–1934）——348
ペルスキー，ロベルト・ダヴィドヴィチ（1875–1929）——353, 357
ベルナール，サラ（1844–1923）——35, 150, 159, 292, 370, 371, (50)
ベロフ，ヨシフ（生没年不詳）——208, 209, 235
ペレスチアニ，イヴァン・ニコラエヴィチ（1870–1959）——341, 360
ポタペンコ，イグナーチー・ニコラエヴィチ（1856–1929）——(32)
ポチョムキン，グリゴリー・アレクサンドロヴィチ（1739–1791）——112
ポテヒン，アレクセイ・アンチポヴィチ（1829–1908）——32, 49, 50, 76, 81, (27)
ボトキン，セルゲイ・ペトロヴィチ（1832–1889）——223
ポドドゥブヌィ，イヴァン・マクシモヴィチ（1871–1949）——145-148, 170-176, 181, 183, 185, 192-194, (51)
ホブスン，パール（1879–?）——(70)
ボボルィキン，ピョートル・ドミトリエヴィチ（1836–1921）——259, (32)
ポレヴォイ，ニコライ・アレクセーエヴィチ（1796–1846）——24, 28
ポロツキー，シメオン（1629–1680）——18, (29)
ボロジン，アレクサンドル・ポルフィーリエヴィチ（1833–1887）——295
ポロンスキー，ヴィトリド・アリフォンソヴィチ（1879–1919）——360, 373, 375, 380, 381, (83)

ホワイト, パール (1889–1938) ——366, (85)

マ行

マクシーモフ, ヴラジーミル・ヴァシリエヴィチ (1880–1937) ——373, 375
マツェーヴィチ, レフ・マカーロヴィチ (1877–1910) ——176, (51)
マヤコフスキー, ヴラジーミル・ヴラジーミロヴィチ (1893–1930) ——353, (83)
マリツォフ, セルゲイ・イヴァノヴィチ (1810–1893) ——224
マル, アンナ⇒アンナ・ヤコヴレヴナ・レンシナ (1887–1917) ——347
マルクス兄弟⇒チコ (1887–1961), ハーポ (1888–1964), グルーチョ (1890–1977), ゼッポ (1901–1979) ——321
マルケヴィチ, ボレスラフ・ミハイロヴィチ (1822–1884) ——163, (50)
マレー3世, ジョン (1808–1892) ——210, (72)
ミフネヴィチ, ヴラジーミル・オシポヴィチ (1841–1899) ——158, 272
ミャスニツキー, イヴァン・イリイチ (1852–1911) ——72-74, 76, 258, 280, (42), (91)
ミリューチン, ドミトリー・アレクセーエヴィチ (1816–1912) ——107
ムソルグスキー, モデスト・ペトロヴィチ (1839–1881) ——295
メイエルホリド, フセヴォロド・エミリエヴィチ (1874–1940) ——90, 91, 166, 286, 362, (50), (70)
メーテルリンク, モーリス (1862–1949) ——185
メドヴェージェフ, ピョートル・ミハイロヴィチ (1837–1906) ——49, 50, 153, 156, 158, 163, 274, 277
モジューヒン, イヴァン・イリイチ (1889–1939) ——374, 375, 377, 381, 382, (85)
モソーロヴァ, エリザヴェータ・アレクサンドロヴナ (1870–1953) ——287
モチャロフ, パーヴェル・ステパノヴィチ (1800–1848) ——27, 28, 58, 60, (26)
モナーホフ, イッポリート・イヴァノヴィチ (1841–1877) ——318, 321, 323
モナーホフ, ニコライ・フョードロヴィチ (1875–1936) ——321, 323
モリエール (1622–1673) ——18
モルチャノフ, アナトリー・エヴグラフォヴィチ (1856–1921) ——164, 194, (43)
モルフェシ, ユーリー・スピリドノヴィチ (1882–1957) ——287, 307, 330
モロゾヴァ, マルガリータ・キリロヴナ (1873–1958) ——79, 218
モロゾフ, サッヴァ・チモフェーエヴィチ (1869–1905) ——132
モロゾフ, ミハイル・アブラモヴィチ (1870–1903) ——77-79, 88, (34)

ヤ行

ヤヴォルスカヤ・リディヤ・ボリソヴナ (1871–1921) ——68, 69, 71
ヤーロン, イヴァン・グリゴリエヴィチ (?–1919) ——303
ヤーロン, グリゴリー・マルコヴィチ (1893–1963) ——303, (72)
ユスーポフ, フェリクス・フェリクソヴィチ (1887–1967) ——121, (42)
ユリエフ, ユーリー・ミハイロヴィチ (1872–1948) ——60, 373, 376

ユレネヴァ，ヴェーラ・レオニードヴナ（1876–1962）——(84)

ラ行

ライキン，アルカーヂー・イサーコヴィチ（1911–1967）——392
ラスキン，ジョン（1809–1900）——211, 212, 214
ラスプーチン，グリゴーリー・エフィーモヴィチ（1869–1916）——121, 176, 261, 262, (42), (51)
ラフマノヴァ，オリガ・ヴラジーミロヴナ（1871–1943）——360
ランデ，マックス（1883–1925）——369, 370, 375, (83)
リブケン（リブキン），グリゴリー・イヴァノヴィチ（生没年不詳）——357
リプソン，レオポリド（生没年不詳）——212, 213
リボピエル，ゲオルギー・イヴァノヴィチ（1854–1916）——110-112, 114, 169, 173, 174, 185, 215
リムスキー＝コルサコフ，ニコライ・アンドレーエヴィチ（1844–1908）——279, 295
リャードヴァ，ヴェーラ・アレクサンドロヴナ（1839–1870）——302
リャブシンスキー，パーヴェル・パヴロヴィチ（1871–1924）——108, 383, (36), (80), (91)
リュミエール兄弟⇒オーギュスト（1862–1954），ルイ（1864–1948）——283, 333
リンカーン，エイブラハム（1809–1865）——36
リンスカヤ＝ネメッティ，ヴェーラ・アレクサンドロヴナ（1856–?）——57, 273
ルーズベルト，セオドア（1858–1919）——175
ルナチャルスキー，アナトーリー・ヴァシリエヴィッチ（1875–1933） ——387
ルーピン，イヴァン・アレクセーヴィチ（芸名ジョバンニ・ルッピーニ，1792–1850）——295
ルリヒ，ゲオルク（1876–1920）——172, 175, 176, 178-181, 183, 185, (67)
レイキン，ニコライ・アレクサンドロヴィチ（1841–1906）——150, 197, 198, 203, (30)
レインガルト，フリードリヒ（生没年不詳）——356, 362, 373
レヴィツキー，アレクサンドル・アンドレーエヴィチ（1885–1965）——362
レスガフト，ピョートル・フランツェヴィチ（1837–1909）——116
レスコフ，ニコライ・セミョーノヴィチ（1831–1895）——228, 258, (64)
レドヤード，ジョン（1751–1789）——203
レーニン，ヴラジーミル・イリイチ（1870–1924）——245, 318
レハール，フランツ（1870–1948）——303, (76)
レーピン，イリヤ・エフィモヴィチ（1844–1930）——119
レプニン＝ヴォルコンスキー，ニコライ・グリゴリエヴィチ（1778–1845）——26
レベヂェフ，イヴァン・ヴラジーミロヴィチ（1879–1950）——110, 112-116, 170, 173, 175-176, 180, 181, 185, 186, 190
レムリ，カール（1867–1939）——357
レールモントフ，ミハイル・ユーリエヴィチ（1814–1841）——206, 221, 310
レンスキー，アレクサンドル・パヴロヴィチ（1847–1908）——58, 60, 61, 68, (30)

レントフスキー，ミハイル・ヴァレンチノヴィチ（1843–1906）――252, 277-284, 288, 292, 323, (66), (67), (70), (91)
ロスタン，エドモン（1868–1918）――68
ローズ，ジョージ（筆名アーサー・スケッチレイ（1817–1882）――(52)
ロスト，エルネスト・アントノヴィチ（1842–1908）――273
ロストプチン，フョードル・ヴァシリエヴィチ（1763–1826）――99
ロズネル，エディ（1910–1976）――279, (67), (69), (70)
ロバートソン，トーマス・ウィリアム（1829–1871）――35, 75
ロム＝レベヂェフ，イヴァン・イヴァノヴィチ（1903–1991）――391, (87)
ロンドン，ジャック（1876–1916）――191

ワ行

ワイルド，オスカー（1854–1900）――90, 189, (52)
ワーグナー，リヒャルト（1813–1883）――

・小説／戯曲／評論／回想（数字は発表年）

ア行

『悪魔祓い』Чертогон（レスコフ，1879）――258, (64)
『アスリートの世界』В мире атлетов（ブレシュコ＝ブレシュコフスキー，1908）――185
『あぶく銭』Бешеные деньги（オストロフスキー，1870）――42, 46, (27), (28)
『ある結婚の物語』История одного брака（アレクサンドロフ，1913）――84
『ある人物の生涯』Жизнь человека（アンドレーエフ，1906）――90
『アントーノフの財産』Антоновские миллионы（ヴェルシニン，1898）――81
『アントン・クレチェト』Антон Кречет. Роман-быль из современной жизни（ラスカートフ，1909）――181, (52), (67)
『アンナ・カレーニナ』Анна Каренина（トルストイ，1875–1877）――98, 166
『イスラエルの息子たち』Сыны Израиля（ヴィクトル・クルィロフ，1901）――70
『犬を連れた奥さん』Дама с собачкой（チェーホフ，1899）――225
『イノセント・アブロード』The Innocents Abroad（マーク・トウェイン，1869）――198
『偉大な人』Большой человек（コルィシュコ，1909）――88, 89, (33)
『イヴァーノフ』Иванов（チェーホフ，1887）――(31)
『インテリゲンツィヤ』Интеллигенты（ストイキン，1911）――85
『ヴァヴォチカ』Вавочка（ヴェルビツカヤ，1898）――362
『ヴァニュシンの子どもたち』Дети Ванюшина（ナイジョノフ，1901）――82, 83
『ウィーンの夜』Ночь в Вене（ノルヴェジュスキー）――265, (65)
『美しきエレーヌを求めて』В погоню за Прекрасной Еленой（クルィロフ，1872）――302
『運動の教授』Профессор атлетики. Сцены из жизни школы физического развития в трех действиях（バフメーチェフ，1907）――116, (41)

『駅長』Станционный смотритель（プーシキン，1830）——(55)
『エルズルム紀行』Путешествие в Арзрум во время похода 1829 года（プーシキン，1829）——205
『可笑しな老女』Баба дурить（ミャスニツキー，1882）——73
『狼と羊』Волки и овцы（オストロフスキー，1875）——41, 44, 285, (28)
『臆病者』Трус（クプリーン，1903）——(84)
『親がかり』Недоросль（フォンヴィージン，1782）——20, 24, 25, (24)
『オリエンタリズム』Orientalism（サイード，1978）——236, (60)
『オリガ・ランツェヴァ』⇒『人生の澱み』——(45), (50)
『オルレアンの少女』Die Jungfrau von Orleans（シラー，1801）——62, 160
『オレンジの熟した場所』Где апельсины зреют（レイキン，1892）——197

カ行

『回想録』Воспоминания（ドブジンスキー，1987）——(63)
『輝かしいが温かみはない』Светит, да не греет（オストロフスキー，1881）——164
『過去を捨てて』Старое уходит（スヴォーリン，1905）——71
『カフカース温泉地での一夜』Вечер на Кавказских водах в 1824 году（ベストゥージェフ＝マルリンスキー，1830）——221
『カフカースの虜』Кавказский пленник（プーシキン，1821）——204
『神の手は祖国を救う』Рука Всевышнего отечество спасла（クーコリニク，1834）——24
『カメラを携えハンティング』Охота с камерой. Фотографирование живой природы（ブトゥルリン，1912）——109
『かもめ』Чайка（チェーホフ，1896）——57, 157
『飢餓王』Царь Голод（アンドレーエフ，1908）——90
『貴族のなかの俗物』Мещанка во дворянстве（イヴァーノフ，1912）——86, 87
『キタイ・ゴロド』Китай-город（ボボルィキン，1882）——259, (32)
『虚飾』Мишура（ポテヒン，1858）——32, 49, 76
『鎖』Цепи（スムバトフ＝ユジン，1888）——79
『グランドツアー』The Grand Tour（ヌージェント，1749）——203, (52)
『クルトズボフの結婚』Женитьба Крутозубова（ミャスニツキー，1895）——73
『芸術におけるわが生涯』My Life in Art / Моя жизнь в искусстве（スタニスラフスキー，英語版初版 1924, ロシア語版初版 1926, 同改訂第二版 1928）——(30)
『月世界旅行』De la Terre à la Lune（ヴェルヌ，1865）——281
『検察官』Ревизор（ゴーゴリ，1836）——32, 281, (27)
『賢者にも抜かりあり』На всякого мудреца довольно простоты（オストロフスキー，1868）——41, (28)
『現代の英雄』Герой нашего времени（レールモントフ，1840）——221
『現代の剣闘士』Градиаторы наших дней（ブレシュコ＝ブレシュコフスキー，1908）——185

『幸福への鍵』Ключи счастья（ヴェルビツカヤ，1909）——372
『誤解による結婚』Брак по недоразумению（ヴァレンチーノフ，1902）——322
『ゴスチヌィ・ドヴォールの人びと』Гостинодворцы（ミャスニツキー，1896）——(32)
『困難と流浪』Горести и скитания. Записки 1854-1877.（サヴィナ，1983）——151

サ行
『最後の犠牲者』Последняя жертва（オストロフスキー，1878）——43
『祭日の午餐の前の夢』Праздничный сон до обеда（オストロフスキー，1857）——41
『桜の園』Вишневый сад（チェーホフ，1903）——224
『サーニン』Санин（アルツィバーシェフ，1907）——(80)
『ジェントルマン』Джентльмен（スムバトフ＝ユジン，1897）——77-79, 88, (32), (34), (35)
『持参金のない娘』Бесприданница（オストロフスキー，1878）——45
『嫉妬』Ревность（アルツィバーシェフ，1913）——346
『自伝』Автобиография（オルロヴァ＝サヴィナ，1994）——(24)
『縛られた翼』Крылья связаны（ポタペンコ，1904）——(32)
『ジプシー』Цыганы（プーシキン，1824）——205
『シベリアの少女パラーシャ』Параша-Сибирячка（ポレヴォイ，1840）——24
『シベリアのテント生活』Tent Life in Siberia, and Adventures among the Koraks and Other Tribes in Kamtchatka and Northern Asia（ケナン，1870）——236
『収入ある地位』Доходное место（オストロフスキー，1856）——41, 43
『自由の日々』Дни свободы（ヴァレンチーノフ，1905）——303, 322, 324
『小市民』Мещане（ゴーリキー，1902）——83
『真実はよいが幸福はもっとよい』Првда – хорошее, а счастье лучше（オストロフスキー，1876）——41
『人生の澱み』Чад жизни（マルケヴィチ，1884）——(50)
『心臓は石にあらず』Сердце не камень（オストロフスキー，1880）——83
『森林』Лес（オストロフスキー，1871）——40, 46, (27)
『スター』Любимица публики（プレシチェフ，1910）——91
『スペードの女王』Пиковая дама（プーシキン，1834）——102, 344
『世界チャンピオン』Чэмпион мира（ブレシュコ＝ブレシュコフスキー，1908）——185
『セルゲイ・サチロフ』Сергей Сатилов（スムバトフ＝ユジン，1883）——76
『戦場にて』Поле брани（コルィシュコ，1910）——89, 90
『センチメンタル・ジャーニー』A Sentimental Journey through France and Italy（スターン，1768）——(62)
『1839年のロシア』La Russie en 1839（キュスティーヌ，1843）——(59)
『訴訟沙汰』Спорный вопрос（アレクサンドロフ，1893）——80

タ行
『ダゲスタンからの手紙』Письма из Дагестана（ベストゥージェフ＝マルリンスキー，1832）

——221
『タチヤーナ・レーピナ』Татьяна Репина（アレクセイ・スヴォーリン, 1889）——71, 157, 162
『旅日記』Путешествие стольника П.А.Толстого по Европе (1697--1699)（トルストイ, 初出 1888）——(54)
『誰もが罪と不幸を負う』Грех да беда на кого не живёт（オストロフスキー, 1863）——45
『治安判事殿！』К мировому（ヴィクトル・クルィロフ, 1877）——74
『知恵の悲しみ』Горе от ума（グリボエードフ, 1831）——24, 25, 27, 29, 31, (25)
『父と子』Отцы и дети（ツルゲーネフ, 1862）——81
『ツァーリにして全ルーシの大公, ヴァシーリー・シュイスキー』Царь и Великий князь всея Руси Василий Иванович Шуйский（チャーエフ, 1883）——69, (34)
『椿姫』La Dame aux camélias（デュマ・フィス, 1848）——163
『ツーリストの見たロシア』The Tourist's Russia（ウッド, 1912）——240
『ディオニッソスの怒り』Гнев Диониса（ナグロツカヤ, 1910）——372
『トスカ』Tosca（サルドゥ, 1889）——35
『富める人』Богатый человек（ナイジョノフ, 1903）——(32)
『ドリアン・グレイの肖像』The Picture of Dorian Gray（ワイルド, 1890）——90
『奴隷たち』Рабы（プラトン, 1904）——65

ナ行

『流れにさからって』Против течения（ヴィクトル・クルィロフ, 1865）——74
『夏の白昼の夢』Летние грезы（ヴィクトル・クルィロフ, 1892）——75
『苦き運命』Горькая судьбина（ピーセムスキー, 1859）——33
『ネヴカドネザル王について』О Навуходоносоре царе（シメオン・ポロツキー）——(29)
『野宿の一夜』Вечер на бивуаке（ベストゥージェフ＝マルリンスキー, 1823）——221

ハ行

『はた迷惑』В чужом пиру похмелье（オストロフスキー, 1856）——38
『バフチサライの泉』Бахчисарайский фонтан（プーシキン, 1824）——204
『ハムレット』The Tragedy of Hamlet, Prince of Denmark（シェイクスピア, 1600–01）——23
『ひとの喧嘩に口を出すな』Свои собаки грызутся, чужая не приставай（オストロフスキー, 1861）——41
『貧は罪ならず』Бедность не порок（オストロフスキー, 1853）——41
『文明の果実』Плоды просвещения（トルストイ, 1891）——70
『返済不能者』Несостоятельный должник / Банкрот（オストロフスキー, 1850）⇒後に『身内同士はあと勘定』«Свои люди — сочтёмся»（1850）と改題. ——37
『放浪者たちの日誌』Журнал пешеходцев от Москвы до Ростова и обратно в Москву（1830）——207

マ行

『マダム・サン・ジェーヌ』Madame Sans-Gêne（サルドゥ，1893）――69
『魔法使いでペテン師で仲人の粉屋』Колдун, ворожея и сваха（1791）――27
『マリア・シュトゥアルト』Maria Stuart（シラー，1800）――62
『昔の住まい』В родном углу（ネヴェジン，1892）――81
『無鉄砲』Сорванец（ヴィクトル・クルィロフ，1888）――75
『村のひと月』Месяц в деревне（ツルゲーネフ，1855）――160
『名優と崇拝者たち』Таланты и поклонники（オストロフスキー，1881）――40
『燃え盛る炉』⇒『ネブカドネザル王について』――18, (29)
『モスクワのなかの田舎』Провинция в Москве（ミャスニツキー，1903）――258
『求めよ，さらば見つからん』За чем пойдёшь, то и найдёшь (Женьтьба Бальзаминова)（オストロフスキー，1861）――41

ヤ行

『闇の王国』Луч света в темном царстве（ドブロリューボフ，1860）――(27)
『闇の力』Власть тьмы（トルストイ，1887）――69
『ユーリー・ミロスラフスキー』Юрий Милославский（シャホフスコイ，1831）――281
『ヨーロッパ・ロシア東部に関する紀行文と印象』Путевые заметки и впечатления по восточной Европейской России（ベロフ，1852）――208

ラ行

『雷雨』Гроза（オストロフスキー，1860）――33, 37, 38, 45, 56, 91, 159
『離婚しよう』Divorçons!（サルドゥ，1880）――159
『リーペツク温泉』Урок кокеткам, или Липецкие воды（A・A・シャホフスコイ，1815）――220
『緑林のチュルキン』Разбойник Чуркин. Народное сказание（パストゥホフ，1882–85）――87, 281, (34), (67)
『旅行記』Путевые записки графа Д.И.Хвостова（フヴォストフ，1824）――206
『旅行記』Путевые записки по многим российским губерниям, 1820（ゲラコフ，1828）――(55)
『猟人日記』Записки охотника（ツルゲーネフ，1852）――104, 108
『レストランのボーイ』Человек из ресторана（シメリョフ，1911）――269, 374, (66)
『ロシア人旅行者の手紙』Письма русского путешественника（カラムジン，1791–1792）――204
『ロシアとトルコを訪れた三人のヴァッサー娘』Three Vassar Girls in Russia and Turkey（チャムプニー，1889）――237
『ロシアを旅したインディアナ生まれの田舎者』A Hoosier in Russia. The Only White Tsar—His Imperialism, Country and People（ヒース，1888）――237

ワ行

『わが愛しのジャンルから』О любимом жарнре（ヤーロン, 1960）――(82)
『わが国の国外旅行者』Наши за границы（レイキン, 1889）――197
『われらがアメリカのいとこ』Our American Cousin（テイラー, 1858）――36, 77
『われらのアメリカ人』Наши американцы（ネミロヴィチ＝ダンチェンコ, 1882）――77

・オペレッタ／歌曲／ボードビル

（* は James von Geldern and Louise McReynolds, eds., *Entertaining Tsarist Russia. Talks, Songs, Plays, Movies, Jokes, Ads and Images from Russian Urban Life, 1779–1917*. Bloomington: Indiana University Press, 1998 の付録 CD に採録されている）

『赤いサラファン』Красный сарафан ――296
『愛の一夜』Ночь любви ――303, (72)
『うぐいす』Соловей ――296
『美しきエレーヌ』La belle Hélène ――300, 302, (75), (76)
『エロスの歌』Эротические песенки ――(74)
『かわいいクレオールの娘』Маленький креольчик ――299
『行商人』Коробейники * ――298
『黒い瞳』Очи черные * ――310, 311, 337, (73)
『こうもり』Die Fledermaus ――302
『コカインの女』Кокаинеточка ――314
『サラはニグロが欲しい』Сара хочет негра ――299
『三人の夫』Три мужа * ――327
『ジプシー男爵』Der Zigeunerbaron ――302
『白いアカシヤ』Белой акации гроздья душистые ――299
『ダイヤモンドの女王』Королева бриллиантов ――303, 304, 306, (72)
『タララ・ブーンビヤ』Тарарабумбия ――299
『地獄のオルフェ』Orpheé aux Enfers ――300
『毒を仰いだマルーシャ』Маруся отравилась * ――286, 299
『長い道』Дорогой длинною * ――299
『二つのギター』Две гитары ――299
『ハーレムの秘密』Тайны гарема ――303, 306
『舞踏会のあとで』After the Ball ――299, (76)
『メリー・ウィドウ』Merry Widow ――305-307, (74), (76)
『魅惑の旋律』Пикантные мотивы ――(74)
『モスクワの夜』Москва ночью ――303, 306
『流行のクプレとシャンソン』Модные куплеты и шансонетки ――(74)
『ワルツの嵐』В вихре вальса ――306

・映画タイトル（数字は制作または公開年）

ア行
『愛の勝利の歌』Песнь торжествующей любви（1915）——380
『悪魔の勝利』Сатана ликующий（1917）——375
『アントーシャ』Наказанный Антоша（1915）——369
『アンナ・カレーニナ』Анна Каренина（1914）——362, (83)
『アンナ・カレーニナの娘』Дочь Анны Карениной（1916）——345
『異装芸人』Трансформатор（1914）——341
『いつ夜は訪れる』Когда ночь наступает（1912）——334
『ヴァヴォチカ』Вавочка（1914）——362
『ヴァンパイヤー・ダンス』Танец вампира（1914）——362, (82)
『臆病者』Трус（1914）——(84)
『覚えている？』Ты помнишь ли（1914）——374

カ行
『革命家』Революционер（1917）——361
『語るに足りぬ女性』Женщина, о которой не стоит говорить（1916）——364
『黄色い悪魔の爪のなかで』В лапах желтого дьявола（1916）——360
『菊　あるバレリーナの悲劇』Хризантемы. Трагедия балерины（1914）——374
『行商人』Коробейники（1910）——337
『義理の娘の愛人』Снохач（1912）——375
『勤勉な当番兵』Усердный денщик（1908）——355
『クレチンスキーの結婚』Свадьба Кречинского（1908）——355
『黒覆面のレスラー』Борец под черной маской（1913）——(52)
『幸福への鍵』Ключи счастья（1913）——352, 356, 362, 372

サ行
『淋しい別荘』The Lonely Villa（1909）——340
『時代の子どもたち』Дети века（1915）——1, 4, 6, 45
『嫉妬』Ревность（1914）——346
『死のなかの生』Жизнь в смерти（1914）——375
『シュペーエルとその仲間「ハートのジャック」の冒険』Похождения Шпеера и его шайки «Червоных валетов»（1915）——360
『神学生サーシカ』Сашка-семинарист（1915）——362, 366, (91)
『人生には人生を』Жизнь за жизни（1916）——341, 342, 358, 360, 380, 381
『スクリーンの女王』Королева экрана（1916）——(84)
『ステンカ・ラージン』Стенька Разин（1908）——355, 356, (91)
『スペードの女王』Пиковая дама（1910, 1916）——344, 362, 375, (84)

『セヴァストポリの防衛』Оборона Севастополя（1911）――374, (85)
『せむしの恐ろしい復讐』Страшная месть горбуеа К...（1913）――341
『セルギー神父』Отец Сергий（1918）――362
『戦争と平和』Война и мир（1915）――362

タ行
『タンゴ』Танго（1914）―― 362
『父の許されざる情熱』Преступная страсть（1913）――364
『ディオニッソスの怒り』Гнев Диониса（1914）――347, 372
『手先の器用なソンカ』Сонька Золотая ручка（1914）――360, (91)
『でぶっちょおじさん　ルナ・パークにて』Дядя Пуд в Луна-парке（1916）――371, 372
『電話をめぐるドラマ』Драма у телефона（1914）――340
『頭皮をはがれた死体』Скальпированный труп（1915）――364
『賭博者』Игрок（1915）――360
『ドリアン・グレイの肖像』Портрет Дориана Грея（1915）――362

ハ行
『ハス・ブラート』Хаз-Булат（1913）――374, (85)
『罰せられたジャコミーノ』Жакомино жестко наказан（1913）――(52)
『ハーレムの姑』Теща в гареме（サブーロフ, 1915）――334
『バレリーナのロマンス』Роман русской балерины（1913）――(83)
『深い愛の物語』Сказка любви дорогой（1915）――380
『ベルギーのユリ』Лилия (бельгии)（1915）――357, (84)
『ポーリンの冒険』Perils of Pauline（1914）――366, (85)

マ行
『ミラージュ　ある美少女の悲劇』Миражи. Трагедия красивой девушки（1916）――380
『モスクワ近郊のジプシー・キャンプの物語』Драма в таборе подмосковных цыган（1908）――356

ラ行
『リトル・エリー』Малютка Элли（1918）――375
『緑林のチュルキン（ロシアのファントマ）』Разбойник Васька Чуркин（Русский Фантомас Васька Чуркин）（1914, 1915）――(65)
『レストランのボーイ』Человек из ресторана（1916, 1927）――374, (69), (85)
『レディ・キラーのレオン・ドレイ』Леон Дрей. Покоритель женских сердец（1915）――375
『ロシア革命の祖母』Бабушка русской революции（1917）――361

註

謝辞

(1)　"Olympic Politics in Tsarist Russia: The Development of a Nationalist Identity," in *Problemy vsemirnoi istorii*, ed. B. V. Anan'ich, R. Sh. Ganelin, and V. M. Panaiekh（St. Petersburg: Vilanin, 2000）.

(2)　"Tracking Social Change through Sport Hunting," in *Transforming Peasants: Society, State, and the Peasantry, 1861–1930*, ed. Judith Pallot（London: Macmillan, 1998）.

イントロダクション

(1)　たとえば次を参照．Thomas Owen, *Capitalism and Politics in Russia: A Social History of the Moscow Merchants, 1855–1905*（New York: Cambridge University Press, 1981）〔T・C・オーウェン，野口建彦・栖原学訳『未完のブルジョワジー——帝政ロシア社会におけるモスクワ商人の軌跡，1855–1905年』文眞堂，1988年〕; Alfred Rieber, *Merchants and Entrepreneurs in Imperial Russia*（Chapel Hill: University of North Carolina Press, 1982）; Jo Ann Ruckman, *The Moscow Business Elite: A Social and Cultural Portrait of Two Generations, 1840–1905*（De Kalb: Northern Illinois University Press, 1984）; Edith Clowes, Samuel Kassow, and James West, eds., *Between Tsar and People: Educated Society and the Quest for Public Identity in Late Imperial Russia*（Princeton: Princeton University Press, 1991）; Harley Balzar, ed., *The Professions in Russia*（Armonk, N.Y.: Sharpe, 1995）; James West and Iurii Petrov, eds., *Merchant Moscow: Images of Russia's Vanished Bourgeoisie*（Princeton: Princeton University Press, 1998）.

(2)　Peter Stearns, "The Middle Class: Toward a Precise Definition," *Comparative Studies in Society and History*, vol. 21（July 1979）: pp. 395–96. ステュアート・ブルーミンはその著書で，アンソニー・ギデンスを引用しながら，ミドルクラスのアイデンティティの源としての文化的経験を調べる必要があると，改めて述べている．Stuart M. Blumin, *The Emergence of the Middle Class: Social Experience in the American City, 1700–1900*（New York: Cambridge University Press, 1989）, p. 10.

(3)　ロシア語には，ブルジョワジーやミドルクラスを意味する同義語が複数存在する．「メシチャーニェ（meshchane）」は都市の社会層のみに用いられる語だが，この言葉には「ブルジョワ」という言葉をそのままロシア語に移した「ブルジューイ（burzhui）」と同じく，一般的に言って軽蔑的なニュアンスがある．いずれの言葉にも，俗物を揶揄するという性格がある．

(4)　Manuel Castells, *The Rise of the Network Society*（Cambridge: Blackwell, 1996）, p. 22.

(5)　Josef Pieper, *Leisure: The Basis of Culture*, trans. Alexander Dru, with an introduction by T. S. Eliot（New York: Pantheon, 1954）, p. 4.

(6)　Mary Louise Roberts, "Gender, Consumption, and Commodity Culture," *American Historical*

Review, vol. 103, no. 2 (1998): p. 842.

(7) *An Antonio Gramsci Reader: Selected Writings, 1916–1935*, ed. David Forgacs (New York: Schocken, 1988). とくにこの本の 189–221 頁を参照．グラムシは，大衆文化を構成する諸要素のうち，潜在的なヘゲモニーを秘めたものを列挙している．そのなかで，私が分析の対象とするのは大衆作家，劇場，有声映画である．さらに受容という側面からは，教養層と非教養層との間の「対話」もこうした要素に含まれるだろう．同書 356 頁を参照．〔デイヴィド・フォーガチ編／東京グラムシ研究会訳『グラムシ・リーダー』御茶の水書房，1995 年〕

(8) この点の理論的考察は，ドミニク・ストリナチが行なっている．とくにその第一章を参照．Dominic Strinati, *An Introduction to Theories of Popular Culture* (New York: Routledge, 1995)〔ドミニク・ストリナチ，渡辺潤・伊藤明己訳『ポピュラー文化論を学ぶ人のために』世界思想社，2003 年〕

(9) とくに次を参照．Dwight MacDonald, “Mass Culture in America,” in *Mass Culture: The Popular Arts in America*, ed. Bernard Rosenberg and David White (New York: Macmillan, 1957).

(10) Jan Huizinga, *Homo Ludens: A Study of the Play Element of Culture* (London: Routledge, 1949)〔ヨハン・ホイジンガ，高橋英夫訳『ホモ・ルーデンス』中央公論社，1971 年〕

(11) 時間と空間の概念が変化したことにより，「モダン」の中身が従来とは異なるものになった．このような時間・空間概念の変化が持った意義については，次を参照．とくに同書の第三部を見よ．David Harvey, *The Condition of Post-modernity* (Cambridge: Blackwell, 1990)〔デヴィッド・ハーヴェイ，吉原直樹監訳『ポストモダニティの条件』青木書店，1999 年〕

(12) 都市の発展については，次を参照．とくに同書の 255，432，465 頁を見よ．Boris Mironov, *The Social History of Imperial Russia, 1700–1917*, vol. 1 (Boulder: Westview, 2000). また経済成長については以下を，とりわけその 192–194 頁を見よ．Paul Gregory, *Russian National Income, 1885–1913* (Cambridge: Cambridge University Press, 1982).

(13) 社会学者ディーン・マキァーネルの主張によれば，「労働を社会的序列の中心的位置から追い払う」という点で，余暇にはポストモダン的世界観への道を開くような性質も含まれている．Dean MacCannell, *The Tourist: A New Theory of the Leisure Class* (New York: Schocken, 1976), p. 5.〔D・マキァーネル，安村克己ほか訳『ザ・ツーリスト――高度近代社会の構造分析』学文社，2012 年〕

(14) ロジャー・ケイロワズの指摘では，〈遊び〉に不可欠な特徴は「それが富や商品を生み出すものではない」点にある．引用は以下による．Richard Schechner, *Performance Theory* (New York: Routledge, 1988), p. 9.

(15) ユーリー・ロートマンとボリス・ウスペンスキーなら，私が余暇と呼んでいる行為を「記号圏」という言葉で特徴づけるだろう．すなわち，「その個々の構成要素が複雑でダイナミックな関係のなかにある，作動中のメカニズム」である．Ju. M. Lotman, B. A. Uspenskij, *The Semiotics of Russian Culture* (Ann Arbor: Ardis, 1984), p. xii.

(16) 「文化産業」とは，マックス・ホルクハイマーとテオドール・アドルノが明からさまに軽蔑の意を込めて造り出した語である．彼らによれば「文化産業の地位が確固としたものになるにつれて，消費者たちの欲求は文化産業によって一括して処理されるようになる．消費者の欲求を文化産業は作り出し，操縦し，しつけ，娯楽を没収することさ

えできるようになる．そういう文化的進歩を妨げるものは，そこにはまったく存在しない」．Max Horkheimer and Theodor Adorno, "The Culture Industry: Enlightenment as Mass Deception," in *Dialectic of Enlightenment*, trans. John Cumming (New York: Continuum, 1997), p. 144.〔マックス・ホルクハイマー，テオドール・アドルノ，徳永恂訳『啓蒙の弁証法』岩波文庫，2007年〕

(17) Martin Malia, "What Is the Intelligentsia?" *Daedalus* (summer 1960): pp. 441-58. さらにリチャード・パイプスは，学界に大きな影響を与えたボリシェヴィキ革命に関する次の2つの著作で，インテリゲンツィヤの支配的権威という問題を議論している．Richard Pipes, *A History of the Russian Revolution* (New York: Knopf, 1990); *Russia under the Bolshevik Regime* (New York: Knopg, 1993). このテーマは，ソ連解体後のロシアの惨状の責任をインテリゲンツィヤに求める研究者たちによっても取り上げられてきた．たとえば，Masha Gessen, *Dead Again: The Russian Intelligentsia after Communism* (New York: Verso, 1997); Andrei Siniavskii, *The Russian Intelligentsia*, trans. Lynn Visson (New York: Columbia University Press, 1997).

(18) Pierre Bourdieu, *Distinction: A Social Critique of Judgment*, trans. Richard Nice (Cambridge, Mass.: Harvard University Press, 1984), pp. 64-69.〔ピエール・ブルデュー，石井洋二郎訳『ディスタンクシオン　社会的判断力批判1』藤原書店，1990年〕

(19) Ida Craven, "'Leisure,' According to the Encyclopedia of the Social Sciences," reprinted in *Mass Leisure*, ed. Eric Larrabee and Rolf Meyersohn (Glencoe: Free Press, 1961), p. 5.

(20) John Clarke, Stuart Hall, Tony Jefferson, and Brian Roberts, "Subcultures, Cultures, and Class," in *Culture, Ideology, and Social Process: A Reader,* ed. Tony Bennett et al. (London: Open University Press, 1981), p. 59.

(21) ロザリンド・ウィリアムズは，次の研究で，やはり同じように地位に関する不安に苛まれていた生成期のフランス・ブルジョワジーの姿を描いている．とくにその第2章を参照．Rosalind Williams, *Dream Worlds: Mass Consumption in Late Nineteenth-Century France* (Berkeley: University of California Press, 1982).〔ロザリンド・H・ウィリアムズ，吉田典子・田村真理訳『夢の消費革命――パリ万博と大衆消費の興隆』工作舎，1993年〕

(22) Leopard Haimson, "The Problem of Urban Stability in Urban Russia, 1905-1917," *Slavic Review*, vol. 23, no. 4 (1964): pp. 619-24; vol. 24, no. 1 (1965): pp. 1-22.

(23) Richard Sennett, *The Fall of Public Man* (London: Faber, 1986)〔リチャード・セネット，北山克彦・高階悟訳『公共性の喪失』晶文社，1991年〕

(24) James Buzard, *The Beaten Track: European Tourism, Literature and the Ways to Culture, 1800-1918* (New York: Oxford University Press, 1993), p. 3.

第1章

(1) Simon Karlinsky, *Russian Drama from Its Beginnings to the Age of Pushkin* (Berkeley: University of California Press, 1985), p. 39.

(2) Ibid., pp. 37-43.

(3) 草創期のロシア演劇史については，以下の文献がある．V. N. Vsevolodskii-Gerngross, *Russkii teatr ot istokov do serediny XVIII v*. (Moscow: Akademiia nauk, 1957) および *Russkii teatr*

vtoroi poloviny XVIII veka（Moscow: Akademiia nauk, 1960）; B. V. Varneke, *History of the Russian Theater, Seventeenth through Nineteenth Century*, trans. Boris Brasol, rev. and ed. Belle Martin（New York: Macmillan, 1951）, chapters 1–2; Marc Slonim, *Russian Theater from the Empire to the Soviets*（New York: World Publishing, 1961）, chapter 1; J. Patouillet, *Le Theatre de moeurs russes (1672–1750)*（Paris: Bibliotheque de L'Institut Francais de Saint-Petersbourg, 1912）, pp. 17–28.

（4） Varneke, *History of the Russian Theater*, p. 21.

（5） Patouillet, *Le Theatre de moeurs russes*, pp. 29–40. 次の文献も参照．N. S. Tikhonravov, *Russkie dramaticheskie proizvedeniia 1672–1725 gg*., vol. 1（St. Petersburg: n.p., 1874）.

（6） Vsevolodskii-Gerngross, *Russkii teatr ot istokov*, pp. 250–52. ロシアの文化的アイデンティティについては，とくに次の文献を参照．Hans Rogger, *National Consciousness in Eighteenth-Century Russia*（Cambridge, Mass.: Harvard University Press, 1960）.

（7） Baron N. V. Drizen, "Staryi Peterburg," *Ves' mir*, no. 10（1918）: p. 7.

（8） Baron N. V. Drizin, *Stopiatidesiatiletie Imperatorskikh teatrov (po novym arkhivam svedeniiam)*（St. Petersburg: Izdanie direktsii imp. teatrov, 1906）, p. 10.

（9） Vsevolodskii-Gerngross, *Russkii teatr ot istokov*, p. 231. 劇場の開設を命じた勅令がセナートに対して出されたのは 1756 年 8 月 30 日だったが，実際に財政支援を受けたのは，劇場が宮内庁の一部局となり，国家予算がついてからのことだった．

（10） ロシア国立歴史文書館のフォンド RGIA, f. 472, op. 50, d. 1662 には，1917 年に至るまでのこの学校の歴史に関する史料がある．なお，見込みのある学生は，「カトリック教会の虚偽」についてのコースを履修することとされた．ll. 28–44.

（11） Drizen, "Staryi Peterburg," p. 26.

（12） Grigorii Gukovskii, "The Empress as Writer," trans. Mary Mackler, in *Catherine the Great: A Profile*, ed. Marc Raeff（New York: Hill and Wang, 1972）, pp. 64–89.

（13） V. A. Teliakovskii, *Vospominaniia, 1898–1917*（Petrograd: Vremia, 1924）, pp. 99–106.

（14） S. Zhizlina, "Iz istorii narodnogo teatra," *Narodnoe tvorchestvo*, no. 12（1938）: p. 56.

（15） エカテリーナ時代の演劇については，とくに次の文献を参照．V. N. Vsevolodskii-Gerngross, *Russkii teatr vtoroi poloviny XVIII veka*（Moscow: Akademiia nauk, 1960）〔フォンヴィジン，除村ヤエ訳『親がかり』日本評論社，世界古典文庫 84，1949 年〕

（16） S. S. Danilov, "Materialy po istorii russkogo zakonodatel'stva o teatre," in *O teatre: Sbornik statei*, ed. S. S. Danilov and S. S. Mokul'skii（Moscow: Iskusstvo, 1940）, pp. 177–200.

（17） I. F. Petrovskaia, *Istochnikovedenie istorii russkogo dorevoliutsionnogo dramaticheskogo teatra*（Leningrad: Iskusstvo, 1971）, とくに pp. 45–58; Alek. Ures., "Teatrovedy v gorokhovykh pal'to," *ANTRAKT*, no. 1（1991）: p. 3.

（18） 当時の演劇史や回想録は，いずれもツァーリの演劇熱について触れている．たとえば，代表的な女優のひとりП・И・オルロヴァ＝サヴィナの『自伝』を参照．P. I. Orlova-Savina, *Avtobiografiia*（Moscow: Khudozhestvennaia literatura, 1994）.

（19） A. Sokolov, "Iz teatral'nykh vospominanii," *Istoricheskii vestnik*, May 24, 1889, no. 4.

（20） Karlinsky, *Russian Drama*, p. 43.

（21） RGIA, f. 472, op. 66, ed. khran. 448, l. 2.

（22） Slonim, *Russian Theater*, p. 48 および Drizen, "Staryi Peterburg," p. 5.

(23) Catriona Kelly, "Popular, Provincial and Amateur Theatres, 1820–1900," in *A History of Russian Theatre*, ed. Robert Leach and Victor Borovsky (Cambridge: Cambridge University Press, 1999), p. 124.

(24) 初期の規制については，次の文献で論じられている．A. Gol'manm, *A. N. Ostrovskii. Predsedatel' obshchestva dramaticheskikh pisatelei* (Moscow: Vserossiiskoe teatral'noe obshchestvo, 1948).

(25) Ibid., pp. 6–7.

(26) Ibid., pp. 11.

(27) 検閲規則は1865年4月6日に公布された（法令番号41988）．この規則によると，演劇作品はひとたび許可を受ければどこでも上演できることとなり，理論上，地方警察の恣意的な介入は不可能になった．『官報』は定期的に，上演が許可された演目と不許可になった演目のリストを掲載した．

(28) Danilov, "Materialy po istorii russkogo zakonodatel'stva," pp. 178–83.

(29) RGALI, f. 2097, Obshchestvo russkikh dramaticheskikh pisatelei i opernykh kompozitorov, op. 1, ed. khran. 76, ll. 11, 13.

(30) Victor Borovsky, "The Organization of the Russian Theatre, 1645–1763," in *History of Russian Theatre*, ed. Leach and Borovsky, p. 51.

(31) Patouillet, *Le Théâtre de moeurs russes*, pp. 53–68.

(32) グリボエードフの諷刺については，とくに同前書の第7章を参照．〔『知恵の悲しみ』には複数の邦訳がある．グリボイェドフ，小川亮作訳『智慧の悲しみ』岩波書店，1954年など〕

(33) ヴォルテールも常連客を舞台上から立ち退かせたとされているが，ガーリックはそれを制度化したのである．Richard Sennett, *The Fall of Public Man* (London: Faber, 1986), p. 80.

(34) Borovsky, "Organization of the Russian Theatre," 47–49; Drizin, *Stopiatidesiatiletie Imperatorskikh teatrov*.

(35) 第1世代の俳優・女優たちの社会的出自は，聖職者の子息から貴族の子弟，農奴の娘まできわめて多岐にわたった．次の文献は，そのような経歴を集成したものである．I. N. Bozheranov, N. N. Karlov, *Illiustrirovannaia istoriia russkogo teatra XVIII veka* (St. Petersburg: n.p., 1903).

(36) Vsevolodskii-Gerngross, *Russkii teatr vtoroi poloviny XVIII veka*, p. 31. 以下の文献も参照．Varneke, *History of the Russian Theater*, pp. 101–2.

(37) 「演劇界でのキャリアなどという冒険的な試みに身を捧げるほど勇敢な女性」を見つけるのは，困難であった．Varneke, *History of the Russian Theater*, p. 82.

(38) 次の文献の中に収録されている．Iu. A. Dmitriev, ed., *F. G. Volkov i russkii teatr ego vremeni: Sbornik materialov* (Moscow: Izd. Akademii nauk, 1953), p. 144, 147.

(39) Varneke, *History of the Russian Theater*, p. 88.

(40) Vsevolodskii-Gerngross, *Russkii teatr ot istokov*, pp. 241–45. 次の文献にも関係する史料が収録されている．Dmitriev, ed., *F. G. Volkov*.

(41) Laurence Senelick, *Serf Actor: The Life and Art of Mikhail Shchepkin* (Westport: Greenwood, 1984). シチェプキンの自伝もある．*Zapiski aktera Shchepkina*, ed. A. B. Derman (Moscow:

Akademiia nauk, 1933).

(42) はじめシチェプキンは，この新しいキャラクターの役作りに苦労した．Varneke, *History of the Russian Theater*, p. 285.

(43) シチェプキン自身が，その演技術について明瞭に述べている．以下の文献を参照．Varneke, *History of the Russian Theater*, p. 287. また，次の文献は，シチェプキンがリアリズム様式の成立に強い影響を与え，それを後にモスクワ芸術座が発達させたのであり，このことによって彼が「西欧演劇全体」に影響を及ぼしたとする．Senelick, *Serf Actor*, p. xiv.

(44) Varneke, *History of the Russian Theater*, p. 94 に引用されている．

(45) Ibid., pp. 243–44.

(46) カラトゥイギンとモチャロフの双方が回想録を出版した．P. A. Karatygin, *Zapiski*, ed. N. V. Koroleva (Leningrad: Iskusstvo, 1977) および P. S. Mochalov, *Zapiski o teatre, pis'ma, stikhi, p'esy*, ed. Iu. Dmitriev and A. Klinchin (Moscow: Iskusstvo, 1953).

(47) *Iskusstvo*, no. 8 (1883): pp. 75–77.

(48) Arsen'ev, "Iz teatral'nykh vospominanii," *Golos minuvshego*, no. 2 (1917): p. 239.

(49) Joseph MacLeod, *Actors across the Volga* (London: Allen and Unwin, 1946), p. 14.

(50) Patouillet, *Le Theatre de moeurs russes*, pp. 135–39.

(51) 2人の俳優についてのベリンスキーのコメントは，次の文献に収録されている．V. Vsevolodskii-Gerngross, *Khrestomatiia po istorii russkogo teatra* (Moscow: Khudozhestvennaia literatura, 1936), pp. 213–19, 222–41.

(52) 給与，年金，共済基金からの借り入れに関する具体的な数値は，帝室劇場に関するアーカイヴ (RGIA, f. 468) のなかに散在している．年金制度の立案過程については，このフォンドの op. 44, d. 158, l. 6 を参照．また，RGIA, f. 472, op. 66, ed. khran. 448 も参照．ただし，教育への援助はわずかだった．f. 468, op. 14, d. 111.

(53) 公式に廃止されたにもかかわらずこの慣行が残ったことは，文書館史料から確認できる．たとえば 1910 年の募金興行については，RGIA, f. 468, op. 44, d. 158, ll. 1–3.

(54) Teliakovskii, *Vospominaniia*, pp. 90–92. 俳優たちは，日露戦争と第一次世界大戦の際は柔軟な姿勢を取った．他の訴えについては次の文書を参照．RGIA, f. 468, op. 14, d. 406, ll. 1–2.

(55) Senelick, *Serf Actor*, pp. 178–79.

(56) Varneke, *History of the Russian Theater*, p. 187.

(57) 劇場関連の出版物については，次の文献を参照．I. F. Petrovskaia, *Istochnikovedenie*, pp. 109–69.

(58) *Iskusstvo*, no. 1 (1860) の各種記事を参照．

(59) たとえば，1883 年第 4 号〜第 6 号に連載された「堕落したココシキン！」は，1830 年代における帝室劇場の関係者のさまざまなスキャンダルを扱ったものである．

(60) Petrovskaia, *Istochnikovedenie*, p. 156.

(61) MacLeod, *Actors across the Volga*, 18.

(62) Victor Terras, *Belinskij and Russian Literary Criticism* (Madison: University of Wisconsin Press, 1974), p. 133. インテリゲンツィヤのひとりミハイル・サルトゥイコフ＝シチェドリンは，「リアリズムは常に理想という観念を帯び，人に人間性を思い出させるよう尽

くすべきである」と論じた．Cynthia Marsh, "Realism in the Russian Theatre, 1850–1882," in *History of Russian Theatre*, ed. Leach and Borovsky, p. 150.

(63) ベリンスキーについては次の文献を参照．Patouillet, *Le Theatre de moeurs russes*, pp. 135–39. インテリゲンツィヤとリアリズムについては，次の文献の，とくに序論を参照．Irina Paperno, *Chernyshevsky and the Age of Realism: A Study in the Semiotics of Behavior* (Stanford: Stanford University Press, 1988).

(64) Slonim, *Russian Theater*, p. 44 に引用されている．

(65) Varneke, *History of the Russian Theater* に引用されている．

(66) ベリンスキーは，人はこの役のなかにシチェプキン以外の何者をも見るべきではないと書いた．Varneke, *History of the Russian Theater*, p. 289. ベリンスキーはまた，『検察官』はゴーゴリが生み出した「真に創造的な作品のひとつ」だ，と考えている．「いわば鏡を介して自分の姿を眺めることができるように，ゴーゴリはこの作品を通してロシアの自己認識を深めることに強力に貢献した」．Ibid., p. 307.

(67) ポテヒンとピーセムスキーについては，次の文献を参照．Marsh, "Realism in the Russian Theatre, 1850–1882," pp. 149–51.

(68) N. G. Zograf, *Malyi teatr vtoroi poloviny XIX veka* (Moscow: Akademiia nauk, 1960), pp. 46–48, 102–6, 399–401.

(69) *Iskusstvo*, no. 1 (1883): pp. 51–52 は，この競争の舞台裏のドラマを伝えている．

(70) Freddie Rokem, *Theatrical Space in Ibsen, Checkhov, and Strindberg: Public Forms of Privacy* (Ann Arbor: UMI Research Press, 1986), p. 15.

(71) *The Oxford Companion to the Theatre*, ed. Phyllis Hartnell, 3rd ed. (New York: Oxford University Press, 1967), p. 350.

(72) Lynn Mally, *Revolutionary Acts: Amateur Theater and the Soviet State, 1917–1938* (Ithaca: Cornell University Press, 2000), pp. 196–97.

(73) 次の文献の，とくに第 1 部を参照．Alfred Rieber, *Merchants and Entrepreneurs in Imperial Russia* (Chapel Hill: University of North Carolina Press, 1982).

(74) Marjorie Hoover, *Alexander Ostrovsky* (Boston: Twayne Publishers, 1981), pp. 15–16.

(75) N. A. Dobroliubov, "Temnoe tsarstvo," *Sovremennik*, part 1, no. 8 (1859): pp. 17–78 および part 2, no. 9: pp. 53–128.〔ドブロリューボフ，石山正三訳『闇の王国』日本評論社，1949 年〕

(76) Ibid., part 2, pp. 123–27.

(77) I. F. Petrovskaia, *Teatr i zritel' provintsial'noi Rossii* (Leningrad: Iskusstvo, 1995), p. 45.

(78) 次の文献は，オストロフスキーの視野が，ドブロリューボフの批評が認めた以上に広かったことを論じている．Kate Rahman, "Alexander Ostrovsky, Dramatist and Director," in *History of Russian Theatre*, ed. Leach and Borozovsky, pp. 166–81.

(79) *Les*, act III, scene i.〔オストロフスキー，熊澤復六訳「森林」『世界戯曲全集 23』世界戯曲全集刊行会，1928 年〕

(80) 帝室劇場の監督たちは，この 3 部作を至極ありふれているとみなしたが，オストロフスキーは，もし上演しなければ執筆をやめると脅した．Hoover, *Alexander Ostrovsky*, p. 27.

(81) 『あぶく銭』のロシア語におけるタイトル *Beshennye den'gi* は，英訳では rabid（狂気

じみた）の意で mad という形容詞を用いる．だが，英語における mad money には，「念のためにとっておく金」という別の意味もある．

（82） マールイ劇場では 1893〜94 年のシーズン中，『あぶく銭』の再演版が 67 回上演された．Zograf, *Malyi teatr*, p. 541.

（83） *Beshennye den'gi*, act I, scene iii.

（84） Ibid., act II, scene v.

（85） Ibid., act II, scene iv.

（86） Ibid., act III, scene xii.

（87） Ibid., act I, scene iii.

（88） Ibid., act V, scene viii.

（89） Ibid., act V, scene vi.

（90） *Volki i ovtsy*, act IV, scene v.〔オストロフスキー，石山正三訳『狼と羊』弘文堂，世界文庫 95, 1948 年〕

（91） Ibid., act IV, scene v.

（92） Ibid., act I, scene iii.

（93） *Les*, act I, scene i.

（94） 彼はこの役をアレクサンドリンスキー劇場のプリマドンナ，マリア・サヴィナのために書いたと言われた．Hoover, *Alexander Ostrovsky*, p. 25.

（95） オストロフスキー自身は自分の作品が上演される際，それを観るよりも舞台裏で聴く方が好きだった．Varneke, *History of the Russian Theater*, p. 342.

（96） Senelick, *Serf Actor*, p. 188.

（97） ある批評家は次のように比較した．「シチェプキンは自分自身から離れて熱情ある人物たちを演じた．サドフスキーは彼自身を演じた」．Varneke, *History of the Russian Theater*, p. 357 の引用による．

（98） 次の文献は，これによって，文学におけるリアリズムが新たな段階を迎えたと論じている．Ian Watt, *The Rise of the Novel*（Berkeley: University of California Press, 1964）, p. 19.

（99） 1866 年の収入に落胆して，オストロフスキーは断筆すると抗議した．Rahman, "Alexander Ostrovsky," p. 174.

（100） Hoover, *Alexander Ostrovsky*, p. 44. 彼の『賢者にも抜かりあり』は，ペテルブルクとモスクワ双方の帝室劇場で，このシーズンの開幕時に上演された．

（101） Ibid., 27.

（102） 皮肉なことに，1917 年に資本主義が終焉を迎えた後になってようやく，顧問弁護士は給与ではなく訴訟から得られる成功報酬のために働くようになった．RGALI, f. 675, op. 3, d. 6, ll. 19, 50, 87.

（103） Gol'dman, *A. N. Ostrovskii*, p. 4. 1920 年代には，協会はこうした能力をさらに発揮し，その会員が労働者であると主張した．RGALI, f. 675, op. 3, ed. khran. 6, ll. 51–57.

（104） Hoover, *Alexander Ostrovsky*, p. 36.

（105） Ibid., pp. 52–53.

（106） Ibid., p. 17.

（107） RGALI, f. 2097, op. 1, ed. khran. 76, l. 23.

（108） Ibid., p. 64.

(109) Gol'dman, *A. N. Ostrovskii*, p. 103.
(110) RGALI, f. 2097, op. 1, ed. khran. 76, l. 1.
(111) RGALI, f. 2097, op. 1, ed. khran. 76, l. 4.
(112) Ibid., l. 79.
(113) Sonia Moore, *The Stanislavskii System* (New York: Penguin, 1988), p. 28.
(114) RGALI, f. 2097, op. 1, ed. khran. l. 80 および ed. khran. 81, l. 5-14.
(115) Ibid., l. 68.
(116) オストロフスキーの「道徳的実践」については，P. A. Markov, *Iz istorii russkogo i sovetskogo teatra* (Moscow: Iskusstvo, 1974), pp. 132-54.
(117) ロシア演劇に直接的に関わってもっとも影響力を有した商人はA・A・バフルーシンで，彼のモスクワの邸宅は現在，演劇博物館になっている．その息子ユーリーは回想録を残しているが，そこでは彼の家庭にあった公共に奉仕する義務という意識のことが述べられている．Iu. A. Bakhrushin, *Vospominaniia* (Moscow: Khudozhestvennaia literatura, 1994)．オストロフスキーの劇場計画については，次の文献を参照．Vsevolodskii-Gerngross, *Khrestomatiia*, pp. 404-9.

＊訳注

〔1〕 ここに『燃え盛る炉』とあるのは，シメオン・ポロツキーの代表作のひとつ，『ネヴカドネザル王について』のことであろう．ネブカドネザル2世（在位 B.C. 605-562）は，空中庭園に代表される都市建設やユダヤ人のバビロン補囚で知られる新バビロニアの王である．旧約ダニエル書第3章には，「燃え盛る炉に投げ込まれた三人」と題されたこの王の逸話がある．

〔2〕 デヴィッド・ガーリック（1717-79）は，イギリスの俳優，劇作家．1741年，ロンドンでシェイクスピアの『ヘンリー8世』に出演して名声を博した．本文でマクレイノルズが指摘するように，彼の演技はシェイクスピアの登場人物を人間化したとされる．1747年，ドルリー・レーン劇場の責任者となった．

〔3〕 法人格を持った団体を設立するには，自由設立主義，準則主義，許可主義，特許主義などさまざまな方式があるが，帝政ロシアでは，株式会社のような営利法人も含めて，特許主義および許可主義が取られていた．ただし19世紀末に入ると設立手続の緩和が進み，団体の設立は以前に比べて容易になった．こうして，マクレイノルズが第3章で述べるような，世紀転換期に種々のサークルやクラブが簇生する法的な前提が形成されていく．

〔4〕 政府は1856年と62年に両首都における民間劇場の開設を禁じ，公開公演を帝室劇場の専権としたが，これらの規定は後に1876年版「犯罪の予防と阻止に関する法律」(『ロシア帝国法律集成』第14巻）に収められた（第159条～第179条)．しかるに1882年3月24日法はこの個所を削除し，両首都での帝室劇場の演劇独占に終止符を打った（ПСЗ, собр.3, т.2, no. 760)．これでイギリス（1843年）やフランス（1864年）に周回遅れて，ロシアでも官製劇場による公演独占体制が終わったのである．この改革は，1881年8月に新たに宮内大臣（帝室劇場は宮内省の所管である）としてИ・И・ヴォロンツォフ＝ダシコフ（1837-1916）が任命され，彼が帝室劇場のあり方を検討する委員会を10月に設置したことに端を発する．オストロフスキーはここに民間人委員として入り，独占の廃止を訴える意見書を提出して，委員会の議論をリードした．

第2章

(1) 商人たちの功績を記録したジャーナリスト，ニコライ・レイキンは，1888年に劇場の観客の圧倒的多数を彼らが占めていたと記している．RGALI, f. 853, op. 2, ed. khran. 45, l. 92.

(2) John Brown, *Oxford History of the Theater* (Oxford: Oxford University Press, 1995), p. 341.

(3) *Obozrenie teatrov*, no. 1416 (1911): pp. 5-6.

(4) И・Ф・ペトロフスカヤが，次の文献でメロドラマが傑出していたことを論じている．I. F. Petrovskaia, *Teatr i zritel' rossiiskikh stolits, 1895-1917* (Leningrad: Iskusstvo, 1990), pp. 63-67.

(5) ボリス・ミローノフが指摘したように，1897年には農村部の女性の18パーセント，都市部の女性の29パーセントが男性から経済的に独立しており，この数字は上昇を続けていた．Boris Mironov, *The Social History of Imperial Russia, 1700-1917*, vol. 1 (Boulder: Westview, 2000), p. 455.

(6) 2人の創設者は，いずれも回想録を残している．Konstantin Stanislavsky, *My Life in Art*, trans. J. J. Robbins (Boston: Little, Brown, 1924); V. I. Nemirovich-Danchenko, *My Life in the Russian Theatre*, trans. John Cournos (New York: Theatre Arts, 1968).〔ロシア語版からの翻訳．スタニスラフスキー，蔵原惟人，江川卓訳『芸術におけるわが生涯』上，下，岩波書店，1983年〕

(7) Jean Benedetti, "Stanislavsky and the Moscow Art Theatre, 1989-1938," in *A History of Russian Theater*, ed. Robert Leach and Victor Borovsky (Cambridge: Cambridge University Press, 1999), pp. 254-76.

(8) このハムレット新解釈の動きについては，次の文献を参照．G. A. Time, *U istokov novoi dramaturgii v Rossii (1880-1890-e gody)* (Leningrad: Nauka, 1990), p. 27.

(9) N. G. Zograf, *Malyi teatr vtoroi poloviny XIX veka* (Moscow: Akademiia nauk, 1960)，とくに pp. 532-33.

(10) Ibid.，とくに p. 503. 精神医学の影響については，次の文献が論じている．I. F. Petrovskaia, *Teatr i zritel' provintsial'noi Rossii* (Leningrad: Iskusstvo, 1995), pp. 186-87.

(11) 出演料についての情報は，帝室劇場に関する以下の公文書に見られる．RGIA, f. 468, op. 13, d. 686, ll. 5-9 and op. 44, d. 158, ll. 99, 104. たとえば1890年代のマリインスキー劇場では，レンスキーは7200ルーブル，エルモロヴァとフェドトヴァは12000ルーブルを受け取った．1911年には，サヴィナの出演料は18000ルーブルだったが，ヴァルラモフはわずか8200ルーブル，ダヴィドフは12000ルーブルだった．この男優たちは，自分たちは女優たちよりも多くの役を演じたはずだと訴えた．

(12) コミッサルジェフスカヤを崇拝していた学生グループは，彼女はエロモロヴァとサヴィナの根強い人気を恐れていた，それと同時に2人のことを羨んでいた，と回顧している．Aleksandr Serebrov (A. N. Tikhonov), *Vremia i liudi* (Moscow: Khudozhestvennaia literatura, 1955), p. 88.

(13) Petrovskaia, *Teatr i zritel' provintsial'noi Rossii*, p. 5.

(14) ファニー・コズロフスカヤが若くして地方の小都市で亡くなったときには，葬儀に3000人の会葬者がつめかけた．Ibid., p. 201.

(15) *Zhizn' v svete, doma i pri dvore* (St. Petersburg: n.p. 1890; repr. Interbuk, 1990), pp. 103-4.

(16) Ibid.

(17) A. Komilfil'do, *Khoroshii ton. Sbornik pravil, nastavlenii i sovetov, kak sleduet vesti sebia v raznykh sluchiiakh domashnoi i obschchestvennoi zhizni, s risunkami* (Moscow: Konovalov, 1911).

(18) V. A. Teliakovskii, *Vospominaniia, 1898-1917* (Petrograd: Vremia, 1924), pp. 76, 99-106.

(19) 次の文献に引用されている．T. N. Pavlova, "Teatr F. A. Korsha" (dissertation abstract, Institute of Art History, 1973), p. 17.

(20) コルシュ劇場についての基本的な文書史料は，モスクワにあるバフルーシン演劇博物館の手稿部に保存されている．その歴史に関する本書の記述は，この史料に多くを依拠している．

(21) *Kratkii ocherk desiatiletnei deiatel'nosti russkogo dramaticheskogo teatra Korsha v Moskve* (Moscow: I. N. Kushnerev, 1892), p. 48.

(22) E. Beskin, "Teatr b. Korsha," *Sovremennoe iskusstvo*, no. 23 (August 27, 1932): n.p.

(23) チェーホフが『イヴァーノフ』の改訂に成功したのは，以前，コルシュ劇場でこれを上演した経験が大きかった．次の文献を参照．Pavlova, "Teatr F. A. Korsha," pp. 13-14 および *Kratkii ocherk*, p. 29.

(24) "Rol' aktera v teatre Korsha," Bakhrushin Museum, f. 123, d. 295.256, l. 4.

(25) *Kratkii ocherk*, p. 10.

(26) *Kratkii ocherk*, pp. 15-16. 新会社の設立に関する契約書が，コルシュのアーカイヴに保管されている (delo 174370).

(27) Time, *U istokov*, p. 16.

(28) Beskin, "Teatra b. Korsha," n.p.

(29) Bakhrushin Museum, f. 123, d. 295.256, l. 5.

(30) Ibid., d. 295.257, l. 6.

(31) V. P., "Teatr Korsha," *Artist: Zhurnal iziashchykh iskusstv i literatury*, no. 43 (1894): pp. 183-85.

(32) スヴォーリンの伝記的事実については，次の文献を参照．Effie Ambler, *Russian Journalism and Politics* (Detroit: Wayne State University Press, 1972), pp. 37-59; および E. A. Dinershtein, "Izdatel'skaia deiatel'nost' A. S. Suvorina," *Kniga issledovaniia i materialy*, vol. 48 (Moscow: Kniga, 1984), pp. 82-118. スヴォーリンは日記を残している．*Dnevnik A. S. Suvorina*, translated, annotated, and with a foreword by M. Krichevskii (Moscow: L. D. Frenkel', 1923).

(33) *Dnevnik A. S. Suvorina*, ed. M. Krechinskii (Moscow: L. D. Frenkel', 1923). 次の文献も参照．Catherine Schuler, *Women in the Russian Theatre: The Actress in the Silver Age* (New York: Routledge, 1996), pp. 145-46.

(34) スヴォーリンはかつてチェーホフのパトロンであったが，そのチェーホフはスヴォーリンが造形した登場人物について，「彼らは話すのではなく，思索し，論評している」と，辛辣だが誤った見解を述べている．引用は，次による．Zograf, *Malyi teatr*, p. 443.

(35) A. S. Suvorin, *Tat'iana Repina* (St. Petersburg: Suvorin, 1889).

(36) チェーホフは過剰な感情表現に我慢できず，スヴォーリンの戯曲のパロディを書いた．Time, U istokov, p. 91.

(37) A. S. Suvorin, *Staroe ukhodit* (St. Petersburg: Suvorin, 1905).

(38) ミャスニツキーの小説『ゴスチヌィ・ドヴォールの人びと』に対して，「厚い雑誌」に出た批評には，たとえば次のものがある．*Russkoe bogatstvo*, no. 10（1896）: pp. 56–57.

(39) I. I. Miasnitskii, *Zhenit'ba Krutozobova*（Moscow: D. P. Efimov, 1898）.

(40) コルシュ劇場の財務記録からは，ミャスニツキーが常に最高額の印税を得ていたことが分かる．Bakhrushin Museum, f. 126, dela 163772–163803. 次の文献も参照．Pavlova, "Teatr F. A. Korsha," p. 12.

(41) クルィロフは「アレクサンドロフ」という名前を使っていたが，当時から彼は「クルィロフ」で通っていた．それで，本書もこちらを用いる．なおクルィロフの伝記的事実は，彼の作品集にクルィロフ自身が寄せた序文にもとづく．この作品集は，1884 年に初版，1892 年に再版と，少なくとも 2 版を重ねた．

(42) Viktor Krylov, "Ot avtora," *Dramaticheskie sochineniia*, vol. 1（St. Petersburg: G. Shreder, 1892）, pp. v–x. だがサルドゥは，「フランスのクルィロフ」と呼ばれるのを免れた．

(43) Viktor Krylov, *K mirovomu!*（n.p., n.d.）, act III, scene xi.

(44) これらは 1880 年代と 1890 年代に，シュレデル社から各巻 1 ルーブルで刊行された．1 巻につき，戯曲と寸劇が 4〜6 編収録されている．

(45) Zograf, *Malyi teatr*, pp. 143–52, 274–85. ゾグラフによるマールイ劇場史 2 巻本の付表は，この劇場での上演作品 60 年分を一覧にしているが，クルィロフは 1880 年代に登場し，1905 年までレパートリーから消えることがなかった．

(46) Ibid., pp. 428–29.

(47) アレクサンドル 3 世については，とくに次の文献を参照．Richard Wortman, *Scenarios of Power: Myth and Ceremony in Russian Monarchy*, vol. 2（Princeton: Princeton University Press, 2000）, part 2.

(48) ミハイルの父の死後，家業を引き継いだ母ヴァルヴァラ・アレクセーエヴナは以前から大きな注目を集めており，すでに，1882 年にП・Д・ボボルィキンがモスクワ商人を描いた小説『キタイ・ゴロド』に，女主人公アンナ・セラフィモヴナ・スタニツィナとして登場していた．

(49) Natal'ia Dumova, *Moskovskie metsenaty*（Moscow: Molodaia gvardiia, 1992）, pp. 64–67.

(50) *Dzhentlmen*, act II, scene iii.

(51) 彼の戯曲のうち 4 本は 1894 年にキシュネレフ出版社から公刊され，また，メロドラマは全作品がコルシュ劇場とマールイ劇場で上演された．

(52) William Wagner, *Marriage, Property, and Law in Late Imperial Russia*（Oxford: Clarendon Press, 1994）, p. 70.

(53) И・Н・ポタペンコの『縛られた翼』（1904 年）も，世代間の格差を舞台化したものである．

(54) S. Naidenov, *Deti Vaniushina*（*Teatr i iskusstvo*, no. 1, 1902 の付録として刊行）.

(55) ナイジョノフの次の戯曲『富める人』は，『ジェントルマン』からモラルを借用しているが，好奇心をそそる筋立てがなかったので大きく失敗した．F. Bat-ov, *Bogatyi chelovek, Mir bozhii*, no. 11（1904）: pp. 16–21.

(56) たとえば次の記事を参照．"Kriticheskie zametki," *Teatral'naia Rossiia*,［number unknown］（1905）: p. 12.

(57) 次の書籍が，2 つの戯曲を対比している．Iurii Beliaev, *Aktery i p'esy. Vpechatleniia*（St.

Petersburg: Ia. Berman, 1902), pp. 254–67.

(58) 次の文献に引用されている．M. G. Svetaeva, *Mariia Gavrilovna Savina* (Moscow: Iskusstvo, 1988), p. 244.

(59) ナイジョノフの選集の批評は，次の雑誌に掲載されている．*Sovremmenik*, no. 6 (1911): pp. 389–93.

(60) Vladimir Alexandrov, *Istoriia odnogo braka* (Moscow: Lomonosov, 1913).

(61) A. I. Stoikin, *Intelligenty* (*Teatr i iskusstvo*, 1911).

(62) Lev Ivanov, *Meshchanka vo dvorianstve* (Moscow: S. F. Razsokhin, 1912).

(63) Petrovskaia, *Teatr i zritel' rossiiskikh stolits*, p. 4.

(64) たとえばコルィシュコは，1917年の亡命後に「バヤイン」の筆名でウィッテを痛烈に攻撃する本を書いた．ここでは，ウィッテが自分の始めた改革をやり遂げなかったことが批判されている．コルィシュコは相変わらずゴシップ好きで，この本では政府内，とくにラムズドルフ大臣時代の外務省で同性愛が横行したことも記している．Baiain, *Lozh' Vitte. Iashchik Pandory* (Berlin: E. A. Gutnov, 1923).

(65) この点は『偉大な人』の緒言による．この緒言は，この芝居の批評を集めた同名のパンフレット『偉大な人』に転載された．*Bol'shoi chelovek* (Moscow: A. A. Devinson, 1909), p. 6.

(66) Theodore Von Laue, *Sergei Witte and the Industrialization of Russia* (New York: Antheum, 1973), pp. 69–70.〔セオダー・H・フォン・ラウエ，菅原崇光訳『セルゲイ・ウィッテとロシアの工業化』勁草書房，1977年〕

(67) 筆者は次の文献で，ウィッテが世論について先進的な理解を示していたことを述べた．Louise McReynolds, *The News under Russia's Old Regime: The Development of a Mass-Circulation Press* (Princeton: Princeton University Press, 1991), pp. 126–30.

(68) *Bol'shoi chelovek*, p. 6.

(69) B. V. Anan'ich and R. Sh. Ganelin, "Opyt kritiki memuarov S. Iu. Vitte," *Voprosy istoriografii i istochnikovedeniia istorii SSSR* (Moscow: Akademiia nauk, 1963), pp. 310–18.

(70) RGALI, f. 853, op. 2, d. 58, l. 106. サヴィナは劇評で常に激賞された．

(71) I. I. Kolyshko, *Pole brani* (St. Petersburg: Imperatorskoe russkoe teatral'noe obshchestvo, 1910).

(72) 帝室劇場の様々な問題について，テリャコフスキーが政府に出した多くの訴えや要望は，次の史料に見られる．RGIA, f. 497, op. 11, d. 24 and f. 69., op. 18 および f. 468, op. 44, d. 158.

(73) テリャコフスキーのゴシップに満ちた回想録は，彼とサヴィナが緊張をはらんだ関係にあったことを明らかにしており，テリャコフスキーは彼女のことを「策略家」「嘘つき」と呼んでいる．*Vospominaniia*, pp. 299–305.

(74) *Rampa i zhizn'*, no. 33, November 16, 1909.

(75) A. A. Pleshcheev, *Liubimets publiki* (Moscow: Razsokhin, 1910), p. 43.

(76) Ibid., p. 71.

(77) A. I. Mogilevskii, V. Filippov, and A. M. Rodionov, *Teatry Moskvy, 1917–1928* (Moscow: Gos. ak. khud. nauk, 1928), p. 5.

(78) RGIA, f. 472, op. 56, ed. khran. 56 には，徴兵免除の交渉についての史料が残されて

いる．たとえばオペラ界のスター，フョードル・シャリャーピンは明らかに適格者だったが，前線には出されなかった．

(79) スムバトフ＝ユジンは，この破壊を目の当たりにするという悲しい役目を負った．1917年のマールイ劇場については，次の史料を参照．RGIA, f. 497, op. 1, d. 1359.

＊訳注

〔1〕『ツァーリにして全ルーシの大公，ヴァシーリー・シュイスキー』は，劇作家ニコライ・アレクサンドロヴィチ・チャーエフ（1824–1914）が，1883年に発表した戯曲．本文にあるようにチャーエフはクレムリンの学芸員で，1859年から文筆活動に入った．作品には，中世のロシアに題材を取ったものが多い．彼は，ロシア劇作家協会の設立者のひとりでもある．

〔2〕「痛くてたまらん『ア＝リストクラシー病（痛風）』」の原文は，「The matchmaker in *Krutozobov's Wedding*, for example, worried about catching "agronomy, a'ristocratic illness"」．このとき結婚仲介は，「agronomy」ではなく「agony（苦悶）」，また「a'ristocratic illness」ではなく「arthritic（関節炎／痛風）」と言いたかったのである．

〔3〕ジョルジュ・フェドー（186–1921）は，ベル・エポックのパリで活躍した喜劇作家．歌と踊りを組み込んだ娯楽的な軽い喜劇であったボードビルを文学にまで高めた点に，功績があるとされる．代表作に『マキシムの貴婦人』(1899年)，『アメリーをたのむ』(1908年)．彼の人間描写には現代の不条理劇につながる側面があるとして，近年再評価が進んでいる．

〔4〕ミハイル・アブラモヴィチ・モロゾフ（1870–1903）は，モスクワの実業家，絵画・彫刻のコレクター．一族の創業者サッヴァ・ヴァシリエヴィチ・モロゾフ（1770–1862）は，カネで自由を購った解放農奴で，彼の曽祖父に当たる．1891年に，彼はモスクワ一の美人とうたわれたマルガリータ・キリロヴナ・マモントヴァ（1873–1958）と結婚した．このマモントフ家もモスクワ商人の名家だったが，父が事業に失敗したため，彼女は嫁資を持たないまま，モロゾフ家に嫁いだといわれる．しかし夫のミハイルがせっかちでワンマンな性格だったために夫婦生活はぎくしゃくとし，マクレイノルズが述べたようなマルガリータの失踪事件が1897年の夏に起こった．スムバトフ＝ユジンの『ジェントルマン』がモスクワのマールイ劇場で開演となるのは，この年の10月29日である．

〔5〕『緑林のチュルキン』(*The Bandit Churkin*）は，ニコライ・イヴァノヴィチ・パストゥホフ（1831–1911）の義賊小説（1882–85年）．パストゥホフは独学のジャーナリストで，モスクワで飲み屋を営業していたところを，名物弁護士Φ・H・プレヴァコに見出されて文筆活動に入った．1881年から『モスクワ小新聞』の発行を始め，自らもここにチュルキンものを連載した．

なお「Bandit」の訳語であるが，ホブスボームの『反抗の原初形態』(*The Social Bandits and Primitive Rebels*, 1959)，あるいは『匪賊の社会史』(*Bandits*, 1969）に見るように，古来より「bandit」と言えば「山賊」である．しかし山のない平板な地形を特徴とするロシアでは，山塞を構えて官憲に抗した梁山泊の108人に代表される，この種の「山賊」は語り得ない．代わってここに登場するのは「森の兄弟」で，小説に描かれたチュルキンもモスクワ近郊の森に潜伏して活動する．そこで本書では，マクレイノルズが『*The Bandit Churkin*』という英訳タイトルを付けたこの小説について，「山賊」が持つ

「義賊」のイメージと「抵抗の拠点としての森」というイメージを重ね合わせて，『緑林のチュルキン』と訳すことにした．「山賊」を「緑林の徒」と呼ぶことを踏まえたネーミングである．これに対して，本文中で「bandit」が単なる普通名詞として用いられている場合には，「義賊」ないし「匪賊」と訳している．

第3章

(1)　*Budil'nik*, no. 23 (1915): pp. 12-13.

(2)　Melvin Adelman, *A Sporting Time: New York City and the Rise of Modern Athletics, 1820-70* (Urbana: University of Illinois Press, 1986), p. 6.

(3)　Timothy Harte, "Game, Set, Stanza: Modern Sport in the Poetry of Osip Mandel'shtam," *Russian Review*, vol. 59, no. 3 (2000): pp. 353-70.

(4)　スポーツおよびギャンブルと社会的行動様式との関係については，以下を参照．Martin Shubik, *Game Theory and Related Approaches to Social Behavior* (New York: Wiley, 1964).〔M・シュービク，白崎文雄訳『ゲーム論概説――社会行動の研究』東海大学出版会，1968年〕

(5)　*Vopros o totalizatore v Gos. Sovete* (St. Petersburg: Iu. Ia. Riman, 1910), pp. 12, 14.

(6)　Ann Kleimola, "Good Breeding, Muscovite Style: 'Horse Culture' in Early Modern Rus'," *Forschungen zur osteuropäischen Geschichte* (1995): pp. 199-238.

(7)　*Sportsmen (Izdanie, posviashchennoe voprosam konnozabodstva i konskogo sporta)* (Moscow: n.p., 1913), pp. 7-15.

(8)　Adelman, *Sporting Time*, p. 39.

(9)　*Vopros*, pp. 12-13, 28.

(10)　M. K. Breitman, *Zametki o totalizatore* (St. Petersburg: Sport i favority, 1912), p. 14.

(11)　*Vopros*, p. 9. Breitman, *Zametki*, p. 14. これらによれば政府の取り分は10.5パーセントとされるが，このうちの0.5パーセントについては，おそらく慈善事業に充てることを想定していたと考えられる．

(12)　Breitman, *Zametki*, p. 7.

(13)　*Sportsmen* (Kiev), no. 9 (1909): p. 3. モスクワでは1886, 1889, 1897, 1901, 1908, 1909年に請願がなされている．*Vopros*, p. 11.

(14)　*Vopros*, p. 91.

(15)　Ibid., pp. 44-47.

(16)　Breitman, *Zametki*, p. 27.

(17)　*Vopros*, p. 41.

(18)　Breitman, *Zametki*, p. 12.

(19)　Ibid., p. 6.

(20)　*Vopros*, pp. 55-57.

(21)　Breitman, *Zametki*, pp. 3, 26-29.

(22)　Ruth Kedzie Wood, *The Tourist's Russia* (New York: Dodd and Mead, 1912), pp. 38-41.

(23)　*Sportsmen* (Kiev), no. 3 (1909): p. 1. 他が2000ルーブルだったのに対し，トリョフゴルニー賞は6000ルーブルを奮発した．

(24)　I. S. Turgenev, *Annales of Sportsman*, trans. F. P. Abbott（New York: Holt, 1885）, p. 109. ホルト社は政治よりも娯楽の側面に着目し，この訳書を「余暇シリーズ」の1冊として刊行している．

(25)　E. P. Thompson, *Whigs and Hunters: The Origins of the Black Act*（New York: Pantheon, 1975）.

(26)　Lindsey Hughes, *Russia in the Age of Peter the Great*（New Haven: Yale University Press, 1998）, p. 374.

(27)　Richard Wortman, *Scenarios of Power: Myth and Ceremony in Russian Monarchy*, vol. 2（Princeton: Princeton University Press, 2000）, pp. 54–57.

(28)　*Russkaia okhota*, no. 1（1910）: pp. 9–11. 1862年から1910年までの間に，猟友会は地域住民の脅威となっていたクマ155頭とキツネ700頭を始末している．

(29)　“Okhota: K iubileiu Mosk. obshchestva liubitelei okhoty,” *K sportu!* no. 1（1914）: p. 4.

(30)　Ibid.

(31)　“Sadki na volkov,” *Russkaia okhota*, no. 1（1910）: p. 8.

(32)　Joseph Bradley, *Guns for the Tsar: American Technology and the Small Arms Industry in Nineteenth-Century Russia*（De Kalb: Northern Illinois University Press, 1990）.

(33)　*Privolzhskii vestnik okhoty*, no. 19（1890–91）: p. 292.

(34)　A. N. Lialin, “Okhota na medvedia po nasty,” *Nasha okhota*, no. 4（1907）: p. 16.

(35)　以下の例を参照．A. Aleksandrov, “Na komel’skikh ozerakh,” *Priroda i okhota*, no. 2（1898）: p. 71; “Na glukharinom toku,” *Nasha okhota*, no. 1（1997）: p. 20.

(36)　次の雑誌の編集部記事による．*Privolzhskii vestnik ohhoty*, no. 11（1892）: p. 3.

(37)　John F. Baddeley, *Russia in the “Eighties”: Sport and Politics*（London: Longmans; Green, 1921）, p. 102.

(38)　П・П・リャブシンスキー関連の文書は，ロシア国立図書館の手稿部に保存されている．そこには1915年以降の彼のハンティングに関する支出明細が含まれており，彼と弟セルゲイが費用252ルーブルを2人で分担したことが記されている．RGB, f. 260, karton 1, delo 35.

(39)　リャブシンスキー文書のなかには，獲物と一緒に写ったハンターの写真が保管されている．なかにはリャブシンスキーが仲間のハンターらとともに，5体の巨大なヒグマの死体を踏みつけている写真もある．RGB, f. 260, karton 7, ed. khran. 1.

(40)　RGB, f. 260, karton 1, delo 35, l. 2.

(41)　A・H・サヴェリエフによるC・A・オゼロフの追悼記事が，次に収められている．*Psovaia i ruzheinaia okhota*, no. 3（1904）: pp. 51–53.

(42)　『狩猟規則草案』は，以下に公表されている．*Nasha okhota*（May 1909）: pp. 31–58.

(43)　“Proekt pravil ob ohote,” statute 9.

(44)　Ibid.

(45)　次の文献が，熱狂的だが技術は未熟なハンターたちのクマ狩りの模様を紹介している．Baddeley, *Russia in the “Eighties,”* pp. 153–58.

(46)　以下を参照のこと．*Handbook for Travelers in Russia, Poland, and Finland, including the Crimea, Caucasus, Siberia, and Central Asia*, 4th ed.（London: John Murray, 1888）; Karl Baedeker, *Russia with Teheran, Port Arthur, and Peking: Handbook for Travelers*（Leipzig: Karl

Baedeker, 1914; New York: Charles Scribner's, 1914), p. xlii.

(47) *Psovaia i ruzheinaia okhota*, special issue (December 1905): pp. 534-535.

(48) *Nasha okhota*, no. 17 (1911): pp. 1-2.

(49) この個所の記述は，『われらが狩猟』誌に，折々に掲載された広告にもとづいている．「警報」という名のピストルについては，わざわざ「免許なしで」の部分を強調して，広告が打たれた．

(50) このスポーツマン伯爵については，И・В・レベヂェフが簡潔だがその人となりを絶賛した伝記を残している．*Illiustrirovannyi zhurnal atletika i sport*, no. 3 (1905): pp. 48-50.

(51) 1914年の時点で，推計でドイツ人全体の4パーセントが運動クラブに所属していた．そこでは都市の男性がかなり高い割合を占めている点を考慮すれば，この数字は他の地域との比較に当たっても重要な意味を持つだろう．Peter Fritzsche, *Reading Berlin 1900* (Cambridge, Mass.: Harvard University Press, 1996), p. 80.

(52) *Ustav S-Peterburgskogo kruzhka liubitelei sporta* (St. Petersburg: S. L. Kind, 1896), p. 6.

(53) I. V. Lebedev, *Russkie silachi* (Moscow: P. P. Riabushinskii, 1910).

(54) I. V. Lebedev, "Vospominaniia o doktore V. F. Kraevskom," *Illiustrirovannyi zhurnal atletika i sport*, nos. 1-2 (1905): pp. 10-15.

(55) I. V. Lebedev, *Bortsy* (Petrograd: Gerkules, 1917), pp. 2-3.

(56) Lebedev, *Russkie silachi*, p. 10. 彼に関する次の記事も参照．*Tsiklist*, no. 160 (1887): p. 1; no. 20 (1898): p. 11.

(57) I. V. Lebedev, *Istoriia professional'noi frantsuskoi bor'by* (Moscow: Tea-Kino-Pechat', n.d.), p. 31.

(58) A. Bakhmetev, "Professor atletiki: stseny iz zhizni shkoly fizicheskogo razvitiia v trekh deistviiakh" (St. Petersburg: Gorodskaia tipografiia, 1907).

(59) *Gerkules*, no. 6 (1913): p. 12.

(60) B. A. Pirogov, *Futbol: Khronika, sobytiia, fakty* (Moscow: Sovetskii sport, 1995), p. 7.

(61) *Sport*, no. 3 (1913): pp. 1-2.

(62) "Prazdnik plavtsov v Shuvalovskoi shkole," *Ves' mir*, no. 25 (1914): p. 27.

(63) "O pomeshcheniiakh dlia obshchestv," *Velosipednyi sport*, no. 1 (1895): pp. 2-4.

(64) *Pamiatnyi listok S-Peterburgskogo kruzhka sportsmenov* (St. Petersburg: Suvorin, 1900).

(65) Ibid., p. 7.

(66) *Ustav Moskovskogo obshchestva sodeistviia fizicheskomu razvitiiu* (Moscow: E. Lissner and Iu. Roman, 1896).

(67) アレクセーエフの追悼記事が，次の文献に掲載されている．*"Bogatyr," Obshchestvo telesnogo vospitaniia: Otchet za 1906* (St. Petersburg: Suvorin, 1907), pp. 7-18.

(68) Ibid., p. 42.

(69) 講演の題目には，日本の「女子大学」と身体教育，そしてこれらと近年の戦争におけるロシア側損失との関連性といった，公共的な関心の高いテーマが含まれていた．*"Bogatyr," Obshchestvo telesnogo vospitaniia: Otchet za 1907* (St. Petersburg: Vladimirskaia, 1910), p. 6. 財務報告については，ibid., pp. 50-53.

(70) Ibid., pp. 79-91.

(71) たとえば以下を参照．*Ustav Ekaterinodarskogo otdeleniia obshchestva telesnogo vospitaniia*

"Bogatyr"（Ekaterinodar: Pechatnik, 1910）; *Ves' mir*, no. 25（1914）: p. 29.

（72） 各地で活動する12のスポーツ団体の半数が，定款にまったく同じこの文言を用いている．

（73） *Ustav korporatsiia "Sparta"*（St. Petersburg: Iu. A. Mansfel'd, 1908）.

（74） スポーツチームと労働組合の関係を論じたものとして，Steven Riess, *City Games: The Evolution of American Urban Society and the Rise of Sports*（Urbana: University of Illinois Press, 1991）, p. 83. また労働者の政治意識の成熟がサッカーにより妨げられた点を示唆するものとして，B. Chesnokov, "Sport v staroi Moskve," *Fizkul'tura i sport,* no. 9（1947）: p. 12.

（75） *Nevskii iakht klub*（St. Petersburg: Isidor Gol'dberg, 1897）, pp. 1-5, 45.

（76） *Velosipedist i rechnoi iakht-klub*, no. 1（1892）: p. 2.

（77） *Azart*, no. 4（April 2, 1906）: p. 43. 警察がペトロフスキー・ヨットクラブをガサ入れしたというニュースは，賭けを題材としていた同誌に頻繁に現われている．

（78） *Velosipednist i rechnoi iakht-klub*, no. 1（1892）: p. 1.

（79） Robert A. Smith, *A Social History of the Bicycle: Its Early Life and Times in America*（New York: American Heritage Press, 1972）, chapter 1.

（80） ロシアで最初の自転車利用者は，1882年にモスクワの路上に登場した．モスクワでは，ホドィンカ原，ソコリニキ，マネジに自転車用コースが設営された．*Fizkul'tura i sport*, no. 9（1947）: p. 13.

（81） *Tsiklist*, no. 1（1897）: p. 2.

（82） ちなみにマイケル・キンメルは，アメリカに見られた類似の「1890年代の自転車ブーム」について論じている．Michael Kimmel, "The Contemporary 'Crisis' of Masculinity in Historical Perspective," in *The Making of Masculinities: The New Men's Studies*, ed. Harry Brod（Boston: Allen and Unwin, 1987）, p. 139. 以下も参照のこと．Smith, *Social History of the Bicycle*, chapter 6.

（83） *Velosipednyi sport*, no. 14（1895）: p. 252.

（84） ジェファソンの走破に関する一連の記事を『サイクリスト』誌に執筆したのはB・ラスポリンで，同誌の1896年春の号を飾っている．

（85） *Velosipedist i rechnoi iakht-klub*, no. 1（1892）: p. 2.

（86） *Sport*, no. 2（1897）: p. 30.『教会報知』（ツェルコーヴヌィ・ヴェースニク）の記事が再録されている．

（87） *Sudebnaia drama*, no. 1（1899）.

（88） "Chto takoe velosiped?" *Velosiped*, nos. 31-32（1892）: p. 1.

（89） *Russkii turist*, no. 1（1899）: p. 2.

（90） 1897年の時点で，フランスには50万台以上の自転車が存在していた．それに比べれば，ロシアの自転車クラブの会員はまだ少数であった．*Sport*, no. 1（1897）: p. 80.

（91） 1895年のレース報道は，以下に掲載されている．*Tsiklist*, no. 22（1896）: p. 6.

（92） *Tsiklist*, no. 22（1896）: pp. 7-13.

（93） *Tsiklist*, no. 21（1889）: p. 3; no. 27（1896）: pp. 2-3.

（94） Staryi Chempion, "Porazhenie amaterism," *Tsiklist*, no. 1（1897）: pp. 2-3; no. 137（1897）: pp. 1-2.

（95） *Tsiklist*, no. 1（1897）: pp. 2-3.

(96) ただし『自転車スポーツ』誌は編集上の独立性を維持するため，自転車製造企業からの広告料の受け取りを拒否していた．

(97) *Tsiklist*, no. 48 (1896): p. 19.

(98) *Tsiklist*, no. 26 (1896): p. 26.

(99) *Tsiklist*, no. 23 (1898): p. 1.

(100) *Tsiklist*, no. 191 (1897): p. 3. アレクセーエフは，賭け競馬に強硬に反対していた市長とも縁続きであった．彼の弁護士のおかげで，若者たちは全員が釈放された．

(101) 1899年にリガで自転車クラブが設立されたとき，このクラブはリガの乗馬協会との間に，競走のためのトラックを初めとする，複数の活動拠点を共有せねばならなかった．

(102) *Tsiklist*, no. 10 (1903): p. 7. なお同じ時期のモスクワでは，県当局が自転車利用者に免許の取得を求めて，市会と対立していた．*Russkii turist*, no. 4 (1904): pp. 93-96.

(103) "Smert' ili spiachka?" *Sportivnaia zhizn'*, no. 11 (1911): pp. 5-8. ちなみに著者は，スポーツはすでに死んでしまったのか，あるいは単に眠っているところなのか，と問いかけている．

(104) たとえば1895年設立のペテルブルク有数の自転車クラブは，ペテルブルク・サイクリスト・観光旅行者協会と命名され，『自転車』誌を刊行していた．1899年，機関誌名が『ロシアのツーリスト』に変わった後，組織自体も1903年に「ロシア・ツーリスト協会」に改名する．

(105) Steven Riess, *Touching Base: Professional Baseball and American Culture in the Progressive Era* (Westport, Conn.: Greenwood, 1980), pp. 226-28.

(106) たとえば以下を参照のこと．John McKay, *Pioneers for Profit: Foreign Entrepreneurship and Russian Industrialization, 1885-1913* (Chicago: University of Chicago Press, 1970), とくに chapter 5.

(107) Pirogov, *Futbol*, pp. 3-4.

(108) Victor Peppard, "The Beginnings of Russian Soccer," *Stadion*, vol. 8-9 (1982-83): p. 156. この引用については，ボブ・エーデルマンに謝意を表したい．

(109) Ibid., p. 5. 1902年にロシアで初めてアスプデン杯に参戦したチームは全敗している．得点と失点の総数は3対23だった．

(110) Ibid., p. 6.

(111) Pirogov, *Futbol*, pp. 6-7.

(112) Alfred Rieber, *Merchants and Entrepreneurs in Imperial Russia* (Chapel Hill: University of North Carolina Press, 1982), pp. 210-11. コンシンはモスクワ商業界の大立者のひとり，П・M・トレチャコフの義兄にあたる．

(113) Al'bert Starodubtsev, "Pervye shagi," *Sport Ekspress* (October 1999): pp. 38-40.

(114) Pirogov, *Futbol*, p. 7.

(115) P. A. Kanunnikov, "Pobeda 'dikikh,'" *Fizkul'tura i sport*, no. 12 (1936): p. 6; Chesnokov, "Sport v staroi Moskve," pp. 12-13. また次も参照．Pirogov, *Futbol*, chapter 1.

(116) B. M. Chesnokov, "Ot bor'by 'dikareu' s 'aristokratami'... K olimpiiskim pobedam," *Sportivnaia zhizn' Rossii*, no. 12 (1960): p. 11.

(117) Chesnokov, "Sport v staroi Moskve," pp. 12-13.

(118) Peter Frykholm, "Soccer and Social Identity in Pre-Revolutionary Moscow," *Journal of Sport History*, vol. 24, no. 2 (1997): p. 147.

(119) Ibid., pp. 148–149. ここで議論されているのは，革命前のロシアにも見られた，ファンがチームと一体化するという現象である．

(120) Pirogov, *Futbol*, p. 7.

(121) Ibid., pp. 8–9.

(122) Ibid., p. 9.

(123) *Ves' mir*, no. 44 (1913): p. 26.

(124) *Fizkul'tura i sport*, no. 11 (1955): p. 1955.

(125) Pirogov, *Futbol*, p. 21.

(126) 1908 年ワールドシリーズのカブズ対タイガース戦を球場で観ていたのは，わずか 6000 名にすぎない（http://www.sportingnews.com/archives/worldseries/1908.html）．

(127) Pirogov, *Futbol*, p. 11; *Obozrenie teatrov*, no. 194 (1910): p. 16.

(128) *K sportu!* no. 1 (1912): p. 9.

(129) Pirogov, *Futbol*, pp. 10–14. ここでピロゴーフは，国際的に言ってロシアチームは見劣りがした，という．

(130) 少なくとも 1897 年までは，ペテルブルクでは女性はどこであれ自転車に乗ることが許されていた．*Tsiklist,* no. 140 (1897): p. 3.

(131) たとえばつぎを参照．V. Pavlovskii, "O, zhenshchiny!" *Priroda i okhota*, no. 2 (1894): pp. 78–90.

(132) S. G. Kniaginia, "Moe pervoe znakomstvo s volkami," *Psovaia i ruzheinaia okhota*, no. 9 (1905): pp. 94–100.

(133) "Zhenshchina i okhota," *K Sportu!* no. 56 (1912): pp. 21–23.

(134) "Zhenskii vopros," *Sportivnaia zhizn'*, no. 17 (1911): pp. 1–8.

(135) *Sportivnaia zhizn'*, nos. 1–2 (1911): p. 78; *Vozdukhoplavatel'*, no. 1 (1911): pp. 39–47.

(136) *Ves' mir*, no. 25 (1919): p. 28.

(137) *Velosipednyi sport*, no. 1 (1895): pp. 9–15. ここには，女性にとってのサイクリングの重要性を論じた記事がいくつか載っている他，ロシア屈指の女性サイクリストの氏名も挙げられている．さらに次も参照．*Sport*, no. 6 (1897): p. 80.

(138) たとえば『レッツ・スポーツ』誌の特別号（1912 年，第 56 号）では，体操選手からクマ撃ちハンターに至るまで，多数のロシア人女性アスリートの偉業が称揚されている．その多くが貴族出身であったのは驚くべきことではない．ただ 1911 年頃には，女子校でもサッカーチームが組織されていた．

(139) Allen Guttmann, *The Olympics: A History of the Modern Games* (Urbana: University of Illinois Press, 1992), p. 25.

(140) Wood, *Tourist's Russia*, p. 41.

(141) たとえばイギリスでは，1866 年に，「肉体労働によって生計を立てている者」に対して，競技におけるアマチュア資格が否認されている．John J. MacAloon, *This Great Symbol: Pierre de Coubertin and the Origins of the Modern Olympic Games* (Chicago: University of Chicago Press, 1981), p. 166.〔ジョン・J・マカルーン，柴田元幸・菅原克也訳『オリンピックと近代――評伝クーベルタン』平凡社，1988 年〕．

(142) Ibid., pp. 234-235.
(143) ブトフスキー将軍は，国内に関心の高まりが見られないことを報告している．Ibid., p. 199.
(144) D. V., “Londonskii olimpiad i russkie bortsy,” *Gerkules*, no. 6 (1913): pp. 2-6.
(145) F. Borisov, “Vospominaniia byloe,” *Sportivnaia zhizn' Rossii*, no. 8 (1960): p. 18.
(146) Ibid.
(147) “Olimpiiskie igry v Stokgol'me,” *K sportu!* no. 23 (1912): p. 5.
(148) *K sportu!* no. 27 (1912): p. 3. なおアンブレラ委員会が存在していたにもかかわらず，地方クラブは自分たちがオリンピック・チームの編成から事実上排除されているように感じていた．
(149) Pirogov, *Futbol*, p. 15.
(150) *Gerkules*, no. 1 (1912): pp. 2-6.
(151) *Gerkules*, no. 2 (1913): p. 6. ちなみに，自分本来の体重に見合った階級で試合にエントリーした 1913 年の世界大会で，バウマンはチャンピオンとなった．Ian Dymov, *I druzhboi sil'ny bogatyri* (Kiev: Molod, 1983), p. 184.
(152) *K sportu!* no. 34 (1912): p. 1; Borisov, “Vospominaniia byloe,” p. 18.
(153) *K sportu!* no. 34 (1912): p. 7; no. 44 (1912): p. 15.
(154) *K sportu!* no. 32 (1912): p. 2.
(155) *K sportu!* no. 48 (1912): p. 11; *Sport*, no. 2 (1913): p. 2.
(156) *Pervaia Iaroslavskaia olimpiada* (Yaroslavl: K. F. Nekrasov, 1915).
(157) 次に所収の記事を参照．*Ves' mir*, no. 25 (1914): p. 27; no. 37 (1916): p. 27.
(158) *Ves' mir*, no. 43 (1916): p. 26.

＊訳注

〔1〕 『運動の教授』は，アレクセイ・イヴァノヴィチ・バフメーチェフ（生没年不詳）による，1907 年の戯曲．

〔2〕 第 2 章で登場したジャーナリスト，アレクセイ・セルゲーヴィチ・スヴォーリン（1834-1912）は，先妻との間にミハイル（1860-1936）とアレクセイ（1862-1937），後妻との間にアナスタシヤ（1877-1922 以降）とボリス（1879-1940）という 4 人の子をもうけた．ここに言うアレクセイ・スヴォーリンは，この先妻が産んだ子である．また「国際的に活躍したテニス選手のΠ・Φ，そしてH・Φ・スマローコフ＝エリストン」とあるのは，「M・H・スマローコフ＝エリストン」の誤記であろう．彼については，本書第 3 章訳注 6 を参照．

〔3〕 アニー・オークレイ（1869-1926）は，オハイオ生まれの射撃の名手．1885 年，ワイルド・ウェスト・ショウにスカウトされてスターとなる．射撃の技量に加え，華奢で容姿端麗だったことから，その生涯は再三にわたって映画化，ドラマ化された．ミュージカル『アニーよ，銃をとれ』（1946 年，66 年），映画『アニーよ，銃をとれ』（1950 年）のヒロインとしても名高い．

〔4〕 イサドラ・ダンカン（1877-1927）は，アメリカの舞踊家．「自然に還れ」をモットーに古典バレエの堅牢な形式に反旗を翻して，古代ギリシアの緩やかな寛衣に裸足で踊ったことで知られている．1897 年からヨーロッパ各地を巡業．ロシアでは 1905, 1908, 1912, 1921 年と 4 度にわたって公演した．定型化された動きを排し感情の赴く

ままに身体を動かした彼女の踊りは，舞踊界に衝撃を与え，モダンダンスが生まれるきっかけを作った．

〔5〕　ジム・ソープ（1888–1953）は，ネイティヴ・アメリカンの血を引くスポーツ選手．アメリカン・フットボールの選手として名を挙げ，1912 年のストックホルム五輪では陸上十種と陸上五種で金メダルを獲得．しかし過去にセミプロとしてプロ野球に出ていたことが問題視され，1913 年にメダルを剥奪された．以後は大リーグやアメリカン・フットボールに活動の場を移したが，スポーツ以外の社会に適応できず，極貧のなかで死んだ．IOC は 1982 年にソープの名誉を回復して，メダルの返還を決定した．

〔6〕　ロシアにおけるテニスの事始めは，アレクサンドル 2 世の 4 人の皇子たちがツァールスコエ・セローで試合をした 1875 年に遡るとされるが，各地にテニスクラブが設立されるのは世紀末，とりわけ 20 世紀に入ってのことである（現在のロシア・テニス協会の前進，「全ロシア・テニスクラブ連盟」は 1908 年に設立された）．ミハイル・ニコラエヴィッチ・スマローコフ = エリストン（1893–1970）は，この草創期のロシア・テニス界で活躍したスター選手で，国内選手権ではシングルス，ダブルス合わせて 8 回の優勝経験を持つという，伝説のプレイヤーであった．マクレイノルズも述べるように，1912 年のオリンピック・ストックホルム大会では，彼はライバルのアレクサンドル・アポロノヴィチ・アレニーツィン（生没年不詳）とともに参加し，アレニーツィンと初戦でぶつかるというハプニングを経て（アレニーツィンの辞退によってスマローコフ = エリストンが次に進んだ），3 回戦で敗退した．なおスマローコフ = エリストン伯爵家は彼の祖父フェリックス・ニコラエヴィチ・エリストン（1820–77）が起こした名家で，この祖父が 1856 年にスマローコフ伯爵家を継いでスマローコフ = エリストンを名乗っている．彼の孫，すなわちテニス選手の従兄に当たる人物が，ラスプーチン暗殺に加わったフェリックス・フェリクソーヴィチ・ユスーポフ公爵（1887–1967）である．

第 4 章

（1）　ミシェル・フーコーの言葉を借りるなら，この 2 人の名士は「身体に，行動様式に，社会関係のなかに作り出される作用の総体」を象徴する存在だった．Foucault, *The History of Sexuality*, vol. 1, *An Introduction*, trans. Robert Hurley（New York: Vintage, 1980），p. 127.〔ミシェル・フーコー，渡辺守章訳『性の歴史』第 1 巻，新潮社，1986 年〕.

（2）　Paul Smith, *Boys: Masculinities in Contemporary Culture*（Boulder: Westview, 1996），p. 3.

（3）　次の論文のなかで議論されている．Jeffrey Weeks, “Discourse, Desire, and Sexual Deviance: Some Problems in a History of Sexuality,” in *The Making of the Modern Homosexual*, ed. K. Plummer（London: Hutchinson, 1981）.

（4）　Viola Klein, *The Feminine Character: History of an Ideology*（London: Routledge, 1971）.〔V・クライン，水田珠枝訳『女とは何か――イデオロギーの歴史』新泉社，1982 年〕.

（5）　Philip Rieff, *The Triumph of the Therapeutic: Uses of Faith after Freud*（New York: Harper and Row, 1966），p. 2.

（6）　Waren Susman, “‘Personality’ and the Making of Twentieth-Century Culture,” in his *Culture as History: The Transformation of American Society in the Twentieth Century*（New York: Pantheon, 1984），pp. 271–85.

(7)　ジャニス・ラドウェイによれば，観客とは特定の選択を行なう「解釈共同体」である．「なぜなら，彼らの社会生活の根幹の部分は，何らかの形で提起され実現されていくような，さまざまな必要や需要を生み出すからである」．引用は次による．Jay Blumler, "Recasting the Audience in the New Television Marketplace?" in *The Audience and Its Landscape*, ed. James Hay, Lawrence Grossberg, Ellen Wartella (Boulder: Westview, 1996), p. 101.

(8)　「セックスとジェンダーの関係」については，次の論文でゲイル・ルービンが初めて定式化した．Gayle Rubin, "The Traffic in Women: Notes toward a Political Economy of Sex," in *Toward an Anthropology of Women*, ed. Rayna Reiter (New York: Monthly Review, 1975), pp. 157-210.

(9)　Rita Felski, *The Gender of Modernity* (Cambridge, Mass.: Harvard University Press, 1995), pp. 20, 24.

(10)　スーザン・グレンが説得的に議論していることだが，フェミニズムがその方向を確定する以前の話とはいえ，世紀転換期アメリカの女性パフォーマーは，その際立った個性を通して顕著な政治性を誇った．サヴィナの人生も，多くの点でこれと似たところがある．Susan Glenn, *Female Spectacle: The Theatrical Roots of Modern Feminism* (Cambridge, Mass.: Harvard University Press, 2000).

(11)　*Gordost' russkogo teatra: Mariia Gavrilovna Savina* (St. Petersburg: T-va khudozhestvennogo pechati, 1900), pp. 2, 9.

(12)　M. G. Svetaeva, *Mariia Gavrilovna Savina* (Moscow: Iskusstvo, 1988), p. 131.

(13)　RGALI, f. 853, op. 2, ed. khran. 45, l. 92.

(14)　*Gordost'*, pp. 21-22. 多少フランス語の心得があったものの，サヴィナはフランス語による演技を拒絶した．Svetaeva, *Mariia Gavrilovna Savina*, pp. 232-36.

(15)　1909年，サヴィナの3番目の夫A・モルチャノフが中心となって，このときの国外公演に寄せられた多数の賛辞が公刊された．ここには報道記事や彼女の日記が収録されている．*Russkoe stsenicheskoe iskusstvo za granitsei: Artisticheskaia poezdka M. G. Savinoi s truppoi v Berlin i Pragu* (St. Petersburg: Tip. Glav. Up. Udelov, 1909).

(16)　「ベルナール・スキャンダル」に関する新聞記事や投書については，RGALI, f. 853, op. 2, ed. khran. 35.

(17)　以下に収録のインタビューによる．*Peterburgskaia gazeta*, December 29, 1909, no. 357.

(18)　M. G. Savina, *Goresti i skitannia: Pis'ma, vospominaniia* (Moscow: Iskusstvo, 1983).

(19)　引用は次による．I. I. Shneiderman's introduction to *Goresti*, p. 10.

(20)　Savina, *Goresti*, p. 39.

(21)　Scneiderman, introduction to *Goresti*, pp. 11-12.

(22)　"Life upon the Wicked Stage," music by Jerome Kern, lyrics by Oscar Hammerstein II. From *Showboat*, 1927, producer, Florenz Ziegfeld.

(23)　*Gordost'*, p. 12.

(24)　キャサリン・シューラーは「[サヴィナとは対照的に] エルモロヴァのみが全国民的なアイコンとして頂点をきわめた」と述べ，この種の偏見を繰り返している．Catherine Schuler, *Women in the Russian Theatre: The Actress in the Silver Age* (New York: Routledge, 1996), p. 77.

(25)　M. G. Savina, "Kak nashel menia P. M. Medvedev," in *Goresti*, p. 137.

(26)　Ibid., pp. 134–35.
(27)　TsGIA, f. 468, op. 14, d. 786, l. 6. 1893年に，彼女は3000ルーブルを稼いだ．これは2位の喜劇役者タヴィドフと比べても1000ルーブル高い．
(28)　ロマノフ家からの贈答品のリストは，RGALI, f. 853, op. 2, ed. khran. 2. サヴィナに宛ててダイヤモンドやルビーが贈られていたが，さらに1913年には，彼女は宝石を散りばめた特製のメダルを受け取った．その他の褒賞については，ed. khran. 56, 1. 8およびed. khran. 58, 1. 119.
(29)　M. G. Savina, "Saratov," *Goresti*, pp. 98–99.
(30)　スターのサヴィナと評論家兼劇作家のスヴォーリンとは，数十年にわたって愛憎の入り混じる関係を繰り広げた．たとえばサヴィナは，スヴォーリン作品の役を引き受けたり，これを拒絶したりしている．一方，スヴォーリンの新聞は，徹頭徹尾サヴィナを支援する役割を果たし続けた．RGALI, f. 853, op. 2, d. 40, ll. 1–11.
(31)　M. G. Savina, "Petersburg," *Goresti*, pp. 104–5.
(32)　この点については，以下に議論がある．*Vera Fedorovna Komissarzhevskaia: Pis'ma aktrisy, vospominaniia o nei, materialy*（Moscow: Iskusstvo, 1964）, pp. 214–17.
(33)　サヴィナに対するチェーホフの態度は，いまだ不明である．だがチェーホフは，新人の抜擢に満足しているように見えた．Ibid., p. 217.
(34)　次の史料は，1881年以降のサヴィナに見られた，「自分自身を忘れ去る」彼女の超人的能力のことを言及している．RGALI, f. 853, op. 2, ed. khran. 56, l. 10.
(35)　この点に関する記述が，彼女の個人アーカイヴに残っている．RGALI, f. 853, op. 2, d. 56, l. 10.
(36)　「女の劇場」について，以下に議論がある．Svetaeva, *Mariia Gavrilovna Savina*, p. 112.
(37)　Ibid., p. 131.
(38)　Ibid.
(39)　Schuler, *Women in Russian Theatre*, pp. 31–35.
(40)　Savina, "Kak nashel menia," p. 136.
(41)　活動の全時期にわたって，サヴィナにはこのような傾向が見られた．この点は，メディアに載った劇評が言及している．とくにサヴィナ関連のアーカイヴに保管されている，1914年の『公民』誌の記事を参照．RGALI, f. 853, op. 2, ed. khran. 45, l. 143.
(42)　RGALI, f. 853, op. 2, ed. khran. 45, l. 9.
(43)　Richard Schechner, *Performance Theory*（New York: Routledge, 1988）, p. 171.
(44)　RGALI, f. 853, op. 2, ed. khran. 58, l. 99.
(45)　RGALI, f. 853, op. 2, ed. khran. 58, ll. 123–27.
(46)　Shneiderman, introduction to *Goresti*, pp. 64–66.
(47)　Ibid., p. 63.
(48)　M. G. Savina, "Moe znakomstvo s Turgenevym," *Goresti*, pp. 137–47.
(49)　Jane Tompkins, *Sensational Designs: The Cultural Work of American Fiction, 1790–1860*（New York: Oxford University Press, 1985）, pp. 3–4.
(50)　Felski, *Gender of Modernity*, p. 3.
(51)　RGALI, f. 853, op. 2, ed. khran. 67a, ll. 42–43.
(52)　サヴィナの言によれば，この役は「彼女を夢中にさせた」．Interview in *Peterburgskaia*

gazeta, December 3, 1901, no. 332.

(53) 地方のオペラ・スターであったカドミナが数年前にこの事件を起こして，大変な騒ぎとなった．

(54) スヴォーリンの『新時代』を含めて，ペテルブルクの主要メディアでは，一般的に言って，劇作家スヴォーリンよりも女優サヴィナの方に好意的であった．これらの記事は，サヴィナ関連のアーカイヴに所蔵されている．RGALI, f. 853, op. 2, ed. khran. 45, ll. 66–87.

(55) サヴィナにも，作者の許可を得てマルグリット役を演じた経験がある．『フィガロ』紙に掲載された作者の劇評が，アーカイヴに保管されている．RGALI, f. 853, op. 2, ed. khran. 56, l. 1.

(56) RGALI, f. 853, op. 2, ed. khran. 56, ll. 42, 47.

(57) 1888年プレミアの『オリガ・ランツェヴァ』の劇評は，RGALI, f. 853, op. 2, ed. khran. 45.

(58) この『ノーヴォスチ』紙掲載の劇評は，次に保管されている．RGALI, f. 853, op. 2, ed. khran. 45, l. 58.

(59) 社会学者のアーヴィング・ゴフマンは，サヴィナのような女優を，社会的行動「そのものではなく，社会的行動のためのモデル」であると特徴づけている．Erving Goffman, *Frame Analysis: An Essay on the Organization of Experience* (New York: Harper and Row, 1974), p. 41.

(60) M. G. Savina, "Pervaia liubov'," in *Goreati*, p. 51.

(61) Scneiderman, introduction to *Goresti*, p. 10.

(62) M. G. Savina, "Moe zamuzhestvo," pp. 73–87.

(63) Scneiderman, introduction to *Goresti*, p. 18.

(64) Roshanna Sylvester, "Crime, Masquerade, and Anxiety: The Public Creation of Middle-Class Identity in Pre-Revolutionary Odessa, 1912–1916" (Ph. D. diss., Yale University, 1998), pp. 318–21.

(65) Felski, *Gender of Modernity*, pp. 2–3.

(66) Glenn, *Female Spectacle*, p. 6.

(67) Sylvester, "Crime, Masquerade, and Anxiety," pp. 166–72. また下記も参照のこと．Adele Lindenmeyr, *Poverty Is Not a Vice: Charity, Society, and the State in Imperial Russia* (Princeton: Princeton University, 1998), pp. 318–21.

(68) RGALI, f. 853, op. 2, ed. khran. 45, l. 56. 彼女は地方俳優のために，慈善興行を組織したりもした．RGALI, f. 853, op. 2, ed. khran. 6, l. 3. スヴェタエヴァも論じているが，サヴィナの見せた時間も金も惜しまない寛大さは疑いないものだった．Svetaeva, *Mariia Gavrilovna Savina*, especially pp. 224, 229.

(69) 各種のチャリティにサヴィナが参加した模様については，以下に史料がある．RGALI, f. 853, op. 2, ed. khran. 20.

(70) Svetaeva, *Mariia Gavrilovna Savina*, pp. 289–308.

(71) Interview in *Peterburgskaia gazeta*, December 3, 1909, no. 332.

(72) Peter Stearns, *Be a Man! Males in Modern Society* (New York: Homes and Meier, 1990), pp. 54, 159. こういった目的を追求したために，ボディービルはマルクス主義者から批判さ

れたが，これについてはアレン・グットマンの議論がある．Allen Guttmann, *The Erotic in Sports*（New York: Columbia University Press, 1996), pp. 146–47.〔アレン・グットマン，樋口秀雄訳『スポーツとエロス』柏書房，1998 年〕

(73) リチャード・ダイアーは，次のように指摘している．「鍛えられた肉体は，問題はあっても，生まれつき持っている肉体と見えるだろう．たしかにそれは，白人が生まれつき持ち合わせる肉体ではない．しかし，それは彼らの生まれながらの精神力によって作り出すことができる．何より重要なのは，それが作られたものであるということ，思考と計画を適用した産物だということである」．Richard Dyer, "White Men's Muscles," in *Race and the Subject of Masculinities*, ed. Harry Stecopoulos and Michael Uebel（Durham: Duke University Press, 1997), p. 310.

(74) Elliott Gorn, *The Manly Art: Bare-Knuckle Prize Fighting in America*（Ithaca: Cornell University Press, 1989).

(75) ひときわボクシングに夢中になった人物のひとり，M・O・キスチェルはクラエフスキーの最初のサークルのメンバーであり，短命に終わったロシアのボクシング史で文字どおり支配的な存在であった．M. N. Lukashev, *Slava bylykh chempionov*（Moscow: Fizkul'tura i sport, 1976)．さらに次も参照．Foma Balagur, *Udaloi moskovskii kulachnyi borets Potap Butylkin: Ego pokhozhdeniia po kulichnym boiam, stenkam na stane*（Moscow: A. D. Sazonov, 1908).

(76) たとえば次の論文を参照．A. Pash., "Bor'ba v Mikhailovskom manezhe," *Artist i tsena*, no. 4（1910): pp. 14–15. バスのオペラ歌手フョードル・シャリャーピンは「壁」における不文律，たとえばダウンしている者を殴打したり，決してグローブに凶器などを隠したりしないことを理想視した．けれども，これに関して残された警察の報告書や当局が発表した死亡者数を見ると，はるかに暴力的な実態が浮かび上がってくる．Fedor Shaliapin, *Stranitsy iz moei zhizni*（Moscow: Iskusstvo, 1959), pp. 41–42.

(77) I. V. Lebedev, *Istoriia professional'noi frantsuskoi bor'by*（Moscow: Teatr-Kino-Pechat', n.d.), p. 31.

(78) I. V. Levedev, "Vospominaniia o doktore V. F. Kraevskom," *Illiustrirovannyi zhurnal atletika i sport*, nos.1–2（1905): p. 12.

(79) Nikolai Razin, *Polveka nazad. Vospominaniia bortsa*（Moscow: Fizkul'tura i sport, 1963), pp. 5–11. また次も参照．B. V. Gorbunov, "Narodnye vidy sportivnoi bor'by kak element traditsionnoi kul'tury russkikh（XIX-nachalo XX v.)," *Sovetskaia etnografiia*, nos. 4–16（1989): pp. 90–101.

(80) Roland Barthes, "The World of Wrestling," in *Mythologies*, trans. Annette Lavers（New York: Hill and Wang, 1972), pp. 115–25.〔ロラン・バルト，下澤和義訳『現代社会の神話』みすず書房，2005 年〕

(81) Ibid., p. 125.

(82) H・H・ブレシュコ＝ブレシュコフスキーは以下の著書で観客について論じている．N. N. Breshko-Breshkovskii, *V mire atletov*（St. Petersburg: A. V. Koreliakov, 1908), p. 42.

(83) Michael Budd, *The Sculpture Machine: Physical Culture and Body Politics in the Age of Empire*（New York: New York University Press, 1997), p. 45.

(84) V. Merkur'ev, *Ivan Poddubnyi*, 2nd ed.（Krasnoiarsk: Krasnoiarskoe knizhnoe izdatel'stvo,

1976), pp. 6-8.

(85) Ibid., pp. 10-11.

(86) 人気が高かったフランス・レスリング史のロシア語版は，1903年に刊行された．この本はレスラーを「広場のピエロ」と見なすイメージを一掃すること，そして「古代ギリシアに由来する尊厳を回復すること」を目的としている．Leon Ville, *Bor'ba i bortsy* (St. Petersburg: F. I. Mitiurnikov, 1903).

(87) B. Chesnokov, "Bortsy dorevoliutsionnoi Rossii na mezhd. sorevnovaniiakh," *Teoriia i praktika fizicheskoi kul'tury*, no. 19 (1929): p. 866.

(88) Merkur'ev, *Ivan Poddubnyi*, p. 13.

(89) Budd, *Sculpture Machine*, p. 65.

(90) Eve Kosofsky Sedgwick, *Between Men: English Literature and Male Homosocial Desire* (New York: Columbia University Press, 1985), p. 1.〔イヴ・K・セジウィック，上原早苗・亀澤美由紀訳『男同士の絆――イギリス文学とホモソーシャルな欲望』名古屋大学出版会，2001年〕

(91) A. Svetov, *Ivan Zaikin* (Moscow: Fizkul'tura i sport, 1957), p. 22.

(92) I. V. Levedev, *Bortsy* (Petrograd: Gerkules, 1917), p. 9.

(93) *Koe chto pro Georga Lurikha* (St. Petersburg: Pechatnoe delo, n.d.).

(94) ペテルブルクのナイトクラブ，ファルスで1906年に予定されていた国際コンペの宣伝パンフレットでは，「ルリヒのもうひとつの得意技」として，女性に抱擁されたレスラーの図案が用いられている．

(95) Lebedev, *Bortsy*, p. 11.

(96) Svetov, *Ivan Zaikin*. ザイキンの個人アーカイヴが，ロシア国立文学・芸術文書館に保管されている．RGALI, f. 2347.

(97) Robert Wohl, *A Passion for Wings: Aviation and the Western Imagination, 1908-1918* (New Haven: Yale University Press, 1994).

(98) クプリーンの報告は1911年に『青い雑誌 (Sinii zhurnal)』に掲載され，そこから他誌へと転載された．たとえば，*Sportivnaia zhizn'* (Odessa), no. 11 (1911): pp. 11-14.

(99) Svetov, *Zaikin*, pp. 69-73.

(100) これら記事の切り抜きは，以下に保管されている．RGALI, f. 2347, ll. 13-14.

(101) Lebedev, *Bortsy*, p. 5.

(102) Razin, *Polveka nazad*, p. 15.

(103) Iu. Embros, "Fakty i mysli," *Sportivnaia zhizn'* (Odessa), no. 11 (1911): pp. 9-10.

(104) Lebedev, *Bortsy*, pp. 7-8, 12.

(105) 義賊を題材にした大衆文化については，Jeffrey Brooks, *When Russia Learned to Read: Literacy and Popular Literature, 1861-1917* (Princeton: Princeton University Press, 1985), chapter 5.

(106) 同じ肥満レスラーのフォスも，1914年にオデッサで，自分の体重をネタにして人びとの間で大変な反響となった．Sylvester, "Crime, Anxiety, and Melodrama," pp. 185-88.

(107) Lebedev, *Bortsy*, pp. 8, 16.

(108) Ibid., p. 108.

(109) Lebedev, *Bortsy*, p. 30; Svetov, *Zaikin*, p. 37.

(110) V. I. Riazanov, “Kak ia byl arbitom Provintsial'nogo chempionata,” *Gerkules*, nos. 1-27 (1917): pp. 17-23.

(111) 次に掲載の広告からの情報による．*Vestnik kinematografov*, 1908.

(112) ドナルド・ノニーニとアルレーヌ・アキコ・テラオカの主張によれば，レスリングにおける反則行為はヒエラルキーに対する抵抗の一種である．Dobnald Nonini and Arlene Akiko Teraoka, “Class Struggle in the Squared Circle,” in *The Politics of Culture and Creativity*, ed. Christine Gailey (Gainesville: University of Florida Press, 1992), pp. 147-168.

(113) Pash., “Bor'ba v Mikhailovskom manezhe,” pp. 14-15.

(114) Brian Pronger, “Gay Jocks: A Phenomenology of Gay Men in Athletics,” in *Rethinking Masculinity: Philosophical Explorations in Light of Feminism*, ed. Larry May and Robert Strikwerda (Lanham, Md.: Rowman and Littlefield, 1992), p. 43.

(115) Н・Н・ブレシュコ＝ブレシュコフスキーに関する伝記的事実は，彼の著作の再版に付されたБ・カッシスの序文にもとづく．N. N. Breshko-Breshkovskii, *Dikaia diviziia* (Moscow: Moskovskaia pravda, 1991), pp. 3-5.

(116) *Dikaia diviziia; Na belom kone: Iz zhizni dobrovol'skoi armii* (Berlin: Otto Krikhner, 1922). ブレシュコ＝ブレシュコフスキーの作品では，臨時政府の首相アレクサンドル・ケレンスキーはコカイン中毒者へと貶められている．

(117) “Gladiatory,” *Obozrenie teatrov*, no. 913 (1909): pp. 7-8.

(118) *Peterburgskaia gazeta*, November 29, 1909, no. 328.

(119) S. Felitsyn, “Literaturnyi pasport pevtsa areny,” *Vestnik literatury*, no. 3 (1911): p. 69. クプリーンの書評は，以下に掲載となった．*Sinii zhurnal*, no. 8 (1911).

(120) John Bowlt, “Body Beautiful: The Artistic Search for the Perfect Physique,” in *Laboratory of Dreams*, ed. John Bowlt and Olga Matich (Stanford: Stanford University Press, 1996), pp. 37-58.

(121) N. N. Breshko-Breshkovskii, *V mire atletov* (St. Petersburg: A. V. Koreliakov, 1908).

(122) Laura Engelstein, *The Keys to Happiness: Sex and the Search for Modernity in Fin-de-Siècle Russia* (Ithaca: Cornell University Press, 1992), p. 393.

(123) Breshko-Breshkovskii, *V mire atletov*, p. 102.

(124) 次の研究，とりわけその第2章を参照．Tamar Garb, *Bodies of Modernity: Figure and Flesh in Fin-de-Siècle France* (London: Thames and Hudson, 1998).

(125) フィクションのなかの吸血鬼は，世紀末に筋肉至上主義的な男性イデオロギーを生み出すうえで決定的な役割を果たした．この点は，ブラム・ダイクストラが説得的に論じている．Bram Dijkstra, *Evil Sisters: The Threat of Female Sexuality and the Cult of Manhood* (New York: Alfred A. Knopf, 1996).

(126) Foucault, *History of Sexuality*, p. 43.

(127) Weeks, “Discourse, Desire, and Social Deviance,” p. 82.

(128) たとえば，次のアンソロジーに寄せたサイモン・カリンスキーの序論を参照．Simon Karlinsky's introduction to *Out of the Blue: Russia's Hidden Gay Literature*, ed. Kevin Moss (San Francisco: Gay Sunshine Press, 1997), pp. 15-26; Engelstein, *Keys to Happiness*, p. 58.

(129) ゴシップの情報源として，K. K. Rotikov, *Drugoi Peterburg* (St. Petersburg: Liga Plius, 1998).

(130) Evgenii Bernshtein, "The Russian Myth of Oscar Wilde," in *Self and Story in Russian History*, ed. Stephanie Sandler and Laura Engelstein (Ithaca: Cornell University Press, 2000), pp. 169-75.

(131) John D'Emilio, "Capitalism and Gay Identity," in *The Gender / Sexuality Reader*, ed. Roger Lancaster and Micaela di Leonardo (New York: Routledge, 1997), pp. 169-78; Kenneth Plummer, "Homosexual Categories: Some Research Problems in the Labeling Perspective of Homosexuality," in *Making of the Modern Homosexual*, ed. Plummer, pp. 53-75; George Chauncey, *Gay New York* (New York: Basic Books, 1994), とくに chapter 4.

(132) Engelstein, *Keys to Happiness*, p. 422.

(133) R. W. Connell, *Masculinities* (Berkeley: University of California Press, 1995), p. 45.

(134) Chauncey, *Gay New York*, p. 121.

(135) Ibid., p. 26.

(136) 以下に引用された表現による. Sylvester, "Crime, Masquerade, and Anxiety," p. 184.

(137) Greg Mullins, "Nudes, Prudes, and Pigmies: The Desirability of Disavowal in Physical Culture," *Discourse*, vol. 15, no. 1 (1992): p. 28.

(138) Sylvester, "Crime, Masquerade, and Anxiety," p. 184.

(139) 次の文献が, この時代のアメリカにおける男らしさをめぐる議論と, 当時の社会改良運動のことを論じている. Joe L. Dubbert, *A Man's Place: Masculinity in Transition* (Englewood Cliffs, N. J.: Prentice-Hall, 1979), pp. 84-86.

(140) Linda Edmonson, *Feminism in Russia, 1900-1917* (Stanford: Stanford University Press, 1984).

(141) Stearns, *Be a Man*, p. 64. 大衆メディアでも, ロシア人男性の神経衰弱治療をうたう特許医薬品の広告が多数見られる.

(142) Michael Kimmel, "The Contemporary 'Crisis' of Masculinity in Historical Perspective," in *The Making of Masculinities*, ed. Harry Brod (Boston: Allen and Unwin, 1987), p. 146.

(143) Heather Hogan, *Forging Revolution: Metalworkers, Managers, and the State in St. Petersburg, 1890-1914* (Bloomington: Indiana University Press, 1993), pp. 222-29.

(144) Richard Wortman, *Scenarios of Power: Myth and Ceremony in Russian Monarchy*, vol. 2 (Princeton: Princeton University Press, 2000), part 3.

(145) マージョリー・ガーバーの主張するように, 19 世紀における「服装倒錯は——劇場の場合でも路上の場合でも同じである——, 社会的・経済的変化がもたらしたこの危機を際立たせ, それを過度に強調するところから成長した亡霊であった. ……服装倒錯は文化を構築し, 文化を惑乱させる可能性を秘めた空間だった. すなわち服装倒錯とは, 男と女という概念の危機に介入するだけでなく, この概念の危機自体を生み出す破壊的要素なのである」Marjorie Garber, *Vested Interests: Cross-Dressing and Cultural Anxiety* (New York: Routledge, 1992), p. 17.

(146) Judith Butler, "Lana's 'Imitation': Melodramatic Repetition and the Gender Performative," *Genders*, no. 9 (fall 1990): pp. 1-17.

(147) 女性役を演じる男性の歴史は, 古典古代にまでさかのぼる. 当時女性は, 舞台に上ることを許されていなかったからである. Roger Baker, *Drag: A History of Female Impersonation in the Performing Arts* (New York: New York University Press, 1994). アメリカの状況については, 次を参照のこと. Joe Laurie Jr., *Vaudeville: From the Honky-Tonks to the Palaces*

(New York: Holt, 1953), pp. 87-95.「異装芸人」のセルゲイ・ラズリニはモスクワのマクシム・サーカスで活躍し，1916年にはニジニ・ノヴゴロトの縁日にも出演した．次の文献は，オデッサにおける異装芸人の活動を扱っている．Sylvester "Crime, Masquerade, and Anxiety," p. 320.

(148) 男っぽいというよりボーイッシュなティリーは，都会の若い男性の格好をまね，風を切って歩き，帽子をやや傾けた粋なしぐさで，たばこも小型のものを手にした．ある男性ファンは「君は舞台にのぼって彼女にキスしたくなるだろう」とコメントしているが，そこに図らずもこのファンの本音が洩れ出ている．Laurie, *Vaudeville*, p. 93.

＊訳注

〔1〕 サラ・ベルナール（1844-1923）は，幅広いレパートリーを持った19世紀フランスを代表する女優，社交界のヒロインでもあった．コメディ・フランセーズでデビューし，ヨーロッパ各地で客演した．エレオノーラ・ドゥーゼ（1859-1924）はイタリアの女優で，1880年代にローマで名声を博したのち，90年代にヨーロッパを巡業してリアリズム演劇を集大成した俳優として国際的に有名になった．

〔2〕『ショウボート』は1927年初演の，2幕のブロードウェイ・ミュージカル．詞オスカー・ハマースタイン，曲ジェローム・カーン．ミシシッピ川を往復するショウボート（舞台を搭載してバラエティーショーを行なう汽船）の関係者の，40年にわたる人生模様を描く．すれ違う男女の愛，人種的偏見，親子の断絶といった主題を盛り込み，アメリカのミュージカルの歴史を一新する画期的な作品となった．「意地悪な舞台の暮らし」は，この第一幕に出てくる陽気な曲．

〔3〕 モスクワ芸術座に拠るスタニスラフスキーやメイエルホリドたちを指す．本書第2章の「緞帳のうしろの革命」を参照（90-92頁）．

〔4〕 オリガ・ランツェヴァは，ボレスラフ・ミハイロヴィチ・マルケヴィチ（1822-1884）の戯曲『人生の澱み』（1884）のヒロイン．マルケヴィチは文芸評論家で，国有財産省，内務省，国民教育省などに勤務する傍ら，В・Г・ベリンスキー，М・Н・カトコフらと交わり，保守的な立場から時局を論評した．

〔5〕 ここにいう「壁」とは，ロシア語で「スチェンカ・ナ・スチェンク（Стенка на стенку)」と呼ばれる集団格闘技で，とくに謝肉祭の時期に行なわれた娯楽競技である．参加者は男性に限られ，二つのグループに分かれて横隊（壁 Стенка）を作り，向き合った相手方と拳で殴り合う．あらかじめ引いておいた線から相手方を後退させれば，勝ちとなる．脚を使わない，顔面を攻撃しないといったルールはあるが，時には死者も出る危険な娯楽であることに変わりはなく，17世紀末以来，再三にわたって政府の禁止令が出されていた．本文でマクレイノルズが述べるように，1832年版「犯罪の予防と阻止に関する法律」（『ロシア帝国法律集成』第14巻）が明文でこれを禁じた他，1845年の刑法典や1864年の「治安判事の科する刑についての法律」（わが国の軽犯罪法に当たる）が，違反者に対する罰則を定めている．

〔6〕 チャールズ・アトラス（1893-1972）は，イタリア出身のボディービルダー．10歳のとき，渡米．44 kgしかなかったという小柄な少年は周囲の苛めにあい，これが身体を鍛えるきっかけになったという．1921年，ベルナール・マクファーデン（本書第4章訳注15）に見いだされ「世界でもっとも美しい男」と呼ばれたことからボディービルのインストラクターとしての途が開け，通信教育によって全米にボディービルを普及

させた．本文にあるように，レベヂェフの『レスラー——現代の剣闘士 375 枚のポートレート』が出版されたのは 1917 年であるから，彼はアトラスの活動に先鞭を付けたことになる．

〔7〕　グレコローマン・スタイルによるレスリングの世界選手権は，1898 年にパリで第 1 回大会が開催されたが，早くからロシア帝国出身の選手の活躍が目立っている．第 1 回大会では B・A・プィトリャシンスキーが 2 位，1901 年の第 4 回大会では Γ・ガッケンシュミットが総合優勝した．ポドドゥブヌィは 1906 年とこの世界大会で連続優勝している．

〔8〕　ニキーチン 3 兄弟（ドミトリー，ピョートル，アキム）は旅芸人の子として幼少から各地を巡業し，1886 年にモスクワで「ニキーチン兄弟サーカス」を旗揚げした．その後もヴォルガ流域を中心に巡業を続けたが，1896 年のニコライ 2 世戴冠式典に招待されて公演するなど，国産のサーカス一座として人気を集めた．1911 年にはモスクワに常設会場を設けている．

〔9〕　洋上航空兵器という構想は 19 世紀半ばの気球母艦にまで遡り，第一次世界大戦では通常の艦船を改造した水上機母艦が実戦に投入されている．しかし洋上で離発着を行なう水上機では飛行距離に難があるので，各国海軍はすでに大戦前夜から航行中の艦船から陸上機を離発着させる航空母艦の設計を急いでいた．ロシアでこの動きを担ったのが，航空機 25 機を搭載する空母を設計した海軍の技術将校，レフ・マカーロヴィチ・マツェーヴィチ（1877–1910）である．彼はその後 1910 年にヨーロッパに派遣されアンリ・ファルマンの下で飛行術を学ぶが，帰国後，航空ショーでの実演中に事故を起こして死亡し，飛行機事故の犠牲となった最初のロシア人となった．

ジャコモ・チレーニ（芸名ジャコミーノ．1884–1956）は，ミラノ出身の道化師．8 歳のとき，トリノでサーカスを観て芸人を志す．いくつかのサーカスの一座に加わった後，パリに出て，ここでペテルブルクのチニゼッリ・サーカスに行くよう勧められる．これはガエターノ・チニゼッリが 1849 年にロンドンで立ち上げた一座で，1869 年にロシア興行を行なって以来，首都の上流階級の間でファンを集めた名門サーカスであった．この縁でジャコミーノは首都の文化人の間で知己を拡げ，アンドレーエフやクプリーンと親しく交わる．1918 年，アメリカに出国．1920 年にヨーロッパに戻り，その後もサーカスで活躍した．

イリオドル（セルゲイ・ミハイロヴィチ・トルファーノフ．1880–1952）は，ロシア正教の修道僧，政治活動家．ペテルブルク神学大学を卒業後，修道生活に入る．1905 年革命期にいわゆる「黒百人組」のアジテーターとして頭角を現わし，ユダヤ人やインテリゲンツィヤを排斥する激越な演説が大衆の間で人気を呼んだ．しかし批判の舌鋒は正教会の指導部にも及んだため，宗務院はイリオドルの文筆活動を禁止し，教会からも半ば追放された存在となった．ラスプーチンと対立して 1914 年に出国．10 月革命後帰国し，チェカーと協力するが，再び亡命．ニューヨークで没した．

〔10〕　ジャック・カーレイ（1876–1937）は，アメリカのスポーツ・プロモーター．ボクシング興行から始めて 1907 年にプロレスに進出し，ニューヨークを拠点に，草創期アメリカ・プロレス界のドンとなった．

〔11〕　フィニアス・テイラー・バーナム（1810–1891）は，アメリカの興行師．ショーマンを以て自任し，1834 年にニューヨークに進出すると，身体の不自由な黒人の老女を

「ジョージ・ワシントンの乳母」という触れ込みで見世物にするなど，常に際どい出し物でカネを稼いだ．40年代にはこのようなフリークス・ショーを大々的に発展させた「バーナム・アメリカ・ミュージアム」をブロードウェイに開設，50年代には劇場経営に乗り出し，70〜80年代にはサーカスにまで手を拡げて，19世紀アメリカのエンターテイメントの世界に君臨した．

〔12〕『アントン・クレチェト』は，M・ラスカートフが1909年7月22日から10月25日まで『コペイカ新聞』に発表した大衆小説で，同年，単行本になった．1917年に第7版が出るという人気作である．

〔13〕マイク・タイソンは，イベンダー・ホリフィールドに挑戦した1997年6月28日のプロボクシングWBA世界ヘビー級タイトルマッチで，相手の耳を噛み，3ラウンド終了時に失格となった．

〔14〕ブレシュコ＝ブレシュコフスキーは『黒覆面のレスラー』（1913）の脚本を手掛けて出演した他，ジャコモ主演の映画『罰せられたジャコミーノ』（1913）にも出ている．この映画の脚本を担当したのが，クプリーンであった．

〔15〕1885年に成立した刑法のこの修正条項は男性同士の「重大な猥褻（gross indecency）」を処罰するもので，違反者には重労働をともなう，またはともなわない2年以下の拘禁刑が科せられる．提案者のヘンリー・ラブーシェル（1831-1912）は，自由党左派の下院議員であった．1895年，オスカー・ワイルドはこの条項にもとづき，重労働をともなう2年の拘禁刑を受けて収監された．

〔16〕ベルナール・マクファーデン（1868-1955）が，1899年に創刊した雑誌．マクファーデンはアメリカの健康運動の実践家で，断食の効用を説き，ボディービルと食餌療法を組み合わせた独自の健康理論を唱えた．

〔17〕ヴェスタ・ティリー（1864-1952）は，イギリスの歌手，ドラッグ・キング．喜劇俳優の子に生まれ，早くも6歳のときに，女装してミュージック・ホールの舞台に立つ．1878年に芸名のヴェスタ・ティリーを名乗り，以後，1920年に引退するまで，イギリスとアメリカで絶大な人気を誇った．

〔18〕ホレイショ・アルジャー2世（1832-1899）は，アメリカの作家．古いピューリタンの家庭に生まれて神学を学ぶが，1866年にニューヨークに出て文筆活動を始める．出世作『おんぼろディック』（1867年）で，誠実と勤勉を武器に「ボロ着から富へ」の立身出世を遂げる靴磨きの少年を描いて，名声を確立した．南北戦争後の「金ぴか時代」のアメリカで，少年の夢や理想を描いた児童文学者として知られている．

第5章

(1)　引用は以下による．James Buzard, *The Beaten Track: European Tourism, Literature and the Ways to Culture, 1800–1918* (New York: Oxford University Press, 1993), p. 117. ブラウン夫人とはジョージ・ローズ（筆名アーサー・スケッチレイ）の創作になる人物で，クックの団体ツアーで何度も国外に出る無垢な女性である．この人物は，1870年代以降，イギリスの読者の間で人気を博した．

(2)　1749年に刊行されたトーマス・ヌージェントの『グランドツアー』は，大陸の周遊，とりわけ古典古代に由来する遺跡への旅が，野心あふれる若者の教育にとって不可

欠であるという．Thomas Nugent, *The Grand Tour*（London, 1749）.

（3） Pierre Bordieu, *Distinction: A Social Critique of Judgement*, trans. Richard Nice（Cambridge, Mass.: Harvard University Press, 1984）, pp. 64-69.〔フランス語版からの翻訳．ピエール・ブルデュー，石井洋二郎訳『ディスタンクシオン　社会的判断力批判 1』藤原書店，1990 年〕

（4） Buzard, *Beaten Track*, pp. 102-3.

（5） Marsel Prevo（Marcel Prevot）, "Iazyk otkrytok," *Prekrasnoe daleko*, no. 3（1912）: pp. 16-18.

（6） ジェイムズ・クリフォードはいう．「私は異文化比較の一端として，『旅（トラベル）』に注目した．歴史的に見ると，旅の堕落とともに，旅はジェンダーや人種，階級的特権，特定の輸送手段などと結びついていったからである」．James Clifford, "Traveling Cultures," in *Cultural Studies*, ed. Lawrence Grossberg, Cary Nelson, and Paula Treichler（New York: Routledge, 1992）, p. 110.

（7） 「ツーリストという言葉を軽蔑的に用いる」とは，ヘンリー・ジェイムズの文章からの引用である．Harry Levenstein, *Seductive Journey: American Tourists in France from Jefferson to the Jazz Age*（Chicago: University of Chicago Press, 1998）, pp. ix-x.

（8） この言葉は，以下に引用されている．Arturo Escobar, *Encountering Development: The Making and Unmaking of the Third World*（Princeton: Princeton University Press, 1995）, p. 9.

（9） Mary Louise Pratt, *Imperial Eyes: Travel Writing and Transculturation*（New York: Routledge, 1992）, p. 202.

（10） Larry Wolff, *Inventing Eastern Europe: The Map of Civilization on the Mind of the Enlightenment*（Stanford: Stanford University Press, 1994）, p. 128. また次の文献も参照．Andreas Schonle, "Garden of Empire: Catherine's Appropriation of the Crimea," *Slavic Review*, vol. 60, no. 1（2001）: p. 1023.

（11） Grigorii Moskvich, *Putevoditel' po Krymu*, 27th ed.（Petrograd: Putevoditelei, 1915）, p. 4.

（12） 地名の歴史的変遷については，以下を参照．K. Kogonashvili, *Kratkii slovar' istorii Kryma*（Simferopol: Biznes-inform, 1995）.

（13） Susan Layton, *Russian Literature and Empire: Conquest of the Caucasus from Pushkin to Tolstoy*（Cambridge: Cambridge University Press, 1994）, p. 36.

（14） *Borzhom: Spravochnaia knizhka*（Tiflis: Ia. I. Liberman, 1903）, pp. 11-13.

（15） ソヴィエト期には，エストニア語綴りで「ナルヴァ＝イエスゥ（Narva-Iyesuu）」とされた．E. Krivosheev, *Narva-Iyesuu*（Tallinn: EESTI RAAMAT, 1971）, pp. 13-14.

（16） Ruth Kedzie Wood, *The Tourist's Russia*（New York: Dodd, Mead, 1912）, p. 3. ルース・ウッドはまた，ロシアの国内輸送システムはヨーロッパでもっとも安価で良質なものだ，という．

（17） Paul Fussell, ed., *The Norton Book of Travel*（New York: Norton, 1987）, p. 13.

（18） Dean MacCannell, *The Tourist: A New Theory of the Leisure Class*（New York: Schocken, 1976）, p. 2.

（19） John Urry, *The Tourist Gaze: Leisure and Travel in Contemporary Societies*（London: Sage, 1990）〔ジョン・アーリ，加太宏邦訳『観光のまなざし――現代社会におけるレジャーと旅行』法政大学出版局，1995 年〕

(20) *The Travel Diary of Peter Tolstoi: A Muscovite in Early Modern Europe*, trans. Max Okenfuss (De Kalb: Northern Illinois University Press, 1987).

(21) Andreas Schonle, *Authenticity and Fiction in the Russian Literary Journey, 1790–1840* (Cambridge, Mass.: Harvard University Press, 2000), p. 210.

(22) 引用は以下による. Wolff, *Inventing Eastern Europe*, p. 6.

(23) カラムジンのスタイルについては, Yuri Lotman and Boris Uspensky, *Pis'ma russkogo puteshestvennika* (Moscow: Nauka, 1984), pp. 535, 40.

(24) Layton, *Russian Literature and Empire*, p. 23. また次の文献も参照. Michael Butor, "Traveling and Writing," trans. John Powers and K. Lisker, *Mosaic*, vol. 8 (fall 1974): pp. 1, 3.

(25) Nikolai Karamzin, *Letters of a Russian Traveler, 1789–90: An Account of a Young Russian Gentleman's Tour through Germany, Switzerland, France, and England*, trans. and abr. Florence Jonas (New York: Columbia University Press, 1957), p. 187.〔ニコライ・カラムジン, 福住誠訳『ロシア人の見た十八世紀パリ』彩流社, 1995年〕

(26) Roger B. Anderson, "Karamzin's *Letters of a Russian Traveler*: An Education in Western Sentimentalism," in *Essays on Karamzin, Russian Man of Letters, Political Thinker, Historian*, ed. J. L. Black (The Hague: Mouton, 1975).

(27) Karamzin, *Letters*, p. 340.

(28) ショーンレが記すところでは, カラムジンは「彼自身の自己形成を通じて, 啓蒙へと向かう世界文明の発展の過程にロシアも参加できるようになることを望んでいた」(*Authenticity and Fiction*, p. 210).

(29) Stephanie Sandler, *Distant Pleasures: Alexander Pushkin and the Writing of Exile* (Stanford: Stanford University Press, 1989).

(30) レイトンによれば, プーシキンは『ジプシー』において,「文明化された余計者が原始社会に入り込むと, 不和と混乱ばかりが広まることを示唆した」. Layton, *Russian Literature and Empire*, p. 104.

(31) レイトンは,「再生的な暴力の神話」が後にいかなる形態を取るかについて, 論じている. Layton, *Russian Literature and Empire*, pp. 158–59.

(32) ブザードは, イギリス人旅行者・観光客がバイロンの詩集を手にギリシアへと向かう姿を分析している. プーシキンの詩集も, それと似た効果を及ぼした. Buzard, *Beaten Track*, p. 120; Layton, *Russian Literature and Empire*, pp. 24–27.

(33) ルース・ケジー・ウッドの記すところでは, 1909年には,「ロシアの若者にとってバフチサライは新婚旅行で人気の土地だった」. Ruth Kedzie Wood, *Honeymooning in Russia* (New York: Dodd, Mead, 1911), p. 295.

(34) G. G. Evangulov, "Glavnyi komitet pooshchreniia turizma na Kavkaze i ego zadachi" (公式報告からのコピー. 出版情報はない).

(35) Andrei Sinyavsky (Abram Tertz), *Strolls with Pushkin*, trans. Catherine Nepomnyashchy and Slava Yastremski (New Haven: Yale University Press, 1993). プーシキンは, その地理的というよりむしろ知的な散策を通じて, ロシア人の想像力に対し今なお大きな影響を及ぼしている, とシニャフスキーはいう.

(36) ショーンレによれば, 1816年の時点でロシアには,「……への旅」と題された書籍は, 翻訳を含めて105点存在した. *Authenticity and Fiction*, p. 6.

(37)　Graf D. I. Khvostov, *Putevye zapiski*（Moscow: M. N. Makarov, 1824）, p. III.

(38)　*Zhurnal peshekhodtsev ot Moskvy do Rostova i obratno v Moskvu*（Moscow: M. N. Makarov, 1830）.

(39)　Gavriil Gerakov, *Putevye zapiski po mnogim rossiiskim guberniiam, 1820*（St. Petersburg: Tip. Imperatorskogo Vospitat. Dom, 1828）.

(40)　ゲラコフは自分の旅行記を「崇拝する女性」に奉げた．彼女に対して，彼は「ただ貴女の微笑みと賛意があるだけで，私は幸せかつ満足だ」と喝破している．Ibid., n.p.

(41)　Ibid., p. 19.

(42)　Ibid., p. 98.

(43)　プーシキンの短編小説『駅長』が描いているのは，各地にホテルが登場する以前の旅の模様である．当時，旅人は駅逓に宿泊した．

(44)　Pratt, *Imperial Eyes*, p. 148.

(45)　I. Dmitriev, *Sputnik ot Moskvy do Peterburga*（Moscow: A. Semen, 1841）. これは1837年に出された初版本の改訂新版である．

(46)　Iosif Belov, *Putevye zametki i vpechatleniia po vostochnoi evropeiskoi Rossii*（Moscow: A. Semen, 1852）.

(47)　スウィングルハーストは，「19世紀を通じて，淑女たちこそクックが企画した団体旅行を支えた層であった」という．Edmund Swinglehurst, *Cook's Tours: The Story of Popular Travel*（Poole, Dorset: Blandford Press, 1982）, p. 35.

(48)　Belov, *Putevye zametki*, p. 79.

(49)　ヴィセント・ラファエルによれば，これこそ，フィリピンを植民地化したアメリカ人が，そこで見せた視線だった．Vicente Rafael, "White Love: Surveillance and National Resistance in the United States' Colonization of the Philippines," in *Cultures of United States Imperialism*, ed. Amy Kaplan and Donald Pease（Durham: Duke University Press, 1993）, p. 200.

(50)　たとえば次を参照のこと．D. Semenov, *Otechestvovedenie. Rossiia po rasskazam puteshestvennikov i uchenym issledovaniia*（Uchebnoe posobie dlia uchashchikhsiia）, vol. 4, *Vostok i zapad*, 2nd ed.（Moscow: S. Orlov, 1879）.

(51)　*Peterburgskii listok dlia gostinnits. Ezhednevnaia spravochnaia gazeta ob"iavlenii*（St. Petersburg: n.p., 1875–76）.

(52)　トマス・クックと彼の代理店については，これまでにも多くの議論がある．たとえば，Swinglehurst, *Cook's Tours*.

(53)　1990年の時点で，観光業は世界全体で1億100万人以上の雇用を実現しているとされ，世界の国民総生産の5.5パーセントに当たる2兆ドル以上の売り上げを記録している．*World Travel and Tourism Review: Indicators, Trends and Forecasts*, ed. Frank Go and Douglas Frechtling, vol. 1（Wallingford: C-A-B International, 1991）, p. ix.

(54)　Swinglehurst, *Cook's Tours*, p. 34.

(55)　引用は以下による．Buzard, *Beaten Track*, p. 33.

(56)　*Istoricheskii ocherk piatidesiatiletiia uchrezhdeniia Russkogo obshchestva parokhodstva i torgovli, 1857–1907*（Odessa: Tip. Akts. Iuzhno-russkogo ob-va pechatnogo dela, 1907）.

(57)　*Putevoditel' po Chernomu moriu*（Moscow: ROPT, 1897）.

(58)　この評価は，前述の社史の他に，E・アルノリトにより公刊された会社の年次事業

報告（1903年以降のもの）にもとづく.

(59)　*Zamechanie F. K. Fontona na obshchem sobranii aktsionerov 11 iunia 1913 g.*（St. Petersburg: Tip. Arngol'da）, p. 2.

(60)　2等料金だと25パーセント，3等料金だと50パーセントの割引きとなった．以下に広告が掲載されている．*Ekskursii po Krymu, Kavkazu, i zagranichei*（Odessa: ROPT, 1911）.

(61)　Leonol'd Lipson, *Pervoe v Rossii predpriiatie dlia obshchestvennykh puteshestvii, 1885-86*（St. Petersburg: Kene, 1885）.

(62)　*Obshchestvo "Maiak": Programma letnykh ekskursii*（St. Petersburg: Tip. Glav. Up. Udelov, 1910）.

(63)　Ibid.

(64)　*Instruktsiia agentam akts.-ogo obshchestva "Turist"*（St. Petersburg: A. F. Shtol'tsenburg, 1903）.

(65)　*Russkii turist*, no. 1（1899）: pp. 2, 4.

(66)　定款は次に公表されている．Russkii turist, no. 6（1903）: pp. 188-90. また以下も参照．*Russkii turist*, no. 3（1904）: p. 85.

(67)　*Ezhegodnik. Rossiiskoe obshchestvo turistov za 1903. (Bezplatnoe prilozhenie k zhurnalu Russkii turist)*（St. Petersburg: Izd. Ross. ob-tva turistov, 1903）, p. 10.

(68)　*Russkii turist*, no. 1（1910）: p. 1.

(69)　*Russkii turist*, no. 1（1899）: p. 12.

(70)　*Russkii turist*, no. 4（1904）: pp. 104-6. 記事に併載された写真では，工場の前で自分たちの旗を掲げる30名ばかりの旅行者の姿が写っている．

(71)　*Russkii turist*, no. 1（1899）: p. 11.

(72)　*Predstavitel'stvo rossiiskogo obshchestva turistov. Spravochnik i programma ekskursii*（Rostov on Don: n.p., 1910）.

(73)　*Russkii turist*, no. 7（1903）: p. 213.

(74)　*Russkii turist*, no. 12（1899）: pp. 323-25. 道路の問題は，ゼムストヴォが1891年に補修義務を免除されて以来，ますます先鋭化することになった．

(75)　Moskovskoe otdelenie Rossiiskogo Obshchestva turistov, *Otchet kompanii za 1911*（Moscow: Pechatnoe delo, 1912）, p. 3.

(76)　このグループの文化的野心については，以下を参照．Jeffrey Brooks, "Popular Philistinism and the Course of Russian Modernism," in *Literature and History: Theoretical Problems and Russian Case Studies*, ed. Gary Saul Morson（Stanford: Stanford University Press, 1986）, pp. 90-110.

(77)　V. V. Bitner, *Sputnik ekskursanta*（St. Petersburg: Vestnik znaniia, 1910）.

(78)　Dr. D. M. Gorodinskii, *Chto nuzhno znat' pri poezdkakh na kurorty Kryma i Kavkaza*（Leningrad: Dvigatel', 1926）.

(79)　Moskovskoe otdelenie Rossiiskogo Obshchestva turistov, *Otchet kampanii za 1911*（Moscow: Pechatnoe delo, 1912）, p. 21.

(80)　Ibid., p. 29.

(81)　Ibid., *Otchet kampanii za 1912*, pp. 1, 9.

(82)　Ibid., *Otchet kampanii za 1911*, pp. 13-14.

(83)　Ibid., p. 20.

(84) レイトンは，1820年代に生まれたロシア最初のスパが大人気だったことを伝えている．Layton, *Russian Literature and Empire*, pp. 54-56.

(85) 当時のイギリス人観光客について，スウィングルハーストが指摘するところでは，「こういった温泉地を訪れる者は，訪問の真の動機を隠し，健康に対する関心などと偽ったりした」．Swinglehurst, *Cook's Tours*, p. 183.

(86) Simon Karlinsky, *Russian Drama from Its Beginnings to the Age of Pushkin* (Berkeley: University of California Press, 1985), p. 232. ベストゥジェフ＝マルリンスキーの旅行記については，次を参照．Layton, *Russian Literature and Empire*, pp. 175, 91.

(87) Tatiana Aleksandrovna Ivanova, *Lermontov na Kavkaze* (Moscow: Iskusstvo, 1968).

(88) 人工的な国境が体系だって作られてくる過程については，アンダーソンの先駆的研究を参照．Benedict Anderson, *Imagined Communities: Reflections on the Origins and Spread of Nationalism*, rev. ed. (London: Verso, 1991).〔ベネディクト・アンダーソン，白石隆・白石さや訳『定本 想像の共同体――ナショナリズムの起源と流行』書籍工房早山，2007年〕．ロシアで国境が人工的に創造される際に取られた，いくつかの手法については，スーニーの議論がある．Ronald Suny, *The Revenge of the Past: Nationalism, Revolution, and the Collapse of the Soviet Union* (Stanford: Stanford University Press, 1993).

(89) グルジアにおけるスパ開発と軍との関係については，たとえば次の文献が論じている．V. Perevalenko, *Abastumanskie i Urabel'skie mineral'nye vody* (Tiflis: Guliiants, 1851).

(90) Austin Jersild, "Faith, Custom, and Ritual in the Borderlands," *Russian Review*, vol. 59, no. 4 (2000): p. 520. ジャーシルドは，とくにツーリズムについて論じてはいない．だが設立の時期とその目的が観光開発の進展と一致しているところから見て，この協会とツーリズムの間に関連があることは十分に考えられる．

(91) *Borzhom: Spravochnaia knizhka*.

(92) Buzard, *Beaten Track*, p. 8.

(93) Thomas Barrett, "Southern Living (in Captivity): The Caucasus in Russian Popular Culture," *Journal of Popular Culture*, vol. 31, no. 4 (1988): pp. 85-88.

(94) もっとも，クリミアがロシア帝国に併合された1783年の時点では，この土地の空気は「不健康で，水も有害だ」とされていた．Wolff, *Inventing Eastern Europe*, p. 124.

(95) Dr. V. N. Dmitriev, *Ialta. 25 let tomu nazad* (St. Petersburg: Tip. Doma prizreniia maloletnykh bednykh, 1892), p. 1. 著者のドミトリエフは熱心に地元の登山協会で活動した人で，数年にわたって多くの遠足を組織した．

(96) Ibid.

(97) Ibid., pp. 7-10. 宿泊施設に対する需要は建設の速度を上回っていたため，皇族が街を訪れているときなど，土地の住民はツーリスト相手に，バルコニーや地下室の一角と引き換えに大金を稼ぐことも可能だった．

(98) *50 let sushestvovaniia gidropaticheskogo zavedeniia vracha L. Shorshtein* (Odessa: Iug.-rus. Obshchestvo pechatnoe delo, 1898). また次も参照．P. K. A-in, *Mineral'nye vody voobshche i tselitel'nost' vody i griazei Odesskikh limanov* (St. Petersburg: V. K. Nakhimov, 1880).

(99) 1858年に10万4493人だった人口は，1873年には19万3513人まで増加した．Frederick W. Skinner, "Odessa and the Problem of Urban Modernization," in *The City in Late Imperial Russia*, ed. Michael Hamm (Bloomington: Indiana University Press, 1986), p. 212.

(100) *Morskie kupal'ni Chernogo moria: Iz putevykh zametok vracha I. N. Lagogy* (Chernigov: Zemsk. tip., 1873).

(101) Dmitriev, *Ialta*, p. 11.

(102) Dr. V. I. Guchin, *O klimatolechebnykh mestakh iuzhnogo berega Kryma*, no. 1 (Kharkov: Eduard Goppe, 1881).

(103) *Ob"iasnitel'naia zapiska po delu osnovaniia obraztsovogo kurorts v Chernomorskoi gubernii* (n.p., 1899). この会社は，1株250ルーブルで6000株を売りに出した．もうひとつの会社も，やはり1株250ルーブルで，400万ルーブルを調達している．*Ustav aktsionernogo obshchestva Chernomorskikh kurortov* (St. Petersburg: Tip. Ministerstvo finansov, 1901).

(104) P. Rozanov, "Dvizhenie sanitarnogo i kurortnogo blagotvoritel'stva g. Ialty za poslednye 5 let," *Russkii vrach*, no. 49 (1903): pp. 6–8.

(105) 引用は以下による．Janet Malcolm, "Travels with Chekhov," New Yorker, February 21 and 28, 2000, p. 239.

(106) ジョン・マレー社の人気ガイドでは，クリミア戦争の章にもっとも多くのページが割かれている．*Handbook for Travelers in Russia, Poland, and Finland, including the Crimea, Caucasus, Siberia, and Central Asia*, 4th ed. (London: John Murray, 1888).

(107) たとえば，1909年に刊行されたロシアのガイドブックでは，戦場めぐりが特集記事となっていた．*Prakticheskii spravochnik v kurortakh Kryma* (Sevastopol: S. M. Brun, 1909). 1888年以降，定期的に版を重ねていた観光ガイドにも，同様の特集が見られる．G. Moskvin, *Putevoditel' po Krymu* (St. Petersburg: Putevoditel', 1915). また，次も参照．*Istoricheskii putevoditel' po Sevastopoliu* (St. Petersburg: Tip. Min. Udelov, 1907).

(108) Wood, *Tourist's Russia*, pp. 212–213. 彼女は1909年に初めてヤルタを訪れたが，外国人ツーリストがいないことに感銘を受け，ヤルタを「ロシア人による，ロシア人のためのリゾート」と呼んだ．*Honeymooning in Russia*, p. 303.

(109) Dr. A. S. Kraevskii, *Morskie kupan'ia v Batume* (Batum: P. L. Lobko, 1886). この価格40コペイカの小冊子では，新しい水浴びのエチケットがいくつか解説されている．明らかに，男性は依然として裸で泳ぐことを許されていたが，女性には認められなかったのである．

(110) *Gagry. Klimaticheskaia stantsiia na Chernomorskom poberezh'i* (St. Petersburg: Suvorin, 1905).

(111) Vasilii Sidorov, *Volga: Putevye zametki i vpechatleniia ot Valdaia do Kaspiia* (St. Petersburg: A. Katanskii, 1894), p. iii. また次も参照．Dr. P. N. Andreev, *Illiustrirovannyi putevoditel' po iugo-zapadnym kazen. zh. dorogam* (Kiev: S. V. Kul'zhenko, 1898). この本では，南西部における鉄道網の発達の歴史が扱われている．

(112) V. L. Sokolov, *Sputnik-putevoditel' po kurortam Chernomorskogo Poberezh'ia* (Moscow: A. D. Drutman, 1912).

(113) *Zheleznodorozhnyi sputnik po kurortam ... Po Peterburgskomu vremeni* (Rostov on Don: Aktsionernaia pechatnia, 1913).

(114) James H. Bater, "Between Old and New: St. Petersburg in the Late Imperial Era," in *The City in Late Imperial Russia*, ed. Hamm, p. 51.

(115) Dr. O. F. Veber, *Pribaltiiskii morskoi kurort "Libava"* (Libava: M. Uksting, 1911), pp. 3–4.

(116) *Putevoditel' po kurortam i morskim kupan'iam Baltiiskogo poberezh'ia* (St. Petersburg: V. K.

Simanskii, 1892).
(117) Ibid., p. 47.
(118) Ibid., p. 49.
(119) Ibid., p. 56.
(120) Krivosheev, *Narva-Iyesuu*, p. 15.
(121) Ibid., p. 21.
(122) Dr. S. Konverskii, *Otchet o deiatel'nosti Druskenikskogo kurorta za 1907-1911* (Vil'na: n.p., 1911), p. 10.
(123) *Otchet aktsionernogo obshchestva Druskeninskikh minera'lnykh vod za 1909* (Vil'na: Iosif Zavadskii, 1910), p. 27.
(124) Evgeniia Lovitskaia, *Na dache-kurorte (v Druskenikakh)* (St. Petersburg: Vausberg i Gershunin, 1913).
(125) Ibid., p. 39.
(126) ロシア汽船貿易会社の場合は，とくにヴォルガ川遊覧ツアーの宣伝に努めた．*Putevoditel' po Volge*, 5th ed. (Nizhnii Novgorod: Tip. Gubernskogo upravlenii, 1889).
(127) Sidorov, *Volga: Putevye zametki*. また，以下の文献が，西欧からの客層を見込んだヴォルガ・ツアーのことを語っている．Wood, *Tourist's Russia*, pp. 154-82.
(128) *Kurort Anninskie mineral'nye vody arend*. Dr. V. M. Porvatova i Ko. (Vladikavkaz: R. E. Shtreitman, 1912).
(129) レイトンは，文学的想像力のなかで，カフカースがロシアのアルプスとして扱われたことを論じている．Layton, *Russian Literature and Empire*, pp. 39-46.
(130) V. P. Aleksandrov, *Illiustr. putevoditel' po Borovomu* (Tomsk: Katsenelenbogen, 1913).
(131) このシリーズは，M・M・ミハイロフスキーが編集し，「ペテルブルク学習書店」から刊行された．価格は 30 コペイカである．
(132) Buzard, *Beaten Track*, p. 13.
(133) Ibid., p. 11.
(134) 引用は以下による．Buzard, *Beaten Track*, p. 83.
(135) Michel de Certeau, *The Practice of Everyday Life*, trans. Steven Rendall (Berkeley: University of California Press, 1984), p. 50.〔フランス語版からの翻訳．ミシェル・ド・セルトー，山田登世子訳『日常的実践のポイエティーク』国文社，1987 年〕
(136) *Putevoditel' v Palestinu po Ierusalimu, sviatoi zemle i drugim sviatyniam vostoka* (Odessa: Afinskogo Sv. Andreevskogo skita, 1890).
(137) Pratt, *Imperial Eyes*, p. 61.
(138) *Morskie kupal'ni Chernogo moria*, pp. 25-27.
(139) Guchin, *O klimatolechebnykh mestakh*, no. 1, 2, 21.
(140) *Borzhom: Spravochnaia knizhka*, pp. 139, 246.
(141) *Russkii turist*, no. 12 (1899): p. 325.
(142) Wolff, *Inventing Eastern Europe*, p. 7.
(143) Marquis de Astolphe Custine, *Journey for Our Time: The Russian Journals of the Marquis de Custine*, ed. and trans. Phyllis Penn Kohler, with an introduction by Walter Bedell Smith (Chicago: H. Regnery, [1951]). なお，この英訳版は，『1839 年のロシア』原書フランス語版

第 3 版に依拠している.

(144) George Kennan, *Tent Life in Siberia, and Adventures among the Koraks and Other Tribes in Kamtchatka and Northern Asia* (London: S. Low, Son, and Marston, 1871); George Kennan, *Siberia and the Exile System*, 2 vols. (London: J. R. Osgood, McIlvaine, 1891).〔ジョージ・ケナン, 左近毅訳『シベリアと流刑制度』法政大学出版局, 1996 年〕

(145) Frederick F. Travis, *George Kennan and the American-Russian Relationship* (Athens: Ohio University Press, 1990).

(146) Maria Todorova, *Imagining the Balkans* (New York: Oxford University Press, 1997), p. 102.

(147) Peter Heath, *A Hoosier in Russia*, Lorborn Series by American Writers (New York: Lorborn, 1888), p. 51.

(148) Ibid., p. 58.

(149) Elizabeth Champney, *Three Vassar Girls in Russia and Turkey* (Boston: Estes and Lauriat, 1889).

(150) *Handbook for Travelers in Russia*, p. 78.

(151) 1904 年には 250 万人の旅行者がスイスを訪れ, 200 万スイス・フラン以上を消費したという. *Russkii turist*, no. 4 (1904): pp. 98-99.

(152) *Russkii turist*, no. 7 (1904): p. 214.

(153) Peter Fritzsche, *Reading Berlin 1900* (Cambridge, Mass.: Harvard University Press, 1996), p. 66.

(154) Levenstein, *Seductive Journey*, p. 140. 第一次大戦中も, 少数ではあるが塹壕めぐりを企画した代理店があった. Ibid., p. 217.

(155) この逸話は初め, 日刊紙『取引所報知』(ヴィルジェヴエ・ヴェドモスチ) に紹介され, 以下に再録された. *Russkii turist*, no. 8 (1904): p. 235.

(156) Wood, *Tourist's Russia*, p. 1.「オリエント的」というとき, 彼女は一貫して,「エスニシティの点で多様な人びと」という意味で用いている.

(157) これとは対照的に, 1758 年にウィリアム・コックスは, ロシアを「北ヨーロッパの諸王国」に属するものと捉えていた. Wolff, *Inventing Eastern Europe*, p. 5.

(158) Baedeker, *Russia*, p. xxvi.

(159) Wood, *Honeymooning in Russia*, p. 41.

(160) Baedeker, *Russia*, p. xlii.

(161) Wood, *Tourist's Russia*, pp. 20, 36.

(162) サイードは, 19 世紀の用語法に従いながら,「純粋な」知識と「政治的な」知識とを区別している. Edward Said, *Orientalism* (New York: Random House, 1979), p. 9.〔エドワード・サイード, 板垣雄三・杉田英明監修, 今沢紀子訳『オリエンタリズム』平凡社ライブラリー, 1993 年〕

(163) Pratt, *Imperial Eyes*, p. 160.

(164) サイードが引用している, アラブ人の行動様式に関する分析は, かなり遅く 1972 年に書かれたものである. しかしそこには, ベデカーのガイドブックが行なったのと同じような, ある「正常さ」を一般化して権威づけようという態度を見ることができる. Said, *Orientalism*, p. 48.

(165) たとえば, Baedeker, *Russia*, p. 277.

(166) カサノヴァについては，Wolff, *Inventing Eastern Europe*, pp. 50–59. ウルフはこの本の各所で，同様の放埒な振舞いを紹介している．

(167) V. N. Petrusevich, *Ust'-Narvskii priboi* (St. Petersburg: Trud, 1911), pp. 121–22.

(168) P. P. Kuzminskii, *Kur'er. Prakticheskii putevoditel' dlia russkikh po gorodam i kurortam zapadnoi Evropy i po Egiptu* (St. Petersburg: Suvorin, 1912), p. 203. この著者は，読者に対して，どこであれ禁煙車を探すように，禁煙車の方が空席が多いのだから，という賢明な助言を与えている．Kuzminskii, *Kur'er*, p. vii.

(169) "Po severu Frantsii na avtomobile (Zhenskie vpechatleniia)," *Prekrasnoe daleko*, no. 3 (1912): p. 9.

(170) "Za granitsei. (Iz putevykh vpechatlenii)," *Prekrasnoe daleko*, no. 16 (1913): p. 2.

(171) たとえば，以下を参照．*Krymskie mineral'nye griazi v derevne Saki, i morskie kupan'ia v gorode Evpatorii: Iz vospominanii priznatel'nogo patsienta A. N. N-na* (St. Petersburg: n.p., 1883); O. A. Khaletskii, *Kavkazskie mineral'nye vody, v meditsinskom otnoshenii* (St. Petersburg: n.p., 1883).

(172) Guchin, *O klimatolechebnykh mestakh*, no. 1, p. 33.

(173) Prof. G. Zakharyn, *Borzhom i Vishi* (St. Petersburg: Suvorin, 1896).

(174) 次のガイドブックに，この点に関する豊富な情報がある．*Odessa kurort* (Odessa: Tip. "Odesskie novosti," 1915).

(175) *Doklad vladelitsy kurorta Suuk-su na iuzhnom beregu Kryma O. M. Solov'evoi, prochitannoi na s"ezde (7–11 Ian. 1915) po uluchsheniiu otechestvennykh lechebnykh mestnostei* (Petrograd: n.p., 1915), pp. 5–6.

(176) 1991年にソ連邦が解体したとき，この問題は再燃した．このときも，休暇を取るだけの余裕があるロシア人は，外国旅行の方を好んだからである．Colin McMahon, "Black Sea Resort Sees Better Days," *Chicago Tribune*, August 23, 2001.

(177) "Neotlozhnye zadachi kurortnogo dela," *Russkaia riv'era*, nos. 1–2 (1915): pp. 3–4.

(178) *Russkoe obshchestvo turizma i otchiznovedeniia* (Petrograd: A. M. Mendelevich, 1916): p. 1.

(179) この点は，次の記事による．*Rossiia*, August 17, 1900, no. 471. 内務省の結論によれば，ロシア人の消費額は外国人より少ないとされ，ディベロッパーたちが求めた規模での投資は見送られた．

(180) *Russkaia riv'era*, nos. 1–2 (1915): p. 3.

(181) 各地のユダヤ人の共同体には，かなり以前から貧しい同朋のためにサナトリウムを設立する伝統が存在した．もっとも，資産家たちはどこであれ，こういった出費を好む傾向があったようである．たとえば，次を参照．*Otchet po soderzhaniiu Boiarskoi sanatorii dlia bednykh bol'nykh evreev g. Kieva za 1899* (Kiev: A. O. Shterenzon, 1900).

(182) *Doklad vladelitsy*, pp. 2, 3, 10.

(183) 1903年には，7万5000名近くのロシア人が泥浴や鉱泉を訪れた．その数は年々増加し，1913年までに10万人以上に達している．*Kratkie statisticheskie dannye o russkikh lechebnykh mestnostiakh i ikh posetitelei. Doklad Dr. S. A. Novosel'skogo* (St. Petersburg: I. N. Kushnerev, 1913), pp. 3–5.

(184) V. P. Aleksandrov, *Illiustrirovannyi Putevoditel' po Borovomu* (Tomsk: Katsenelenbogen, 1913), p. 30.

＊訳注

〔1〕　いわゆるヴィシー政権の首都が置かれたフランス中部の都市ヴィシーは，有名な温泉保養地で，第1帝政期およびベル・エポックの時代に，大々的なリゾート開発が行なわれた．

〔2〕　トーマス・ヌージェント（1700頃-72）もローレンス・スターン（1713-68）も，18世紀イギリスの小説家．スターンは『センチメンタル・ジャーニー』（岩波文庫など）の他に，『トリストラム・シャンディ』（未完，1760-67年．岩波文庫など）でも有名である．

〔3〕　ジョン・マレー3世（1808-92）は，祖父の代から続くイギリスの出版業者．事業はジェーン・オースティンやバイロンの作品を出した父の代に拡大し，孫の3世は1836年から旅行ガイドの刊行を始めた他，ダーウィンの『種の起源』を出版した（1859年）．

ドイツの出版人，カール・ベデカー（1801-59）もやはり古くから続く出版業者の家系で，1828年に刊行した『マインツからケルンまでのライン川の旅』が，ベデカーの旅行ガイドの原型となった．シリーズは1835年に『オランダ』『ベルギー』，42年『ドイツとオーストリア』，44年『スイス』と続き，特にこのスイス・ガイドで不動の名声を得た．目的地までのルート，交通手段，宿泊施設，レストラン，観光名所，旅先でのチップなど，一冊の本で旅行に必要なすべての情報を提供する，というのがその編集方針だったという．

〔4〕　トーマス・クック（1808-92）は，1841年，禁酒運動の大会にレスターから同志を送り込んだことを機会に旅行代理業を始めた．彼は続く51年のロンドン万博でも成果を挙げ，この後，ヨーロッパ各地やアメリカへの団体旅行を組織するようになる．

〔5〕　カフカース正教再興協会の定款は，1860年6月9日に裁可された（ПСЗ, coбp.2, т.35, no. 35897）．それによれば，協会は「カフカースにおける正教の再興」を目的に（第1条），教会や礼拝所の建設と維持，教会学校の設立，カフカース諸語の教育に当たる神学校特別クラスの開設，伝道，そして神学関連の文献の翻訳に従事する（第35条）．

〔6〕　『コンシューマー・レポート』は，アメリカのNPO，コンシューマーズ・ユニオン（現在はコンシューマー・レポート）が1936年から刊行している雑誌．この団体は，「製品をテストし，人々に情報を伝え，消費者を保護する」をモットーに，様々な製品を調査し，その結果を発表している．アメリカの消費者運動で有名なラルフ・ネーダーは，1975年までここの役員のひとりだった．

〔7〕　ハバロフスクの北方800キロの彼方にある，アムール川沿いの療養地．河口のニコラエフスク・ナ・アムーレから約120キロ南に位置している．

〔8〕　ベルリッツとはマクシミリアン・ベルリッツ（1853-1921）が経営する語学学校で，1878年にロード・アイランドに開かれたのがその第1号である．彼はユダヤ系のドイツ人で，フランスを経て，1872年に渡米．ドイツ語，フランス語の教師として身を立てたが，病気休職中に臨時に雇われたフランス語教師が，英語をまったく解さない人物であったにもかかわらず大きな成果を挙げたのを目撃して，「外国語を初めからその外国語で教える」というベルリッツ方式を思いついたといわれる．1880年代から全米さらには世界に向けて事業を拡大し，世界各地にある系列校は1914年には200校を超えた．なおベルリッツ社は，2001年からベネッセ・コーポレーションの子会社となって

いる．

〔9〕　シャシリクは，カフカースの郷土料理．大きな串にタレに漬け込んだ羊肉のブツ切りとタマネギなどの野菜を刺して，豪快にグリルする．羊肉の代わりに，牛肉を使うこともある．肉に下味をつけるタレが決め手で，料理人の個性がここで発揮される．

第6章

（1）　Michel de Certeau, *The Practice of Everyday Life*, trans. Steven Rendall（Berkeley: University of California Press, 1984）, p. 117.〔フランス語版からの翻訳．ミシェル・ド・セルトー，山田登世子訳『日常的実践のポイエティーク』国文社，1987年〕

（2）　Peter Fritzsche, *Reading Berlin 1900*（Cambridge, Mass.: Harvard University Press, 1996）, p. 111.

（3）　Michel Foucault, "Of Other Spaces," *Diacritics*, vol. 16（spring 1986）, pp. 22-27.〔フランス語版からの翻訳．ミシェル・フーコー，工藤晋訳「他者の場所――混在郷について」『ミシェル・フーコー思考集成X 1984-88 倫理／道徳／啓蒙』筑摩書房，2002年〕

（4）　I. F. Petrovskaia, "Raznye stseny tsentra i okrain," in *Teatral'nyi Peterburg. Nachalo XVIII veka-Oktiabr, 1917 goda. Obozrenie-putevoditel'*, ed. I. F. Petrovskaia（St. Petersburg: RIII, 1994）, pp. 344-46.

（5）　A. F. Nekrylova, *Russkie narodnye gorodskie prazdniki, uveseleniia i zrelishcha*（Leningrad: Iskusstvo, 1988）.〔初版（1984年）からの翻訳．A・F・ネクルィローヴァ，坂内徳明訳『ロシアの縁日――ペトルーシカがやってきた』平凡社，1986年〕

（6）　*Russkie narodnye gulian'ia po rasskazam A. Ia. Alekseeva-Iakovleva*（Moscow: Iskusstvo, 1948）, p. 99.

（7）　Baron N. V. Drizen, "Staryi Peterburg," *Ves' mir*, no. 10（1918）: pp. 8-12.

（8）　M・B・ドブジンスキーはその『回想録』において，典型的なソヴィエト的／ナロードニキ的なスタイルで，民衆文化が「見世物小屋」（バラガーン）から失われたことを嘆いている．M. V. Dobuzhinskii, *Vospominaniia*（Moscow: Nauka, 1987）, pp. 19-20.

（9）　Norbert Elias, *The Civilizing Process: The History of Manners*, trans. Edmond Jephcott（New York: Urizen Books, 1978）.〔ノルベルト・エリアス，赤井慧爾，中村元保，吉田正勝訳『文明化の過程（上）ヨーロッパ上流階層の風俗の変遷』法政大学出版局，新装版2010年〕

（10）　Darra Goldstein, "Russian Dining: Theatre of the Gastronomic Absurd," *Performance Research*, vol. 4, no. 1（1999）: p. 56.

（11）　レストラン文化の起源については，次の学位論文，とくにその第1章と第2章を参照．Rebecca Spang, "A Confusion of Appetites: The Emergence of Paris Restaurant Culture, 1740-1848"（Ph. D. diss., Cornell University, 1993）.

（12）　Joanne Finkelstein, *Dining Out: A Sociology of Modern Manners*（Oxford: Polity Press, 1989）, p. 41.

（13）　レベッカ・スパングは次の文献で，これが啓蒙の諸原理からどのように発展したのかを議論している．"Rousseau in the Restaurant," *Common Knowledge* 5, no. 1（1996）: pp. 92-108.

(14)　Spang, "Confusion of Appetites," p. 14.
(15)　A. V. Amfiteatrov, *Deviatidesiatniki*, vol. 2（St. Petersburg: Prometei, 1910）, p. 127.
(16)　*Restorannoe delo*, no. 1（1911）: p. 5
(17)　Pavel Buryshkin, *Moskva kupecheskaia*（New York: Chekhov, 1954）, pp. 153–54.
(18)　I. G. Pryzhov, *Istoriia kabakov v Rossii*（Moscow: M. O. Vol'f, 1867）, p. 45. この本はモスクワで 1991 年に，ブック・チェンバー・インターナショナル社から再版された．また次の文献，とくにその第 1 章と第 4 章を参照．David Christian, *Living Water*（Oxford: Clarendon Press, 1990）.
(19)　Pryzhov, *Istoriia kabakov*, pp. 46–126.
(20)　Christian, *Living Water*, pp. 38–39.
(21)　Ibid., p. 100.
(22)　*Ruchnaia i vspomogatel'naia kniga dlia molodykh i pozhilykh osob oboego pola*（Moscow: V. Got'e, 1849）, p. 10.
(23)　Ibid., p. 35.
(24)　Finkelstein, *Dining Out*, p. 13; S. Mennell, *All Manners of Food*（Oxford: Basil Blackwell, 1985）.
(25)　K. N. Meshcherskii, *Rol' muzhchiny v svete*, 2nd ed.（Moscow: A. A. Levinson, 1885）, p. 126.
(26)　Ibid., p. 127.
(27)　I. I. Miasnitskii, *Provintsiia v Moskve*（Moscow: Sytin, 1903）.
(28)　レスコフの『悪魔祓い』に登場する人びとのナイトライフは，ヤールでの飲食から始まっている．この物語は，彼の 11 巻本著作集第 6 巻に収録された．N. S. Leskov, *Sobranie sochinenii v odinnadtsati tomakh*, vol. 6（Moscow: Gos. Izd. Khud. Lit., 1956）, pp. 302–14.
(29)　Goldstein, "Russian Dining," p. 61.
(30)　"Strel'na: 50 iubilei," *Sinii zhurnal*, no. 7（1911）: p. 15.
(31)　M. Iar-on, "Strel'na," *Zritel'*, nos. 23/24（1881）: pp. 4–5.
(32)　劇評誌『芸術』（イスクーストヴォ）の 1883 年第 25 号（293 頁）は，客たちがフロアーショーのさなかに見せる粗雑な振る舞いに苦言を呈している．
(33)　Lewis Ehrenberg, *Steppin' Out: New York Nightlife and the Transformation of American Culture, 1890–1930*（Chicago: University of Chicago Press, 1981）, chapter 2.
(34)　Spang, "Confusion of Appetites," pp. 260–61.
(35)　"Vliianie muzyki na restorannyiu torgovliu," *Restorannoe delo*, no. 6（1911）: p. 4.
(36)　つぎの記事による．*Peterburgskaia gazeta*, November 22, 1909, no. 321.
(37)　Iks. Luch., "Iar," *Artisticheskii mir*, no. 1（1912）: p. 10.
(38)　レベッカ・スパングが，この時代のレストランに置かれていた鏡について論じている．Rebecca L. Spang, *The Invention of the Restaurant: Paris and Modern Gastronomic Culture*（Cambridge, Mass.: Harvard University Press, 2000）, p. 55.〔レベッカ・L・スパング，小林正巳訳『レストランの誕生――パリと現代グルメ文化』青土社，2001 年〕
(39)　Luch., "Iar," p. 10.
(40)　Egor Poliakov, "Istertyi grif," *Tsirk i estrada*, no. 5（1928）: p. 6.

(41) *Var'ete i tsirk*, no. 6 (1916): 6.

(42) Alexander Serebrov (A. N. Tikhonov), *Vremia i liudi (Vospominaniia, 1898-1905)* (Moscow: Khudozhestvennaia literatura, 1955), pp. 109-10. 当時人気を博したジプシー・ロマンスをめぐる議論については，さらにスムバトフ＝ユジンの戯曲『ジェントルマン』第1幕第5場，およびИ・С・プラトンの戯曲『奴隷たち』も参照．I. S. Platon, *Raby* (St. Petersburg: Teatr i iskusstvo, 1904), p. 34.

(43) *Var'ete i tsirk*, no. 1 (1912): p. 5.

(44) Spang, "Confusion of Appetites," p. 270.

(45) プライベートな演奏を求めた人たちから非常に多額の謝礼の品を受け取ることは，歌手の間では要注意だった．それというのも，「ジェントルマン」たちは，一晩たつと，これらの装飾品が強奪されたと感じるからである．"Podarki v kabinetakh," *Artisticheskii mir*, no. 1 (1912): p. 3.

(46) Dan Healey, "Masculine Purity and 'Gentlemen's Mischief': Sexual Exchange and Prostitution between Russian Men, 1861-1914," *Slavic Review*, vol. 60, no. 2 (2001): p. 248.

(47) *Restorannoe delo*, no. 3 (1912): p. 12.

(48) 『アーティストの世界』(アルティスティーチェスキー・ミール) 1909年第1号に掲載された広告．この広告は，「現地の興行エージェントが常駐」とうたっている．

(49) *Var'ete i tsirk*, no. 5 (May 1916): p. 2.

(50) Egor Poliakov, "Istertyi grif," *Tsirk i estrada*, no. 5 (1928): p. 6.

(51) オスカル・ノルヴェジュスキーの『ウィーンの夜』の書評は，*Vestnik literatury*, no. 4 (1908): pp. 82-83. 定期刊行物に掲載された広告には「著者との集い」を宣伝するものもあるが，作家のなかには人目に触れる機会が増えるというので，この手の広告に尻込みする人もいただろう．

(52) Sylvester, "Crime, Masquerade, and Anxiety," p. 200.

(53) Doreen Massey, "Power-Geometry and a Progressive Sense of Place," in *Mapping the Futures: Local Cultures, Global Change*, ed. Jon Bird et al. (New York: Routledge, 1993), p. 59.

(54) アモリ伯の「外国のレストラン」シリーズは，以下に掲載された．*Restorannoe delo*, nos. 2-3 (1912).

(55) *Restorannoe delo*, no. 6 (1912): p. 6.

(56) この種のレストランのうちアメリカでもっとも有名なものは，ニューヨークの「ロシアン・ティールーム」とビバリーヒルズにある「ロマノフ」であろう．いずれも実際はユダヤ人亡命者が開いた店で，彼ら創業者にしてみれば，これらのレストランが再現した昔のロシアのライフスタイルなど，何の感慨も呼ばなかったろう．亡命者たちは，旧いロシアに人びとが抱いたノスタルジーを利用したのだった．Nina Burleigh, "Champagne Wishes and Caviar Dreams," *New York Magazine*, October 18, 1999.

(57) スーザン・スチュアートの言葉を用いるならば，ロシア料理店が呼び起こしたノスタルジーは，「それが本物だからというより，遠くにあって物珍しいことから生まれている」のである．引用は次による．Svetlana Boym, *Common Places* (Cambridge, Mass.: Harvard University Press, 1994), p. 284.

(58) *Restorannoe delo*, no. 11 (1913): pp. 14-17. この雑誌は主だったレストラン・オーナーたちの列伝を載せているが，どの話も徹底して似たような内容である．

(59)　*Restorannoe delo*, no. 8 (1913): pp. 12–13.
(60)　*Restorannoe delo*, no. 4 (1913): p. 11.
(61)　*Restorannoe delo*, no. 9 (1911): pp. 5–6.
(62)　「レストランのボーイ」は，次に収録されている．I. S. Shmelev, *Povesti i rasskazy* (Moscow: Gos. Izd. Khud. Literatury, 1960).〔シメリョフ「レストランのボーイ」(染谷茂訳)『世界文学全集 60』集英社，1979 年〕
(63)　*Restorannoe delo*, no. 12 (1913): p. 16.
(64)　A. Pleshcheev, "Vakhanaliia," *Stolitsa i usad'ba*, no. 42 (1915): p. 21.
(65)　Alexander Rabinowitch, *The Bolsheviks Come to Power* (New York: Norton, 1976), p. 111.
(66)　このレストランは「レースが終わった後に行くべきところ」として，1915 年の『スポーツ新聞』(スポルチーヴヌィ・リストク) に広告が出ている．
(67)　ピーター・フリッチェは，「商業は経済活動の土台であると同時に，知覚体験でもある」と指摘している．ナイトクラブにおけるパフォーマンスは，フリッチェのこの主張を確認している．*Reading Berlin 1900*, p. 107.
(68)　I. F. Petrovskaia, "Chastnye antreprizy," in *Teatral'nyi Peterburg*, ed. I. F. Petrovskaia, p. 165.
(69)　Evgenii Kuznetsov, *Iz proshlogo russkoi estrady: Istoricheskie ocherki* (Moscow: Iskusstvo, 1958), pp. 120–21.
(70)　Petrovskaia, "Chastnye antreprizy," p. 165.
(71)　Kuznetsov, *Iz proshlogo*, p. 231.
(72)　Petrovskaia, "Raznye stseny tsentra i okrain," in *Teatral'nyi Peterburg*, pp. 340–43.
(73)　N. V. Nikitin, *Peterburg noch'iu* (St. Petersburg: Trud, 1903), p. 100.
(74)　Al'bin Konechnyi, "Shows for the People," in *Cultures in Flux*, ed. Stephen Frank and Mark Steinberg (Princeton: Princeton University Press, 1994), pp. 121–30.
(75)　モスクワのアミューズメント・パークに関する情報は，バフルーシン演劇博物館 (A. A. Bakhrushin State Central Theatre Museum. 略称 GTsTM) 所蔵のアーカイヴから知ることができる．GTsTM, f. 543, d. 1.
(76)　G. M. Iaron, *O liubimom zhanre* (Moscow: Iskusstvo, 1960), p. 22.
(77)　Francois Caradec and Alain Weill, *Le cafe-concert* (Paris: Hachette, 1980). また次も参照．Charles Rearick, *Pleasures of the Belle Epoque* (New Haven: Yale University Press, 1985), chapter 4.
(78)　*Vare'te i tsirk*, no. 2 (1912): pp. 2–3.
(79)　この命令は，以下に引用がある．Kuznetsov, *Iz proshlogo*, p. 120.
(80)　彼に関する次の論文を参照．*Var'ete i tsirk*, no. 1 (1912): p. 6.
(81)　Andrew Donskov, *Mixail Lentovskij and the Russian Theatre* (East Lansing, Mich.: Russian Language Journal, 1985).
(82)　レントフスキーの個人アーカイヴは，モスクワのバフルーシン演劇博物館にある．本文で指摘した事柄については，GTsTM, f. 144, d. 842, l. 6.
(83)　Ibid., d. 842, l. 3.
(84)　1897 年にモスクワ市会に提出した公共の娯楽に関する詳細な意見書のなかで，レントフスキーは，これらの人びとは豊かなわけでもまたエリートでもないけれども，家族の娯楽のためにカネを使う場を必要としていた，と述べている．なおこの意見書は印

刷された形で彼の個人アーカイヴに収められているが，所蔵目録には記載がない．Ibid., ll. 4-6.

(85) Donskov, *Mixail Lentovskij*, p. 49.

(86) Ibid., p. 29.

(87) 「エルミタージュ」は単一の施設ではなかったが，ソヴィエト時代になっても宣伝用のブックレットが作られていた．*Ermitazh* (Moscow: Mosk. otdel. teatral. zrel. kass, 1958). なおロズネルについては，次を参照．S. Frederick Starr, *Red and Hot: The Fate of Jazz in the Soviet Union, 1917-1980* (New York: Oxford University Press, 1983), pp. 194-205, 225-27.

(88) Kuznetsov, *Iz proshlogo*, p. 126.

(89) I. F. Petrovskaia, "Raznye stseny tsentra i okrain," in *Teatra'nyi Peterburg*, ed. I. F. Petrovskaia, p. 351.

(90) GTsTM, f. 144, d. 946, ll. 11-12. また，次も参照．Konechnyi, "Shows for the People," pp. 126-27.

(91) たとえば犯罪欄では，ダンスパーティーに連れていくのを拒絶されたという理由から，夫を刺した女性のことが報道されている．"Teatr Ermitazh" (Moscow, 1909).

(92) GTsTM, f. 144, d. 1076, ll. 6, 23.

(93) Donskov, *Mixail Lentovskij*, p. 41.

(94) Jeffrey Brooks, *When Russia Learned to Read: Literacy and Popular Literature, 1861-1917* (Princeton: Princeton University Press, 1985), p. 124.『緑林のチュルキン』の英訳は，"The Bandit Churkin," in *Entertaining Tsarist Russia*, ed. James Von Geldern and Louise McReynolds (Bloomington: Indiana University Press, 1998), pp. 221-30.

(95) たとえば，1888年のシーズンに関する演目リストについて，次を参照．GTsTM, f. 144, d. 683.

(96) 引用は以下による．Lawrence Levine, *Highbrow/Lowbrow: The Emergence of Cultural Hierarchy in America* (Cambridge, Mass.: Harvard University Press, 1988), p. 237.〔ローレンス・W・レヴィーン，常山菜穂子訳『ハイブラウ／ロウブラウ――アメリカにおける文化ヒエラルキーの出現』慶應義塾大学出版会，2005年〕

(97) 1897年にモスクワ市会に提出した公共の娯楽に関する詳細な意見書は，印刷された形で彼の個人アーカイヴに収められている．だが所蔵目録には記載がない．

(98) 伝記的な事実については，彼の姉妹のアンナが残したノートによる．GTsTM, f. 144.

(99) Ibid., l. 23.

(100) バフルーシン演劇博物館が所蔵するレントフスキーの個人アーカイヴには，彼の事業の財政状況に関する毎年の報告書がいくつか残されている．1880年代には儲かっていたようであるが，ひとつにはそれは，彼が出費を惜しまなかったからであった．

(101) レントフスキーの死亡記事は，GTsTM, f. 144, dd. 829-31.

(102) Kuznetsov, *Iz proshlogo*, p. 230.

(103) Ibid., p. 229.

(104) 推測であるが，サブーロフは1912年に，「アクヴァリウム」での興行から2万ルーブルの利益を上げた．そのアクヴァリウムの売上高は，10万ルーブルであった．*Utro Rossii*, September 2, 1912, no. 203.

(105) シチューキンの娘が，父親のビジネスの歴史を書いている．GTsTM, f. 543, d. 1.
(106) *Dachnyi kur'er*, no. 1 (June 21, 1908): p. 4.
(107) Kuznetsov, *Iz proshlogo*, p. 123.
(108) Ibid., p. 125.
(109) Ibid., p. 124.
(110) Harold Segel, *Turn-of-the-Century Cabaret* (New York: Columbia University Press, 1987), p. xiv.
(111) Liudmila Tikhvinskaia, *Kabare i teatry miniatiur v Rossii, 1908-1917* (Moscow: Kul'tura, 1995), p. 5.
(112) Ibid., p. 180.
(113) Ibid., p. 338.
(114) Ibid., p. 202. この歌は次に翻訳されている．*Entertaining Tsarist Russia*, ed. von Geldern and McReynolds, pp. 290–92.
(115) I. F. Petrovskaia, "Liteinyi teatr," in *Teatral'nyi Peterburg*, ed. I. F. Petrovskaia, p. 323.
(116) Tikhvinskaia, *Kabare*, pp. 137–38.
(117) Ibid., p. 139.
(118) Ibid., p. 143
(119) Ibid., p. 147.
(120) Ibid., p. 181.
(121) Petrovskaia, "Liteinyi teatr," pp. 323–27.
(122) Tikhvinskaia, *Kabare*, p. 334
(123) Ibid., p. 176.
(124) Ibid., p. 153.
(125) Ibid., p. 337.
(126) 引用はつぎによる．Levine, *Highbrow/Lowbrow*, p. 238.
(127) Kuznetsov, *Iz proshlogo*, p. 180.

＊訳注

〔1〕 「テイク・バック・ザ・ナイト」は，レイプを初めとする性暴力に抗議する女性たちの国際的な市民運動である．運動の発端は，ベルギーで1976年に開かれた「女性に対する犯罪に関する国際法廷」に出席した女性たちが，抗議デモを行なったことにあるとされる．またアメリカでは，このスローガンを掲げてサンフランシスコの女性たちが組織した1978年のデモ行進が運動の起点となった．2001年には国際NGO，「テイク・バック・ザ・ナイト財団」が設立され，女性だけでなく男性も参加して，広く暴力一般に反対する抗議運動へと発展した．

〔2〕 建物の一階は飲食店，二階は宿屋といったロシアの庶民向け宿泊施設．ドイツのガストホーフに相当する．

〔3〕 デルモニコスは，ティチーノ（スイス南東部のイタリア語圏）出身のデルモニコ兄弟が1827年にロウアー・マンハッタンに開いたレストラン．当初は小さなカフェであったが，何度かの火災で場所を転々とした後，1837年からサウス・ウィリアム・ストリートに落ち着いて事業を拡大した．最盛期には，ニューヨークで最高級のフランス料理店として，市内に4店舗を構えていた．コース・メニューの他にアラカルト・メ

ニューを置いたアメリカで最初のレストランとして，また料理とは別に独立したワイン・リストを揃えた最初のレストランとして，その名がアメリカの食文化史に残っている．創業家は1923年に事業から撤退したが，同じ場所で別会社が現在もデルモニコスの名で店を開いている．

〔4〕「おい，ヤールへやってくれ」（Ей, ямщик, гони-ка к Ярю）のこと．ジェルダーンとマクレイノルズが編集した *Entertaining Tsarist Russia. Talks, Songs, Plays, Movies, Jokes, Ads and Images from Russian Urban Life, 1779-1917*（Bloomington, 1998）の付録CDに，歴史的音源（歌　イーゴリ・ドゥブロフスキー）が採録されている．

〔5〕カフェ・ドゥマゴは，パリ6区，サン・ジェルマン広場に位置する，1884年開店の老舗のカフェ．店内にある2つの中国人形（Deux Magots）にちなんで，この名がある．近くにあるカフェ・フロール（この2階をサルトルが書斎兼応接間として使っていた）とともに，サルトルやボーヴォワールら実存主義者たちの根城であった．

〔6〕グラスゴー国際博覧会は，1901年5月2日〜11月4日まで開催された．見物人は1150万人に達したが，最大の呼び物は4つのパビリオンからなる「ロシア村」であった．本文に出てくる建築家フランツ・シェフテリが設計し，建設費用は3万ポンドに上ったという．

〔7〕ロシアン・ティールームは，マンハッタンの中核，ミッドタウン・ウェストに位置するニューヨークでも最高級のレストラン．1927年に，かつての帝室ロシア・バレエ団の関係者が，亡命者仲間が集う場所として開いたとされる．オーナーの交替にともない一時閉店となっていたが，2006年から営業を再開している．

〔8〕『レストランのボーイ』の4つの映画バージョンとは，ハンジョンコフ・スタジオが制作した1912年の『ある男または現代のドラマ』（監督B・スタレーヴィチ？），の同じハンジョンコフ・スタジオの1916年公開の映画『ある男の娘』（監督И・ヴィスコフスキー），そしてC・ヴェセロフスキーが監督した1916年の『レストランのボーイ』である．

〔9〕「ルナ・パーク」を名乗るアミューズメント・パークは世界各地にあるが，元祖ルナ・パークは1903年にコニー・アイランドに開設されたそれで，火災で施設が破壊される1944年まで続いた．名称は1901年の汎アメリカ博覧会での出し物，「月への旅行」にちなむという．なおコニー・アイランドはブルックリン地区南西の大西洋岸エリアで，1830年代，40年代からリゾート開発が進み，特に20世紀前半には手近な憩いの場所としてニューヨーク市民の人気を集めた．

〔10〕イーラ・アルドリッジ（1807-67）は，イギリスの俳優．ニューヨーク生まれのアフリカ系アメリカ人だったが，1820年代にイギリスに渡り，シェイクスピア劇，とくにオテロ役で不動の名声を得た．1850年代からヨーロッパ巡業を開始し，1858年，63年とロシア公演を行ない，ロシアでも絶賛されている．

〔11〕エディ・ロズネル（1910-76）は，ドイツ，次いでソ連で活躍したジャズマン．ポーランド系ユダヤ人としてベルリンに生まれた．初めクラシック音楽を学ぶが，ティーンエージャーの頃からジャズに没頭．1930年代に入ると，トランペットの名手として「白人のルイ・アームストロング」と呼ばれるようになる．ナチスの台頭にともないポーランドに渡り，ドイツ軍のポーランド侵攻が始まるとさらにソ連に逃れた．第二次世界大戦中はソ連政府から厚遇され，自前のバンドを率いて国内各地で公演し，ま

た慰問活動に従事した．しかし戦後になってジャズの受難時代となり，家族とともに出国を図ったロズネルは内務人民委員部により逮捕された（1946年）．以後，1954年に釈放されるまで，極東のマガダンにある収容所で過ごす．「雪解け」後，ロズネルは演奏活動の再開を認められたが，次第に表舞台から閉め出されて，ロズネルと彼のバンドは周辺部に追いやられる恰好となった．1970年代に入って，健康の悪化を理由に出国を申請．認められて，73年に西ベルリンに戻った．だが生活は困窮し，1976年に死去した．帰国後のロズネルは母国でも長く忘れ去られた存在だったが，1999年にフランスのドキュメンタリー・フィルム『グラーグのジャズマン』がリリースされて，彼の数奇な運命が知られるようになり，再評価が進んでいる．

〔12〕「プレスニャ」はモスクワ市の北西部．ジプシー・ソングで一世を風靡したヴェーラ・ヴァシリエヴナ・ゾーリナ（1853–1903）はトゥーラで芸能活動を始め，その後レントフスキーに見出されてモスクワに舞台を移し，モスクワの人びとから「プレスニャのパティ」と呼ばれた．

〔13〕ジョン・フィリップ・スーザ（1854–1932）は，アメリカの作曲家．「マーチの王」と呼ばれる．1880年から92年まで海軍軍楽隊の楽長を務め，多くの愛国的作品を作曲した．代表作に『星条旗よ，永遠なれ』（1897年）．

〔14〕シモン・フョードロヴィチ・サブーロフ（1868–1929）は，俳優，興行師．コメディを得意とし，モスクワの「エルミタージュ」，ペテルブルクの「ファルス」などで舞台に立った．

〔15〕ニコライ・ニコラエヴィチ・エヴレイノフ（1879–1953）は，ロシア，次いでフランスで活躍した演出家，演劇理論家．複数の人物を通して主人公の内面を浮き彫りにするという「モノドラマ論」で知られ，群集劇『冬宮占領』（1920年）で名高い．早くから劇作を始め，1910年からペテルブルクのキャバレー「歪んだ鏡」で多くの実験演劇を試み，注目された．築地小劇場でも，メイエルホリドと並ぶ革命後のロシアを代表する演劇人として紹介されている．1925年に亡命．

〔16〕帝政末期の音楽興行では，自称ハンガリー人も含めたハンガリー出身の音楽家たちが高い人気を誇っていた．またパール・ホブスン（1879-?）は，ヴァージニア出身のアフリカ系アメリカ人のエンターテイナーで，ロシアには1904年のペテルブルク興行を皮切りにして，1906年（ペテルブルク），1911年（オデッサ），1915年（ペトログラード），1916年（ペトログラード）と頻繁に訪れ，ナイトクラブで多くの人びとを魅了した．

〔17〕「ウェディング・シンガー」は，1998年のアメリカ映画．他人の結婚式に彩りを添えるウェディング・シンガーとして働く主人公が，自分自身の愛に目覚めて裏方から人生の主役に躍り出るという，ハートフルなラヴ・コメディである．主演は現代アメリカを代表する喜劇役者，アダム・サンドラー（1966-）．

第7章

（1） Veit Erlmann, *Nightsong: Performance, Power, and Practice in South Africa*（Chicago: University of Chicago Press, 1996）, p. 16.

（2） 引用は以下による．このオールビーは，有名な劇作家エドワード・オールビー3世

の祖父に当たる．Henry Jenkins, *What Made Pistachio Nuts?*（New York: Columbia University Press, 1992）, p. 81.

(3) ベルナールについては，次の著作の第 1 章を参照．Susan Glenn, *Female Spectacle: The Theatrical Roots of Modern Feminism*（Cambridge, Mass.: Harvard University Press, 2000）.

(4) M. Lentovskii and L. Guliaev, "Sarra Bernard, ili bel'etzh No. 2"（Moscow: Razsokhina, 1891）. これは以下に英訳されている．*Entertaining Tsarist Russia*, ed. James Von Geldern and Louise McReynolds（Bloomington: Indiana University Press, 1998）, pp. 186–97.

(5) Erving Goffman, *Frame Analysis: An Essay on the Organization of Experience*（New York: Harper and Row, 1974）, p. 126.

(6) Francois Caradec and Alain Weill, *Le cafe-concert*（Paris: Hachette, 1980）, pp. 159–60.

(7) Evgenii Kuznetsov, *Iz proshlogo russkoi estrady: Istoricheskie ocherki*（Moscow: Iskusstvo, 1958）, pp. 122–23.

(8) Caradec and Weill, *Le cafe-concert*, p. 160. ネクラーソフすら，彼女を讃える詩を書いた．「ジュディック嬢の想像を超えたマドンナの如き面影」と．G. M. Iaron, *O liubimom zhanre*（Moscow: Iskusstvo, 1960）, p. 8.

(9) Kuznetsov, *Iz proshlogo*, pp. 61, 120.

(10) Ibid., p. 61.

(11) Robert Ridenour, *Nationalism, Modernism, and Personal Rivalry in Nineteenth-Century Russian Music*（Ann Arbor: UMI Research Press, 1977）.

(12) カール・ダールハウスは，この時代に競合していた「二つのスタイル」について記している．一方には，ハイブローの位置にベートーベンに代表される聴かれるべき音楽があり，他方のローブローの位置にロッシーニに代表される演奏されるべき音楽がある，というのである．Carl Dahlhaus, *Nineteenth-Century Music*（Berkeley: University of California Press, 1989）, pp. 8–15.

(13) Charles Hamm, *Yesterdays: Popular Song in America*（New York: Norton, 1979）, p. xvii.

(14) Simon Frith, "The Industrialization of Popular Music," in *Popular Music and Communication*, ed. James Lull, 2nd ed.（Newbury Park, Calif.: Sage Publications, 1992）, pp. 49–74.

(15) Ts. Kiui, "Ocherk pazvitie 'romansa' v Rossii," *Artist*, no. 45（1895）: p. 7.

(16) たとえば「別離（ラズルカ）」がその例である．"Rasluka," in *Minstrel'*（Moscow: Universitetskaia tip., 1833）, pp. 43–46.

(17) Viktor Krylov, "Kompositor Ts. A. Kiui.（Otryvok iz vospominanii）," *Istoricheskii vestnik*, vol. 15, no. 2（1894）: pp. 472–81.

(18) 俳優の方は，この父のことを知らなかった．母親が彼を身籠っているとき，父はカードに興じていて，その最中に亡くなったのである．K. A. Varlamov, "Istoriia moei zhizni," *Sinii zhurnal*, no. 5（1911）: pp. 2–3.

(19) Kiui, "Ocherk," pp. 7–8.

(20) Ibid. キュイはこの二つの歌が大変に人気があったことを認めてはいるが，その作曲家の技量は評価していない．

(21) ジョン・W・フィンソンが，これらの主題を論じている．Jon W. Finson, *The Voices That Are Gone*（New York: Cambridge University Press, 1994）.

(22) V. Mikhnevich, "Izvrashchenie narodnogo pesnotvorchestva," *Istoricheskii vestnik*, vol. 3

(November 1880): pp. 749–79; Robert A. Rothstein, "Death of the Folk Song?" in *Cultures in Flux*, ed. Stephen Frank and Mark Steinberg (Princeton: Princeton University Press, 1994), pp. 108–20.

(23) Donald Rayfield, "Chekhov and Popular Culture," *Irish Slavonic Studies*, no. 8 (1988): pp. 47–49.

(24) フィンソンが，これを論じている．*Voices That Are Gone*, pp. 68–69, 153–54.

(25) 世紀転換期のモダン・ダンスにおけるジェンダーの意義については，リンダ・トムコが論じている．Linda Tomko, *Dancing Class: Gender, Ethnicity, and Social Divides in American Dance, 1890–1920* (Bloomington: Indiana University Press, 1999), pp. 24–29.

(26) A. R. Vladimirskaia, *Zvezdnye chasy operetty*, 2nd ed. (Leningrad: Iskusstvo, 1991), p. 14.

(27) Richard Traubner, *Operetta: A Theatrical History* (New York: Doubleday), pp. 26–28.

(28) Vladimirskaia, *Zvezdnye chasy operetty*, pp. 133–34.

(29) 引用は，次による．Andrew Donskov, *Mikhail Lentovskij and the Russian Theatre* (East Lansing, Mich.: *Russian Language Journal*, vol. 39, 1985), p. 21.

(30) V. Krylov, *V pogone za Prekrasnoi Elenoi* (St. Petersburg: Shreder, 1872).

(31) Vladimirskaia, *Zvezdnye chasy operetty*, pp. 134–35.

(32) Ibid., p. 138.

(33) Iaron, *O liubimom zhanre*, p. 7. 全部で 256 を数えた演目のうち，60 がオッフェンバックのオペレッタだった．

(34) Vladimirskaia, *Zvezdnye chasy operetty*, pp. 62–63.

(35) グリゴリー・ヤーロンの回想録が，舞台裏のさまざまな逸話を提供しているが，ソヴィエト期におけるオペレッタを理解する上で，いずれも重要なものである．G. M. Iaron, *O liubimom zhanre* (Moscow: Iskusstvo, 1960).

(36) Ibid., p. 27. 地方紙の広告で，『愛の一夜』の宣伝を読むことができる．そこではツアーでやって来るヴァヴィチ，シュヴァーロヴァ，モナーホフという三大スターが大きく取り上げられている．

(37) Ibid., p. 28. ソヴィエト時代にこれを演じるときは，この個所を抹消しなくてはならなかった，とヤーロンは言う．

(38) *Obozrenie teatrov*, no. 256 (1907): pp. 16–17.

(39) V. P. Valentinov, *Moskva noch'iu* (Moscow: Mirnyi trud, 1907).

(40) V. P. Valentinov, *Tainy garema* (Moscow: Mirnyi trud, 1909).

(41) *Artist i tsena*, no. 1 (1910): p. 7.

(42) 『ダイヤモンドの女王』は，以下に英訳されている．*Entertaining Tsarist Russia*, ed. von Geldern and McReynolds, pp. 198–202.

(43) Iaron, "O liubimom zhanre," p. 33.

(44) I. V. Nest'ev, *Zvezdy russkoi estrady* (Moscow: Sovetskii kompositor, 1970), p. 63.

(45) Louise McReynolds, "'The Incomparable One': Anastasia Vial'tseva and the Culture of Personality," in *Russia, Women, Culture*, ed. Helena Goscilo and Beth Holmgren (Bloomington: Indiana University Press, 1996), pp. 273–94.

(46) リチャード・スタイツが書いているように，自分の定住場所をとくに持たないジプシーであるが，この人びとは「ロシア人が大好きな憂愁という気分，つまり何かをなく

してしまった，あるいは永久に失ってしまったという言葉にならない感情を呼び起こすことに非常に長けていた」．Richard Stites, *Russian Popular Culture: Entertainment and Society since 1900*（Cambridge: Cambridge University Press, 1992）．

（47） "Rasposhel, a Gypsy Romance," in *Entertaining Tsarist Russia*, ed. von Geldern and McReynolds, p. 174. アレクサンドル・ダヴィドフが，この歌をポピュラーにした．

（48） I. V. Nest'ev, *Zvezdy russkii estrady*（Moscow: Sovetskii kompositor, 1970）, p. 7.

（49） 『黒い瞳』は，以下に英訳されている．M・И・ヴァヴィチによる有名な録音は，このアンソロジーの付録CDで聴くことができる．*Entertaining Tsarist Russia*, ed. von Geldern and McReynolds, p. 109.

（50） Alaina Lemon, *Between Two Fires: Gypsy Performance and Romani Memory from Pushkin to Postsocialism*（Durham: Duke University Press, 2000）, p. 36.

（51） Egor Poliakov, "Istertyi grif," *Tsirk i estrada*, no. 5（1928）: p. 6.

（52） Eric Lott, *Love and Theft: Blackface Minstrelsy and the American Working Class*（New York: Oxford University Press, 1993）, p. 6.

（53） *Obozrenie teatrov*, no. 8（June 21, 1886）: p. 1.

（54） Nest'ev, *Zvezdy russkoi estrady*, p. 41.

（55） パーニナについては，たとえば次に掲げる彼女の追悼文を見よ．*Artist i tsena*, no. 11（1911）: pp. 7–8.

（56） *Artist i tsena*, nos.18/19（1910）: p. 1.

（57） Nest'ev, *Zvezdy russkii estrady*, pp. 66–102. この著者は，さらにプレヴィツカヤの回想録の抜粋も掲げている．短い間であるが，プレヴィツカヤはスパイ容疑で下獄したこともあった．

（58） B. A. Savchenko, *Kumiry russkoi estrady*（Moscow: Znanie, 1992）, pp. 17–20; and Stites, *Russian Popular Culture*, pp. 14–15.

（59） Jenkins, *What Made Pistachio Nuts*, p. 251.

（60） Kuznetsov, *Iz proshlogo*, p. 160.

（61） A. F. Nekrylova, *Russkie narodnye gorodskie prazdniki, uveseleniia i zrelishchia*（Leningrad: Iskusstvo, 1988）, p. 99.〔初版（1984年）からの翻訳．A・F・ネクルィローヴァ，坂内徳明訳『ロシアの縁日――ペトルーシカがやってきた』平凡社，1986年〕

（62） Sigmund Freud, *Jokes and Their Relation to the Unconscious*, trans. and ed. James Strachey with an introduction by Peter Gay（New York: Norton, 1960）.〔『フロイト全集8　1905年 機知』岩波書店，2008年〕

（63） 人は不安を蔽い隠し，あるいは不安を否定するためにジョークを用いるというフロイトの「常識」の多くは，ジョークに対する彼の臨床心理学研究のなかから生まれた．Thomas A. Burns, *Doing the Wash: An Expressive Culture and Personality Study of a Joke and Its Tellers*（Norwood, Penn.: Norwood Editions, 1975）.

（64） Lewis Erenberg, *Steppin' Out: New York Nightlife and the Transformation of American Culture, 1890-1930*（Chicago: University of Chicago Press, 1981）, pp. 67–69. より多くの人びとに受け入れられるようにするため，ボードビルを小綺麗にしようという試みについては，また次も参照．Jenkins, *What Made Pistachio Nuts*, p. 38.

（65） この分野についてのもっとも情報豊かな通史は，次の研究である．G. Terikov, *Ku-*

plet na estrade（Moscow: Iskusstvo, 1987）.

(66)　先に掲げたテリコフの研究が，チャストゥーシカを論じている．Ibid., p. 53.

(67)　Terikov, *Kuplet na estrade*, pp. 20–21.

(68)　Kuznetsov, *Iz proshlogo*, pp. 130–46.

(69)　Ibid., pp. 147–54.

(70)　Terikov, *Kuplet na estrade*, p. 31.

(71)　Kuznetsov, *Iz proshlogo*, p. 157.

(72)　Ibid., pp. 157–58.

(73)　Ibid., p. 159.

(74)　1880年代の複合娯楽施設の成長については，クズネツォフが議論している．Ibid., p. 159.

(75)　Terikov, *Kuplet na estrade*, p. 37.

(76)　Ibid., pp. 40–43.

(77)　Ibid., p. 43.

(78)　アメリカのボードビルの聴衆は，「ボードビルをエチケットを学ぶ学校と捉えていた．それは娯楽への渇望だけでなく，自分を向上させようとする気持ちとも直接結びついていた」と，グンター・バースは語っている．Gunther Barth, *City People*（New York: Oxford, 1980）, p. 216.

(79)　同時代人が指摘するように，あからさまに政治的な作品を創作することは，トゥムパコフには異例のことであった．“Benefis P. V. Tumpakova,” *Obozrenie teatrov*, no. 65（1907）: pp. 9–10.

(80)　V. P. Valentinov, *Dni svobody*（Moscow: n.p., 1905）.

(81)　Ibid., p. 7.

(82)　Ibid., p. 19.

(83)　Ibid., p. 15.

(84)　テリコフは，ロシアの作品ではない『メリー・ウィドウ』を地方で上演するに当たって，ロシア人出演者が日露戦争に関するクプレを付け加えた例を挙げている．こういうことは，よく行なわれた．Terikov, *Kuplet na estrade*, p. 55.

(85)　サルマートフは自作の『流行のクプレとシャンソン』について，少なくとも2つの分冊版を出している．ひとつが『エロスの歌』，もうひとつが『魅惑の旋律』である．購入した人たちは，楽譜が必要であればレストラン「チボリ」に行くよう勧められており，ここに2つの商業的要素が結びつくこととなった．S. F. Sarmatov. *Modnye kuplety i shansonetki*（Kharkov: I. M. Varshavchik, 1902）.

(86)　サルマートフの伝記的事実は，以下による．“S. F. Sarmatov,” *Artist i tsena*, no. 2（1910）: p. 16.

(87)　*Novosti teatra*, August 4, 1916, p. 4.

(88)　以下に，こういう政治的クプレのひとつが再版されている．*Var'ete i tsirk*, no. 1（1912）: p. 4.

(89)　これは，次の諷刺雑誌から．*On, Ona, Ono*, no. 1（1906）: p. 9.

(90)　*Eroticheskie pesenki*, p. 5.

(91)　Ibid., p. 15.

(92) S. F. Sarmatov, *Pesni, kuplety* (Kharkov: S. A. Shmerkovich, 1907), p. 9.

(93) *Pikantnye motivy*, p. 15.

(94) Varya Zimina, "Three Husbands," translated in *Entertaining Tsarist Russia*, ed. Von Geldern and McReynolds, pp. 280–81.

(95) これは，次の諷刺雑誌から．*On, Ona, Ono*, no. 1 (1906): p. 5.

(96) バースはその研究のなかで，「万華鏡のように絶えず変化する笑いの犠牲者たち」に触れている．だが彼は，ある特定の集団に属する人びとはこういう残酷な笑いの対象とされることは決してない，という事実を認めようとしない．Barth, *City People*, p. 217.

(97) ユーモアと自意識の関係を論じたその著作で，フロイトが主たる議論の対象としているのは，自分自身を皮肉の対象にしてしまうユダヤ人の姿である．Elliott Oring, *The Jokes of Sigmund Freud: A Study in Humor and Jewish Identity* (Philadelphia: University of Pennsylvania Press, 1984).

(98) N. I. Krasovskii, *Kupletist-razskashchik. Repertuar dlia stseny i doma* (Moscow: N. N. Bulgakov, 1902), pp. 71–72.

(99) この時期のさまざまなエスニック・ジョークが，以下に英訳されている．*Entertaining Tsarist Russia*, ed. von Geldern and McReynolds, pp. 203–11.

(100) Ibid., p. 77.

(101) Hubertus Jahn, *Patriotic Culture in Russia during World War I* (Ithaca: Cornell University Press, 1995), pp. 50-62.

(102) Sergei Sokol'skii, *Pliashshchaia lirika* (Petrograd: Tsentral'naia, 1916), p. 19.

(103) Ibid., "Slovo pro Rossiiu," pp. 37–42, and "Pesenka o damakh," p. 111.

(104) 引用は以下による．*Entertaining Tsarist Russia*, ed. von Geldern and McReynolds, p. 211.

＊訳注

〔1〕 エドワード・フランクリン・オールビー2世（1857-1930）は，アメリカのボードビリアン，興行師．P・T・バーナム（本書第4章訳注11）の付け人としてキャリアをスタートし，ベンジャミン・フランクリン・キースと組んで人気を得る．ボードビリアンの全国組合を組織し，この組合を通してブッキングを行なうなど，辣腕のプロモーターでもあった．なお彼の次男リード・A・オールビーは，『ヴァージニア・ウルフなんかこわくない』（1962年）で知られる劇作家，エドワード・オールビー3世（1928－）の養父である．

〔2〕 アンナ・ジュディック（1849-1911）は，フランスの歌手，女優．オッフェンバックの本拠地ブッフ・パリジャンで『大公夫人』（1874年），『クレオールの女』（1875年）などに出演した後，76年にヴァリエテ座に移って大ブレイクした．オッフェンバック作品では，78年に引退したオルタンス・シュネデール（本書第7章訳注6を参照）の跡を襲う形で，『美しきエレーヌ』『ジェロルスタン大公女』などでタイトル・ロールを張る．他にエルヴェの代表作『ニトゥシュ嬢ちゃん』（1883年）でもヒットを飛ばした．1880年代後半からは全国ツアー，世界ツアーを行なうようになり，第2のキャリアを築く．1900年，引退．

〔3〕 エンリコ・チェケッティ（1850-1928）は，イタリアの舞踊家．ミラノのスカラ座でデビューしたのち，ヨーロッパ各地でキャリアを積み，1887年にマリンスキー劇場に招かれ，『眠れる森の美女』の青い鳥役で絶賛された．その後はバレエ教師に転じ，

アンナ・パヴロヴァらバレエ・リュスで活躍するダンサーたちを育てた.

〔4〕　「タララ・ブーム・デイ」は1891年にヘンリー・セイヤーズがミンストレル・ショーで披露した歌で，翌年，ロッティー・コリンズによってロンドンに広がり，さらにパリでも大ヒットした．ブームはロシアにも波及し，チェーホフが1893年に発表した短編『大ヴォロージャと小ヴォロージャ』には，主人公がこの歌を口ずさむ描写がある．ちなみにチェーホフは，『三人姉妹』（1901年）でも同様の場面を設けている.

〔5〕　「舞踏会のあとで（After the Ball）」は，チャールズ・K・ハリス作曲の歌曲．恋人が舞踏会で別の男（実は兄）と口づけを交わしているのを目撃して，生涯を独身で通した男の悔恨の歌である．歌詞の第1番がミュージカル『ショウボート』で大人気となり，楽譜の売り上げは500万枚を超えたという，

〔6〕　オルタンス・シュネデール（1833–1920）はオッフェンバックのミューズで，19世紀のオペレッタを代表するソプラノ歌手．1855年の『バイオリン弾き　ブルターニュ伝説』でオッフェンバック作品にデビュー，64年の『美しきエレーヌ』で大ブレイクし，『青髭公』（1866年），『ジェロルスタン大公女』（1867年），『ラ・ペリコール』（1868年）とヒットを飛ばした．1878年に引退，彼女の後のスターの座をアンナ・ジュディック（本書第7章訳注2を参照）が襲うことになる.

〔7〕　『メリー・ウィドウ』は，フランツ・レハール（1870–1948）作曲のオペレッタ．初演1905年．レハールの出世作であり，翌年，ハンブルク，ベルリン，ブタペストで再演．1907年にはロンドンで英語版が上演され，これも大ヒットした．パリに居を移した裕福な未亡人と，彼女を自国の男と再婚させて財産の国外流出を阻止しようと図る外交官の企みを描いたコメディである.

〔8〕　白人芸人が顔を黒塗りして黒人の歌やダンスを真似るというミンストレル・ショーは，アメリカが生んだ自前の大衆芸能である．舞台の上のデフォルメされた黒人の姿に偏見と差別を読み取ることは容易いが，近年のミンストレル研究はさらに進んで，このショーに交錯するさまざまな視線を凝視している．エリック・ロットはそのひとりで，ミンストレルが誕生した1830年代，40年代のアメリカ都市社会の実態を踏まえて，その再解釈を行なった．階級対立が露わになり，また都市の下層階級の間では人種間の混淆も進んでいたという事実を念頭に置いて，ロットは黒人を偽装するという行為のなかに，白人労働者が黒人に対して抱く共鳴や憧憬というアンビヴァレントな感情が入り混じっているのを見たのである．このロット的見方に立つと，ミンストレルは「人種」的な偏見の背後に，実はハイブローとローブローとの「階級」的な対立も映し出していることになる．大衆芸能が内包する差別と告発の両義性に注目するこのような複眼的視座は，たとえば本章におけるクプレの分析に生かされているだろう.

〔9〕　トニー・パストール（1837–1908）は，19世紀後半のアメリカのショービジネスの世界に君臨したボードビリアン，興行師．彼のボードビルは，ミドルクラスの客層を狙って男性だけでなく女性もターゲットに据え，アメリカ愛国主義を鼓吹したことに特徴があるとされる.

〔10〕　ピエール・ジャン・ド＝ベランジェ（1780–1857）は，フランスの詩人．シャンソンの作詞家として名をなしたが，作風は初期の青春や恋愛をコミカルに笑うものから，軍や政府を批判する政治的・社会的なものへと変化し，1820年代に入って投獄，罰金といった抑圧を受けた.

〔11〕 暗殺未遂事件とは，グレゴリオ暦で1866年4月4日に発生した，モスクワ大学の元学生Д・B・カラコーゾフ（1840-66）によるアレクサンドル2世狙撃事件を指す．この事件を経て，言論の取り締まりが強化された．

〔12〕「ヴェーバーとフィールズ」は，ジョー・ヴェーバー（1867-1942）とリュー・フィールズ（1867-1941）のデュオ．2人で各地を回り，1895年に「ヴェーバーとフィールズ」という名のミュージック・ホールを開き，ブロードウェイ作品のパロディを出し物にして人気を博した．コンビは1904年に解散．

〔13〕「ビムとボム」は，モスクワのサーカスで活躍した道化コンビ．ビム役はイヴァン・ラドゥンスキー（1872-1955），ボム役は何度か交替している．ラドゥンスキーはボリシェヴィキだったが，十月革命後，コンビは新政権への批判を強め，2人のショーは内戦期のモスクワでもっとも人気を博したエンターテイメントだったという．

〔14〕「ボルシチ・ベルト」は，ニューヨーク北部のキャッツキル山脈にあるリゾート地のこと．ニューヨークに住むユダヤ人が好んで利用した場所で，ロシア系ユダヤ人がアメリカにボルシチを広めたことを受けてのネーミングである．

〔15〕1913年頃にヴァーリャ・ジーミナの演じたボードビルが，ジェルダーンとマクレイノルズが編集した *Entertaining Tsarist Russia. Talks, Songs, Plays, Movies, Jokes, Ads and Images from Russian Urban Life, 1779-1917*（Bloomington, 1998）の付録CDに収められている．

〔16〕「アルファルファ」はアメリカの子役スター，カール・スウィツァー（1927-59）が短編映画『わが家のギャング』シリーズ（1935-40）で演じた当たり役である．

〔17〕スタニスラフ・フランツェヴィチ・サルマートフ（1874-1925）は，キエフ第1ギムナジアを卒業後，「サルマートフ」の名で舞台に立った．本名はオッペンホフスキーで，ユダヤ風の姓をしている．演劇に見切りをつけて，1894年からクプレ芸人としてハリコフのカフェ・シャンタンで活動した．その後の経歴は本文に記す通りで，1920年にアメリカに亡命．生活に窮するなか，1925年にニューヨークで死去した．

ユーリー・ヴラジーミロヴィチ・ウベイコ（1874-1920）は，ウクライナのクプレ芸人．1890年代から活動を始めたが，サルマートフのアドバイスで，放浪者のボロ着スタイルを取ってブレイクし，1910年頃には彼に次ぐ2番手と目されるようになる．飛行機に興味を持ち，第一次大戦では義勇兵として航空部隊に参加．十月革命後はパリに亡命して，そこで客死した．

セルゲイ・アレクセーエヴィチ・ソコリスキー（1881-1918）は，サルマートフ，ウベイコに続く世代のクプレ芸人で，市の軽業師やオペレッタの俳優で身を立てた後に，クプレの世界に入った．彼も当初はサルマートフの影響下に放浪者の身なりで売り出して，ウベイコを凌ぐ人気を得た．しかし第一次世界大戦が始まると，ソコリスキーの芸は次第に社会性を強め，トレードマークのボロ着に替えて燕尾服姿で舞台に立ったといわれる．1918年，キエフで赤衛隊により銃殺された．

〔18〕「フン族」は，第一次大戦期におけるドイツに対する蔑称である．

第8章

（1） 以下の文献に引用されている．Thomas Levin, "Iconology at the Movies," in *Meaning in*

the Visual Arts: Views from the Outside, ed. Irving Lavin (Princeton: Institute for Advanced Study, 1995), p. 316.

(2) 「テフィ」こと，ナジェージュダ・ブチンスカヤには，次のようなナイトクラブでの持ち芸がある．“At the Cine-Mato-Scopo-Bio-Phono-etc.-Graph,” reprinted in Laurence Senelick, *Cabaret Performance*, vol. 1, *Europe 1890–1920* (New York: PAJ, 1989), pp. 172–74.

(3) ロシアの無声映画の前史については，次の文献を参照．N. M. Zorkaia, ed., *Ekrannye iskusstva i literatura: Nemoe kino* (Moscow: Nauka, 1991).

(4) Neia [N. M.] Zorkaia, *Na rubezhe stoletii: U istokov massovogo iskusstva v Rossii 1900–1910 godov* (Moscow: Nauka, 1976), p. 24.

(5) Tom Gunning, “The Cinema of Attractions: Early Film, Its Spectator and the Avant-Garde,” in *Early Cinema: Space, Frame, Narrative*, ed. Thomas Elsaesser and Adam Barker (London: British Film Institute, 1990), pp. 56–62.

(6) *Vestnik kinematografov*, no. 3 (1908): p. 15.

(7) たとえば次の文献を参照．Sergei Eisenstein, *The Film Form and the Film Sense*, trans. and ed. Jay Leyda (New York: Meridian, 1957); Lev Kuleshov, *Kuleshov on Film*, trans. and ed. Ronald Levaco (Berkeley: University of California Press, 1974).

(8) Tom Gunning, *D. W. Griffith and the Origins of American Narrative Film* (Urbana: University of Illinois Press, 1991).

(9) Richard Abel, *The Cine Goes to Town: French Cinema, 1896–1914* (Berkeley: University of California Press, 1994), pp. 39–42.

(10) Ibid., pp. 246–56.

(11) Denise Youngblood, *The Magic Mirror: Moviemaking in Russia, 1908–1918* (Madison: University of Wisconsin Press, 1999), p. 8.

(12) 映画のタイトル，そしてスターやスタジオのことも含めた映画制作に関する情報については，ヴェニアミン・ヴィシュネフスキーが次のきわめて重要な文献のなかでまとめている．Veniamin Vishnevskii, *Khudozhestvennye fil'my dorevoliutsionnoi Rossii* (Moscow: Goskinoizdat, 1945).

(13) *Obozrenie kinematografov, sketing-ringov, uveselenii, i sportov*, no. 162 (March 19, 1914).

(14) V. S. Likhachev, “Materialy k istorii kino v Rossii (1914–1916): Russkoe proizvodstvo i mirovaia voina,” *Iz istorii kino*, no. 3 (1960): pp. 37–103.

(15) Nikandr Turkin, “Zagran. shedevry,” *Pegas*, no. 2 (1916): pp. 53–54.

(16) 『シネマトグラフィー・ヘラルド』誌の「Times of London」のインタビューから引用．Vestnik kinematografov, no. 5 (November 22, 1908): p. 1.

(17) 利益は，『ペテルブルク映画劇場』(ペテルブルクスキー・キネモテアトルイ) といった商業雑誌で公表された．給与情報は，次の『シネ・フォーノ』の調査から取った．*Sine-fono*, no. 16 (1908): p. 5, and no. 1 (1913): p. 12.

(18) A. A. Chernyshev, *Russkaia dooktiabr'skaia kinozhurnalistika* (Moscow: Moscow University, 1987), p. 59.

(19) ロシアでのこの種のいくつかの試みについて，次の文献を参照．M. Kushnirovich, “Russkii stsenarii—detstvo ... otrochestvo ... iunost ...”, in Zorkaia, ed., *Ekrannye iskusstva i literatura*, pp. 130–56.

(20) Yuri Tsivian, *Early Cinema in Russia and Its Cultural Reception*, trans. Alan Bodger, ed. Richard Taylor（New York: Routledge, 1994）, p. 32.

(21) ヴィシュネフスキーが，これらを年ごとのリストにまとめている．*Khudozhestvennye fil'my dorevoliutsionnoi Rossii*, pp. 142–55.

(22) Richard Abel, *The Red Rooster Scare: Making Cinema American*（Berkeley: University of California Press, 1999）.

(23) 『ペガサス』誌に掲載の論文から．*Pegas*, no. 2（1915）: p. 109.

(24) Mary Carbine, "'The Finest Outside the Loop': Motion Picture Exhibition in Chicago's Black Metropolis, 1905–1928," in *Silent Film*, ed. Richard Abel（New Brunswick: Rutgers University Press, 1996）, pp. 234–62.

(25) David Bordwell, *Narration in the Fiction Film*（Madison: University of Wisconsin Press, 1985）, p. xi.

(26) Ibid., p. 34.

(27) Levin, "Iconology at the Movies," p. 316.

(28) Miriam Hansen, *Babel and Babylon: Spectatorship in American Silent Film*（Cambridge, Mass.: Harvard University Press, 1991）, p. 80.

(29) リメイクのフィルムは残っていない．これに関する議論は，次のプロタザーノフの伝記を参照．M. Arlazorov, *Protazanov*（Moscow: Iskusstvo, 1973）, pp. 53–54.

(30) S. S. Ginzburg, *Kinematografiia dorevoliutsionnoi Rossii*（Moscow: Iskusstvo, 1963）, pp. 306–7.

(31) 『ペガサス』誌に載ったグラニトフの批評である．*Pegas*, no. 1（1915）: p. 93.

(32) *Pegas*, no. 4（1916）: p. 87.

(33) *Pegas*, no. 5（1916）: p. 50.

(34) Ginzburg, *Kinematografiia dorevoliutsionnoi Rossii*（Moscow: Iskusstvo, 1963）, pp. 310–13.

(35) Hansen, *Babel and Babylon*, p. 81.

(36) Gunning, *D. W. Griffith*, とくに pp. 15–34.

(37) Vishnevskii, *Khudozhestvennye filmy dorevoliutsionnoi Rossii*, pp. 157–60.

(38) Paolo Cherchi Usai, Lorenzo Codelli, Carlo Monanaro, and David Robinson, eds., with Yuri Tsivian's "Some Preparatory Remarks on Russian Cinema," *Silent Witnesses: Russian Films 1908–1919*（London: British Film Institute, 1989）, pp. 108–10, 352–56.

(39) 1976年に出版されたゾルカヤの『世紀転換期』（本章注4で既出）は，映画と文学の関係を知るうえで，今もなお最良の文献である．しかしゾルカヤは，インテリゲンツィヤの観点に立っており，映画を意味ある形で相互に結びつけていくような映画理論を活かしていない．

(40) 自作が映画に翻案された作家のなかで，パズヒンはプーシキンとトルストイに次いで，第3位にランクしている．Vishnevskii, *Khudozhestvennye fil'my dorevoliutsionnoi Rossii*, p. 159.

(41) "Bulvarnye tragedii," *Pegas*, no. 5（1916）: p. 77.

(42) アモリ伯爵は，自分のトレードマークとして赤いネクタイをしていた．この時代のファッションのルールに従うロシア人なら，この服装から彼をホモセクシュアルだと見たことだろう．ダン・ヒーリーの指摘によれば，当時，ゲイのロシア人男性は，「同性

愛者の一種の制服ともいうべき，真っ赤なネクタイをこれ見よがしに締めた．鮮烈な赤のハンカチを，ポケットからのぞかせている者もいた」．Dan Healey, *Homosexual Desire in Revolutionary Russia*（Chicago: University of Chicago Press, 2001）, p. 40.

（43） 業界誌の『キノ』が何人かの人気作家にインタビューして，映画に対する彼らの見解を尋ねている．たとえばシンボリストの詩人，コンスタンチン・バリモントの例に見るように，作家がアヴァンギャルドに近づけば近づくほど，映画に対する評価が好意的になる傾向があった．*Kino*, no. 88/8（1914）: p. 18.

（44） *Kino*, no. 91（1914）: p. 18.

（45） 検閲官は，アルツィバーシェフのもっとも物議を呼んだ小説『サーニン』の映画化を認めなかった．

（46） ハンジョンコフが，『ペガサス』誌でその契約内容を公にした．*Pegas*, no. 1（1916）: p. 120.

（47） 彼は自分の雑誌である『ペガサス』で，このコンクールを宣伝した．第2位には750ルーブルを，第3位には500ルーブルを，第4位には250ルーブルを提示した．

（48） 2人の作品からつくられた映画について，これをまとめて論じた決して追従ではない批評がある．"Kino-retsenzii," *Rampa i zhizn*, no. 37（1915）: p. 14.

（49） Jeffrey Brooks, "Young Kornei Chukovskii（1905–1914）: A Liberal Critic in Search of Cultural Unity," *Russian Review*, vol. 33, no. 1（1974）: pp. 50–62. さらに次も見よ．Zorkaia, *Na rubezhe stoletii*, p. 96.

（50） ナグロツカヤについては，次の文献を参照．Nagrodskaia, *Wrath of Dionysus*, trans. with an introduction by Louise McReynolds（Bloomington: Indiana University Press, 1998）, pp. vii–xxviii. ヴェルビツカヤについては，次の文献を参照．McReynolds, "Reading the Russian Romance: What Did the 'Keys to Happiness' Unlock?," *Journal of Popular Culture*, vol. 31, no. 4（1988）: pp. 95–108.

（51） 以下の文献からの引用．Tsivian, *Early Cinema*, pp. 33, 35.

（52） Tsivian, *Early Cinema*, pp. 32, 41.

（53） Yuri Tsivian, "Russia, 1913: Cinema in the Cultural Landscape," in *Silent Film*, ed. Abel, p. 198; Hansen, *Babel*, chapter 2; Shelley Stamp, *Movie-Struck Girls: Women and Motion Picture Culture After the Nickelodeon*（Princeton: Princeton University Press, 2000）; Patrice Petro, *Joyless Streets*（Princeton: Princeton University Press, 1989）, chapter 4; Roy Rozensweig, *Eight Hours for What We Will: Work and Leisure in an Industrial City*（New York: Cambridge University Press, 1983）, pp. 197–202.

（54） ロシア国立図書館手稿部（RGB）が，リャブシンスキー文書を保管している．エリザヴェータの会計帳簿は，RGB, f. 260. karton 15, ed. khran. 1.

（55） Miriam Hansen, "Early Silent Cinema: Whose Public Sphere?" *New German Critique*, no. 29（spring/summer 1983）: p. 176.

（56） *Obozrenie kinematografov, sketing-ringov, i teatrov*, no. 235（January 15, 1916）: p. 3.

（57） たとえば，工場で雇用されている女性の割合は，1914年には26.6パーセントであったが，1917年には43.2パーセントに上がった．Alfred Meyer, "The Impact of World War I on Women's Lives," in *Russia's Women: Accommodation, Resistance, Transformation*, ed. Barbara Clements（Berkeley: University of California Press, 1991）, p. 214.

(58) Elizabeth Ewen, "City Lights: Immigrant Women and the Rise of Movies," *Journal of Women in Culture and Society*, vol. 5, no. 3 (1980, supplement): p. 57.

(59) Mary Louise Roberts, "Gender, Consumption, and Commodity Culture," *American Historical Review*, vol. 103, no. 2 (1998): p. 843. ロバーツは19世紀末の舞台女優について議論しているが，彼女の分析は映画スターにも同じように当てはまる．

(60) たとえば，Roberts, "Gender, Consumption, and Commodity Culture,"および Elizabeth Wilson, *Adorned in Dreams: Fashion and Modernity* (Berkeley: University of California Press, 1985).

(61) Andreas Huyssen, "Mass Culture as Woman: Modernism's Other," in *Studies in Entertainment: Critical Approaches to Mass Culture*, ed. Tania Modleski (Bloomington: Indiana University Press, 1986), pp. 188-208.

(62) Svetlana Boym, *Common Places* (Cambridge, Mass.: Harvard University Press, 1994), p. 59.

(63) TsIAM, f. 46, op. 3, d. 407; op. 4, d. 420; op. 21, d. 218.

(64) 申請と審査に関する書類は，次の文書館で保管している．TsIAM, f. 46.

(65) Zorkaia, *Na rubezhe stoletii*, p. 84.

(66) Tsivian, *Early Cinema*, pp. 32-33.

(67) アレクサンドル・ブロークは，常連客がいるというので，新しい映画館よりも古くて安っぽい映画館の方を好んだ．Zorkaia, *Na rubezhe stoletii*, p. 60.

(68) *Vestnik kinematografov*, no. 1 (1908): p. 5.

(69) Zorkaia, *Na rubezhe stoletii*, p. 82.

(70) TsIAM, f. 179, d. 3533.

(71) *Sine-fono*, no. 9 (1908): pp. 2-3.

(72) Chernyshev, *Russkaia dooktiabrskaia kinozhurnalistika*, p. 78.

(73) 次の新聞記事による．*Peterburgskaia gazeta*, December 7, 1909, no. 336. 著者の見積もりでは，劇場のオーナーはフィルムを借りるのに毎週50万ルーブル以上を使った．

(74) B. B. Ziukov, *Vera Kholodnaia. K 100-letiiu so dnia rozhdeniia* (Moscow: Iskusstvo, 1995), p. 42; Chernyshev, *Russkaia dooktiabrskaia kinozhurnalistika*, p. 100.

(75) こういった数字については，次の文献を参照．Chernyshev, *Russkaia dooktiabrskaia kinozhurnalistika*, p. 99; Youngblood, *Magic Mirror*, p. 11. ボリス・ミローノフは，1916年には，都市人口は全体の20パーセントを超えたという．Boris Mironov, *The Social History of Imperial Russia, 1700-1917*, vol. 1 (Boulder: Westview, 2000), p. 468.

(76) Chernyshev, *Russkaia dooktiabrskaia kinozhurnalistika*, p. 24.

(77) Ibid., p. 30.

(78) Ibid., p. 38. この文献は，これらの出版物に関する有益な書誌情報を含んでいる．pp. 207-15.

(79)「この人物は，本当にどこにでも顔を出す．パレードにも，葬儀の列にも，競馬のレースにも，火事や地滑り，洪水の現場にも，そして各国の元首たちが顔を合わせるその場においても．まったく想像に絶するようなやり方で，彼はいつも実にタイムリーにその場に居合わせるのである．ドランコフの姿を見ない葬儀などなく，建物の燃えるところ，自然の諸力が猛り狂うところ，君主たちの集うところには，常にドランコフがいるのである」．*Silent Witnesses*, ed. Usai et al., p. 556.

(80) こういった企画のことを報じた批評家は，ドランコフがいなくなれば，ロシアの映画産業が損失を被ることはないだろうに，とコメントした．彼はハンジョンコフの雑誌の寄稿者である．*Pegas*, no. 5 (1916): p. 104-5.
(81) *Vestnik kinematografov*, no. 1 (October 25, 1908): p. 6.
(82) *Silent Witnesses*, ed. Usai et al., p. 54.
(83) *Silent Witnesses*, ed. Usai et al., pp. 588-90.
(84) この映画は大変な人気で，多くの劇場オーナーは割増チケットを売り，休憩なしでひっきりなしに上映した．B. S. Likhachev, *Istorii kino v Rossii*, vol. 1 (Leningrad: Academia, 1927), p. 121.
(85) Jay Leyda, *Kino* (New York: Collier, 1973), p. 64.
(86) Youngblood, *Magic Mirror*, p. 27.
(87) Ginzburg, *Kinematografiia dorevoliutsionnoi Rossii*, p. 159.
(88) 商標は以下に再録されている．*Silent Witnesses*, ed. Usai et al., pp. 536-37.
(89) たとえば以下の文献が，このような議論を行なっている．*Silent Witnesses*, ed. Usai et al., pp. 554-58; Youngblood, *Magic Mirror*, pp. 25-28.
(90) *Silent Witnesses*, ed. Usai et al., p. 558.
(91) Ibid., p. 556.
(92) Leyda, *Kino*, pp. 40-44. ゴーリキーは，白黒映画のなかの登場人物は，「永遠の沈黙を運命づけられ，人生のあらゆる色彩を奪われることで残酷に罰せられている」と憤った．以下の文献から引用．Tsivian, *Early Cinema*, p. 2.
(93) 次の新聞記事による．*Peterburgskaia gazeta*, November 22, 1909, no. 321.
(94) 『ヴァンパイヤー・ダンス』は，タンゴのための文化的な旋律であった．Yuri Tsivian, "The Tango in Russia," *Experiment*, vol. 2 (1996): pp. 307-34.
(95) この点は，ツヴィアンが論じている．Tsivian, "The Tango in Russia," pp. 315-23.
(96) Tsivian, "Some Prepatory Remarks on the Russian Cinema," in *Silent Witnesses*, ed. Usai et al., pp. 30-32.
(97) Ibid., p. 24.
(98) Ibid., p. 26. アメリカ映画もまた，州ごとに検閲制度が異なるという状況に適応していく必要があった．Paolo Cherchi Usai, *Burning Passions*, trans. Emma Sansone Rittle (London: British Film Institute, 1994), p. 19.
(99) こういった検閲にまつわる諸問題について，以下に議論がある．*Peterburgskii kinematograf*, January 9, 1911, no. 8.
(100) Chernyshev, *Russkaia dooktiabrskaia kinozhurnalistika*, p. 114.
(101) S. Nikolskii, "Gorkaia deistvitel'nost," *Pegas*, nos. 9-10 (1916): pp. 130-34.
(102) Anne Friedburg, "A Denial of Difference: Theories of Cinematic Identification," in *Psychoanalysis and Cinema*, ed. E. Ann Kaplan (New York: Routledge, 1990), p. 45.
(103) *Obozrenie kinematografov, sketing-ringov, i teatrov*, no. 238 (February 10, 1917): p. 8.
(104) *Silent Witnesses*, ed. Usai et al., p. 284.
(105) この調査については，以下に議論がある．Chernyshev, *Russkaia dooktiabrskaia kinozhurnalistika*, p. 67.
(106) アメリカのシリーズもの映画におけるジェンダーの重要性については，次の文献を

参照．Stamp, *Movie-Struck Girls*, chapter 3.

(107) *Silent Witnesses*, ed. Usai et al., 294. このシーンはフィルム・アーカイヴに保存されており，ゴフマンの主張の真偽は個々の観客が自分で判断することができる．

(108) Ibid., p. 296.

(109) "V zhurnalakh i gazetakh," *Pegas*, no. 1 (November 1915): p. 73.

(110) Ibid., p. 74.

(111) Richard Dyer, *Stars* (London: British Film Institute, 1998), pp. 7-8.

(112) あるいはバリー・キングの次の言葉も参照．「情報の流れを身体で表現しドラマ化することによって，スターは観客の間に非政治化された愛着の様式（すなわち現状の受容）を促すのだ」．Ibid., p. 27.

(113) この言葉は，ホーテンス・パウダーメイカーの発言である．Ibid., p. 11.

(114) Barry King, "The Star and the Commodity: Notes towards a Performance Theory of Stardom," in *Cultural Studies*, vol. 1, no. 2 (1987): pp. 145-61.

(115) 観客の同化については，とくに次の文献を参照．Andrew Tudor, *Image and Influence* (New York: St. Martin's Press, 1974). またクリスチャン・メッツによるラカン風の議論については，彼の次の著作を参照．Christian Metz, *The Imaginary Signifier: Psychoanalysis and the Cinema*, trans. Celia Britton, Annwyl Williams, Ben Brewster, and Alfred Guzzetti (Bloomington: Indiana University Press, 1982).

(116) Abel, *Ciné*, とくに pp. 236-45.

(117) Charles Ford, *Max Linder* (Paris: Seghers, 1966). ランデは，1925年に神経衰弱で亡くなった．

(118) スタンプの研究が，その第2章で「白人奴隷」を主題とする映画のことを論じている．Stamp, *Movie-Struck Girls*.

(119) Petro, *Joyless Streets*, p. 153.

(120) E. Nearonov, "Asta Nilson," *Peterburgskie kinemoteatry*, no. 20 (March 20, 1913): pp. 2-3.

(121) この点は，『ペガサス』誌で報じられている．*Pegas*, no. 1 (1915): pp. 91-92.

(122) 最初のメロドラマ『バレリーナのロマンス』は，H・H・ブレシュコ＝ブレシュコフスキーによって書かれた．

(123) Tsivian, *Early Cinema*, とくに pp. 8-10.

(124) Youngblood, *Magic Mirror*, p. 52.

(125) Ziukov, *Vera Kholodnaia*, pp. 47-51.

(126) ポロンスキーの娘は，自滅的な詩人ヴラジーミル・マヤコフスキーと通じていた．それで彼女は，多くのサークルで父親よりも有名になった．

(127) M. I. Volotskii, ed., *Migaiushchii sinema* (Moscow: Novosti, 1995), pp. 247-52.

(128) Ibid., p. 255.

(129) *Silent Witnesses*, ed. Usai et al., p. 580.

(130) バリー・キングによれば，ハロードナヤが同化を喚起したのは，「観客のなかにある大衆意識の私有化あるいは個人化を促した」からである．Dyer, *Stars*, p. 27.

(131) Ziukov, *Vera Kholodnaia*, pp. 12-18. ハロードナヤは，『アンナ・カレーニナ』にイタリア人の家庭教師という端役で出ている．

(132) アメリカの魔性の女については，以下の文献を参照．Bram Dijkstra, *Evil Sisters* (New

York: Knopf, 1996).

(133) 1916年にバウエルはB・ユレネヴァを主役に起用し,『スクリーンの女王』を制作した．しかし，このタイトルのついたワルツではハロードナヤの名が挙がっており，また楽譜では彼女が大きく取り上げられている．

(134) Leo Handel, *Hollywood Looks at Its Audience* (Urbana: University of Illinois Press, 1950), p. 144. また次の文献，とくにその第4章を参照．Tudor, *Image and Influence*.

(135) Richard Dyer, *The Matter of Images: Essays on Representations* (New York: Routledge, 1993), chapter 3.

＊訳注

〔1〕 マクレイノルズは「映画の上映に当たって，ロシアの劇場主はシャルル・ゴーモン経営のフランスの会社と取引をした」と書くが，これは「レオン・ゴーモン（Leon Gaumont)」の誤りである．またロシアで初めて映画が上映されたのは,「ゴーモンのナイトクラブ」ではなく,「シャルル・オーモン（Charles Aumont)」経営のナイトクラブである．シャルル・オーモン（生没年不詳）はアルジェリア出身のフランス人で，1890年代にモスクワ中心部でナイトクラブを経営していた．

〔2〕 「ミザン・セーヌ」は，元来は演劇における「演出」を意味するフランス語であるが，後に映画に転用された．セット，小道具，照明，衣装，メイキャップ，登場人物のふるまい，そしてそれらの配置など，カメラの前のすべての要素に関わる操作を指す．カメラ・アングルやカメラワークという撮影技術の要素も含まれることが多い．フィルムの編集ではなく，個別ショットの構成を重視する．

〔3〕 『スペードの女王』は1910年にハンジョンコフ・スタジオで制作され（監督ピョートル・チャルドゥイニン)，1916年にエルモリエフ・スタジオでリメイクされた（監督ヤコフ・プロタザーノフ)．

〔4〕 クプリーンの小説『臆病者』は1903年に刊行され，1914年に映画化された．

〔5〕 カール・レムリ（1867-1939）は，アメリカの映画事業家．ドイツに生まれたが，若くして渡米．映画館経営で成功したのち，映画制作にも着手した．ユニバーサル映画社を起こし,『ショウボート』(1929年),『西部戦線異状なし』(1930年）などを制作した．ナチ政権下のユダヤ人の救済に努めたことでも知られている．

〔6〕 スコーベレフ委員会は日露戦争期に傷病兵支援を目的として設立されたセミ・オフィシャルなチャリティ団体で，1877-78年の露土戦争で活躍した「白い将軍」，M・Д・スコーベレフの妹が発起人となったことから，この名がある．活動の資金は会員の納める会費，一般からの寄付，講演やコンサートなど各種のチャリティ興行からの収益で賄っていた．委員会は1914年に「戦争映画部」を設けて，戦意高揚を目的とした映画の制作にも乗り出したが,『ベルギーのユリ』はその成果のひとつである．

〔7〕 ドランコフ・スタジオは，1914〜15年にかけて，チュルキンを主人公とする3本の映画（『ロシアのファントマ――ヴァシカ・チュルキン』）を制作している．もっともフィルムは残っていない．

〔8〕 ファントマは，ベル・エポックのフランスを代表する大衆小説の主人公．これはピエール・スーヴェストルとマルセル・アランの共作で，スーヴェストルの死後はアランが単独執筆した．1911年に第1作が出版され，シリーズは全43作に及ぶ．1913年のサイレント版『ファントマ』を皮切りに（1915年に浅草映画館で公開)，その後，再三映

画化されている．ロシア版ファントマもの映画としては，ドランコフ・スタジオの『緑林のチュルキン』（1914〜15 年）の他，本書第 4 章に登場のアントン・クレチェトを主人公に据えた，『アントン・クレチェト．弱きを助け，強きを挫く（ロシアのファントマ）』（1916 年）がある．この映画も，ドランコフ・スタジオの制作である．

〔9〕 パール・ホワイト（1889-1938）は，アメリカの女優．6 歳で初舞台を踏み，1910 年から映画に転じた．パテ兄弟に見いだされて，1914 年に連作『ポーリンの冒険』に出演．アクション満載のこのシリーズで一躍人気女優となり，続く 5 年間，同様のアクション映画に出演して，サイレント時代を代表する国際的なスターとなった．

〔10〕 ここでマクレイノルズはモジューヒンの出演作として，『セヴァストポリの防衛』『ハス・ブラート』『レストランのボーイ』の 3 作品を挙げている．このうち『セヴァストポリの防衛』（1911 年）はハンジョンコフ・スタジオが制作の歴史大作だが，モジューヒンの役をナポレオン 3 世とするのはヴィシュネフスキーの作品目録（第 8 章注 12 を参照）で，他にコルニーコフ役とする研究もある．また次の『ハス・ブラート』（1913 年）も同じハンジョンコフ・スタジオの作品だが，ヴィシュネフスキー目録による限りでは，この作品とトルストイとの関係は明らかでない．モジューヒンが出演した同時期に制作のトルストイ作品として代表的なものは，『クロイツェル・ソナタ』（1911 年）である．やはりハンジョンコフ・スタジオの制作にかかり，監督・主演はチャルドヴィニン，モジューヒンはトルハチェフスキー役であった．最後に『レストランのボーイ』とあるのは，同名のシメリョフ作品をハンジョンコフ・スタジオが映画化した『ある男または現代のドラマ』（1912 年）のことで，モジューヒンは主人公であるウェイターの息子として登場する．

エピローグ

(1) Katerina Clark, *Petersburg, Crucible of Cultural Revolution* (Cambridge, Mass.: Harvard University Press, 1995), p. 75.

(2) Lynn Mally, *Revolutionary Acts: Amateur Theater and the Soviet State, 1917-1938* (Ithaca: Cornell University Press, 2000).

(3) *Ves' mir*, no. 52 (December 1917): p. 29.

(4) B. M. Chesnokov, "Ot bor'by 'dikarei' s 'atristokratami.' K olimpiiskim pobedam," *Sportivnaia zhizn' Rossii*, no. 12 (1960): p. 18.

(5) 以下の文献より引用．Robert Edelman, *Serious Fun: A History of Spectator Sports in the USSR* (New York: Oxford University Press, 1993), p. 55.

(6) *Turist-aktivist*, no. 1 (1929): p. 7. ツーリズムは，「文化革命の武器」として描かれた．

(7) Z. Mieczkowski, "Foreign Tourism in the U.S.S.R.: A Preliminary Investigation," *Geographical Survey*, vol. 3, no. 2 (April 1974): pp. 99-122.

(8) Ruth Kedzie Wood, *The Tourist's Russia* (New York: Dodd, Mead, 1912), p. 34.

(9) クラークはいう．「諸党派の多くをまとめたのは，商業劇場への嘲りだった．……彼らにとって，商業主義の象徴はカフェ・シャンタンだった」．(*Petersburg*, p. 84).

(10) I. I. Rom-Lebedev, *Ot tsyganskogo khora-k teatru "Romen"* (Moscow: Iskusstvo, 1990).

(11) Alaina Lemon, *Between Two Fires: Gypsy Performance and Romani Memory from Pushkin to*

Post-Socialism（Durham, N.C.: Duke University Press, 2000), p. 234.

(12) ピーター・フリッチェは，こういった「メランコリーなきノスタルジア」について，過去が商品化されると，「現在を批判し将来を想像する力もまた，それに合わせて減少する」という．“Specters of History: On Nostalgia, Exile, and Modernity,” in *American Historical Review*, vol. 106, no. 5（December 2001): p. 1618.

(13) *Arkadii Raikin v vospominaniiakh sovremennikov*, compiled by E. Raikina, ed. L. Mikhailova（Moscow: Izd-vo Act: Mezhdunarodnyi fond im. Arkadiia Faikina, 1997).

(14) たとえば，次の文献を参照．Denise Youngblood, *Movies for the Masses*（New York: Cambridge University Press, 1992).

(15) Ibid., p. 30. この発言は，政治局員スタニスラフ・コシオールのものである．

(16) インテリゲンチャのひとりヴラジーミル・クラニフフェリドは，世紀転換期のロシアのミドルクラスのことを，「完全な物質的充足感が，自己満足に浸った自信過剰な偏狭さと交錯している」と呼んでいる．Ira Petrovskaia, *Teatr i zritel' Rossiiskikh stolits, 1895–1917*（Leningrad: Iskusstvo, 1990), p. 15.

(17) Vera S. Dunham, *In Stalin's Time: Middleclass Values in Soviet Fiction*（New York: Cambridge University Press, 1976), p. 15.

(18) Ibid., p. 17.

(19) Ibid., p. 19.

(20) Ibid., p. 241.

(21) Sheila Fitzpatrick, “The Lady Macbeth Affair: Shostakovich and the Soviet Puritans,” in *The Cultural Front: Power and Culture in Revolutionary Russia*（Ithaca: Cornell University Press, 1992), p. 199.

(22) ここに見るように，国や世代を越えてインテリゲンツィヤの間に共通するこういった態度は，テイストを政治から切り離そうとする問題を複雑にしてきた．いみじくも，アンドリュー・ロスは次のように指摘している．「プチブルのテイスト，文化，表現の問題は，今日までカルチュラル・スタディーズにとって概して無視されてきた問題であり，文化政治的な左翼にとって厄介な障害であり続けている」．*No Respect: Intellectuals and Popular Culture*（New York: Routledge, 1989), p. 29.

(23) フィッツパトリックは，政治と文化の関係において「ゲームのルールは定まっておらず，常に進化している」と論じている．(“Lady Macbeth Affair,” p. 214).

(24) エーデルマンは，「スポーツ見物する観客は，国家の意図の真剣さを共有していない」と率直に述べている．(*Serious Fun*, p. 25)．以下の文献も参照せよ．Richard Stites, *Russian Popular Culture: Entertainment and Society since 1900*（Cambridge: Cambridge University Press, 1992).

(25) Louise McReynolds, “Russia at Play: The Social Role of Commercial Culture in Post-Soviet Russia,” *Report to the National Council for Eurasian and East European Research*（July 1998). 私は1998年6月に，ペテルブルクの若者を相手に数多くのインタビューを行なった．

＊訳注

〔1〕 本書第6章訳注8を参照．

〔2〕 「ロメン」は，モスクワ市北西部に位置するジプシー劇場．同じ建物の中に第6章でも登場した，レストラン「ヤール」がある．劇場は1931年に，世界で最初のそして

唯一のジプシー劇場として創設されたが，1940 年より演目はすべてロシア語で行なわれている．イヴァン・イヴァノヴィチ・ロム＝レベヂェフ（1903-91）はここで活躍した俳優，劇作家，ギタリストで，創設当初から劇場の活動に参加した．1947 年に共産党に入党している．

〔3〕　メアリー・ピックフォード（1892-1979）は，カナダの女優．子役として舞台に立っていたが，1909 年に D・W・グリフィスに見出されて映画デビュー．「最初の 100 万ドル・スター」と言われ，サイレント時代の映画を代表する女優となった．1929 年，『コケット』でアカデミー主演賞を獲得．1933 年に引退し，その後はプロデューサーとして活躍した．

文献解題

本書の着想は，Andrew Ross, *No Respect: Intellectuals and Popular Culture*（New York: Routledge, 1989）から得た．ロスは冷戦期のアメリカ人について書いたが，知識人とミドルブローの消費者との関係という，私が帝政末期のロシア史研究で取り上げられるべきだと考えた問題を提起していたのである．1917 年のロシアにおいて，下層階級とインテリゲンツィヤの相互関係が重要であることは明白で，だからこの 2 つのカテゴリーには歴史家の関心が十分に集まっている．だがその結果，ミドルクラスは革命という問題から取り残されてしまった．彼らは西欧的な政治制度を確立しなかったからである．しかるにロスの研究は，平凡でつまらないとの理由からミドルブローの文化を等閑視することの，政治的な問題性を明らかにした．そのことは私に，ロシアのミドルクラスが自らのためにいかなる文化を創出したのか考察を迫ることになった．私の最初の課題はそうした文化を探し出すことで，処女作 *The News under Russia's Old Regime: The Development of a Mass-Circulation Press*（Princeton: Princeton University Press, 1991）以来，これに取り組んできた．

かつてリチャード・パイプスがロシアの「見失われたブルジョワジー」と呼んだものを探す作業は，研究史の上では，何ゆえ彼らが政治的に失敗したのか説明することを軸にして行なわれてきた．そこから得られたさまざまな成果は，ロシアの商人身分の生活を詳細に明らかにしている．私はこれらの研究から多くのことを学んだが，それは次のような著作である．Thomas Owen, *Capitalism and Politics in Russia: A Social History of the Moscow Merchants, 1855-1905*（New York: Cambridge University Press, 1981）〔T・C・オーウェン，野口建彦・栖原学訳『未完のブルジョアジー——帝政ロシア社会におけるモスクワ商人の軌跡, 1855-1905 年』文眞堂，1998 年〕; Alfred Rieber, *Merchants and Entrepreneurs in Imperial Russia*（Chapel Hill: University of North Carolina Press, 1982）; Jo Ann Ruckman, *The Moscow Business Elite: A Social and Cultural Portrait of Two Generations, 1840-1905*（De Kalb: Northern Illinois University Press, 1984）; Edith Clowes, Samuel Kassow, and James West, eds., *Between Tsar and People: Educated Society and the Quest for Public Identity in Late Imperial Russia*（Princeton: Princeton University Press, 1991）; Harley Balzar, ed., *The Professions in Russia*（Armonk, N.Y.: Sharpe, 1995）; James West and Iurii Petrov, eds., *Merchant Moscow: Images of Russia's Vanished Bourgeoisie*（Princeton: Princeton University Press, 1998）．もっともここに挙げたどの研究も，ミドルブローの文化，すなわち商業主義を原理とし消費者の価値観を反映した文化については触れていない．

ブルジョワ文化についての私の考察は，*An Antonio Gramsci Reader: Selected Writings, 1916-1935*, ed. David Forgacs（New York: Schocken, 1988）〔デイヴィド・フォーガチ編／東京グラムシ研究会訳『グラムシ・リーダー』御茶の水書房，1995 年〕に再録された，グラムシの『獄中ノート』から始まった．文化が政治的な機能を有するというグラムシの思想の核心に触れたことで，私はロスとロスが重要な役割を果たしていたカルチュラル・スタディーズの流れに，改めて目を向けるようになった．カルチュラル・スタディーズは学際

的で，文化が政治権力として機能するさまを事細かに明らかにしようとする．その方法は，私が伝統的な歴史学の語りから踏み出して，ロシアのミドルクラスの自己認識を研究することを可能にした．労働の場においてミドルクラスを見るのではなく，彼らがどこで，どのように遊んだかを調べることにしたのである．作業を始めるにあたっては，ソ連期の娯楽を取り上げた２つの研究，Richard Stites, *Russian Popular Culture: Entertainment and Society since 1900*（Cambridge: Cambridge University Press, 1992）と，Robert Edelman, *Serious Fun: A History of Spectator Sports in the USSR*（New York: Oxford University Press, 1993）の序章が参考になった．また Neia Zorkaia, *Na rubezhe stoletii: U istokov massovogo iskusstva v Rossii 1900–1910 godov*（Moscow: Nauka, 1976），および D. A. Zasosov, V. I. Pyzin, *Iz zhizni Peterburga 1890–1910–kh godov*（Leningrad: Lenizdat, 1991）からも，多くの示唆を受けた．

通史のなかで，背景となる事象を明らかにするのに役立ったものは，以下の著作である．まず演劇については，V. N. Vsevolodskii-Gerngross, *Khrestomatiia po istorii russkogo teatra*（Moscow: Khudozhestvennaia literatura, 1936）; On zhe, *Russkii teatr vtoroi poloviny XVIII veka*（Moscow: Izd. Akademiia nauk, 1960）; N. G. Zograf, *Malyi teatr vtoroi poloviny XIX veka*（Moscow: Akademiia nauk, 1960）; I. F. Petrovskaia, *Istochnikovedenie istorii russkogo dorevoliutsionnogo dramaticheskogo teatra*（Leningrad: Iskusstvo, 1971）; *Teatr i zritel' rossiiskikh stolits, 1895–1917*（Leningrad: Iskusstvo, 1990）; *Teatr i zritel' provintsial'noi Rossii*（Leningrad: Iskusstvo, 1995）; M. G. Svetaeva, *Mariia Gavrilovna Savina*（Moscow: Iskusstvo, 1988）．次にナイトライフの歴史について有益なものは，I. V. Lebedev, *Bortsy*（Petrograd: Gerkules, 1917）; Evgenii Kuznetsov, *Iz proshlogo russkoi estrady. Istoricheskie ocherki*（Moscow: Iskusstvo, 1958）; I. V. Nest'ev, *Zvezdy russkoi estrady*（Moscow: Sovetskii kompositor, 1970）; G. Terikov, *Kuplet na estrade*（Moscow: Iskusstvo, 1987）; B. A. Savchenko, *Kumiry russkoi estrady*（Moscow: Znanie, 1992）; Liudmila Tikhvinskaia, *Kabare i teatry miniatiur v Rossii, 1908–1917*（Moscow: Kul'tura, 1995）．革命前の映画の研究で基本となるのは，Veniamin Vishnevskii, *Khudozhestvennye fil'my dorevoliutsionnoi Rossii*（Moscow: Goskinoizdat, 1945）; Paolo Cherchi Usai, Lorenzo Codelli, Carlo Monanaro, and David Robinson, eds., with Yuri Tsivian, *Silent Witnesses: Russian Films, 1908–1919*（London: British Film Institute, 1989）．

理論的枠組みの構築に際して，私はさらに別の著者にもあたった．それはカルチュラル・スタディーズの影響を受けた，あるいはその潮流を自ら作った人たちである．もっとも基本的な文献は次の通りである．Pierre Bourdieu, *Distinction: A Social Critique of Judgment*, trans. Richard Nice（Cambridge, Mass.: Harvard University Press, 1984）〔ピエール・ブルデュー，石井洋二郎訳『ディスタンクシオン　社会的判断力批判 1』藤原書店，1990 年〕; Max Horkheimer and Theodor Adorno, *Dialectic of Enlightenment*, trans. John Cumming（New York: Continuum, 1997）〔マックス・ホルクハイマー，テオドール・アドルノ，徳永恂訳『啓蒙の弁証法』岩波文庫，2007 年〕; Michel de Certeau, *The Practice of Everyday Life*, trans. Steven Rendall（Berkeley: University of California Press, 1984）〔フランス語版からの翻訳．ミシェル・ド・セルトー，山田登世子訳『日常的実践のポイエティーク』国文社，1987 年〕; Stuart Hall, ed., *Modernity: An Introduction to Modern Societies*（London: Blackwell, 1996）; David Morley and Kuan-Hsing Chen, eds., *Stuart Hall: Critical Dialogues in Cultural Studies*（New York: Routledge, 1996）; Tony Bennett, ed., *Culture, Ideology and Social Process: A Reader*（London: Open University Press, 1981）．また，Warren Susman, *Culture as History: The Transformation of American*

Society in the Twentieth Century（New York: Pantheon, 1984）もこの研究を進めるにあたって役立った．

個別の問題を扱う各章では，以下の文献が有用だった．Melvin Adelman, *A Sporting Time: New York City and the Rise of Modern Athletics, 1820–70*（Urbana: University of Illinois Press, 1986）; David Bordwell, *Narration in the Fiction Film*（Madison: University of Wisconsin Press, 1985）; Harry Brod, ed., *The Making of Masculinities*（Boston: Allen and Unwin, 1987）; Michael Budd, *The Sculpture Machine: Physical Culture and Body Politics in the Age of Empire*（New York: New York University Press, 1997）; James Buzard, *The Beaten Track: European Tourism, Literature and the Ways to Culture, 1800–1918*（New York: Oxford University Press, 1993）; Katerina Clark, *Petersburg, Crucible of Cultural Revolution*（Cambridge, Mass.: Harvard University Press, 1995）; Vera S. Dunham, *In Stalin's Time: Middleclass Values in Soviet Fiction*（New York: Cambridge University Press, 1976）; Lewis Ehrenberg, *Steppin' Out: New York Nightlife and the Transformation of American Culture, 1890–1930*（Chicago: University of Chicago Press, 1981）; Rita Felski, *The Gender of Modernity*（Cambridge, Mass.: Harvard University Press, 1995）; Judith Butler, *Gender Trouble: Feminism and the Subversion of Identity*（New York: Routledge, 1990）〔ジュディス・バトラー，竹村和子訳『ジェンダー・トラブル——フェミニズムとアイデンティティの攪乱』青土社，1999 年〕; Miriam Hansen, *Babel and Babylon: Spectatorship in American Silent Film*（Cambridge, Mass.: Harvard University Press, 1991）; Susan Layton, *Russian Literature and Empire: Conquest of the Caucasus from Pushkin to Tolstoy*（Cambridge: Cambridge University Press, 1994）; Larry May and Robert Strikwerda, eds., *Rethinking Masculinity: Philosophical Explorations in Light of Feminism*（Lanham, Md.: Rowman and Littlefield, 1992）; Laura Mulvey, "Visual Pleasure and Narrative Cinema," *Screen*, vol. 16, 3（1975）: pp. 6–18; Mary Louise Pratt, *Imperial Eyes: Travel Writing and Transculturation*（New York: Routledge, 1992）; Rebecca Spang, *The Invention of the Restaurant: Paris and Modern Gastronomic Culture*（Cambridge, Mass.: Harvard University Press, 2000）〔レベッカ・スパング，小林正巳訳『レストランの誕生——パリと現代グルメ文化』青土社，2001 年〕; Yuri Tsivian, *Early Cinema in Russia and Its Cultural Reception*, trans. Alan Bodger, ed. Richard Taylor（New York: Routledge, 1994）; John Urry, *The Tourist Gaze: Leisure and Travel in Contemporary Societies*（London: Sage, 1990）〔ジョン・アーリ，加太宏邦訳『観光のまなざし——現代社会におけるレジャーと旅行』法政大学出版局，1995 年〕．

この研究を進めるのは大変に楽しい作業だった．私は，楽しい時間を探そうという 19 世紀のロシア人の立場に自分を置いたのである．当時の雑誌に夢中になった私は，ペテルブルクのサルトゥイコフ＝シチェドリン図書館，現在のロシア・ナショナル・ライブラリーで，多くの時間をかけて娯楽雑誌や競技の記録，映画の梗概，レストランの案内，ナイトクラブの批評を読みふけった．この研究にとってもっとも重要な雑誌は，以下のものである．*Artist i tsena*; *Artisticheskii mir*; *Azart*; *Illiustrirovannyi zhurnal atletika i sport*; *Iskusstvo*; *K sportu!*; *Kino*; *Nasha okhota*; *Obozrenie kinematografov, sketing-ringov, i teatrov*; *Obozrenie teatrov*; *Pegas*; *Psovaia i ruzheinaia okhota*; *Rampa i zhizn'*; *Restorannoe delo*; *Russkii turist*; *Sine-fono*; *Sinii zhurnal*; *Sportivnyi listok*; *Teatr i iskusstvo*; *Tsirk i estrada*; *Tsiklist*; *Var'ete i tsirk*; *Zritel'*. 多数の旅行ガイドも参照した．主要なものは次の通りである．*Putevoditel' po Chernomu moriu*（Moscow: ROPT, 1897）; *Predstavitel'stvo rossiiskogo obshchestva turistov. Spravochnik i programma ekskursii*（Rostov on Don: n.p., 1910）; Grigorii Moskvich, *Putevoditel' po Krymu*, 27th ed.（Petrograd:

Putevoditelei, 1915).

私は数多くの戯曲を読まなければならなかったが，「台本は上演されるために書かれる」というオストロフスキーの主張はまったくその通りだと思う．演劇人組合図書館で私が読んだ台本の多くは，俳優や演出家の書き込みが付された謄写版で，これはある程度，上演の状況を再現するのに役立った．幸いにも，映画については脚本を読むだけでなく，本書で取り上げた作品の多くを観ることができた．革命前の映画のもっとも重要なコレクションは，英国映画機構によって制作され，マイルストーン映画・ビデオ社が発売した，28作品を収録する10巻もののテープ（1992年）である．このセットは，『ステンカ・ラージン』からエヴゲニー・バウエルの傑作数点まで幅広い作品をカバーしている．さらにアメリカ議会図書館では，30本を超えるロシア映画の視聴が可能である．すべてのフィルムが化学的劣化を免れているわけではなく，残されたサイレント映画のフィルムは現在滅失が進んでいる．だからこうした映画の大半は不完全だが，残っている部分はこの研究には不可欠であった．このような映画を所蔵している第3の拠点が，モスクワから程近いベールイ・ストルブィのモスクワ・フィルム・アーカイヴである．ここでは『手先の器用なソンカ』および『神学生サーシカ』シリーズの残存部分など，いくつかの古典的作品を観た．

この研究が政治機密に触れるとみなされることはまずなかったので，私は他の多くの研究者とは異なり，文書館で閲覧を制限されるという問題には悩まされずにすんだ．私の経験した問題は，内容に関わることだった．私は数多くの文書館で幅広く調査したが，その史料が研究にあまり役に立たない，あるいはまったく使えないことがしばしばあったのである．とはいえ文書館では，研究を大きく進展させる重要な史料群も発見した．モスクワのバフルーシン演劇博物館では，コルシュ劇場（f. 123）とミハイル・レントフスキー（f. 144）の文書を調査した．保存状態は良好である．ロシア国立文学・芸術文書館（RGALI）では，マリア・サヴィナ（f. 853），イヴァン・ザイキン（f. 2347），イヴァン・ミャスニツキー（f. 45）の個人文書，小規模な楽譜出版社の文書コレクション（f. 1980），そしてロシア劇作家協会の事業記録（f. 675およびf. 2097）を閲覧した．ロシア国立歴史文書館（RGIA）では帝室劇場の史料（f. 468およびf. 497）を見つけた．モスクワのロシア国立図書館手稿部ではパーヴェル・リャブシンスキー（f. 260）の個人文書を調査し，モスクワ市文書館では映画館と公的な娯楽に関する情報を集めた（f. 46の市長官フォンド）．

回想録からは，この時代を生きた個々人の考え方を知ることができた．私にとってもっとも有用だったのは，次の文献である．Nikolai Karamzin, *Letters of a Russian Traveler, 1789–90: An Account of a Young Russian Gentleman's Tour through Germany, Switzerland, France, and England*, trans. and abr. Florence Jonas（New York: Columbia University Press, 1957）〔ニコライ・カラムジン，福住誠訳『ロシア人の見た十八世紀パリ』彩流社，1995年〕; P. I. Orlova-Savina, *Avtobiografiia*（Moscow: Khudozhestvennaia literatura, 1994）; M. G. Savina, *Goresti i skitaniia: Pis'ma, vospominaniia*（Moscow: Iskusstvo, 1983）; G. M. Iaron, *O liubimom zhanre*（Moscow: Iskusstvo, 1960）; Pavel Buryshkin, *Moskva kupecheskaia*（New York: Chekhov, 1954）; Iu. A. Bakhrushin, *Vospominaniia*（Moscow: Khudozhestvennaia literatura, 1994）．また，次のアメリカ人旅行者の観察記も役に立つ．Ruth Kedzie Wood, *Honeymooning in Russia*（New York: Dodd and Mead, 1911）; Idem, *The Tourist's Russia*（New York: Dodd and Mead, 1912）．